趙鋒 注譯

新譯帛書老子

三民書局

國家圖書館出版品預行編目資料

新譯帛書老子／趙鋒注譯.－－初版四刷.－－臺北市：三民，2023
面；　公分.－－(古籍今注新譯叢書)

ISBN 978-957-14-6345-2（平裝）
1. 老子 2. 注釋

121.311　　106020509

古籍今注新譯叢書

新譯帛書老子

注譯者	趙　鋒
發行人	劉振強
出版者	三民書局股份有限公司
地　址	臺北市復興北路 386 號 (復北門市) 臺北市重慶南路一段 61 號 (重南門市)
電　話	(02)25006600
網　址	三民網路書店 https://www.sanmin.com.tw
出版日期	初版一刷 2018 年 1 月 初版四刷 2023 年 9 月
書籍編號	S034430
ISBN	978-957-14-6345-2

三民書局

刊印古籍今注新譯叢書緣起

劉振強

人類歷史發展，每至偏執一端，往而不返的關頭，總有一股新興的反本運動繼起，要求回顧過往的源頭，從中汲取新生的創造力量。孔子所謂的述而不作，溫故知新，以及西方文藝復興所強調的再生精神，都體現了創造源頭這股日新不竭的力量。古典之所以重要，古籍之所以不可不讀，正在這層尋本與啟示的意義上。處於現代世界而倡言讀古書，並不是迷信傳統，更不是故步自封；而是當我們愈懂得聆聽來自根源的聲音，我們就愈懂得如何向歷史追問，也就愈能夠清醒正對當世的苦厄。要擴大心量，冥契古今心靈，會通宇宙精神，不能不由學會讀古書這一層根本的工夫做起。

基於這樣的想法，本局自草創以來，即懷著注譯傳統重要典籍的理想，由第一部的四書做起，希望藉由文字障礙的掃除，幫助有心的讀者，打開禁錮於古老話語中的豐沛寶藏。我們工作的原則是「兼取諸家，直注明解」。一方面熔鑄眾說，擇善而從；

一方面也力求明白可喻，達到學術普及化的要求。叢書自陸續出刊以來，頗受各界的喜愛，使我們得到很大的鼓勵，也有信心繼續推廣這項工作。隨著海峽兩岸的交流，我們注譯的成員，也由臺灣各大學的教授，擴及大陸各有專長的學者。陣容的充實，使我們有更多的資源，整理更多樣化的古籍。兼採經、史、子、集四部的要典，重拾對通才器識的重視，將是我們進一步工作的目標。

古籍的注譯，固然是一件繁難的工作，但其實也只是整個工作的開端而已，最後的完成與意義的賦予，全賴讀者的閱讀與自得自證。我們期望這項工作能有助於為世界文化的未來匯流，注入一股源頭活水；也希望各界博雅君子不吝指正，讓我們的步伐能夠更堅穩地走下去。

序言

中國的哪些古書裡有大智慧?標準不一。但有幾本,譬如《易經》、《老子》、《論語》、《孫子》,一定是在經過深思熟慮的所有推薦書單上的。單就這幾部書,其實也還有分別。籠統說來,國人似乎對《論語》更偏愛一些,宋代初年的宰相趙普,大家說他所讀的書,僅只一部《論語》而已。太宗趙光義問他,他回答說:俺一輩子所知,還真沒超出過《論語》。當年俺用了半部《論語》輔佐太祖(趙匡胤)安定了天下,現在想用另一半輔佐陛下達於太平之世(見宋・羅大經《鶴林玉露》卷七)。中國的讀書人,很少有不想修齊治平一路走到「帝王師」上去的,這樣的書,的確很適合胸懷大志的各位反覆涵泳。而外國人大約會覺得《易經》、《孫子》更有味道——一個講「和」講到虛玄鴻蒙,一個論「爭」論到錙銖必較,分析綜合,那是西方之所長,但即使是最擅長此道的西方人,即使對這兩部書只不過是東鱗西爪的一知半解,也不得不拜服其下,感嘆東方智慧的博大精深。

但上天似乎另有安排。《老子》這部書,其實不論中西,大家都是尊崇有加。在中國,傳世的《老子》版本百多個,注釋研究的文章書籍汗牛充棟,絕對稱得上是顯學。在國外,據說書店架子上有關中國的書籍，最多的就是《易經》、《孫子》，再就是《老子》了。然而上天大概確實是太偏愛《老子》，又或者是特意提醒我們人類應該給予《老子》更多的關注？於是借助於日益發達的考古學，一次次地把《老子》重置於我們的面前，強迫我們一次次地重新面對這本有兩千五百年歷史、卻不過區區五千字的小書。

北齊時項羽的一個小妾的墓被打開，第一個並非嚴格意義上的考古學所提供的《老子》古本出土，唐代初年的傅奕據此整理，成《道德經古本篇》。一九七三年十二月，湖南長沙馬王堆三號墓，一次出土了兩種《老子》的帛書寫本，其中一個當抄寫於漢高祖劉邦稱帝之前，稱甲本；另一個的抄寫年代，在漢高祖劉邦與漢文帝劉恆之間，稱乙本。一九九三年，湖北荊門市沙洋區四方鄉郭店村楚墓又出土了一個兩千餘字的《老子》竹簡本，據考證，此墓下葬時間，當在西元前三百年左右。二〇〇九年，北京大學接受捐贈，收藏了一批從海外搶救回來的西漢竹簡，其中赫然就有帶有《老子上經》、《老子下經》篇題的五千兩百餘字的《老子》，這個版本，是目前簡帛《老子》古本中最為完整的一個。

中國的傳世古籍，沒有一種能有《老子》這樣的榮幸。《易經》（馬王堆出土過帛書本）和《孫子》（山東臨沂銀雀山出土過竹簡本）等，雖然也有古本出土，但像《老子》這樣幾乎憑藉出土古本就可以排出一個版本序列的古籍，那是絕無僅有。這是上天的偏愛，也是《老子》這本書當時乃至後世受到人們普遍重視的證明。於是《老子》研究作為傳統的顯學，近幾十年更是大爆發，經常進出書店的人們應該能夠察覺到，幾乎每週都有新的、最新的、最最新的關於《老子》的「專著」上架，考證、訓釋、今譯、評析、我讀、他解、新說、舊注，等等等等不一而足。翻開來看，或為高頭講章，或為故弄玄虛，或者尋章摘句，或者翻空愈奇，也是等等等等不一而足——總之是姿態莊嚴，語帶玄妙，一般人讀來，未免雲裡霧裡，不知所云，只好敬而遠之了。

思想的解釋中，總是包含著解釋者本人的獨特理解，而解釋者個人特定的社會文化背景、觀念與心理、知識與經驗，也總不免給自己的著作打上個性鮮明的烙印。把《老子》搞到很個性或者很玄虛，並非始於今日。唐代的趙志堅就曾歷數過此中的種種異徵，「以文屬身，節解之意也；飛鍊上藥，丹經之祖也；遠說虛無，王弼之類也；以事明理，孫登之輩也；存諸法象，陰陽之流也；安存戒亡，韓非之喻也；溺心滅質，嚴遵之博也；加文取悟，儒學之宗也。」（《道德真經疏義》卷六）《四庫全書總目提要》裡面也講，《老子》的「諸家舊註，多各以私見揣摩，或參以神怪之談，或傳以虛無之理，或岐而解以丹法，或引而參諸兵謀，羣言淆亂，轉無所折衷。」（子部五十六《御註道德經》提要）但從另一個角度說，如果解釋者與所取用的文本在同一種文化的系統之內，即使真是因為「羣言淆亂」而「無所折衷」，畢竟仍然可以趨同。因為任何解釋都無法迴避文本的存在，以及文本自身所呈現的結構與思想系統，而解釋者自身由於受到同一種文化傳統的制約，對文本的解釋也都無法離開傳統思維的基本設定，無法擺脫傳統的思維方式的慣性作用——繁花生樹，不為異種；開枝散葉，畢竟同根。

但是這種情況，卻在近代以來發生了改變。近代以來，尤其是上世紀中葉以後，隨著西方之所謂「哲學」在中國的日漸興盛，以西方哲學的問題意識看待《老子》、以西方哲學的概念或者範疇拆解《老子》、以西方哲學的結構框架來解釋《老子》的，那是忽焉成群，蠶然成風，好像講《老子》時不說說蘇格拉底、柏拉圖、康德、黑格爾，不談談存在、本質、宇宙起源，不講講辯證法、認識論，就對不起老子，同時也弱化了中國古代思想的思維深度和廣度，從而貶低了其存在的總體價值一樣。於是在這樣的注釋研究著作中，就經常會看到拽出《老子》中的某個概念，粗暴地與西方某位哲學家的某個概念進行簡單類比，於是「道」就變成了類似於某種「理念」、「本體」、「意志」或者「上帝」的東西，東方的老子也就搖身一變，成了西方的準柏拉圖或者準黑格爾——準而未准，所以中國無哲學。這當然是追著西方來的結論——在黑格爾《哲學史講演錄》第一冊「緒論」部分裡，儘管較之「思想」極其「貧乏」的孔子而言，老子才是擔負著東方古代世界的精神代表者，但即使是老子，也仍未出脫思維的「自然性」而深入「自由之意志」，於是老子乃至整個東方的古代思想，就一體無分，只不過代表著「人類精神」的兒童時代，一律不那麼「哲學」，因而相較於希臘時期就已進入「精神成年」的西方，整個東方的古代思想也就不那麼「先進」了。

對於中國古代思想，以及東西方關於存在與人類意識問題上的認識差異，我們在本書正文中有所涉獵，茲不贅述。根本上說，對老子乃至中國古代思想採取上述的那種處理方式，往小了說，是模糊了東西方文化傳統、思維方式乃至語言表達方式的不同，往大裡說，根本就是一種「哲學」的狂妄——現在很時髦的說法，叫做「東海西海，心理攸同」，似乎一筆便可抹平一切。但無論怎樣的巨筆如椽，事實畢竟存在，畢竟不容抹殺，東方西方畢竟還是有差異的，而這種差異表現在東西方各自的文化傳統之中，就是面對同一個存在的現實，即使人同此心，也未必心同此理，即使心同此理，也未必言同此論，否則文化與傳統就都是假命題。而思想研究的目的，就是立足於各個不同的文化傳統的歷史與現實，深入發掘不同文化彼此之間「攸同」的表象之下的「各異」，尋求古代思想對於存在以及人類認識問題上的真實表達，為我們今天思想的創造和發展提供歷史的依據和參照——「雖不能至，心嚮往之」，這應當就是本書寫作的初衷。

是為序。

趙鋒　二〇一七年十月於北京京西忍癢盦

新譯帛書老子　目次

下編

附錄

後記

導讀

本文的前半部分，我們嘗試以最簡約的文字，將老子學說思想做一個總體的勾勒，以便讀者在閱讀各章內容時有所對應與參照。後半部分，對本書的體例做一說明。

老子的學說涉及兩個世界。一個是真實存在的世界，這個世界，老子稱之為「一」。另一個世界，則是由「名」所構成的人類認識所反映的世界。

真實存在的世界，就其存在的狀態而言，老子稱之為「自然」；就萬物存在的關係而言，老子稱之為「一」。「自然」與「一」所表達的，是一個至大無外、包蘊一切存在的整體與系統。所謂「一」，不是指本原性的存在的單一，而是指現實性的萬物存在彼此之間關係的「和」，以及由此而導致的整體與系統的不可分割。「一」生成「二」、「三」乃至「萬物」，但這裡之「生」，並非無中生有、一蹴而就的造物，乃是對具體事物存在的時時生成、時用時息，因而「生」之者也是「覆」之者。「生」之「覆」之，皆以整體與系統的內在和諧為準則，以整體與系統的內在需求為動因，此所謂「天地不仁，以萬物為芻狗」；萬物存身其中，其生存或消亡皆服從於「一」這個整體與系統的決定，都是以個體的存在現實與整體與系統直接對應，以個體在整體與系統之中獨特的功能顯現作為自身存在的唯一依據。這就決定了任何事物的存在，都必須依附於整體與系統所提供的現實，順應整體與系統所規定的關係，與關係之中的他物構成在存在上互為前提、互為條件，屬性上互相規定、互相補充，功能上互相利益、互相成就的彼此作用與相互協調。所以老子之所謂「一」，是一個純粹和諧的整體與系統，內部不存在矛盾，不存在爭鬥；而整體與系統之中的萬物，也都只是具體的而非抽象的，都是現象的而非本質的。這是老子所揭示的萬物存在的真實性狀。

另一個世界，則是老子之所謂「有名」的世界。「有名」的世界，是以「名」為基礎而建立起來的；而「名」的基礎，是事物之所謂「類」。「類」是借助於分析的方法，對眾多的事物進行所謂「本質」把握而形成的「一般」；在此把握基礎之上賦予不同「類」的事物以不同的名稱，即所謂「有名」；「有名」疊加在一起，形成一個關於整體世界的觀念系統，這就是至今為止一般所謂的認識世界的構建方式。

將兩個世界相互對照一下。老子所描述的真實存在的世界，是整體的「一」；而人類認識，卻強行地把具體存在的事物從整體的「一」之中拉扯出來、孤立出來，人為地賦予此一事物某種所謂「本質」規定性，並以「名」作為標識和概括，並據此建立起「有名」的認識世界，這在根本上就是虛幻的，是不符合事物存在之真實的。但是另一方面，從人類認識的發生以及特徵上，想要認識進而把握世界，卻又不得不借助於「名」，因而「名」自身具有的這種局限性，是「有名」世界無法擺脫的。從這種意義上說，「名」或者可以有，但不能絕對，不能在「名」與「實」之間劃等號，更不能以人們憑藉「有名」而建立起來的認識世界去代替真實的世界。因此老子主張「有名知止」，要認識到「名」只不過是相對的，是需要「實」來限止和修正的。

「自然」的狀態之中是「無名」的。所謂「無名」，並非是指一切概念都不存在，它指的是一切相對的「名」皆以「實」為歸終，「名」、「實」之間不相脫離。「自然」狀態之中的萬物接受整體與系統的「一」的決定，被動地接受「芻狗」一樣的命運，安於所安、乍生乍死，這是一切具體存在的必然。但是這種必然顯然與存身於「一」之中的個體的生命意志發生了矛盾。於是人們開始嘗試對「自然」的桎梏進行突破，開始借助於人類之所謂智慧自主安排自己的生活——「名」作為這一行為的假借，作為人類智慧的基礎，也就開始逐步脫離了與之對應的「實」，成為處身於實際存在之上的理念，成為人們追逐私欲滿足、追求所謂個人實現的利器——老子說，人類社會的一切災難，一切爭鬥殺戮，皆源於此，較之「自然」的狀態，它給社會中的每一個人所造成的現實的生存危機更甚更烈，因而必須返回起點，重啟道路。老子之所以對於「名」有一種深深的戒懼，《道經》之所以開篇即曰「道可道也，非恆道也。名可名也，非恆名也」，就是基於這一點而生發的。

「道」這個範疇，是被人類現實的生存危機倒逼出來的。它是對「自然」的摹擬，而非「自然」本身——「自然」之中無「道」無「德」，只是「自己如此」而已。「道」作為法則或規律，是聖人為自身的應用而從真實存在的世界中歸納、總結、提升出來的。「道」的意義，本指道路，引申是指一物存在（或生存延續）的法則、路徑。而在老子所揭示的整體與系統的「一」之中，萬物存在所遵循的，其實都是同一個法則或者路徑，這就是萬物存在的互為前提、互相利益、互相保障和共同成就，所有這一切，老子以四個字予以概括，就是「利而不害」。任何事物依照這樣的法則，整體與系統的「一」就會保障其生存，而違反了這一法則，自求盈滿、只圖自利而不利人，只顧向外的索取而不肯付出，就會與他物構成矛盾和爭鬥關係，那麼對於萬物存在整體來說，就會成為「餘食贅形」，就會遭到整體與系統的排斥和遺棄，就會面臨消亡——這就是老子之所謂「不道早已」。

「道」作為範疇存在，其實並非「自然」，儘管它屬於聖人對於「自然」的理性自覺，也仍然屬於聖人的意識產物，而這就墜入了老子之所謂「下德」的層次——「上德」只屬於「自然」，「不失德」的「下德」根本上屬於「無德」。然而「下德」之境的聖人，若以「上德」為楷模——此即所謂「道法自然」，則所見仍不失整體與系統的「一」之真實，循此實踐，聖人侯王也能得到整體與系統的「一」之保障，而使聖人侯王擺脫「芻狗」之命運，得「長生久視」之功效。這雖為聖人主動進行的對「道」的遵循和利用，但嚴格意義上已經不屬於「自然」了，而是聖人的「有為」——不但要避開人類社會現實的生存危機，還要擺脫「自然」所賦予自身的「芻狗」命運，這就使得聖人不但要致力於以「小邦寡民」的政治理想改造現實的人類社會，還要為了自身的「長生久視」而時時依照「道」的法則主動地調適自己（修養）、調整物我與人我關係（「利而不害」），以期自主地掌握生死（「攝生」）——簡單地說，聖人如果完全把自己託付給「自然」，在老子看來肯定不是最好的選項；最好的選項，是最大限度地用「道」而存「生」，而這本身就是對「自然」所賦予一切存在包括聖人的「芻狗」命運的抗爭。老子之所以抑「不失德」之聖人為「下德」，卻同時又主張「法自然」而不是純任「自然」，原因當即在此。

治理天下只是聖人之務，「法自然」也只是聖人之「德」，老子說「成功遂事，而百姓謂我自然」，是老子之所謂「德」，獨由聖人所把持者也。至於百姓黎民，則借助於聖人之「法自然」而逃離莊子之所謂「人與人相食」的惡劣的生存環境，回歸到「小邦寡民」的「自然」的生活狀態之中，這又是聖人之利益於百姓者——聖人本欲自利，而客觀效果是兼利萬民，這就是聖人對於整個人類社會乃至整體與系統的「一」的功用所在。不獨聖人之「德」獨屬於聖人，根本上講，老子之所謂「德」，所指代的就是每一個具體存在得之於整體與系統的「一」的功能規定，以及在整體與系統的「一」之中最大限度地發揮自身的功能——「得」之便是有「德」，反之無「德」。而鑒於整體與系統的「一」與每一個具體事物的直接關聯，可以認為老子其實反對一切基於事物的「類」與「名」而提倡的「德」——也就是說，一物有一物之「德」，一時有一時之「德」，有關這一點其實可以從前面對老子的真實世界的剖析中推演出來。正是在這種基礎之上，老子反對儒家之所謂仁義禮智等等，「自然」也由此蘊含了隨時變化、無窮無盡的意義。

一，本書以一九七三年湖南長沙馬王堆三號漢墓出土之兩個帛書寫本的《老子》為工作底本。這兩個本子，一個當抄寫於漢高祖劉邦稱帝之前，稱甲本；另一個的抄寫年代，在漢高祖劉邦與漢文帝劉恆之間，稱乙本。兩本雖抄寫的時代不同，且出土之時皆殘，但從存留的內容判斷，它們應屬於一個版本系統，彼此差異不大，故學界多傾向於將兩個本子合併處理，互證文字，互補殘損。本書亦援此例。

二，帛書《老子》甲、乙本，唯作《德》、《道》上下兩篇而已，無後世章節之分。本書為便於翻檢閱讀，依通行諸本，分《德》篇為四十四節、《道》篇為三十七節，各節起訖以通行諸本為準，而節次編排，一仍帛書《老子》甲、乙本次第，並各於節首「題解」部分標明所屬通行諸本之章次。

三，全書正文的每節之中，分「題解」、「正文」（不標注）、「注釋」、「語譯」、「研析」五部分。

四，「題解」部分，說明本書節次排列順序，並與通行本之章次對照；簡要介紹帛書《老子》甲、乙兩本此節文字各自的存留、殘損，並說明補足的依據。

五，「正文」部分以字體區別於其他部分的文字，不標注「正文」字樣。「正文」校勘以擇善而從為原則，於帛書《老子》甲、乙兩本中相同的文字基本予以保留；相異之處則主要在甲、乙兩本中斟酌取捨，間或參以異本，並就其要者在「注釋」裡說明取捨情況；兩本皆殘損者，則以他本勘校補足。帛書中的古今字、通假字予以保留，並在「注釋」中簡要說明，異體字、俗體字則逕改，殘缺字、誤字、奪字、衍字、脫文等一律不於文中符號標注，相應補入的文字、改字等等亦不於文中符號標注，只擇其要者在「注釋」中予以說明。

六，「注釋」以疏通文義為主，間或涉及到對概念範疇、典章制度等的說明。於各種異說或擇其要，亦不以鋪陳羅列為能。對帛書《老子》甲、乙本的版本、校勘、文句、用字等的說明，前或加「按」字，以與說義相區別。

七，《老子》書素稱玄奧難懂，一是其思想的高深非一般人所能理解，二是使用的語詞與概念，其特異的規定性不易為我們所理解，三是語言表述的跳躍性很強。因此本書的「語譯」部分，我們更多地側重在對《老子》每一節論述的邏輯線索進行整理，並求取文字敘述彼此之間意義上的相互關聯。說到底，《老子》一書最為本質的是思想的著作而不是文學的著作，所以對老子五千言思想意蘊的把握，有時確乎要超越於文本之中具體的語言表達，而深入到思維的整體性與邏輯的一致性的層面。這就註定了簡單的文言今譯形式對於《老子》這本著作而言是遠遠不夠的。本書的「語譯」在《老子》各個章節的基本語言形式之上進行了一定程度的擴展，就是有鑒於此而進行的嘗試。

八，本書的中心部分就是「研析」。「研析」是為了幫助讀者更準確地了解《老子》每一章節所實際表達的思想。由於老子思想的內在邏輯並不那麼明顯地表現在《老子》這本書的篇章次第之中，也就是說《老子》八十一個章節，有一些章節所論述的內容是重複的，篇章次第的編排線索也不甚清楚，但總的來說，每一個章節都有一個相對固定的主題，論述都有一個相對側重的方面，而所有這些主題和側重，又確實結構起了一個系統完備的老子學說，這應該沒有問題。本書的「研析」部分力求結合《老子》的每一個章節的主題和側重，而又不欲拘泥於此，總要從老子學說的整體層面尋求依據，嘗試解釋這個章節所涉及到的具體問題，因此「研析」中對《老子》的引用，文字必以通達順暢為準，古今字、通假字一律逕改回本字，所論也往往會溢出所研析的文本範圍，成為相對而言各自起訖的解釋系統，而又力求彼此關聯，共同勾畫出老子學說這個更大的整體結構。

九，本書附有兩個「附錄」。「附錄一」為大家提供與帛書本《老子》密切相關的兩個傳世古本（王弼本、傅奕本）與帛書甲、乙本並本書「正文」使用的校定本的全文對照。「附錄二」擇要開列了《老子》的研究專著，供大家參考。

上編

第一節

【題解】本節文字，在通行本《老子》中為總第三十八章、《德經》之第一章。在帛書甲、乙本《老子》中，《德經》均被置於《道經》之前，故此節文字在帛書甲、乙本中，皆為全本之首節。此節帛書甲本殘損四十四字，乙本則相對完整，僅殘損四字。兩本相校，文字差異不大，且殘損文字可互為補足。

上德不德，是以有德❶。下德不失德❷，是以無德。上德❸，無為而無以為也❹。上仁，為之❺而無以為也。上義，為之而有以為❻也。上禮，為之而莫之應❼也，則攘臂而乃之❽，故失道矣❾。失道矣而後德，失德而後仁，失仁而後義，失義而後禮❿。夫禮者，忠信之泊⓫也，而亂之首⓬也。前識⓭者，道之華也⓮，而愚之首也⓯。是以大丈夫居其厚而不居其泊，居其實不居其華，故去彼取此⑯。

【注釋】❶上德不德二句　最高的德行，是不知道或根本不以為自己有德，這才是真正的有德。德，本字作「悳」，《說文》：「外得於人，內得於己也。从直从心。」德是《老子》中重要的觀念，與《老子》中另一個重要的觀念即「道」相為表裡，指能夠順應萬物存在之道，而達於自身存在的本質。❷不失德　求為有德，或處處表示自己有德。❸上德　（君主）推崇德。這裡的「上德」和首句的「上德」意義不同，此處之「上」通「尚」，指君主推崇或崇尚。以下「上仁」、「上義」、「上禮」之「上」用法同此。❹無為而無以為也　順應自然而動，不以己意而妄為。王弼《老子注》：「無以為者，無所偏為也。」❺為之　有所意願而為。❻有以為　知性發動、私欲興起之後的順心而為。❼莫之應　得不到回應。❽攘臂而乃之　舉起胳膊指使（別人）。攘臂，振臂。乃，通「扔」。《廣雅・釋詁》：「引也。」引申為牽拽。❾故失道矣　意謂上禮之事最終從根本上違背了以和諧共存為宗旨的大道。按「失道矣」三字，帛書甲本重，乙本並後世各通行本無之，今從甲本。❿失道矣而後德四句　帛書乙本四「後」字皆作「句」，「句」與「後」可通。甲本不誤。⓫泊　通「薄」。這裡指衰落、衰減。下「泊」字同。⓬亂之首　禍亂的起始、開端。⓭前識　一謂所謂先知先覺的識見，王弼《老子注》：「前識者，前人而識者」。一謂無根據的臆測，《韓非子・解老》：「前識者，無緣而忘（妄）臆度也。」一謂前識之「前」用為動詞，表示推重、推崇，猶「上德」、「上仁」之「上」。前識，推重識見，即以認識為先（前），而以私意妄為繼之者。⓮道之華也　道的細末、枝節、浮華（而不為道之本）。華，後來寫作「花」。⓯愚之首也　愚昧的開端。⓰去彼取此　去除浮華而歸於（大道）本根。按「彼」，帛書甲本作「皮」，乙本作「罷」，皆與「彼」字通。

【語譯】最高的德行就是根本不知道什麼是德，完全隨應自然的演化，這是真正的有德。次一等的德行才刻意求為有德，而這已經背離了自然本身，所以雖名為有德，其實卻是無德。推崇德的君主，效法自然所體現的大道，他們對萬物始終採取順應的態度，不以自己的意志干涉萬物的運行。推崇仁的君主，希冀發掘並順應人們心中仁愛的情感需求來調諧社會，他們始則有所為，而終至於人各自為。推崇義的君主，希冀基於人們之所當為，確立行為的標準來協調人與人之間的關係，他們始則有所為，作為之後不能一勞永逸，必須繼續作為。推崇禮的君主，以外在的規範來限制人們，讓人們順從自己的意願，一旦有人不遵循，統治者就擼胳膊挽袖子親自實施懲處，這就與大道徹底悖離了。大道淪喪，才會有德的提倡；德淪喪，才會有仁的提倡；仁淪喪，才會有義的提倡；義淪喪，才會有禮的提倡。禮這個東西，是忠信衰落之後出現的，是後世一切混亂的根源。那些推重識見的做法，是大道的枝末、愚昧和邪惡的起始。因此大丈夫要立身淳厚，而不自居澆薄；要把握天下之根本，而不拘泥於大道的枝末，所以要捨棄後者而取用前者。

【研　析】此節文字是帛書本《老子》的《德》篇之首，依照帛書本（甲、乙本相同）先《德》後《道》的篇章次序，則此節當為整部《老子》之首。帛書本《老子》出土後，人們經過考證比對，認為帛書本先《德》後《道》的篇章次序，應該是《老子》的本來面貌，通行本《老子》的先《道經》後《德經》，則是後人改易的結果。

那麼，作為一部意蘊深刻的重要典籍的首章，開宗明義，老子想表達什麼呢？

《老子》一名《道德經》，道與德是《老子》中最為重要的兩個範疇。如果說還有什麼範疇邏輯上更在兩者之上，那就是「自然」了。「人法地，地法天，天法道，道法自然」，對於老子來講，

「自然」才是貫通一切的終極狀態，也是人類生活的理想狀態，而「道」與「德」只不過是對「自然」的摹擬，在老子學說的整個體系構成之中，並不具備最終的意義。

人類的存在，是自然選擇的結果。自然的選擇賦予了萬物存在的合理性。自然之存在，是系統完整的存在，這在《老子》中被稱為「一」或者「大」。「一」的意義是一體無分，「大」的意義是含蘊一切。一切存在物只有融入萬物存在的整個系統之中，成為整個系統的有機組成部分，和萬物構成相互利益的和諧整體，自身才能獲得確實的保障，存在才會成為現實。人類也是如此。《莊子．馬蹄》：「夫至德之世，同與禽獸居，族與萬物並，惡乎知君子小人哉！同乎無知，其德不離；同乎無欲，是謂素樸；素樸而民性得矣。」莊子的「至德之世」，就是對這一時期人類生活狀態的想像和描摹。以後世所謂道德的觀念看待，這時的道，指稱的就是完美和諧的自然全體，而德則表現為人融入自然的系統之中，接受自然的支配和決定。《管子》：「德者，得也；得也者，其謂所得以然也」，《說文》：「悳（德），外得於人，內得於己也」，內在自我的心智欲望與外在於人的自然系統互相通達相互協調一致，就是德，也就是人的自然。人的自然與天地萬物的自然合一，或者說人的自然就存身於天地萬物的自然之中，接受著天道的支配。因此在人的世界裡，沒有後世聖人的那些所謂智慧，沒有超乎自然的欲望，當然也沒有對道德的講求，本節開篇所謂「上德不德，是以有德」，就是在說，真正廣大的德行，是與自然一體的，沒有名言上的「德」存在，因此也沒有對「德」的孜孜不倦的講求。

但是好景不長，伊甸園裡的生活終於還是結束了，隨著人類生活的社會化程度不斷提高，知識與能力的不斷積累，人不再滿足於那種簡單快樂的生活，不再甘心完全受制於所謂天道，而要開闢自己的路，於是前瞻未來、引領風氣的聖人出現了，人類社會的觀念與制度的創造開始了。《莊子・馬蹄》：「及至聖人，蹩躠為仁，踶跂為義，而天下始疑矣；澶漫為樂，摘僻為禮，而天下始分矣。」人類由此而逐漸從自然之中分離出來，背離了老子所謂「天之道」而走上了自我確認、自我創造的所謂「人之道」。上德、上仁、上義、上禮，所敘述的就是這種分離與創造日漸加劇的過程，也是「人之道」日漸顯現的過程。

「人之道」同樣也是「德」，只是它並非得自於存在之全體，而是得自於人性以及人類社會這些具體的存在現實。而老子通過對自然以及人類社會細緻的觀察與總結發現，一切基於具體存在而生的觀念或制度形式，無論它的開始是什麼樣子的，終究會在發展之中走向自己的反面，所謂「正復為奇，善復為妖」（本書第二十一節，通行本第五十八章）意即在此。落實於具體的社會實踐中，就是凡有創造，必生弊端。因此區分天人的努力一旦開始，就不得不日漸加劇，於是「人之道」的創設就只能沿著既定的方向一直走下去，「上德」不足，則繼之以「上仁」；「上仁」不足，則繼之以「上義」；「上義」不足，則繼之以「上禮」。「上禮，為之而莫之應也，則攘臂而扔之，故失道矣」，在老子看來，「上禮」已然是大道徹底淪喪的標誌了，究其原因，大概是德、仁、義三者，於自然所表現於人心的忠信還未完全失落掉，所以於道不為全失。「上禮」則不然。禮作為政治設置，所依靠的完全是外力的束縛與壓迫，所謀求的完全是私利滿足，所表現的完全是彼此的對抗，自然的精神終於在人類社會的組織秩序之中徹底喪失，社會也因此陷入永不停息的紛爭和混亂之中，所以老子說「夫禮者，忠信之薄也，而亂之首也」——然而「上禮」猶有不足，於是只能繼之以刀鋸鼎鑊了。由此可知，在「人之道」的演進途中，制度越是發展，越是依存於人之劣根性、依存於暴力；而制度越是細密，體系就越脆弱，社會也就越是深陷於爭鬥之中。

面對如此嚴峻的社會現實，根本的解決之道，就是摒棄「人之道」，回歸到自然之中，這是老子所極力主張的。但是人智開張、欲望叢生已成為現實，想要絕滅這一切，使得人類社會整體回歸到蒙昧混沌的自然之中已屬不能，只能訴諸於理性和智慧，使得人們迷途知返。作為理性建構，老子的「道」與「德」其實並沒多麼虛玄，「道」是對自然整體存在法則的概括和提升，而「德」則是對人類自然的生活狀態的摹擬，這兩者都是理性作用的產物，也是理性選擇的結果。在老子學說的體系結構之中，「可道」之「道」因為涉於名言、關乎人智，所以並非「恆道」；「無為而無以為」的「德」因為基於選擇、需要人力把持，所以實為「下德」。兩者雖然都是自然廣大的德行喪失之後的產物，但是在精神上卻還與自然相通，較之本於人心的「仁」、本於社會倫理的「義」，尤其是本於單純的人類社會行為規範的「禮」，老子的「德」更接近於自然全體的精神。

每一個命題都有其產生的世紀，每一種思想都有其針對的現實。老子之所以把自然抬高到無以復加的地位，把人類生活的理想寄託於邈遠深邃的遠古，其真正的意義在於對當時的社會現實的揭露和批判，而並不在於所謂歷史觀上的進步還是倒退。老子之所以不朽，《老子》書之所以成為中國傳統文化經典之中的經典，就是因為老子的批判不但觸及到當時社會的痼疾，還因為其深刻和犀利直抵人類社會制度的某些基本結構形態與生俱來的弊端，因此任何時候讀起來，都會感受到它所具備的深刻的警世意義。

第二節

【題解】 本節文字，在通行本《老子》中為總第三十九章、《德經》之第二章。在帛書本中，為《德經》之第二節，亦為《老子》全本之第二節。此節帛書甲本殘損二十二字，乙本則較為完整，僅殘損四字。兩本相校，文字差異不大，且殘損文字可互為補足。

昔之得一者❶，天得一以清❷，地得一以寧❸，神得一以靈❹，谷得一以盈❺，侯王得一而以為天下正❻。其至之也❼，謂天毋已清將恐蓮❽，謂地毋已寧將恐發❾，謂神毋已靈將恐歇❿，謂谷毋已盈將恐渴⓫，謂侯王毋已貴以高將恐欮⓬。故必貴而以賤為本，必高矣而以下為基⓭。夫是以侯王自謂孤寡不穀⓮，此其賤之本與⓯，非也？故致數與無與⓰，是故不欲祿祿若玉，硌硌若石⓱。

【注　釋】❶昔之得一者　自古那些能夠使自身融入整體和諧的「一」之中者。昔，指初始之時。一，整體與系統的存在之大全。❷清　溫潤清明。❸寧　厚重安定。❹靈　神妙靈異。❺谷得一以盈　盈，充盈；充滿。按「谷」，帛書《老子》甲、乙本多寫作「浴」，當為「谷」之異體，後逕改。❻侯王得一而以為天下正　正，表率。按此句帛書甲本無「天下」字，此從乙本。❼其至之也　謂推演自我而達於極端。按此句帛書乙本無「之」字，此從甲本。❽謂天毋已清將恐蓮　天如果一個勁地只是清明，天恐怕就得崩裂。毋已，無節制；無休止。後句中的四個「毋已」意義相同。蓮，通「裂」。按「謂」，帛書《老子》甲、乙本皆作「胃」，後逕改，不復出校。❾發　字當通「廢」，意為廢止無用。按此字甲本殘。❿歇　停止；作廢；無效用。⓫渴　通「竭」。窮盡。⓬欮　通「蹶」。摔倒；垮臺。按此字甲本殘，乙本作「欮」。⓭故必貴而以賤為本二句　所以要想保持尊貴必須以卑賤為根本，要想處身高顯必須以低下為根基。本，根本。基，基礎。⓮孤寡不穀　三者皆為古代諸侯國君的自稱之詞。孤，少而無父。引申為無所憑依。寡，老而無夫。君王用為自稱，意思是缺乏（德行）。不穀，不成熟；不飽滿。引申為不善。⓯賤之本與　以賤為本。與，後來寫作「歟」，語氣詞。⓰致數與無與　想要多多地招致好名聲，反而什麼也得不到。致，招致；引致。數，多。與，一說通「譽」，榮譽；一說當如帛書乙本作「輿」，本指車馬，這裡代指富貴權勢。⓱是故不欲祿祿若玉二句　因此君王不應像眩目耀眼的寶玉那樣顯現自己的尊榮，而應當像滿地皆是的石頭一樣不受人家的注意。祿祿，玉色晶瑩貌。硌硌，質樸無華。

【語　譯】任何事物，只有融入到廣大無垠的自然系統之中，與萬物保持和諧一致的關係，才能長久地存在下去，自身的生存也才能充分得到保障。天保持與自然的一體無分，天才會清明，地保持與自然的一體無分，地才會厚重安定，神保持與自然的一體無分，神才會神奇靈異，川谷保持與自然的一體無分，川谷才會融通眾流達於盈滿，君王保持與自然的一體無分，君王才會成為天下的表率。如果不顧自然系統的決定，無限推演自我，事物就會走向自己的反面，天如果一個勁地只是清明，天恐怕就得崩裂；地如果一個勁地只是厚重安定，地恐怕就得壞廢；神如果一個勁地只是靈異，神恐怕就得失去功效；川谷如果一個勁地只是盈滿，川谷恐怕就得枯竭；君王如果一個勁地只是追求尊貴高顯，君王恐怕就得從他的高位上摔下來。所以要求尊貴必須以卑賤為根本，處身高顯必須以低下為根基。所以君王要用「孤」、「寡」、「不穀」這樣卑賤不祥的名稱來稱呼自己，用這些卑賤不祥的名稱稱呼自己，正有利於成就他們的尊貴，難道不是這樣嗎？為獲得聲譽而迫不及待地自我稱頌、自我拔高，往往適得其反。所以君王不應像眩目耀眼的寶玉那樣顯現自己的尊榮，而應當像滿地皆是的石頭一樣不受人家的注意。

【研 析】什麼是老子的「一」，一直是個有爭論的問題。很多人把「一」和「道」當作同質異字的概念處理，這其實是一種錯誤。老子說「道生一」（本書第五節，通行本第四十二章），如果「道」就是「一」，這句話就不好解釋了。其實綜合《老子》中對「一」的論述，不難發見「一」的真義。簡單地說，老子的「一」在存在論的意義上，指的是自然無分、整體和諧的原初狀態；而在認識論意義上，則相對於人的意識介入之後的「有名」狀態，指示認識尚未發生或者絕去名言之後的「無名」的狀態。「一」並不是「道」，「一」是符合「道」的存在現實，其意義側重在狀態上的一體無分。一物之存在，相對於整體與系統的「一」而言，僅僅是部分之於全體，是自身都不完整的相對——一切具體存在，都受制於「一」這個整體、為「一」所決定。相對於作為全體的、系統的「一」，具體事物自身有些什麼樣的規定性、具備什麼樣的存在本質，其實並不重要，重要的是事物在整體之中充當了什麼。這就是說，事物存在，依據並非由事物自身所提供，而是由整個存在系統（「一」）所決定的，是系統整體選擇的結果。相對於「一」而言，所有的具體事物存在都是當下的、現實的、個性化的，因而在認識論上都是相對的。它們所具備的所謂本質，並非先天固有，而是在系統的牽引之下，在不斷的演化過程之中實現的，而決定這種演化軌跡的，是整個系統的構成法則，即「道」。事物存在只有在自身與萬物相互構成和諧統一的整體之時，事物自身的存在規定性才可以顯現；萬物和諧只有在各種事物都實現了自身規定性的時候，萬物和諧才可以達到。因此從具體事物存在的角度，如何擺正在整體之中所處的位置，就是自身是否可以長久存在下去的關鍵問題了。簡言之，任何存在物，必須在與萬物存在的關係之中定義自身，必須在與萬物存在的整體協調之中保全自身，存在才成為可能，這是一方面；另一方面，事物存在，只有在積極努力的完善自我的基礎上，主動參與到構建整體和諧的進程之中，存在才是有意義的，生命形態才是完整、飽滿的。這是老子「得一」之論的奧義所在，也是老子「天之道」的精神所在。

與老子宣導的「天之道」相對，「人之道」對於萬物存在，則取用的完全是另一種觀念。在「人之道」的系統之中，自我是天地萬物存在的尺度，一切皆以自我為中心、以自利為目的、以時運為轉移，而外物只是滿足私利的工具和手段。自我與萬物之間構成的這種互相對立的關係，在私欲和權力的鼓動之下越來越不可調和，世界由此陷入爭鬥之中。為平抑爭鬥，聖人設立各種的制度，而各種制度的實施，卻反過來更加催生了自我的膨脹，於是更為慘烈的新一輪爭鬥又會展開。這樣的慘劇持續不斷地上演，人類社會由此陷入了萬劫不復的災難之中。正是有鑒於此，老子才發為此節之論，「天得一以清，地得一以寧，神得一以靈，谷得一以盈，侯王得一而以為天下正」。反之，如果不背棄「人之道」回到「天之道」，與萬物結為相互協調、互為利用的關係，而是無限地膨脹自我，那即使是天地神靈，也難逃崩潰滅亡的命運，「謂天毋已清將恐裂，謂地毋已寧將恐廢，謂神毋已靈將恐歇，謂谷毋已盈將恐竭，謂侯王毋已貴以高將恐蹶」，最後一句，是給高高在上的人間君王敲響的警鐘，也是此節文字的中心意旨之所在。「故必貴而以賤為本，必高矣而以下為基」，不要以自己的尊貴傲視百姓，不要為滿足自己的私欲驅使百姓，而應當回歸到「天之道」的坦途之上，回歸到社會大眾的實際生活之中，積極成為社會生活乃至自然存在的整體和諧之中的有機分子，切實發揮作為君主應該起到的作用，這樣君王才有可能長久保持自己的地位。否則，身死國滅就幾乎是必然的。

第三節

【題　解】本節文字，在通行本《老子》中為總第四十一章、《德經》之第四章。在帛書本中，為《德經》之第三節，亦為《老子》全本之第三節。此節帛書甲本殘損過甚，僅存二字，乙本則較為完整，僅殘損八字。今以乙本為底本，而以通行各本補之。

上士❶聞道，堇能行之❷。中士聞道，若存若亡❸。下士聞道，大笑之❹。弗笑不足以為道。是以建言❺有之曰：明道如費❻，進道如退，夷道如類❼。上德如谷❽；大白如辱❾；廣德如不足；建德如偷❿；質真如渝⓫；大方無禺⓬；大器免成⓭；大音希聲⓮；天象無刑⓯。道褒⓰無名。夫唯道，善始且善成。

【注釋】❶士　有知識才藝技能的人眾。❷堇能行之　一說「堇」與「勤」通，「勤能行之」，謂能夠勤勉地踐行。一說「堇」通「僅」，僅只。一說「堇」通「謹」，謹慎。❸若存若亡　意思是將信將疑。❹下士聞道二句　下士聞道，則以為是空泛無物的虛言妄語。大笑之，通行本有作「大而笑之」者，則「大」當解為空泛無物。笑，譏笑。❺建言　解說不一，有人說是書名，有人說建言就是格言成語。❻費　借為「昲」，《說文》：「昲，目不明也。从目，弗聲。」❼夷道如類　平坦的道好像凹凸不平。夷，平。類，通「纇」。本義為多節，引申為凹凸不平。❽谷　川谷。❾辱　汙穢；骯髒。❿建德如偷　強健的德好像很苟且懈怠。建，通「健」。強健有為。偷，苟且；懈怠。⓫質真如渝　品質最為純正的人好像沒有什麼堅守。渝，變化；改變。⓬禺　通「隅」。角。⓭免成　一說「免」通「晚」，通行各本皆作「晚成」，義為成就於將來；一說「免成」就是不成、無成。⓮希聲　聽不到聲音。《老子》：「聽之而弗聞，名之曰希。」（本書第五十八節，通行本第十四章）⓯天象無刑　「天」乃「大」字之誤，「刑」與「形」通。⓰褒　盛大貌。

【語譯】上等智慧的人聽到了道，就努力地去實行；中等智慧的人聽到了道，將信將疑；下等智慧的人聽到了道，會把它當成虛言妄語來譏笑。不被這樣的人譏笑也就不成其為道了。所以古語說：明白顯達的道好像黯然無光，使人向上的道好像抑人後退，平坦暢達的道好像崎嶇不平。最高的德行好像川谷一樣卑下；最純正的白色好像汙穢不堪；最為廣大的道好像非常狹小；最強健的德好像非常懈怠苟且；品質最為純正的人好像沒什麼堅守的德操；最大的方形沒有棱角；最大的器物總是成就在將來；最大的聲音人們聽不到；最大的形象不是任何具體的形體所能充任。道相容萬物盛大無比，非一般認識方法所能夠揭示。只有道，能夠使事物以最好的狀態開始，並以最好的狀態完成自身。

【研　析】春秋戰國時期，百家之學各以其道相標榜，遂至於大道歧離，不能相通。但就一般情況而言，百家之道除老子外，都在強調個人或者人類社會之特異，而老子之道，則更多地著眼於整體，強調整體之內各個部分之間彼此適應、協調與密不可分的關係。在老子看來，任何具體的存在，其存在的依據都不在自身，而在於其所置身的整體，因而任何具體存在，都映現著整體存在的法則或者規律。這個法則或者規律，就是一物之存在，必然以整體之存在為前提，必然要在與整體中他物的互利關係之中保障自身存在。落實於具體的行為表現，就是不斷削減對自我的確認和強調，而力求融入到整體的系統之中，接受整體的支配，並通過利益他者（這是手段）而達到自利的目的。用一句話概括，就是自利而利人、自愛而愛人，是一切具體存在物最終的自存之道。

這種「道」不是任何人都可以理解的，更不是任何人都可以依此施行的。這固然有智力方面的原因，然而更重要的，則是人們心中不斷衍生的欲望，以及滿足這些欲望的衝動，確實造成了理解和施行老子之所謂「道」的巨大障礙。因此那些踐行大道的人，在尋常人看來難以理解，不可思議，是愚蠢，是倒退，是誤入歧途，是自找麻煩、自尋煩惱。而老子說，正是這種一般人看來不正常的人，才是真正走上大道的，只有他們才能夠在最大意義上保有人的本質，才能夠真正尋求到自身最大的利益並且長久地保有它。

整體觀念是老子關於存在理論的基本觀念。人類社會只是自然整體之中的一個部分，個人只是人類社會這個整體之中的一部分。相對於特定的事物，整體可以劃分為不同的層級，而事實上老子確實為我們進行了這方面的嘗試。本書第十七節（通行本第五十四章）：

善建者不拔，善抱者不脫，子孫以祭祀不絕。修之身，其德乃真。修之家，其德有餘。修之鄉，其德乃長。修之邦，其德乃豐。修之天下，其德乃溥。以身觀身，以家觀家，以鄉觀鄉，以邦觀邦，以天下觀天下。吾何以知天下之然哉？以此。

相對於一身，家是整體；相對於一家，鄉是整體；相對於一鄉，國是整體；相對於一國，天下是整體。世俗的觀念，是以身謀家、以家謀鄉、以鄉謀國、以國謀天下，而老子的觀念，則是以身觀身，以家觀家，以鄉觀鄉，以邦觀邦，以天下觀天下。兩種觀念的對立，就是世俗之所謂「道」與老子之所謂「道」的對立。一切萬物的真正統一，都是在整體觀念基礎上的統一，而不是在彼此對立的關係之中，以「有為」化解矛盾而達到的暫時的統一。老子的「無欲」、「無為」，都是基於此而生發出來的。這種意義上的「無」，實際體現著對個體的抑制和否定，通過這種抑制和否定，「無」建立起了萬物統一的整體立場。作為個體的人，悟道行道的努力，就在於這種整體觀念的建立，以及按照這種觀念的指引，削減私欲、順道而行的自覺作為。

基於整體的立場對待萬事萬物的區別，就是行「道」之人所應把持的態度。「大方無隅；大器免成；大音希聲；大象無形」，萬物存在，各隅其隅，各成其成，各聲其聲，各形其形，各美其美，各白其白；而能包蘊一切，是為「大美」、「大白」、「大象」、「大音」。各隅其隅，各成其成，這是萬物的自然；侯王行道，而能包蘊這一切，不自倡、無自為，就是順應萬物之自然，就是「大」之所以為「大」者，亦是道之所以「恆無名」、褒無欲、主無為之真義。侯王非但自己不提倡，無所為，而且還要防止那些聖智之士有所提倡、有所作為，因為一旦有所提倡，則即刻為「小」，而不復為「大」矣。本書第一節（通行本第三十八章）之「上德」、「上仁」、「上義」、「上禮」，即是有所提倡、有所為，有所提倡則對立立生，有所為則爭鬥立現，則雖「攘臂而扔之」，天下亦不能得到有效的治理。

第四節

【題 解】本節文字，在通行本《老子》中為總第四十章、《德經》之第三章。在帛書本中，為

《德經》之第四節，亦為《老子》全本之第四節。此節帛書甲本殘損十三字，乙本則較為完整，僅殘損三字。兩本相校，文字差異不大，且殘損文字可互為補足。

反也者，道之動也❶。弱也者，道之用也❷。天下之物生於有❸，有生於無❹。

【注　釋】❶反也者二句　任何具體的「有」都將復返於一體無分的「一」之中，這是道作用的結果。反，復返；返回，《說文》：「反，覆也」。道之動，道的運動。❷弱也者二句　柔弱守雌是利用道而保全自身的最好方法。弱，意思是聽從道的決定，即老子所說的柔弱守雌。道之用，對道的運用。❸天下之物生於有　天下之物都是基於具體實有的存在物的形態、特徵（而得名）。有，實有；實體。❹有生於無　一切具體實有的存在，都是由一體無分的「一」所決定。

【語　譯】任何事物都生成於整體與系統的「一」的需要，並在整體與系統的決定之下，在自身功能發揮的過程之中走向衰亡；而要在這樣的規定性中求得自身的長久，就必須主動地隨應「道」的法則變化自身、時時與外物保持相容相利的關係。萬物的區別來源於具體真實的存在，具體真實的存在來源於整體與系統的「一」。

【研　析】此節文字，其涉及到的概念和命題，對於理解老子思想的意義非常顯明，重要性毋庸置疑。但同時，由於其文字敘述過於簡略，遂致解釋空間增大，而導致意見紛披，異說雜陳，使人有無所折中之感。類似的章節，《老子》中還有一些，但比較起來，此節最是令人難以措手。什麼是「反」？「弱也者，道之用」又是什麼意思？「天下之物生於有，有生於無」，當如何與《老子》中其他關於「有」、「無」的論述相銜接？這些都非三言兩語所能說清。

在後面相關章節的「研析」裡我們會說明，在老子看來，天下萬物，都是存在整體與系統的「一」，按照自身和諧自足的需要而生出的，這個從「無」到「有」的過程，在老子那裡應該屬於「自然」，「一」生成什麼，如何生成，既非人力所能控制，也非人們所能認知，完全受決於整體與系統演化的需要。而「天下之物生於有，有生於無」中的所謂「無」，指的就是這個整體與系統的「一」——老子的「一」之所以被稱為「一」，就是強調其無分別的渾然一體的屬性，也就是老子之所謂「有名」的不存在、人們認識的未發生作用，所有這一切歸結起來，就是這裡的「無」所蘊含的意義。所謂「有生於無」，就是在說整體與系統的「一」才是天下之物生成的原因——簡言之，整體與系統的「一」，是一切具體存在的依據，一切具體事物之所以存在，都是整體揀擇的結果，都從屬於整體與系統的需要，因而本質上都是整體與系統自身的顯現。

與「有生於無」相對的是另一個過程，就是從「有」到「無」的過程——具體到生命形態，就是從「生」到「死」的過程，老子之所謂「出生入死」（本書第十三節，通行本第五十章），是說人們生命的過程，就是不斷走向死亡的過程；擴展到一切具體之存在，就是佛家之所謂成住壞空的一貫，就是對自身存在形式的否定過程。伴隨著這樣一個過程，人們的認識開始發揮作用，「有」開始被分別為各種事物的類，概念開始起到標識各類事物的功能，這是「有名」的階段，也是本節老子之所謂「天下之物生於有」所表達的意義。

世間萬物從「無」到「有」，取決於整體與系統的「一」，而整體與系統的「一」出於何種動機生成萬物，本質上是人的智慧無法預知、人的力量無法操控的——相比於整體與系統的「一」，人類縱或有能力時出創造，泰半也是出於整體與系統的「一」對人有所假借。除此之外，就只不過是奇技淫巧而已，補天道之未洽則不足，反倒是惑亂人心有餘。對此類創造物，老子可謂深惡痛絕，「人多智，而奇物滋起。法物滋彰，而盜賊多有」（本書第二十節，通行本第五十七章），「絕巧棄利，盜賊無有」（本書第六十三節，通行本第十九章），正謂此者。

人雖然無力干涉萬物之從「無」到「有」這一過程，但在從「有」而至於「無」的這個過程裡，人卻是可以大有作為——「反也者，道之動」，從「有」而至於「無」，從「生」而至於「亡」，相對於從「無」到「有」，就是事物之「反」的過程。這個過程中，萬物存在既已顯現，其「反」歸於「無」的運動變化的軌跡，也就可以為聖人認識、把握和利用——「道」於此生成，「德」因此確立，甚而可以說，老子的整個學說體系，都是建立在「反」這個基礎之上的。

「反」作為過程，本質上與萬物生成的過程相接續，構成一個完整的循環，因此它也是老子所崇尚之「自然」的顯現，遵循的也還是「自然」的法則——這個法則，經過老子的總結提升，凝聚為「道」這個範疇的本質內涵，形成對所有具體事物存在與變化的概括。本書第四十九節（通行本第五章）「天地不仁，以萬物為芻狗」，就是「自然」與「道」對於具體存在的基本規定——天地或者存在整體與系統的「一」，並不偏私哪種事物，用之則生成維護之，捨之則摧折覆亡之，是生成維護還是摧折覆亡，全看事物自身是否對於整體與系統的和諧有所成就。人如果純粹順應「自然」與「道」的這種決定，而甘願承受「芻狗」的命運，這是人的蒙昧，也是人的自然。聖人則否。聖人從萬物生滅之中體認大道，就是為了借助於「道」的力量，隨時變化自身以隨應「道」的需求，如此就可獲得「道」對自身存在以及自身利益的長久保障，最終擺脫「為芻狗」的境地，達到「長生久視」的人生目的。

與「反也者，道之動」意義密切相關的，就是下文之所謂「弱也者，道之用」。「弱」、「柔」、「柔弱」等等，在《老子》中常見，也經常被後世研究者舉為老子學說之最為獨特的思想特徵。但是對什麼是「弱」，以及與「弱」、「柔弱」相對的「剛」、「剛強」、「強梁」又有何種規定，為什麼老子會說「柔弱勝剛強」，等等問題，則少有學理上的探究。其原因皆出於對「反也者，道之動」這一命題未能明瞭。明白了「反」的意義，就會知道，所謂「弱」、「柔弱」，其實就是主動接受自身所處的系統或整體的決定，擺正自身在整體之中所處的位置，在積極努力的完善自我的基礎上，主動參與到構建整體和諧的進程之中，在與萬物存在的整體協調之中保全自身。與之相反，所謂「剛強」，則是立足於自身之所謂「本質」而生，是對自我的刻意擴張，是脫離系統或整體制約、片面追求自身之所謂本質實現的固執與妄為，是對「道」的反叛，因而註定要被「道」所摧折。

「柔弱」不是對一切現實不加選擇的服從，更不是對惡的妥協，恰恰相反，它是對真理性的、對善的固執和順從，是對不摻雜任何私欲的純粹的理性所自主選擇的「道」的固執和順從。而對於世俗生活中的那些虛偽和狡詐、陰謀與爭鬥，則始終表現出一種勇於批判、積極反抗的意識——老子以及老子所代表的道家學派，歷史上主要是以「反社會」的面目出現，其原因就在這裡。在這種意義上，老子思想，和歷史上之所謂「陰謀論」者絕相區別。認識到這一點，對評價老子學說有著極其重要的意義。

第五節

【題解】本節文字，在通行本《老子》中為總第四十二章、《德經》之第五章。在帛書本中，為《德經》之第五節，亦為《老子》全本之第五節。此節帛書甲本殘損二十五字，乙本殘損三十六字。兩本殘損文字互補而不足處，以通行各本補之。

道生一❶，一生二，二生三，三生萬物❷。萬物負陰而抱陽❸，中氣以為和❹。天下之所惡❺，唯孤寡不穀❻，而王公以自名也。勿或敗之而益，益之而敗❼。故人之所教，夕議而教人❽。故強良者不得死❾，我將以為學父❿。

【注釋】❶道生一　「道」一旦確立，蒙昧混沌的自然就會顯現為和諧的「一」。❷一生二三句　「一」指存在整體，「二」指整體之中存在的對立和分別，「三」指相互對立和分別的事物之間的和合統一。三生萬物，意思是萬物都是遵循了這樣的法則因而得以存在。❸萬物負陰而抱陽　這裡指萬物彼此之間存在上的互相聯繫與功能上的互為補充。負，通「背」。❹中氣以為和　萬物雖沖湧搖蕩變化多端，但仍然彼此和諧。中，通「沖」。《說文》：「沖，湧搖也。」氣，精氣，《易・繫辭》：「精氣為物」，引申為實。和，和合。❺天下之所惡　所惡，厭惡的東西。按此句「天下」，帛書乙本作「人」，此從甲本。❻孤寡不穀　三者皆為古代諸侯國君的自稱之詞。孤，少而無父。引申指無所憑依。寡，老而無夫。君王用為自稱，意思是缺乏（德行）。不穀，不成熟；不飽滿。引申為不善。❼勿或敗之而益二句　事物有時折損它，得到的結果反而是增益了它，有時增益它，得到的結果反而是折損了它。勿，通「物」。按「敗」，帛書乙本作「云」，並當通「損」。另「敗之而益，益之而敗」，帛書乙本句或倒置。❽夕議而教人　也照樣教給人們。夕，與「亦」音近而誤。議，通「儀」。引中為依樣；一說據通行本，「議」當讀為「我」。❾強良者不得死　強求顯揚自我的人不得善終。良，通「梁」。強梁，強悍剛勁，這裡指逆道而行，只求顯揚自我，猶「侯王毋已貴」之類者。不得死，不得善終。❿學父指學說的基本信條、綱領。

【語　譯】「道」的確立，使得蒙昧混沌的「自然」顯現為內在和諧的整體與系統的「一」；它是存在之大全，內中充滿了運動與變化，而所有的運動與變化為「道」所控制。「道」通過生滅兩端，使得「一」之中所包含的存在上互相聯繫、功能上互為補充的萬物，都現實地體現著「一」之和諧穩定的需求。因此「一」之中的萬物存在雖沖湧搖蕩變化多端，但仍然彼此和諧。人們所厭惡的，就是孤、寡、不穀這樣的東西，而王侯們卻拿來作為對自己的稱謂。事物有時貶低它，得到的結果反而是抬高了它，有時抬高它，得到的結果反而是貶低了它。別人教給我的，我依樣教給你們，強求顯揚自我的人不得好死，我把這句話作為我的學說最基本的信條教給你們。

【研析】本節文字的前半部分，現在的研究者一般以所謂宇宙起源論視之，謂「道」生萬物，則「道」當對應於哲學中之所謂「本原」範疇，是宇宙萬物的根基。進而言之，所謂「道生一」，謂「道」自本自根，未有天地，自古以固存；「一生二」，為「道」這個根本化生為陰陽二氣；「二生三」，則為陰陽二氣相交而生和氣；和氣生萬物，於是「三生萬物」，世界由此展開。具體表述或彼此稍異，但方法論上對宇宙生成論的附會，則並無二致。

一、二、三是數，而數是抽象的存在。把數還原為所指代的具體事物，譬如說「一」就是「道」，而「二」就是陰陽二氣，「三」就是陰、陽二氣相互激蕩而生的「和氣」，儘管從本節文字中似乎可以找到相應的提示，但仍然屬於危險的舉動。尤其是「道生一」，如果「道」真的就是「一」，則「生」字何來？再如「一生二」，「道」是何時、出於何種動機、在什麼條件下分化為陰陽的呢？

古代典籍，如《論語》、《老子》等等，篇、編或冊、卷之分，主要以竹簡抄寫的字數為限；而分章分節，尤其是分節，則基本都是以所描述的情景或闡釋的問題為依據。本節文字，若以前二十五字單獨成節（或章），或者主「宇宙生成」說者尚能託詞。問題是此後的五十字，無論在簡帛本還是各種傳世的《老子》版本中，都是附在前二十五字之後，兩者顯然同屬一節（或章）。那麼，如果前二十五字是宇宙論，它與後五十字所論述的內容，有怎樣的聯繫呢？如果不是，那前面的這二十五字，究竟是在說什麼呢？

從已知推求未知，我們不妨先看本節後面五十字的意義為何。「天下之所惡，唯孤寡不穀，而王公以自名也」，類似的說法見於本書第二節（通行本第三十九章）：「故必貴而以賤為本，必高矣而以下為基。夫是以侯王自謂孤寡不穀，此其賤之本歟，非也？」王公大人居於萬民之上，身分貴重，而以孤寡不穀自名，這就是切身實踐老子之所謂「聖人之欲上民也，必以其言下之；其欲先民也，必以其身後之」（本書第二十九節，通行本第六十六章）。孤寡不穀自名，就是「以其言下之」，唯言能下之，才能乘用百姓而為王公，最終成就「上民」之實——此即後文所說的「損之而益」。這一上一下、一先一後所寄託的意義，就是指聖人侯王由高居於萬民之上、與萬民相互對立，而反於與萬民一體、互利而不相害的社會系統，才能「居前而民弗害也，居上而民弗重也。天下皆樂推而弗厭也」（同上），這整個的過程，按照老子在本書第二節（通行本第三十九章）的說法，就是「侯王得一而以為天下正」。若昧於此道而「毋已貴」——侯王把所有努力都指向強化自己的權勢與地位，則「以高將恐蹶」，終將面臨倒臺——「益之而損」即此之謂，「強梁者不得死」亦此之謂也。

所謂「得一」的「一」，並不是聖人侯王所把持的對象。「得一」真實的意思，是說聖人侯王能夠投身於整體與系統的「一」之中，並通過自身功用的發揮，與萬物存在構成互為利用、互相成就的和諧關係，「天得一以清，地得一以寧，神得一以靈，谷得一以盈，侯王得一而以為天下正」（本書第二節，通行本第三十九章），是天、地、神、谷、侯王之「得入於一」——「一」在這裡表示的，就是整體與系統的和諧。循著這種思路向前推演，我們不妨把本節中的「一」也直接界定為一體之和諧，而「道生一」的意思就是「道」生成和諧。

老子之所謂「一」，不是萬物存在形式上的單一，而是萬物存在的整體與系統，這從老子對「一」的規定中可以看出。本書第五十八節（通行本第十四章）：

視之而弗見，名之曰微。聽之而弗聞，名之曰希。揩之而弗得，名之曰夷。三者不可致詰，故混而為一。一者，其上不皦，其下不昧。繩繩呵不可名也，復歸於無物。是謂無狀之狀，無物之象，是謂惚恍。隨而不見其後，迎而不見其首。執今之道，以御今之有，以知古始，是謂道紀。

對於這一段文字的分析，可參閱該節的「研析」部分。從老子之「自然」與「一」所指代的現象上看，「自然」其實就是「一」。兩者不同的是，「自然」是人的理性尚未介入之時的存在現象，蒙昧混沌或者雜亂無章；而「一」則是蘊涵了人類理性或者說經過人的思維整理過的世界，規則顯明、條理清楚。「自然」之中沒有「道」、沒有整體或系統的構建，它只是現象性的；而這一切由於人類理性的介入，現象才深化為本質，雜亂無章才轉化為法則鮮明，「一」與「道」這兩個範疇由此產生了——正是因為人類理性發現了「道」，萬物存在才從繁雜混亂的「自然」過渡到整體與系統的「一」，這應當就是老子之所謂「道生一」的真實意義。

通觀《老子》，其實「一」與「道」這兩個範疇分別得很清楚。「一」是指萬物存在的整體與系統——是整體，就意味著其構成不是單一的，而是由眾多的具體存在聚合在一起共同顯現；是系統，就意味著萬物聚合的方式不是簡單羅列或相加，而是有秩序、有規則、有法度的——「道」就是這種秩序、規則、法度的代稱。

「一」作為整體與系統，內中充滿了運動和變化，這由「萬物負陰而抱陽，沖氣以為和」所體現。萬物沖湧搖蕩，無時或息，生滅相續，惚恍難言，然而「一」卻不皦不昧，繩繩歷歷，宛然可知。何以如此?是因為作為綱紀的「道」,從「古始」之時就在以死生兩者制約著萬物的變化,遂使「一」既不會因為無限膨脹而導致自身的分裂,也不會因為無限收縮而導致對自身的否定。本書第四十九節(通行本第五章):

> 天地不仁,以萬物為芻狗;聖人不仁,以百姓為芻狗。天地之間,其猶橐籥歟,墟而不淈,動而愈出。

「一」生成萬物並包容萬物的存在,是因為「一」需要萬物各自發揮自身的功能,以成就整體與系統的和諧;「道」以生死兩者決定萬物之存在與否,維護著「一」運動變化的每一個步驟和細節——整體與系統需要某種具體事物存在發揮其功用,「道」就生成它、保障它;反之,則摧折它、毀滅它。這事實意味著,萬物的存在,是以整體與系統的「一」對於它的功能需求為保障的,萬物在整體與系統之中的功能屬性,是自身存在的前提和基礎。反過來說,任何現實的存在,都證明著自身和同在一個系統之中的他物彼此之間構成著某種存在上的聯繫和功能上的交換。「萬物負陰而抱陽,沖氣以為和」,所謂「負陰而抱陽」,正是指這種存在上的聯繫和功能上的交換;所謂「沖氣以為和」,則是指由於這種聯繫與交換的存在而構成的萬物之間的互為前提、互為條件、互相利益、互相成就的和諧關係——譬猶天、地、神、谷、侯王之「得一」而在。不能「得一」的東西,已然為「道」所斫殺或正在被斫殺,已然被「道」所淘汰或正在被淘汰,而能在「一生二,二生三,三生萬物」這樣一個不斷延續的過程中存留下來的現實存在,其存在本身的現實就證明著它們作為存在的合理性或者說合「道」性；那麼反過來，把握住「道」的原則，並以整體與系統的現實存在為基礎，理論上就可以向上回溯，推究「古始」，本書第五十八節（通行本第十四章）所謂「執今之道，以御今之有，以知古始，是謂道紀」，可為證明。

必須說明的是，上述種種，都是由區別於「人之道」的「自然」或者「天道」支配之下的萬物存在的整體所表現出的，並不包括現實的人類社會於其中。前面說過，在符合「道」的存在形式之中，萬物的存在，是以整體與系統的「一」對於它的功能需求為保障的，萬物在整體與系統之中的功能屬性，是自身存在的前提和基礎。然而人類社會卻並不如此。人類存在是「自然」演化的成果，按照老子的說法，從屬於「自然」這個整體與系統，就應當發揮自身作為人類的功能來成就「自然」整體的和諧，而結果卻是「天假子之形，子以堅白鳴」（《莊子．德充符》），人們借由形體以及形體所衍生的要求滿足的衝動為動因，不安於「自然」所賦予自身的功能規定，卻圍繞著自身存在的所謂現實（欲望、需求等等），以「有名」為利器，以「有為」為手段，以所謂知識、智慧為標榜，展開了對「人之道」的開拓。一個比較動聽的說法，這是人類超越了「自然」對自身的限制，而雖然比較難聽但顯然更符合事實的說法，則是人類墮落為滿足欲望的工具。從此而始，人類逐步悖棄了「自然」，並最終整體性地從「自然」中分化出來，組織起自己的社會系統，而奉攘奪矯虔為法則，以鉤鐮刀斧為授受，相斫日久，以致人人為敵、人人自危。識者鑒之，乃以仁義禮智為提倡，殊不知芻狗已陳，時過境遷，非但於世道人心無所裨補，反倒更添禍亂矣。老子提倡「法自然」，提倡「無欲」、「無為」的政治理念，就是要把人類社會重新拉回到和諧安定的「自然」之中，使「天道」重新成為保障人類存在與指導人類生活的最高而且唯一的原則。

「法自然」作為對現實社會之中聖人侯王的勸告，就是提醒他們不能僅只滿足於照看自身擁有的現實利益，還必須明白其所以存在的道理，並由此形成對自身利益得以長久保有的更進一步的保障。因此老子說，侯王居於萬民之上，則必卑辭以孤寡不穀自名，克制私欲、不逞私智、杜絕妄為，而這就是聖人侯王的「負陰而抱陽」，與天下萬民構成互利而不相害的關係。而必欲斬斷聯繫，衝破束縛，任性而為，毋已而貴，則為「強梁」——「強梁者不得死」，這是老子學說的第一條教訓。「謂天毋已清將恐裂，謂地毋已寧將恐廢，謂神毋已靈將恐歇，謂谷毋已盈將恐竭，謂侯王毋已貴以高將恐蹶」（本書第二節，通行本第三十九章），若不能遵從這條教訓，即使是天地神靈，也會被「道」所拋棄而至於滅亡。

第六節

【題　解】本節文字，在通行本《老子》中為總第四十二章、《德經》之第六章。在帛書本中，為《德經》之第六節，亦為《老子》全本之第六節。此節帛書甲本殘損六字，乙本殘損二十七字。今以甲乙本互勘，而以通行各本補之。

天下之至柔，馳騁於天下之至堅❶。無有入於無間❷。吾是以❸知無為之有益也。不言之教❹，無為之益❺，天下希能及之矣❻。

【注　釋】❶天下之至柔一句　天下最為柔軟的東西，能夠克制和戰勝天下最為堅硬的東西。至柔，最為柔軟的東西。王弼注：「氣無所不入，水無所不經。」馳騁，策馬奔馳，這裡指克制、戰勝。至堅，最為堅硬的東西。河上公注：「至堅者，金石也。」按「至堅」，帛書甲本作「致堅」。❷無有入於無間　不具形質的東西，才能穿透沒有間隙的至堅之物。無有，不具固定形體。無間，沒有間隙。❸是以　因此。❹不言之教　沒有言辭的教化。❺無為之益　無為的好處。益，好處。❻天下希能及之矣　天下很少人能夠達到。希，少。及，達到。

【語　譯】天下最柔弱的東西，能夠無所不克地穿透天下一切最堅硬的東西，因為它不具任何固定的形相，所以它能夠穿透一切沒有間隙的至堅之物。我因此知道君王的無所作為是有益的。實行沒有言辭的教化，獲取無所作為的益處，天下很少人能夠這樣去做。

【研　析】事物存在，在積極努力的完善自我的基礎上，主動參與到構建整體和諧的進程之中，主動接受自身所處的系統或整體的決定，此即老子所謂「柔」、「柔弱」。「柔」表現於事物的存在狀態，就是減損自己的意志，消除對自我的固執，隨順整體的決定，此即所謂「無有」——「無有」才可以使自我融入整體之中，是為「無有入於無間」。與「柔」相反，一切強梁，則是所謂「至堅」，是立足於自身之所謂「本質」、固執於自我，固執於「有」而不能容物，亦物之所不能容者。老子在這裡說「天下之至柔，馳騁於天下之至堅」，本書第四十三節（通行本第七十八章）又曰：「天下莫柔弱於水，而攻堅強者莫之能先也，以其無以易之也。柔之勝剛，弱之勝強，天下莫弗知也，而莫能行也。」這樣的結論，是在何種意義上成立呢？

這裡就牽涉到一個標準問題。本書第四十一節（通行本第七十六章）：

> 人之生也柔弱，其死也筋肕堅強。萬物草木之生也柔脆，其死也枯槁。故曰：堅強者死之徒也；柔弱微細，生之徒也。

堅強者與死為徒，是說堅強者必亡，而非今日則亡；柔弱微細生之徒，是能長生久視者。「生」與「死」在這裡表現的是時間的持久性，是表現於「存在」的「存」，而非當下立見的「在」。「天下之至柔，馳騁於天下之至堅」，是說天下之「至柔」，一定會因其存在的長久而最終戰勝「至堅」——水滴石穿，終究還是經年累月所起到的作用最為根本。

生命之於世界，從不同的角度，會獲得不同的意義。究竟哪種意義屬於生命的本質，不同的人，基於不同的價值觀，可以做出不同的選擇。在本書第四十五節的「研析」裡我們提到，如果以探討「什麼在」來描述自上世紀初以往的西方哲學幾百年發展的脈絡線索，那麼兩千多年來，中國思想發展的主線則是對「怎麼在」的深入探究。對於前者而言，物質和精神、思維和存在是哲學的中心問題，而對於後者來說，「什麼在」從來都不是問題，問題的中心是「怎麼在」。「怎麼在」之所以區別於「什麼在」，就在於它所做出的回答直接關乎倫理的「善」，而不僅僅是科學的

「真」——存在的方式有無數種可能的解釋，選擇哪一種方式（「道」）作為人類生存的基本法則，這是需要價值觀來引導的。春秋戰國諸子百家蜂出並作紛爭不已，終至於「道不同不相為謀」，就是因為各自的價值觀不同。而對於「什麼在」來說，一涉入價值判斷，就會與「真」相歧離，認識就會誤入歧途。西方學術首重科學，而中國傳統思想則時時表現出很強的倫理色彩，首重其「善」，這大概就是原因所在。

那麼，對老子而言，什麼是人生最大的「善」呢？翻檢一下《老子》，可以說比比皆為證明：人的生命的存在，以及維護生命存在的那些不可或缺的利益因素，能夠長久地保有這一切（「長生久視」），就是最大的「善」。這裡「生命長久」是善之為善的最為本質的規定，一切不利於生命長久的，即使暫時擁有，也是有害無益，應當堅決捨棄。

這種價值取向，決定了老子對柔弱與剛強的取捨必然是「強大居下，柔弱微細居上」（本書第四十一節，通行本第七十六章）。將此種取捨體現於自身生活狀態之中，就是處下、不爭、無欲、無為。而應用於他者，就是「物壯即老，謂之不道，不道早已」（本書第十八節，通行本第五十五章），就是「將欲翕之，必固張之；將欲弱之，必固強之；將欲去之，必固與之；將欲奪之，必固予之。是謂微明」（本書第八十節，通行本第三十六章）——這就頗有些陰謀的味道於其中了。

陰謀之所以能夠屢屢得逞，就是因為有不同的價值取向存在。如果以今天（其實古人又何嘗不是如此）所謂生活品質作為人生價值的中心取向，就會把老子和犬儒們等同看待。或許正是因為持有這種觀點的人無論古今總是多數，所以老子才會感嘆「柔之勝剛，弱之勝強，天下莫弗知也，而莫能行也」（本書第四十三節，通行本第七十八章），感嘆「不言之教，無為之益，天下希能及之矣」。

以生活的品質高過生存之長久，才會出現「過把癮就死」的生存理念。持有這種理念，當然不會認可老子的人生價值觀。但是即使如此也應該相信，老子看待人生的角度，畢竟是一個具有根本意義的角度，尤其是在戰亂頻仍、災禍連年、生命如草芥的春秋戰國時代，追求生存的長久更具備深刻的社會批判的意義。況且，即使是今天，那些過了把癮而瀕於滅亡的，最後的反省，又有哪個不是「平平淡淡才是真」呢？

第七節

【題　解】本節文字，在通行本《老子》中為總第四十四章、《德經》之第七章。在帛書本中，為《德經》之第七節，亦為《老子》全本之第七節。此節帛書甲本殘損八字，乙本殘損過甚，僅存二字。今以甲本為底本，而以通行各本補之。

名與身孰親❶？身與貨孰多❷？得與亡孰病❸？甚愛必大費❹，多藏必厚亡❺。故知足不辱❻，知止不殆❼，可以長久。

【注　釋】❶名與身孰親　名聲和生命相較哪個更值得珍惜。名，名聲；聲望。身，生命。孰，誰；哪個。親，親切。❷身與貨孰多　生命與財物相較哪個更重要。貨，財物。多，這裡指重要。❸病　有害。❹甚愛必大費　過於吝嗇必定導致更大的破費。甚，過分。愛，吝嗇。費，破費。❺多藏必厚亡　過多地聚斂財物必定會引致巨大的損失。藏，聚斂。厚，大。亡，損失。❻辱　羞辱；困辱。❼殆　危險。

【語　譯】虛名和生命哪個對於自己更值得珍惜？生命與財物哪個對於自己更重要？得到與喪失哪個對於自己更有害？過於吝嗇必定要導致更大的破費；過多地聚斂必定要導致更大的損失。知道什麼時候該滿足，就不會遇到困辱之事，知道什麼時候該停止，就不會遇到危難之事，這樣就可以長久地保有自己的所有。

【研　析】老子學說，最終要保障的，是個體生命的完整；而個體生命的完整，只有在一種和諧的秩序之中才得以保全。「道」就是對這一和諧秩序的描述。現實是不堪的，現實之中「道」已經喪失殆盡，戰亂不斷，紛爭不已，那麼怎樣才是「道」所支配的生活，又有什麼證明「道」曾經確實存在、確實有效地起到過保障生命的作用呢？於是老子開始往前追索，三代更前的時代，小邦寡民的時代，成為老子所推崇的理想時代。所以讀《老子》這本書，經常會有老子主張社會倒退的感覺。人們不禁要問，人與自然、社會的和諧，是否就一定意味著靜止、保守、固步自封？甚至，是否只有倒退著走回遠古，才能達成「道」所規定的和諧呢？

研究一種學說，要把握其精神的實質，不能被字面所誤。具體到這個問題，就是必須清楚地意識到，老子的倒退，其實是以構建和諧為宗旨和追求的，倒退只是實現和諧的手段。如果有一種方式，既合乎「道」的規定，又能不斷提升個體生命乃至整個人類社會的層次，那麼發展未必不可取。

一切皆流，世界的變化和發展是不可改變的。而一切變化和發展，都應該在「道」的決定和制約之下，個體的生命和整個人類社會的根本利益才能夠得到有效的保障，這毫無疑問應該是老子的觀點。體現於「道」，就是整體發展、共同發展具有優先地位，因此變化的過程，一定要著眼於整體或系統的和諧，以整體或系統的和諧為前提。個體的發展則應當在整體和諧的決定之下、順應整體變化而變化。這就決定了，符合於「道」的變化和發展，方式上一定是漸進的、改良性的，而不是革命性的——「革命」在某種意義上，就意味著強制整體服從某種具體的、部分的利益發生改變。而引發某個部分的利益發生凸顯、變異，從而導致「革命」的，在老子看來，就是虛假的知識，以及由此衍生的非自然的欲望——這就是貪婪。

貪婪總是與現實的目標相聯繫。當我們把生活理解為一連串現實目標的疊加的時候，我們有可能其實偏離了生活本身，而追逐另外一些東西了。生活是什麼?是生，是活，是生命主體的存在感和生命狀態的延續。而我們所預設的那些目標，事實上是對生活的歧離和背叛，我們達成那些目標的方式，事實上是對生活本身的傷害。

真知是達成生活之真實目的所不可或缺的，而虛假的知識則相反。它們看起來和我們的生活目標一致，然而仔細追究之下，就會發現其實並非如此——即使它們能夠解決我們生活過程當中的某些似乎必須面對的問題，或者竟是出於懶惰的省事功夫，和出於荒誕的異想天開，結果總是造成對生活之真實意義的背叛。

如何應對這一切？本書第六十三節（通行本第十九章）裡，老子提出了他的主張：

絕聖棄智，而民利百倍。絕仁棄義，而民復孝慈。絕巧棄利，盜賊無有。此三言也，以為文未足，故令之有所屬：見素抱樸，少私而寡欲，絕學無憂。

「絕聖棄智」、「絕仁棄義」、「絕巧棄利」，對治的就是智欲引動的貪婪，從社會政治方面堵塞這一切發生的孔竅；「見素抱樸，少私而寡欲」，成就的就是「知足不辱，知止不殆」的生命長久。「知足」、「知止」，本質上就是個體生命對系統或整體的自覺順應。理解了這些命題的意義，就不會只當老子為開歷史倒車的人了。

方向明確、主旨鮮明的生活，一定是簡單、樸素的。「見素抱樸，少私而寡欲」，這種生活態度，無論如何都應該成為我們今天生活的借鑒。

老子講「以正治邦，以奇用兵」（本書第二十節，通行本第五十七章），什麼是治邦之「正」？其實就是保持整個社會的均衡、和諧，而不是單獨凸顯某個部分（「奇」）。在這種意義上，「正」不妨就讀為「整」，即整體。這是老子乃至中國傳統思想所一貫把持的——諸子百家治國之道千差萬別，但都體現著這個「正」，區別只在於得其「正」的手段。今天的政治學仍然相信，維護社會利益的均衡，是國家政治的基本原則。但是在對待自然的問題上，今天我們採取的卻是與之相反的策略，往往由科學上的一點突破，引領全線跟進、大舉進攻，這是「以奇用兵」——對立、鬥爭、革命的模式。或許為此，我們今天在征服自然的道路上確實取得了很大的成就，可當有一天真正把自然盤剝殆盡，我們將何處生存？

對於今天的我們，老子就是鏡鑒。老子的「以正治邦」是人類社會的法則，但這個法則並不孤立，而是與「恆道」——即存在整體的法則息息相關，兩者是同一規範、同一實質。在老子這裡，存在整體並非無法分別，事實上老子確實將整體進行了四分，即「道」、「天」、「地」、「王」，「道大，天大，地大，王亦大。域中有四大，而王居一焉」（本書第六十九節，通行本第二十五章）。然而分則分矣，法則卻是一個，規範只遵一行，這就是「人法地，地法天，天法道，道法自然」（同上）。人類社會並不孤懸整體之外，「以正治邦」完全可以推演為「以正治天下」，以「正」對待一切互相利益而並生的存在——當然包括自然界中的一切。而這種自覺融入自然的序列之中、接受存在整體之規定的自我定位，終有一天會成為人與自然和諧相處的最高原則。

第八節

【題　解】本節文字，在通行本《老子》中為總第四十五章、《德經》之第八章。在帛書本中，為《德經》之第八節，亦為《老子》全本之第八節。此節帛書甲本無殘損，乙本則殘損過甚，僅餘十一字。

大成若缺❶，其用不幣❷。大盈若盅❸，其用不䆲❹。大直如詘❺，大巧如拙，大贏如炳❻。趮勝寒❼，靚勝炅❽，請靚可以為天下正❾。

【注　釋】❶大成若缺　最圓滿的成就好像有所欠缺。成，圓滿。缺，欠缺。❷幣　通「弊」。缺失；衰敗。❸大盈若盅　最充實的情況好像有所虧空。盈，充實。盅，通「沖」。空虛。❹䆲　通「窮」。窮盡。❺大直如詘　最正直的品德似乎有所彎曲。詘，通「屈」。彎曲。❻大贏如炳　最善於盈利的人好像總是虧損。贏，盈利。炳，通「肭」。虧損。❼趮勝寒　活動身體可以戰勝寒冷。趮，快跑。按「勝」，帛書乙本作「朕」，與「勝」通。❽靚勝炅　安定心境可以戰勝暑熱。靚，通「靜」。炅，為「熱」的異體。❾請靚可以為天下正　清靜無為可以為天下的君王。請靚，通「清靜」。

【語　譯】最圓滿的成就好像有所欠缺，它的作用是不會衰敗。最充實的情況好像有所虧空，它的作用是沒有窮竭。最正直的品德似乎有所彎曲，最靈巧的人似乎很笨拙，最善於盈利的人好像總是虧損。活動身體可以戰勝寒冷，安定心境可以戰勝暑熱，清靜無為可以戰勝天下而為天下的君王。

【研　析】此節「大成若缺」、「大盈若盅」等句式表達，與本書第三節（通行本第四十一章）「大白如辱」、「大方無隅」、「大器免成」、「大音希聲」、「大象無形」一律。本書第六十九節（通行本第二十五章）：

有物混成，先天地生。寂呵寥呵，獨立而不改，可以為天地母。吾未知其名，字之曰道，吾強為之名曰大。

古代男子出生即有「名」，而「字」則要等到行冠禮（成人禮）之時由賓客來授予。老子以之比方，是為區別無名與有名的兩個階段，而特別標出「大」乃「強為之名」，是「大」本屬無名之時，與之相對的「道」，則是有名之後的「字」，雖名稱有異（「字」也是「名」之一種），其「實」無別。

「大」就是無名狀態的「一」。需要強調的是，這個「一」不是本體論意義上的，而是關係論意義上的。本體論意義上的「一」，指示的是單一屬性的某種存在物，譬如古希臘米利都學派的泰利斯的「水」，中國古代的「一氣」。而關係論意義上的「一」，指示的卻是眾多存在彼此之間構成的彼此和諧、一體無分，是以存在的多樣性共同體現的「和」，而「和」恰恰是以本體的「不一」為基礎的。能夠相容萬物存在，這是「大」之為「大」的第一個規定性。

那麼，「大」的相容萬物，是不是沒有條件的全部接納？當然不是。「大」是一個整體，同時也是一個系統，而系統有系統的法則。這個法則，從系統整體而言，就是互利而不互害，相和而不相爭；從具體事物存在而言，就是自利而利人、自愛而愛人。萬物存在，接納了這個法則，才能進入到整體之中，才可以在系統的保障之下長久地存在下去。如果違背了這個法則，一味地凸顯自我，就會喪失整體的庇護，成為「餘食贅形」，並最終被大道所捨棄。本書第六十六節（通行本第二十四章）：

企者不立，自視者不彰，自見者不明，自伐者無功，自矜者不長。其在道也，曰餘食贅形，物或惡之，故有欲者弗居。

從法則實施的過程上看，在無名的即以「大」為歸終的狀態之中，存在的現實本身就是存在的合理性的證明，否則存在就是不可想像的——這就是老子所說的「自然」。而在「有名」的狀態之下，因為「名（分）」的出現，智欲開始催生出「有」對自身之所謂本質的企尚，引動「有」反叛整體法則、脫離系統控制，由是衝突迭起、紛爭不斷。因此，在「有名」的階段，萬物存在，必須在一定程度上否定掉自身之所謂本質（「有」），通過理性調控，主動接受自身被系統化的過程，接納法則的制約，重新回歸整體——簡而言之，「法自然」而「得一」（本書第二節，通行本第三十九章），存在才成為可能。否則系統不予接納，整體不予相容，「大道」不予保障，自身存在就會面臨敗亡。

這就是說，在已是「有名」的時代裡，誰想要進入這個系統，得到整體的庇護，都需要通過積極的努力來獲取資格。所謂積極的努力，對於個人而言，就是修身為先。老子學說和儒家的孔子學說，從其「本末」順序而言並無二致，都開始於修身，經家、國而達於天下。這表現於儒家，就是《禮記・大學》篇裡的「三綱八條目」；表現於老子，就是「修之身，其德乃真。修之家，其德有餘。修之鄉，其德乃長。修之邦，其德乃豐。修之天下，其德乃溥」（本書第十七節，通行本第五十四章）。但是身具體如何修，二者的差異巨大。孔子的修法是「格物、致知、誠意、正心」為先，起於知識論的「正名」，而老子則反之，是以「無名」時代為榜樣，以鎮制「有名」的方式，消滅所謂「名分」給踐行大道帶來的負面影響，絕去那些無謂的知識，阻塞人們向外探求的用心，以素樸無華的本來面目，以嬰兒般不受玷染的心靈，去感知這個世界的法則，參與這個世界的演化。對待「有名」的不同態度，是兩家學說彼此差異的第一點。

第二點是「道」的構成方式。孔子學說一切基於「有名」而生，仁義禮智的提倡，無「名」則不成就，「名」不正則入於邪途，所以對「名分」的講究，貫穿學說始終。立一「名」，便是立一條規範、一項法則，整個學說系統，遂以倫理學為特徵而建立。後世謂孔子為漢乃至為所有時期的人類社會立法，手段便是「名」。老子則不然。綜觀老子之學說，所謂「無名」、「無欲」、「無為」等等，皆是以否定或者說鎮制「有名」而成就，鎮制住一「名」，便是否定了一條規範或法則，便是解放了一片、相容了一批，「道」進而成為涵泳無限的大象，成為容納百川的江海。而總之曰「道恆無名」，更是從根本上一筆掃除所有對「名」的固執，從而將人們的視線從空洞浮泛的概念引向生動具體的存在現實，以及與所有具體的存在現實直接相關的大道。

不是以「有」為提倡，而是以「無」為制約，這是老子的「道」區別於孔子乃至當時後世一切之所謂「道」的顯著特徵。這一特徵，決定了「道」所容納的萬物存在不必以「應當」怎麼樣而趨同，而這使得「道」的包容性大為擴展。從「無名」的立場上，每一個現實的存在，都是與眾不同、不可替代的，而從「道」的立場來看，構建和諧的方式，會因這些不斷豐富的存在彼此不同的個性特徵而更加多彩多姿。「道」不排斥多樣性，多樣性會使得「道」更加豐滿，由此反轉，會給更多的現實存在提供更多的選擇和機會。兩相作用的結果，整個世界就會越來越繁榮，越來越壯大，而「道」也將容納所有，成為整個世界唯一的、至高無上的法則性存在。老子所期許的「道」，即是如此，本書第四十八節（通行本第四章）：

> 道沖，而用之又弗盈也。淵呵，似萬物之宗。挫其銳，解其紛，和其光，同其塵。湛呵似或存，吾不知其誰之子也，象帝之先。

本節最後三句，「趮勝寒，靜勝熱，清靜可以為天下正」，是歷來解釋《老子》者的一個難點，數有篡改文句以成就己說的事情發生。其實在我們的解釋系統中，此幾句並不難理解。「寒」與「熱」猶如「有」與「無」，是「道」之左右兩端，而人行中道，即在此兩端之間。踐行大道，不獨體現在方向的把握之上，還體現在於具體的環境和條件下的人為努力與自我調整——「趮」與「靜」就是這種努力與調整。它們的意義，頗類似於本書第八十一節（通行本第三十七章）所論者：

> 道恆無名，侯王若守之，萬物將自化。化而欲作，吾將鎮之以無名之樸。鎮之以無名之樸，夫將不辱。不辱以靜，天地將自正。

這裡描述了整個行道的過程，過程中不但有萬物之「自化」，還有「化而欲作，吾將鎮之以無名之樸」——這就是「趮勝寒，靜勝熱」的意義，指的是行道過程中的自覺糾偏，人的作用、行道的努力，就表現在「趮」與「靜」的能動上。因此，本節最後三句表述的意義或者是：萬物存在，各自都會朝向中道自我調整；寒而趮，熱而靜，這是人之欲、人之有為，又是人之本能、人之自然；而當欲求與本能、有為與自然如此糾結在一起的時候，容納這一切，清靜地對待這一切，是侯王之所當採取的態度。

第九節

【題　解】本節文字，在通行本《老子》中為總第四十六章、《德經》之第九章。在帛書本中，為《德經》之第九節，亦為《老子》全本之第九節。此節帛書甲本殘損六字，乙本殘損二十一字。今以甲本為底本，而以通行各本補之。

天下有道，卻走馬以糞❶。天下無道，戎馬生於郊❷。罪莫大於可欲❸，禍莫大於不知足，咎莫憯於欲得❹。故知足之足，恆足矣❺。

【注　釋】❶卻走馬以糞　（從戰場上）退下戰馬去運糞肥田。卻，退下。走馬，跑馬，這裡指戰馬。糞，運糞肥田。❷戎馬生於郊　意思是說戰事頻繁，公馬不夠用，連懷孕的母馬也被拉上戰場，以致於母馬在荒涼的戰場上產子。❸可欲　指私欲滿足。❹咎莫憯於欲得　沒有比貪得無厭更容易招致苦痛和災禍的了。咎，災禍。憯，苦痛。欲得，指貪得無厭。❺恆足矣　恆久的滿足。

【語　譯】天下有道，人們退下戰馬去送肥耕田。天下無道，連懷胎的母馬也被拉上戰場，以致於小馬駒在荒郊野外出生。沒有比私欲滿足更容易招致罪惡的了，沒有比不知適可而止更容易招致禍患的了，沒有比貪得無厭更容易招致災禍的了。所以知道什麼時候該滿足，才會恆久地處於滿足之中。

【研　析】對於戰爭，老子基本是持否定態度的，因為戰爭總體而言，是對「道」所提倡的和諧的反動，是「天下無道」的表徵。國與國相處，在「天下有道」之時，國家無論大小，在彼此交往之中，所遵守的原則都是互利而不相害。國家之間的關係法則，是侯王與百姓之間關係法則的延伸，侯王以孤、寡、不穀自稱，拉低自己的身分，取得與百姓利益上的一致和功用上的互為補充。大國也是一樣，總是以謙遜處下的態度對待小國，在利益上求取與小國之間的一致，地位上表現出與小國之間的平等。大國不會恃強凌弱，不圖謀以武力強迫小國服從，小國也不必被迫屈從於大國的支配，大小國家交往的結果是「皆得其欲」，是兩者基於「道」的彼此相「和」。這是理想的、符合於「道」的國際關係準則。本書第二十四節（通行本第六十一章）：

> 大邦者，下流也，天下之牝。天下之交也，牝恆以靜勝牡。為其靜也，故宜為下。大邦以下小邦，則取小邦；小邦以下大邦，則取於大邦。故或下以取，或下而取。故大邦者，不

過欲兼畜人；小邦者，不過欲入事人。夫皆得其欲，則大者宜為下。

以這種準則而建立的國際關係中，根本不會有戰爭之事存在。此所謂「天下有道」，亦國與國交往之「正」。所謂「正」，就是構建和諧。老子說「以正治邦」（本書第二十節，通行本第五十七章），任何一個國家都不是孤立存在的，所以「正」不但應該體現在國內政治上，還應該體現在國際關係的處理上——國際是國內的延伸，戰爭是政治的延續，國內國外，兩者本來一體不容割裂，原則也應當把持一個。

現在是「天下無道」（老子是這麼看的），無道作為「正」的淪喪，集中體現在一個「爭」字上，爭勝、爭強、爭利、爭名，人與人爭、有與無爭、內與外爭、上與下爭，戰爭作為「強於天下」的手段，就成為不可避免的了。發動戰爭的人，以一己之利益為追求，一己之意志為指向，一己之私欲滿足為目的，圖謀對天下進行操控、奴役、盤剝。對於這種人的妥協退讓，意味著對惡的屈服，也是對「道」的背叛。所以老子說戰爭雖為不祥，「非君子之器」，也還須「不得已而用之」，本書第七十五節（通行本第三十一章）：

夫兵者，不祥之器。物或惡之，故有欲者弗居。君子居則貴左，用兵則貴右。故兵者非君子之器也，兵者不祥之器也，不得已而用之，銛襲為上，勿美也。若美之，是樂殺人也。夫樂殺人，不可以得志於天下矣。

君子而「不得已」於戰爭，不是通過戰爭獲得實際的利益——人口、資源、土地等等，都不應該成為進行戰爭的目的。君子之於戰爭，唯一的目的，就是挫敗上述那些戰爭發動者的野心，就是維護治國之「正」以及國與國關係準則的「和」，就是維護「道」之施行於天下——和平與正義也需要戰爭來保衛，這個道理古人是懂得的。《左傳》裡以「止戈」來解釋「武」字的含義，就是在強調戰爭的正義的一面。正義的戰爭是應當提倡的，以戰止戰、以戰止爭，而達於「正」、達於「和」，這樣的戰爭同樣也符合於老子的「道」，因為它從根本上符合於人生最大的利益，即保障生存，生存只有在「和」之中才可以得到長久保障。而那些以掠奪、強迫和壓榨為手段的戰爭，即使能夠戰勝對手，強大了自我，其最終的結果也是自為「強梁」，成為「餘食贅形」，違背「道」的原則，失去「道」的保障，不過是促使自己更早地衰退滅亡而已，「物壯而老，是謂之不道，不道早已」（本書第七十四節，通行本第三十章）。

戰爭的目的既明，則一切戰爭的設計都需圍繞著目的展開。首先，對待戰爭的態度要端正。戰爭是「不得已」而為的事情，「戰爭沒有美感」（李零語），即使戰勝，也應該以平靜的甚至是悲哀的態度對待，不值得讚美，「兵者不祥之器也，不得已而用之，銛襲為上，勿美也。若美之，是樂殺人也。夫樂殺人，不可以得志於天下矣」（本書第七十五節，通行本第三十一章）。「殺人眾，以悲哀蒞之。戰勝，以喪禮處之」（同上）。

其次，戰爭的規模應該受到控制，善戰者目的既已達到，就不做無休止的糾纏，要能不受利益的引誘和名聲的牽累，迅速結束戰爭。對所取得的戰績，不驕傲、不自滿、不誇耀，「善者果而已矣，毋以取強焉。果而毋驕，果而勿矜，果而勿伐，果而毋得已居，是謂果而不強」（本書第七十四節，通行本第三十章）。

最後，戰爭中採取的方法要得當。這是戰術問題，而老子很顯然對於戰術問題並不陌生，尤其是本書第二十節（通行本第五十七章）「以奇用兵」一句，達到了對古代軍事理論的高度概括，僅憑這四個字，老子就可以成為後世百代用兵之祖，《孫子・兵勢》：「凡戰者，以正合，以奇勝。故善出奇者，無窮如天地，不竭如江河。」可資證明。

第十節

【題解】本節文字，在通行本《老子》中為總第四十七章、《德經》之第十章。在帛書本中，為《德經》之第十節，亦為《老子》全本之第十節。此節帛書甲本殘損十六字，乙本殘損十三字。今以甲乙本互校，而以通行各本補其不足。

不出於戶❶，以知天下。不規於牖❷，以知天道。其出也彌遠，其知彌少❸。是以聖人不行而知，不見而明❹，弗為而成。

【注釋】❶戶　門戶；家門。❷不規於牖　不必從窗戶裡向外觀望。規，通「窺」。從孔隙裡觀看。牖，窗戶。按「規」，帛書乙本作「䂓」，亦與「窺」通。❸其出也彌遠二句　走得越遠，知道得也就越少。彌，更加；越。❹明　明曉。按帛書乙本作「名」，當為「明」之借字。《老子》通行本第二十二章（本書第六十七節）「不自見故明」，第五十二章（本書第十五節）「見小曰明」，皆以「見」、「明」連言，可證。

【語譯】不出門戶，就可知道天下之事；不必向外觀望，就可以知曉天道。走得越遠，對天道知道得也就越少。因此聖人不必親歷就知道天下之事，不必親見就知道事物的真實情況，不必親自去做什麼就會獲得成功。

【研析】此節文字，作為老子的認識論表述，頗受今世之人的詬病。按照他們的理解，一個人坐在家裡，就能認識宇宙一切事物，相反地走出越遠，認識越少，這種否定觀察外界、脫離實踐的認識方法，是十足的唯心論，應該批判。如果單獨提出老子的這幾句話來看，這些批評不無道理，然而把它還原到《老子》的整個系統之中就可以知道，其實所有這些說法，都是未能深究而得出的皮相之論。

《老子》這整本書，勸說或者教訓的主要對象是侯王，侯王而能明瞭大道遵道而行，謂之聖人。侯王和百姓的關係，政治上是君與民，境界上是聖與凡，這種關係，起碼從《老子》書中所表現的看，是人類社會任何階段中不可缺少的，也是論述到人類社會政治之時繞不開、避不了的——或者乾脆一點說，老子學說，究其基本屬性，是社會政治學說，而《老子》這本書，究其中心議題，是在講侯王與百姓之關係。由此中心，當然可以延伸出對許多問題的探討，但這些探討非但不會削弱其學說的特色，反而因其思維的深度與涉獵的廣泛，使得老子的社會政治理論更顯厚重而富有層次。

侯王與百姓，或者說凡聖之間，在老子看來究竟是怎樣的一種關係？這是本節「研析」所欲說明的問題。從政治學的角度，侯王（以及侯王所代表的整個社會統治集團）和百姓屬於不同的層級，或者說，屬於不同的階級，這個沒有問題。但是層級或者階級不同，是否就一定意味著彼此之間不可調和的矛盾與鬥爭，這個未必。事實上，老子嘗試建立的，就是一種人類社會不同層級（階級）之間互利而不相害的系統與整體觀念指導下的政治理論，而這種理論，即使對於我們今天，仍然有極其重要的指導和啟發作用。

《老子》之中的侯王，儘管為示以謙下，以孤、寡、不穀作為己稱，仍然是居於民上的統治者，貴高於民，這個事實不容否定。另一方面，貴則必「以賤為本」，高則必「以下為基」（本書第二節，通行本第三十九章），侯王必須與百姓結為一個整體，貴高才能有所依附。因此，侯王之於百姓，是分而合、合而分的關係。分則不同，合則有道，分合之間，作為有道的聖人，他們應當有足夠的智慧，能夠清楚地判定，自己和百姓有哪些不同，又該以何種途徑達於兩者之間的和合——作為對「道」的概括，「和」這個概念開始顯現作用。所謂「和」，就是「萬物負陰而抱陽，沖氣以為和」（本書第五節，通行本第四十二章）的「和」，是分與合之中的「三」，是「和而不同」的和諧而不失去自我。

依據老子的論述，侯王與百姓之「和」，大致表現在如下幾點：

第一，上下不同利而互相滿足。首先表現在侯王與百姓根本利益的差異之上。對於百姓而言，根本利益表現在生存能夠有所保障，免除一切人為的損害，從而人人可以達到自然所規定的壽限。而對於侯王而言，根本利益則不但表現在能夠長久生存，更表現在能夠長久地保有自己的統治地位——統治的傾覆，很大程度上直接意味著生命的喪失，這是古代政治的通則。侯王而欲長久保有自己的地位，就在於能與百姓結為一體，以利益百姓的方式顯現自身存在之必要與合理。這種關係裡沒有對立，有對立也要化解。化解的途徑，表現如孤、寡、不穀之以為自稱，本質則是不與民爭利，不與民爭名。本書第五十一節（通行本第七章）：

天長地久。天地之所以能長且久者，以其不自生也，故能長生。是以聖人退其身而身先，外其身而身存。不以其無私歟？故能成其私。

因此，他們不會以欺陵、壓榨和盤剝的手段滿足自己一時一地的欲望，完全把自己置於百姓的對立面，毋已而貴，而一定會以滿足百姓之利益為手段，來滿足自身之根本利益，「是以聖人終不為大，故能成其大」（本書第二十六節，通行本第六十三章）。

第二，上下不同知而互相作用。百姓以日用為認知的對象，以格物為認知的方式，以習俗為認知的結果，以具體生活的滿足為追求。這樣的認識，直接與百姓的實際生活相關聯。而聖人作為掌控天下的侯王，他所認知的對象是天道，而天道不能以格物的方法去把握，必須以直觀的、整體的、超越性的方式去把握。天道是對萬物存在整體的把握，結果上就是對各種具體認知結果的否定，這是聖人的「知不知」，本書第三十六節（通行本第七十一章）：「知不知，尚矣；不知不知，病矣。是以聖人之不病也，以其病病也，是以不病。」形象化的說法，就是老子在本節裡所說的，「不出於戶，以知天下。不窺於牖，以知天道。其出也彌遠，其知彌少。」

必須說明的是，就如同聖人無百姓而自身也無存一樣，單純的把握天道其實也無實際意義。聖人之知，是在與百姓之知的相輔而成中顯現意義，聖人的認識結果也在與百姓日用的關係中顯現意義。中國傳統思維，形而上的道其實從來都是與形而下的器並生共存的，割裂兩者，單純執著於一方，就會流於虛玄，或者流於鄙俗，都為人所不取，也不是中國傳統所能接納的。

聖人之「知不知」，包括兩個方面：一是順應百姓之自然（包括知），百姓之知「有」，源於百姓之自然。聖人之知「無」，是聖人之當為者。兩者相須而備，不可或缺。若聖人有所取捨，則為單一，單一凸顯就是「有」，「有」就意味著提倡，有所提倡就意味著形成對立。對立而不能化解，則意味著鬥爭；對立而能化解，則新的對立隨即生成——以「有」化解「有」，結果必至於暴，終於矛盾激化。而一旦矛盾激化，則死生無定，長久不可保矣。而老子則反之，是以「無名」鎮制「有名」的方式，消滅所謂「名分」給踐行大道帶來的負面影響，絕去那些無謂的知識，阻塞人們向外探求的用心，以素樸無華的本來面目參與這個世界的演化。

二是絕去百姓之不自然的「知」。本書第六十三節（通行本第十九章）：

> 絕聖棄智，而民利百倍。絕仁棄義，而民復孝慈。絕巧棄利，盜賊無有。此三言也，以為文未足，故令之有所屬：見素抱樸，少私而寡欲，絕學無憂。

老子思想，最受詬病的就是所謂「愚民政策」。其實或許老子並不如我們一般理解的那樣，主張一切人絕去一切人類知識。老子所反對的、主張絕去的，是那些虛假的「知」，而對於領悟大道的真知，毫無疑問老子是極力提倡的。但是從上面的敘述我們也可以看出，掌握真知的是老子之所謂「聖人」，至於百姓，則日用已足，不妨「愚之」，本書第二十八節（通行本第六十五章）：

> 古之為道者非以明民也，將以愚之也。民之難治也，以其知也。故以智治邦，邦之賊也；以不智治邦，邦之德也。

仔細玩味其實不難發現，「絕聖棄智」根本是對聖人而言者，老子反對的，是聖人以「聖智」教化百姓——或者說一切教化，皆在老子反對之列，此為「為道者非以明民將以愚之」之真義。本書第四十七節（通行本第三章）：

> 不上賢，使民不爭。不貴難得之貨，使民不為盜。不見可欲，使民不亂。是以聖人之治也，虛其心，實其腹，弱其志，強其骨。恆使民無知無欲也，使夫知不敢，弗為而已，則無不治矣。

「恆使民無知無欲」，非但不妨礙民各「甘其食，美其服，樂其俗，安其居」，恰恰可以成就一個個和樂自在的生活場景。此正所謂「聖人恆無心，以百姓之心為心」（本書第十二節，通行本

第四十九章）。表現於本節所論，聖人之所謂「不行而知」，就是以自身之不提倡而成就天下之知；所謂「不見而明」，就是以自身之無見成就天下之明；所謂「弗為而成」，就是以自身之無為成就全體之有為——這部分的內容，就是侯王與百姓之「和」的第三種表現，即上下不同為而互相成就，關於這方面的內容，留到後面講述。總而言之，百姓之於侯王，凡愚之於聖人，一則以有（出於自然的有），一則以無，兩者相須而備、相和而久、相利而安、相輔而成，這就是老子所總結的人類社會應予實踐的法則和規律。

第十一節

【題　解】本節文字，在通行本《老子》中為總第四十八章、《德經》之第十一章。在帛書本中，為《德經》之第十一節，亦為《老子》全本之第十一節。此節帛書甲本僅存六字，乙本殘損十字。今以甲乙本互校，而以通行各本補其不足。

為學者日益❶，聞道者日云❷。云之又云，以至於無為❸，無為而無以為❹。取天下也，恆無事❺；及其有事也，又不足以取天下矣❻。

【注　釋】❶為學者日益　學問之事，必須天天增加知識。為學，指從事於學問之事。益，增加（知識）。❷聞道者日云　修習大道，必須天天減損私欲。聞道，這裡指修道。云，通「損」。減損。後二「云」字同。❸無為　指順應萬物的自然之性，而不肆意妄為。❹無以為　不以己意揣度，不以私欲造作。《老子》通行本第三十八章王弼注：「無以為者，無所偏為也。」❺無事　指不被私欲所支使而妄為。❻不足以取天下矣　達不到取得天下的目的。

【語　譯】從事於學問之事，必須天天增加知識；聞見大道，必須天天減損私欲。減損了又減損，最後達到無欲無為的境地。無欲無為就會一切隨順自然而事事成功。想要取得天下，就必須不受私欲的指使，如果受私欲的指使而有所作為，那一定是不能取得天下的。

【研　析】老子強調自然，主張無名、無欲、無為，但這一切並不排斥人的因素，恰恰相反，在老子看來，唯有人才能體認天道，也唯有人才能自覺地順應天道調整自我，並輔助萬物之自然而同歸於長久，所以老子把人（以侯王為代表）推為宇宙中「四大」之一，本書第六十九節（通行本第二十五章）：

> 道大，天大，地大，王亦大。域中有四大，而王居一焉。人法地，地法天，天法道，道法自然。

在老子看來，理想的侯王應該就是聖人。侯王或者說聖人，並非天生就具備聖智，他們也需要通過學習才能明曉天道。本節所謂「為學者日益」與「聞道者日損」，是學習的兩種途徑，都屬於後天的「學」。「為學」當然屬於「學」，這個不必解釋。「聞道」同樣也是學，並且從《老子》的文句中可以看出，這種學問工夫還是傳承有自，並非起始於老子，本書第五節（通行本第四十二章）：「人之所教，亦儀而教人。故強梁者不得死，我將以為學父。」——「別人教給我的，我依樣教給別人，『強梁者不得死』，我把這句話作為我的學說最基本的信條教給你們」，師承明確，綱目清晰，如何不是「學」？

問題在於「學」什麼，如何「學」。上一節（本書第十節，通行本第四十七章）的「研析」裡，我們嘗試區別了侯王與百姓或者說凡聖之間上下不同的兩種「知」，分析了它們各自不同的功用以及相互作用的關係，應該對解決這裡的問題有所啟發。百姓日用的「知」，以格物作為認知的方式，與各自具體的、實際的生活相關聯，所以並不違反其生存狀態的「自然」。而真正違反「自然」的，是把這樣一些具體的「知」抽象出來形成觀念，並基於某種特殊利益的需要，把這些觀念作為普世的標準推演開去，本書第一節（通行本第三十八章）裡所謂「上德」、「上仁」、「上義」、「上禮」，就是對這樣一些觀念的推演，其結果是舊的矛盾未曾化解，新的對立已經產生，漸次而下，終及於「攘臂而扔之」，以暴力相脅迫，天下遂致大亂矣。這就是「為學者日益」的結果——「學」日益，則亂日生，以「學」幹世，以「有」（有名、有欲、有為）救「有」，縱或一時得利，終究不免於喪亡。

「聞道」之學不同於此。「道」所體現的是萬物存在的普遍聯繫，是對萬物存在的整體把握。整體反對於部分，就是以「無名」鎮制「有名」，把一切百姓日用之「知」固定在它所產生的具體的認知環境之中，不使滋蔓，不使擴大，不使絕對化，以此來保障萬物各以「自然」的狀態生存。

因此聖人「聞道」之「學」，根本在於「學不學」（本書第二十七節，通行本第六十四章）、「知不知」。本書第三十六節（通行本第七十一章）：

> 知不知，尚矣；不知不知，病矣。是以聖人之不病也，以其病病也，是以不病。

物類之分別，以標識物類屬性的「名」的存在為實現。提升或者概括某類事物的所謂本質屬性，並以概念的形式規定下來，概念涵蓋此類事物之所有，以約定俗成的方式給它們一個名稱，這就是此類事物的「名」。依照此種方式，把世界上所有的事物劃分為不同的類，分別予以命名，這就是「分」。從此，萬物存在的客觀現實，被人們思維之中的概念或者觀念系統所代替，世界因此可知。這是從古到今人們認識和把握世界的基本方式。

以此種方式把握現實存在，雖然簡捷便利，卻並非天衣無縫。《列子・楊朱》載：「老子曰：『名者實之賓。』而悠悠者，趨名不已。」名只能反映某類事物的一般性特徵，而就存在本身而言，任一存在物（實），都是特殊，是具體。如果把名與實的關係，確實如老子所說那樣，定義為賓與主的關係，那麼單純憑藉「名」來把握現實存在，就是喧賓奪主，就是本末倒置。

「名者實之賓」，實為名之主，把被顛倒的關係顛倒回來，就要承認，「名」其實並不為具體存在之所存者。具體存在存於其實，而非存於「名」。存於其實，按照老子的理論，就是任何具體之存在，皆為包蘊此一存在之系統或整體所決定者——其存在的合理性表現於系統或整體，其存在的性質或狀態也是由系統或整體所決定。「無」作為對「有」的否定，「無名」作為對「有名」

的否定，求取的正是這種系統或整體，與具體存在物之間應當確立的真實關係。老子說「有生於無」，其意義就在於把事物存在從概念拉回到現實中來，從普遍和一般拉回到特殊和具體中來。這其中隱含的結論是，任何具體之存在，高於此一存在所屬之物類。若一言而概括之，即具體高於抽象，特殊高於一般。

世間萬物存在，本來就是一個普遍聯繫的整體和系統，而以「有名」分別萬物，起源於人們的（借孟子的說法）「成心」，起源於人們求取私欲滿足的衝動。所以欲把握真實的世界，首先就是要減損自己的欲望，擺脫「成心」的束縛。老子的「聞道」之「學」，首重「日損」，從認識論上，就是消滅「成心」，而達於真實把握。老子認為，認識主體最為理想的狀態，就是能夠像鏡鑒一樣，純淨深邃、澄明不染，而這一切，必須借助「日損」來完成。

由此可知，老子「聞道」之「學」並不單純屬於知識論，打磨心志、減損欲望的修身功夫，本就內在地包含在「學」之中，是「學」最為真實的起點。進而言之，「為學者日益」之所謂「益」，不但「益」其知識，同時也「益」其行為，譬如多為提倡、奮發有為之類；「聞道者日損」的「損」亦如之，不但意味著減損欲望、消解偽知，同時也「損」其所為，故曰「損之又損，以至於無為」。以老子的「損」和儒家的「日進於禮樂」的「益」相比較，方向上雖有差異，但本質卻彼此貫通——事實上，在中國思想傳統中，無論是儒家還是道家，修養論、認識論和實踐論，三者從來都是一體而不可分的。「損之又損，以至於無為」，與儒家之〈大學〉中「三綱八條目」，都是認識論、修養論與社會政治論的「三位一體」。這是中國古代思想留存給我們今天的一份無比珍貴的遺產，值得我們予以充分的珍惜和研究。

第十二節

【題　解】本節文字，在通行本《老子》中為總第四十九章、《德經》之第十二章。在帛書本中，為《德經》之第十二節，亦為《老子》全本之第十二節。此節帛書甲本殘損二十六字，乙本殘損二十五字。今以甲乙本互校，而以通行各本補其不足。

聖人恆無心❶，以百省之心為心❷。善者善之，不善者亦善之，德善也❸。信者信之，不信者亦信之❹，德信也。聖人之在天下也，𢡘𢡘焉❺，為天下渾心❻。百省皆屬耳目焉❼，聖人皆咳之❽。

【注　釋】❶無心　沒有成心，不受私欲的支配，因而不表現自己的喜好。❷以百省之心為心　這裡指對百姓的喜好偏見採取混同的立場。省，通「姓」。下「省」字同。❸德善也　得到真正的善。德，通「得」。得到。下文「德信也」之「德」字用法同此。❹信者信之二句　百姓認為是，我以是對待，百姓認為非，我同樣也以是對待。信與不信，在此猶曰是與非、當與否。❺𢡘𢡘焉　𢡘，通「翕」。翕翕，混同；混合貌。按「𢡘」，帛書乙本作「欲」，亦為「翕」之通假。❻為天下渾心　使天下百姓之心皆歸於混沌純樸的自然狀態。❼百省皆屬耳目焉　百姓都專注於自己的耳目所得。屬，帛書乙本作「注」，並專注之義。耳目，指耳目之所得。❽咳之　堵塞百姓的耳目。咳，通「閡」。堵塞；閉塞。

【語　譯】聖人從來不表現出自己的喜好偏見，對百姓的喜好偏見也採取混同的立場。百姓認為好的，我善待它，百姓認為不好的，我也善待它，這樣百姓的善惡之心就會泯滅，天下就會同歸於唯一的至善。百姓認為真實的，我以真實對待，百姓認為不真實的，我同樣也以真實對待，這樣百姓的是非真偽之心就會泯滅，天下就會同歸於唯一的真實。聖人對待天下之事，似乎糊裡糊塗；聖人統治天下，好像渾渾噩噩，使天下百姓之心皆歸於純樸自然。百姓都專注於自己的耳目所得，聖人卻要堵塞他們的耳目，使他們無知無欲、像嬰兒一樣。

【研　析】老子認為，具體的事物之所以能夠存在，是由整個存在的系統所支撐的，是系統整體選擇的結果；獨立於系統之外，事物就喪失了存在的依據，就會消亡；所以，一切具體存在，都是當下的、現實的、個性化的。這種觀念反映在認識論上，就是具體事物之所謂本質（如果說可以稱之為本質的話），並不表現為同類事物之間的相似或相同，而是表現為此一事物與其所存在之具體環境中的其他事物之間的互為條件——簡單說，就是事物的本質，不是由同類事物屬性的提升而獲得，而是由不同類事物關係上的彼此規定而獲得。舉例而言，一只茶杯之所以是茶杯，不是由它的質料、造型所決定的，而是由它所發揮的功能所決定的；離開了具體的情境，它可以是很多東西，譬如酒杯、食具、發洩的工具甚至是兇器。執著於茶杯只能是茶杯，這是「有名」；

說它其實是一切可能，這是「無名」——此兩者都是一偏，不為「中道」。而「中道」則意味著既肯定又否定，既是又不是，既在此又在彼，既為現實又為可能，這是老子以「無名」鎮制「有名」而確立的「有名知止」的認識論。這種認識論，一言以蔽之，就是真理在於相對。

萬物存在理同於此。善與不善，信（是）與不信（非），都是相對而言。善惡、美醜、是非、當否，各出於其存在的環境，各由與之對立者予以規定，「有」規定「無」，「長」規定「短」，「先」規定「後」，「高」規定「下」，等等。本書第四十六節（通行本第二章）：

天下皆知美之為美，惡矣；皆知善，斯不善矣。有無之相生也，難易之相成也，長短之相形也，高下之相呈也，音聲之相和也，先後之相隨，恆也。

既知如此，本體遷延，情境與關係項發生改變，則性質亦隨即喪失。或者於此為善為是，於彼則為惡為非；於古為善為是，於今則為惡為非。本無善惡分別之絕對標準，也不存在比較是非之絕對必要與可能，一切存在的合理性，就在當下的、現實的、具體的情景之中，萬物存在的系統與整體性，就在紛亂複雜的、多樣的現實之中。

「天下皆知美之為美」，為天下同心者所造，通過「有名」教化、善惡是非的提倡，借助於百姓的耳目作用而成。上德、上仁、上義、上禮，遵循的都是這一條道路。而一旦有所提倡，則萬民各自歧離自身之自然，靡然景從而取譽於當路，則狡黠生焉，大偽生焉，對立生焉，爭鬥生焉。此所以「皆知美之為美」為惡之由也。

所以聖人治天下，不以一己的主觀好惡來區別對待萬物，這就是老子所謂「為天下渾心」之真義。「渾心」首先體現在善惡好惡各隨應百姓之自然，而不予褒貶取捨，以一己之無心對應百姓之「多心」（各是其是，各非其非），此之謂「聖人恆無心，以百姓之心為心」。聖人無心，故能相容天下之心，此之謂「心善淵」（本書第五十二節，通行本第八章），也是老子所謂「三寶」中的第一寶——「慈」（本書第三十二節，通行本第六十七章）。聖人行道於天下，猶慈母之愛子，於天下百姓無分於長幼，唯以慈愛之心容其驕縱，以利益之心助其成長，以自我犧牲換取其成就。而能一以天下百姓之心為己心，是聖人之「慈」得以整體體現的前提和保障。

「渾心」的第二個表現，就是對百姓「無知無欲」之自然狀態的積極維護。需要說明，這裡的「無知無欲」，並非指一切欲望和知識的「無」，本書第四十七節（通行本第三章）：

> 不上賢，使民不爭。不貴難得之貨，使民不為盜。不見可欲，使民不亂。是以聖人之治也，虛其心，實其腹，弱其志，強其骨。恆使民無知無欲也，使夫知不敢，弗為而已，則無不治矣。

此所謂「恆使民無知無欲」，與「使夫知不敢，弗為而已」相連屬，則所謂「無知無欲」，對治的是那些知而欲為、知而敢為的「為奇者」（本書第三十九節，通行本第七十四章），至於百姓日用之知、食色之欲，舉凡出於自然，則皆不當在「無之」之列。而為抵制那些非自然的、引起混亂和爭鬥的知與欲，聖人一則以堵塞其流傳管道應對之（「百姓皆屬耳目焉，聖人皆閡之」），使其不得輾轉流通，一則以「不上賢」、「不貴難得之貨」、「不見可欲」處分之，使其不得成為氣候。《老子》中類似的論述很多，並可參見。

「渾心」的第三個表現，就是當「化而欲作」、私欲濫觴而進至於「有為」之時的積極應對。本書第六十三節（通行本第十九章）：

> 絕聖棄智，而民利百倍。絕仁棄義，而民復孝慈。絕巧棄利，盜賊無有。

「為天下渾心」的這一整套說辭，其實與老子的「有」與「無」之論相一致。以聖人之無心而對待百姓之心，猶「無名」之對待「有名」、「無為」之對應「有為」者。使百姓各安其心，此之謂「自然」；而有若堯、舜、周、孔，以仁義號召天下者，則須「絕聖棄智」，亦猶以「無名」而鎮制「有名」者也。故所謂「絕聖棄智」、「絕仁棄義」、「絕巧棄利」，此等借助政治手段而實行的「愚人之心」之舉措，皆屬老子之所謂「為無為」（本書第二十六節，通行本第六十三章），亦皆莊子之所謂「去其害群之馬」者（《莊子・徐无鬼》）。

第十三節

【題解】本節文字，在通行本《老子》中為總第五十章、《德經》之第十三章。在帛書本中，為《德經》之第十三節，亦為《老子》全本之第十三節。此節帛書甲本殘損十六字，乙本殘損二十六字。今以甲乙本互校，而以通行各本補其不足。

出生入死❶。生之徒十有三❷，死之徒十有三❸，而民生生，動皆之死地亦十有三❹。夫何故也？以其生生也❺。蓋聞善執生❻者，陵行不避兕虎❼，入軍不被甲兵❽。兕無所椯其角❾，虎無所昔其蚤❿，兵無所容其刃⓫，夫何故也？以其無死地⓬焉。

【注釋】❶出生入死　意思是說人一出生就踏上了死亡之途。❷生之徒十有三　能夠得享天年的占全部人數的三分之一。生，這裡指得享天年。徒，徒眾。十有三，十分之三，猶言三分之一。❸死之徒十有三　（由於外部原因）半途夭折的也占三分之一。死，這裡指不是由於主體的作為而是由於外界的原因橫死。❹而民生生二句　人們為了更好地活著而作為，卻最終把自己推入死亡之地，這樣的也占三分之一。生生，求取（更好地）生存。動，指有所為。皆，都；共同。之，入；到。按「亦十有三」，帛書甲、乙本皆作「之十有三」。❺以其生生也　是因為他們為自己的生存考慮得太多、做得太多。❻執生　養護自己的生命。按通行本作「攝生」，「執」與「攝」古音近通假。❼陵行不避兕虎　在山中行走不會遇到犀牛和老虎這樣的猛獸。陵，山。兕，犀牛。王弼注：「獸之害者，莫甚於兕虎。」按本節二「兕」字，帛書甲本皆作「矢」，與「兕」通。❽入軍不

被甲兵　入於軍陣不會被兵刃傷害。被，受。甲兵，這裡指兵刃（的傷害）。按「甲兵」，帛書乙本作「兵革」。❾兕無所椯其角　兕牛無處使用牠尖銳的角。椯，通「投」。頂觸。❿虎無所昔其蚤　猛虎無處使用牠銳利的爪。昔，通「措」。放置。蚤，通「爪」。⓫兵無所容其刃　兵器無處使用它鋒利的刃。容，擱置。⓬無死地　沒有進入喪身辱命的境地。

【語　譯】人從一出生就踏上了死亡之途。在從生到死的旅途之中，能夠盡享天年的占全部人數的三分之一；由於外界的原因半途夭折的也占三分之一；為了更好地活著而終日營求，結果是把自己推入死亡之地，這樣的也占三分之一。為什麼會這樣？因為最後這部分人為自己的生存考慮得太多，結果反而損害了自己的生命。我曾聽說善於養護自己的人，在山中行走不怕遇到兕牛和猛虎，在軍陣中作戰不會被刀槍傷害；對於這樣的人，兕牛無處使用牠尖銳的角，猛虎無處使用牠銳利的爪，兵器無處使用它鋒利的刃。這是為什麼呢？因為他沒有進入喪身辱命的境地。

【研　析】老子對於人的生命過程的表述，和我們一般的表述不同。一般的表述是，人由出生開始，經過童年、少年、青年、中年而進入老年，繼而死亡。在這種表述中，生是一個過程，而死附著於生，是這個過程的終結。老子的表述卻是，人一出生就踏上了死亡之途，生命的過程，其實是一個死亡的過程，「出生入死」，意思是「出生」即是「入死」。在這種表述中，生附著於死，只不過是死亡的開始。老子說，死亡是一段旅途，旅客分為三類，三分之一的人能夠堅持走到最後，這是「生之徒十有三」；三分之一的人，生命還未及展開，死亡便已降臨，這是「死之徒十有三」；最後的三分之一，本來可以繼續走完，卻因為耽於生而忘其死，結果半路夭折，未得善終。

對於第二個三分之一，誰都無可奈何，那是天命如此，只能安之若素。老子關心的是第一和第三這兩類。如果「長生久視」是人最大的利益所在，那麼對最後的那三分之一而言，悲劇是如何發生的呢？

回答這個問題，就要追溯到前一個問題——死亡究竟如我們所感覺的那樣，只是生命不得不面對的結果，還是如老子所言，本質地屬於生命的整個過程。這個看起來很怪異的問題，其實可以引發出兩種對待生命的態度。

第一種，以生為現實，而將死附著於生。把持這樣一種觀念的人或許會說，生命是短暫的，及時行樂其實是一種不錯的選擇。表現為人生的規劃或者說理想，就是生命的中心是自我，生命的意義是自我的感受，生命的價值是自我的滿足。而追蹤其生命的足跡就會發現，整個旅程不過是被一個個欲望牽扯著的漫無邊際的遊蕩，是一塊塊看似亮麗的色彩拼湊起來的雜亂無章的塗鴉，是一簇簇衝動積攢起來的任性妄為的搏殺。他們生命中的一切，只不過是一連串的偶然——生是偶然，在是偶然，欲望是偶然，衝動是偶然，所為是偶然，成功是偶然，失敗也是偶然。這樣的人生看起來多彩多姿，其實不過是沉湎於現實的隨波逐流；他們所立足的自我，其實只不過是偶然的因素所激發的偶然的欲望，而最終把他們送入死亡的，就是滿足這種欲望的衝動和任意妄為——「以其生生」，則必「動皆之死地」，老子的教訓，每一個人都當深刻記取。

第二種，以死為現實，而將生附著於死。對於把持這種觀點的人來說，人整個的生命歷程，就是以一己之生去對抗無邊之死的過程，而這種對抗終將因為死亡的到來而彼此消解，這是人生悲劇性的一面。從另一面說，正是因為死亡是必然的，才更加啟動了生的欲望，使生之為生的意義更加凸顯，人們才可以更加積極地審視、定位和把握自己的人生，尋求人生價值的合理取向，這又是死的壓迫所給與人生的積極的一面。

老子學說，以與人之求生的本能相一致的「長生久視」為人生的根本利益所在，而又排除了同樣屬於人之本能的享樂主義和追求物欲滿足的傾向，這種對有限的人生所作出的理性的、積極的、達觀的審視和定位，就是面對死之現實所給出的回答。老子本節所推崇的「執生」，以及本書第四十節（通行本第七十五章）的「貴生」，所謂「生」，都是「長久」的意義上的。人生而欲至於「長生久視」，就要訴諸理性，就要知所取捨，就要對世俗之所謂功名利祿淡然處之。本書第七節（通行本第四十四章）：

名與身孰親？身與貨孰多？得與亡孰病？甚愛必大費，多藏必厚亡。故知足不辱，知止不殆，可以長久。

本書第十八節（通行本第五十五章）又謂：

物壯即老，謂之不道，不道早已。

相對於侯王或者聖人，根本利益則不但表現在為生命的「長生久視」，更表現在能夠長久地保有自己的統治地位。本書第五十七節（通行本第十三章）：

吾所以有大患者，為吾有身也；及吾無身，有何患？故貴為身於為天下，若可以託天下矣；愛己身，為天下，汝可以寄天下矣。

侯王而欲長久保有自己的地位，就在於能明曉並把持一己之於社會乃至整個自然全體之正當關係，以利益百姓的方式顯現自身存在之必要與合理，才能達於一己之「長生久視」的目的。本書第五十一節（通行本第七章）：

天長地久。天地之所以能長且久者，以其不自生也，故能長生。是以聖人退其身而身先，外其身而身存。不以其無私歟？故能成其私。

生命的過程是死亡倒數計時的過程，死的無限顯現著生的有限。然而任何事物，只有看清了它的有限，才能看清它存在的無限可能。「蓋聞善執生者，陵行不避兕虎，入軍不被甲兵。兕無所投其角，虎無所措其爪，兵無所容其刃，夫何故也？以其無死地焉。」老子對「善執生者」的描述，就是基於有限而做出的對生命無限可能的遐想，是對生命之崇高的無限讚美，讀來蕩魂攝魄，令人心馳神往。

第十四節

【題解】本節文字，在通行本《老子》中為總第五十一章、《德經》之第十四章。在帛書本中，為《德經》之第十四節，亦為《老子》全本之第十四節。此節帛書甲本殘損九字，乙本殘損十五字。今以甲乙本互校，而以通行各本補其不足。

道生之而德畜之❶，物刑之而器成之❷，是以萬物尊道而貴德❸。道之尊，德之貴也，夫莫之爵❹，而恆自然也。道生之、畜之、長之、遂❺之、亭❻之、毒❼之、養之、覆❽之。生而弗有也❾，為而弗寺也❿，長而弗宰也⓫，此之謂玄德⓬。

【注釋】❶道生之而德畜之　道使萬物生成，而德使萬物得到養育和繁殖。畜，養育；蓄養。❷物刑之而器成之　存在的原質給萬物以形體，具體的形態使萬物得以區別。物，這裡指存在的原質。刑之，使之成形；

「刑」與「形」為古今字。器，指具體的存在物。成之，使之成就。❸尊道而貴德　以道為尊，以德為貴。按「尊」，帛書甲本作「奠」，下「尊」字同。❹莫之爵　沒有什麼人給它們爵位（使它們如此尊貴）。❺遂　借為「育」，養育。❻亭　河上公本作「成」，意為成就，此處「亭」字當為「成」之借字。❼毒　河上公本作「熟」，意為成熟，此處「毒」字當為「熟」之借字。❽覆　傾覆；毀滅。一說為覆蓋、保護。按帛書乙本作「復」，同音假借。❾生而弗有也　生成萬物卻不占有萬物。有，據為己有。❿為而弗寺也　蓄養萬物卻不自恃有功。寺，通「恃」。⓫長而弗宰也　為萬物之長卻不主宰萬物。宰，主宰；控制。⓬玄德　玄遠幽深的德行。

【語　譯】道生成萬物，德蓄養萬物，存在的原質給萬物以形體，具體的形態使萬物得以區別。因此萬物沒有不尊崇道而推重德的。道被尊崇、德被推重，沒有誰來加封它們，是自然而然的事情。道生成萬物、蓄養萬物、促成萬物的生長、化育萬物、使萬物結果、成熟、護持萬物、又傾覆萬物、毀滅萬物。生成萬物卻不占有萬物，養育萬物卻不自恃有功，為萬物之長卻不主宰萬物，這叫做幽微玄妙的德。

【研　析】歷代對「物形之而器成之」一句，說解繁多。我們的理解是，所謂「物形之」，是就具體存在物的質料、形體而言的；而「器成之」，則是從存在的現實功用而言的。本書第五十五節（通行本第十一章）：

卅輻同一轂，當其無，有車之用也。挻埴而為器，當其無，有埴器之用也。鑿戶牖，當其無，有室之用也。故有之以為利，無之以為用。

譬之本節文字，車輪之輻、轂、輪、牙，陶器之器壁形態，居室之四壁屋頂，這些看得見摸得著，組為一體，是「物形之」；轂之中空而得輪之用，器之能容而得器之用，居室之能居而得居室之用，所以輪、器、居室的存在以其功能的發揮而成為現實，這是「器成之」——成其為輪，成其為器，成其為室，否則焚之掊之而不能存久。所以「成之」者，以功能而成就其存在的現實之謂也。若欲成就其存在之現實，則必使「有」之自身含有「無」，能夠容物利他；若欲成就其存在之長久，亦必使「有」之自身始終含有「無」，始終能夠容物利他，故老子曰：「有之以為利，無之以為用。」

能容物利他，即所謂「德」。「德」從存在的現實性上來講，就是一切存在，都是能在具體的關係之中顯現出自身獨一無二的功能，並因此而為關係所接納的「此在」。因此，判定某一具體存在的性質或意義，與其汲汲於「此在」之「物形之」的一面，以「有名」為區別，以「類」為歸終，追究其所謂本質屬性，莫若以「器成之」為運思的維度，將「此在」歸屬於所存在的具體的時空環境之中，而以一切與「此在」相互關聯的「他者」來規定「此在」的意義——簡單地說，不是以相同的事物為「類」，而是以不同的事物為「一」，「一」才是「此在」之所以存在的根本依據所在。莊子之「類與不類，相與為類」的認識論，終達於「以指喻指之非指，不若以非指喻指之非指也；以馬喻馬之非馬，不若以非馬喻馬之非馬也。天地一指也，萬物一馬也」的「齊物論」，其思想的源頭，應該就是這裡。

「此在」存在於整體的「一」，而非存在於「有名」之中。反過來也可以說，一切具體存在，都是整體揀擇的結果，因而所有的存在，都是現實性的；非現實性的存在，都屬於被整體所淘汰者。這個命題的意義，非常近似於黑格爾「凡合乎理性的東西都是現實的，凡現實的東西都是合乎理性的」，即所謂的「存在即合理」的論斷（見《法哲學原理》以及《小邏輯》）。因此對於存在而言，最為可取的態度是理性地面對現實，從現實裡尋求（而不是從歷史中追索）自身存在的依據。所以，說老子主張復古，甚至主張回到人類蒙昧原始的狀態中去，不但於《老子》書中無徵，從學理上也是無法講通的，即使老子確實主張「小邦寡民」，那也是基於現實的政治策略，而非一意復古的開歷史倒車。

整體決定「此在」的現實，是「此在」的揀擇者。整體揀擇的標準，或者說「此在」之所以存在的依據，就是與整體的和諧統一；表現於「此在」的當下，就是性質上能與「他者」結為整體、互相利益、共同存在，而狀態上則從「有名」向整體的「一」回歸——這就是「道」之所以被老子命名為「道」的原因。唯其如此，萬物的存在才會成為可能和現實，萬物也才是「有德」的存在。

因此，說整體的「一」決定「此在」的現實，並不意味著「此在」只是被動的承受者，它還可以是「德」的認知者與「道」的實踐者。老子之所以把「自然」提升為他學說中最高的範疇，一個很可能的原因，大約就是人類社會並不總能恰當地表現存在的現實合理性，而「自然」卻可以——鳶飛魚躍、花開花謝，不存半絲做作，完全一派天然，此即老子之所謂「上德不德，是以有德」（本書第一節，通行本第三十八章）。而人類則由於智欲作用，以致時時誤入歧途，遂致紛爭迭起，戰亂不斷，生命不得長久。因此省察「自然」，探究其存在的法則再加以總結和提升，並應用於人類社會，就成為聖人之用心處，而「德」亦由此而生。

所謂「德」者，得也，得於「自然」存在之現實也，得於萬物之所以存在之法則也。如果說「道」生萬物的說法，更多地側重於萬物存在的現實合理性（即此節所謂「道生之、畜之、長之、育之、亭之、毒之、養之」），那麼「德」蓄萬物，則更多偏重於萬物長久存在之所必須遵循的法則，偏重於對未來的設計和安排，在這種意義上，「德」表現為省察和明曉天道，從自身存在的需求之中生發出自我克制與自我改造的決心，以期融入天地萬物一體之中，並在行為和結果上順應天道的決定。《管子》：「德者，得也；得也者，其謂所得以然也」，《說文》：「悳，外得於人，內得於己也」。於人類社會推演此「德」，以保障人類社會的安寧，以達到個體生命的長生久視，這就是聖人作為「此在」所能起到的積極能動的作用了。「生而弗有也，為而弗恃也，長而弗宰也，此之謂玄德」，「玄德」之所以為「玄」，固然是因為「玄」有和同萬物而為一體的意義（《說文》：「黑而有赤色者為玄。」引申為顏色深），恐怕也與「玄」之表示幽遠、長久（《說文》：「玄，幽遠也。」）不無關係。

第十五節

【題解】本節文字，在通行本《老子》中為總第五十二章、《德經》之第十五章。在帛書本中，為《德經》之第十五節，亦為《老子》全本之第十五節。此節帛書甲本殘損五字，乙本殘損十三字。今以甲乙本互校，而以通行各本補其不足。

天下有始❶，以為天下母❷。既得其母，以知其子，既知其子，復守其母，沒身不殆❸。塞其㙂❹，閉其門❺，終身不堇❻。啟其㙂❼，濟其事❽，終身不棘❾。見小曰明❿，守柔曰強。用其光，復歸其明⓫，毋遺身央⓬，是謂襲常⓭。

【注　釋】❶始　開端。這裡即指老子之所謂「古始」（本書第五十八節，通行本第十四章），亦所謂「玄之又玄」的「眾妙之門」（本書第四十五節，通行本第一章）。❷母　這裡指道。《老子》：「（道）可以為天地母。」（本書第六十九節，通行本第二十五章）❸既得其母五句　把握住促成萬物產生的道，就會認識自然萬物；認識了自然萬物，還必須反過來堅守道的立場，這樣就可以終生無危難之事。既，已經。子，指自然狀態之中的天下萬物，亦老子之所謂「眾妙」。沒身，終生。殆，危險。按「既知其子」四字，帛書甲本奪，乙本存。❹㙂　竅穴，這裡指耳目口鼻等感官。按本節兩「㙂」字，帛書甲本均作「悶」。本字當作「兌」。《易・說卦》：「兌為口。」❺門　這裡指智欲的門戶。❻堇　通「瘽」。病患。❼啟其㙂　開啟引發人們各種欲望的感覺通道。啟，打開。❽濟其事　助成人們的求知逞欲之心。濟，助成。❾不棘　無法救治。棘，通「救」。❿見小曰明　能於細微處發現事物變化的徵兆，可以稱為明見。小，指事物變化的徵兆。明，明察；明見。⓫用其光二句　意思是接受道的決定，使自己的智慧歸於大道。⓬毋遺身央　不會遺留下災禍。遺，遺留。

央，通「殃」。災禍。⑬是謂襲常　這就叫襲用大道。

【語　譯】天下萬物有個相互分別的開端，萬物分別之後，道可以充任生成萬物的母親。把握住促成萬物產生的道，就會認識自然萬物；認識了自然萬物，還必須反過來堅守道的立場，這樣就可以終生無危難之事。堵塞住引發人們各種欲望的感官知覺，關閉啟人偽智的門戶，人們就會終身平和、沒有災禍。開啟引發人們各種欲望的感覺通道，助成他們的求知逞欲之心，人們就會一輩子處身災禍之中而無法得救。能夠於細微之處見其兆端才是真正的明見，能夠處下不爭、保持柔弱才是真正的堅強。接受大道的決定，把自己的智慧應用於省察大道之上，這樣就不會給自己帶來災禍，這就叫因循大道。

【研　析】「始」在《老子》五千言中出現了八次，除一次（本書第四十六節，通行本第二章「萬物昔而弗始也」）借用為「司」，剩下的七處均使用如開始、開端。其中有一些說法，如「古始」、「天下有始」、「無名萬物之始」等，被很多人借來，給老子學說構建出一個宇宙生成論的系統。其實這是個大誤解。老子之所謂「始」者，始名之也，指的是「有名」世界的開始，人類以「名分」區別萬物的開始，而不是客觀存在的物質世界的開端。「道」亦是一名，在「始」之後，與「萬物」（名）相對而生。此「始」之前，是「無名」狀態，無「道」之名（但有「道」之實，即老子「強為之名」的「大」），也無「萬物」（名）之分；「有名」的那一刻，即是開啟了「道」與「萬物」（名）的對立，「道」為「萬物」之母，而「萬物」（即本節所謂「天下」，「天下」者，「天下之物」之省稱也）則為「道」之子。

關於這個「始」，一個更為形象也更為意蘊深長的說法就是「門」——《老子》中「玄牝之門」、「眾妙之門」、「天門啟闔」、「閉其門」的「門」。「門」區別於單扇的「戶」，合之則為一體，啟之則為兩扇而道路始開。用為譬喻，合之則為蒙昧、為自然，為「強為之名」的「大」；啟之則為有無、陰陽等一切對立，而「道」即在對立的兩項之「中」。「名」亦如之，一旦「始制有名」，則旋即落入「有（名）」與「無（名）」的對立，而「道」在「有名」與「無名」之「中」，靜態的表現是「有名」與「無名」的彼此限制與互相補充，這就是老子之所謂「有名知止」；動態的表現是現實中的「有名」一旦鼓動智欲發作，則以「無名」鎮制之，使其復返於中道。本書第八十一節（通行本第三十七章）：

道恆無名，侯王若守之，萬物將自化。化而欲作，吾將鎮之以無名之樸。鎮之以無名之樸，夫將不辱。不辱以靜，天地將自正。

「無名」是鎮制「有名」的工具，「有名」如果是現實，則「無名」就是理性。理性保障現實向既定的目標演化，這就是老子之所謂「襲常」。「襲常」不是「常」本身，而是對「常」的襲用。什麼是「常」？本書第十八節（通行本第五十五章）：

含德之厚者，比於赤子。蜂蠆虺蛇弗螫，攫鳥猛獸弗搏。骨弱筋柔而握固，未知牝牡之會而朘怒，精之至也。終日號而不嗄，和之至也。和曰常，知常曰明，益生曰祥，心使氣曰強。物壯即老，謂之不道，不道早已。

赤子為「常」，就是說人的智欲尚處於蒙昧之中的「自然」為「常」，自然的整體和諧為「常」，「玄牝之門」合而未啟的狀態為「常」，「萬物」（名）未有、「道」亦不存的「無名」狀態為「常」。「襲常」不同於「常」，它是對「無名」之和合統一狀態的襲用，是「有名」時代對「無名」時代的效仿，是理性對「自然」的摹擬，是聖人之「為無為」（本書第二十六節，通行本第六十三章）。「襲常」所能達到的，是人為造就的「和」而不是「自然」的一體和諧，是「法自然」而不是「自然」本身。本書第六十節（通行本第十六章）：

至虛，極也；守靜，篤也。萬物滂作，吾以觀其復也。夫物芸芸，各復歸於其根曰靜，靜是謂復命。復命常也，知常明也；不知常，妄；妄作，凶。知常容，容乃公，公乃王，王乃天，天乃道，道乃久，沒身不殆。

「天下有始」是客觀存在，不可逆轉。這一現實幾乎必然地會導致以一己之私欲為自我中心的人類認識立場的出現，於是衝突和對立不斷發生，世界陷入無休止的紛爭和戰亂之中。老子之「道」，是希望通過「無名」對「有名」的矯正，能夠把人們的視線從一己為中心引向普遍聯繫的「一」，轉換認識立場，改變行為模式，從而達到個人、社會以及全部存在整體的和諧。「一」作為存在的整體，其中並非沒有對立和區別，「一」之中同樣也有二有三，甚至也可以區別出萬物

——本書第四十五節（通行本第一章）「恆無欲也，以觀其妙」，所謂「妙」，當即指「一」所包蘊的林林總總的萬物，但是「一」之中的萬物，並非互不相容甚至互為仇讎，而是互為利益、和諧共存的，「眾妙」一體，共同體現著「利而不害」的「天之道」，此當即老子「恆有欲也，以觀其所徼」中「所徼」兩字的確指。把持「道」的立場反觀萬物，萬物之間的關係就不是「分」（爭）而是「和」了。本節所謂「既得其母，以知其子，既知其子，復守其母，沒身不殆」，意義即在此。「萬物」與「道」子母不相離，單純任何一個，都不構成真理，只有結合兩者，才是認識世界的正確方法，也才能得出正確結論。

因此，老子並非一意取消人們的認識，「見小曰明，守柔曰強。用其光，復歸其明，毋遺身殃，是謂襲常」，哪個離得開理性作用，哪個不是對世界的深刻洞見？至於所謂「塞其兌，閉其門，終身不瘽。啟其兌，濟其事，終身不救」，不過是想提醒世人，單純追求所謂知識（只「知其子」），忽略了對「天道」直觀的、整體的、超越性的把握（不能得亦不能守「其母」），即使行遍天下以求知，也無法真正達於聖人之境。與此相關的內容，可參閱本書第十節（通行本第四十七章）的「研析」部分。

第十六節

【題　解】本節文字，在通行本《老子》中為總第五十三章、《德經》之第十六章。在帛書本中，為《德經》之第十六節，亦為《老子》全本之第十六節。此節帛書甲本殘損十九字，乙本殘損六字。今以甲乙本互校，而以通行各本補其不足。

使我⿰扌挈有知也❶，行於大道，唯他是畏❷。大道甚夷❸，民甚好解❹。朝甚除❺，田甚蕪❻，倉甚虛❼，服文采❽，帶利劍，猒食而齎財有餘❾，是為盜杅❿，非道也哉！

【注　釋】❶使我⿰扌挈有知也　假如我掌握有真知。使，假如。⿰扌挈，通「挈」。《說文》：「挈，縣持也」，引申為把握、掌握。按「⿰扌挈」，帛書乙本作「介」，亦與「挈」通。❷唯他是畏　只怕走入邪途。他，通「迆」。邪路。❸夷　平坦。❹解　通「徑」。小路，這裡指邪途。按帛書乙本作「⿰亻解」，亦與「徑」通。❺朝甚除　朝廷中的政治很骯髒。朝，朝廷。除，通「塗」。骯髒。❻蕪　荒蕪。❼倉甚虛　倉庫很空虛。倉，倉庫。虛，空。❽服文采　穿著華貴的衣服。服，穿。文采，指華美的衣服。❾猒食而齎財有餘　吃膩了美味佳餚，占有著多餘的財物。猒，通「厭」。滿足；膩味。齎，通「資」。資財；資產。❿盜杅　強盜裝飾。按「杅」字帛書乙本僅存其半，馬王堆漢墓帛書整理小組注謂「或是一從木于聲之字」，即「杅」字。《說文》：「杅，所以塗也。」引申為粉飾、裝飾。一說「杅」通「竽」，竽為五聲之長；盜竽，意思是強盜頭子。

【語　譯】假如我的確是有智慧，就會遵行大道的指引，唯恐走上邪途。大道非常平坦，但是人們偏偏喜歡走邪徑。朝中的政治很骯髒，田地很荒蕪，倉庫很空虛，人們卻穿著華美的衣服，佩帶著鋒利的寶劍，吃膩了美味佳餚，占有著多餘的財物，這是強盜的裝飾，與我所說的道絲毫不相干！

【研　析】道有正邪，智有真偽。何以分別？這是此節文字所欲解決的問題。

真正的智慧是什麼？這在侯王與百姓有不同的表現。表現於百姓，就是一以自然為準的，各美其美，各善其善，各安其安，各樂其樂，不為偽智所牽絆，不為意氣所支配，順應環境與生態的決定，人人達於自然的壽限，這是百姓之自然，也是百姓最高的生存智慧。表現於侯王，就是對天道的深切把握，對萬物變化的深入洞察，對生命存在的深刻感悟，對人類社會法則與規律的明確判斷與取捨——絕去一切虛假的聖人智慧，絕去一切混淆是非的巧辯讕言，絕去一切引動私欲的技藝工巧，從而保障天下百姓的自然能夠順利達成，這是治國之大道，利益天下之根本，非有真正的智慧，是無法選擇正確的。

「大道甚夷，民甚好徑」，大道平實簡易，坦坦蕩蕩，然而行之者稀；放僻邪行的小徑之上，卻熙熙攘攘，人聲鼎沸。是什麼把人誘入邪途？是偽智引動的貪欲。邪途之所以為邪，中心是個「盜」字。

古之所謂「盜」，是指以偷竊、攘奪的方式，把本不屬於自己的東西據為私有。小至毫釐之物，大至整個天下，只要是以不正當的方式獲得，皆可稱之為「盜」。譬之社會，一些人為滿足自己一時一地的欲望，以欺陵、壓榨和盤剝的手段對待另一些人，這就是「盜」；這樣的社會，君為盜首，人為盜賊，誰都擺脫不了盜人和被盜的命運，這就是「盜世」；「盜世」之中，損人利己成為原則，不勞而獲成為追求，這就是老子之所謂人類社會的邪途；「盜世」之時、邪途之上，法律越健全，制度越完備，知識越充分，規矩越細密，「盜之為盜」的特徵也就越明顯。「朝甚塗，田甚蕪，倉甚虛，服文采，帶利劍，厭食而資財有餘，是為盜杇，非道也哉！」兩千年前老子的一聲棒喝，至今尚覺振聾發聵。

理想的人類社會應該是什麼樣子？儒家經典《禮記．禮運》：

大道之行也，天下為公。選賢與能，講信修睦。故人不獨親其親，不獨子其子，使老有所終，壯有所用，幼有所長，矜寡孤獨廢疾者，皆有所養。男有分，女有歸。貨惡其棄於地也，不必藏於己；力惡其不出於身也，不必為己。是故謀閉而不興，盜竊亂賊而不作，故外戶而不閉，是謂大同。

這是儒家的「大道之行」，具體方案譬如對「選賢與能，講信修睦」的強調或者與老子有異，但「天下為公」所體現的相互協作與「不必為己」的精神氣質，則與老子之「大道」無有不同。如果擬於儒家之「大同」，則老子的「大道之行」或許可以做如下描述：

大道行於天下之時，天下萬物是整體和諧的存在。萬物（包括人類社會）雖然有所分別，但是所有分別都在和諧同一的基礎之上，萬物彼此相互利益而不相損害，相互成就而不相爭鬥。聖人與百姓的關係亦是如此，他們雖然階位不同，利益也有差異（參見本書第十節，通行本第四十七章「研析」），但從大的方向上看，兩者並無根本的抵牾，有的只是在社會生活之中所承擔的角色不同，就是在本書第十節的「研析」中我們提到的，聖人與百姓「上下不同為而互相成就」。本書第七十二節（通行本第二十八章）：

知其雄，守其雌，為天下溪。為天下溪，恆德不離。恆德不離，復歸嬰兒。知其榮，守其辱，為天下谷。為天下谷，恆德乃足。恆德乃足，復歸於樸。知其白，守其黑，為天下式。為天下式，恆德不忒。恆德不忒，復歸於無極。樸散則為器，聖人用則為官長。夫大制無割。

聖人之所以能為百姓之官長，就在於「樸散則為器」之後的對立（雌雄、榮辱、黑白、有無等等）產生，而聖人能把持對立之中偏於陰柔的「無」的一面，按照「道」的原則，以「無名」、「無為」調諧社會，以利益百姓的方式顯現自身存在之必要與合理，以滿足民生的途徑達到保障自身長久的目的，不與民爭利，不與民爭名，「退其身而身先，外其身而身存」（本書第五十一節，通行本第七章），以其無私而成就其私。百姓存身於自然的生活狀態之中，或知世有此君（「太上，下知有之」），然實際生活當中卻感受不到聖人的提倡和作用，以致「成功遂事，而百姓謂我自然」（本書第六十一節，通行本第十七章），聖人之最終目的也因此而達到，「聖人終不為大，故能成其大」（本書第二十六節，通行本第六十三章），並以能成其大而成就其長久，「是謂深根固柢，長生久視之道也」（本書第二十二節，通行本第五十九章）。

第十七節

【題解】本節文字，在通行本《老子》中為總第五十四章、《德經》之第十七章。在帛書本中，為《德經》之第十七節，亦為《老子》全本之第十七節。此節帛書甲本殘損五十七字，乙本殘損十四字。今以甲乙本互校，而以通行各本補其不足。

善建者不拔❶，善抱者不脫❷，子孫以祭祀不絕❸。修之身，其德乃真❹。修之家，其德有餘❺。修之鄉，其德乃長❻。修之邦，其德乃夆❼。修之天下，其德乃博❽。以身觀身，以家觀家，以鄉觀鄉，以邦觀邦，以天下觀天下。吾何以知天下之然茲❾？以此。

【注釋】❶善建者不拔　善於建樹功業的人，他建樹的功業不可動搖。建，建樹。拔，拔除；動搖。❷善抱者不脫　善於抱持的人，他抱持的東西不會失落。抱，抱持。脫，失落；遺失。❸子孫以祭祀不絕　子孫世代綿延，他也可以長久地享有子孫的祭祀。按此即《老子》通行本第三十三章（本書第七十七節）之所謂「死而不亡者壽」。❹其德乃真　河上公注：「其德如是，乃為真人。」真，真實。❺有餘　有餘裕。河上公注：「有餘慶及於來世子孫。」❻其德乃長　他的德才會弘揚光大，無所不覆。❼修之邦二句　治理國家，他的德就會豐潤全國。邦，諸侯之國。夆，通「豐」。豐沛；豐潤。按「修之邦」，帛書乙本作「修之國」，甲本殘。然據郭店竹簡本、唐傅奕本並參帛書甲本辭例，當以「修之邦」為正。乙本抄於漢初，避高祖劉邦諱，乃改「邦」為「國」。下文「以邦觀邦」句，甲本不殘，可證。❽博　通「溥」。廣大；博大。❾茲　通「哉」。

【語　譯】善於建樹的人，他建樹的功業不可動搖，善於抱持的人，他抱持的東西不會失落，這樣，他的子孫就可以世代綿延，他也就可以長久地享有子孫的祭祀了。具備這樣德行的人，修治自身，他的德就會達於純粹真實；管理家業，他的德就會蔭庇整個家族；領導一鄉，他的德就會遍及整個鄉里；治理國家，他的德就會豐潤全國；統治天下，他的德就會普施於天下。所以修身就從身的角度觀察道之作用於一身，治家就從家的角度觀察道之作用於一家，治鄉就從鄉的角度觀察道之作用於一鄉，治國就從國的角度觀察道之作用於一國，治理天下就從天下的角度觀察道之作用於天下。我怎麼知道天下是這樣的呢？就是用這樣的方法。

【研　析】「善建」與「善抱」，是從聖人之功業上說的。傳統有所謂「三不朽」，即立德、立功、立言。而善建者之「不拔」，善抱者之「不脫」，意義大略與所謂「不朽」近似；「子孫以祭祀不絕」，亦近於「不朽」；三者都是得其長久之謂。長久表現於人生，就是「長生久視」，表現於侯王或者聖人的統治，就是「深根固柢」、基礎堅牢。唯能基礎堅牢，才會「不拔」、「不脫」；唯能「不拔」、「不脫」，才會「長生久視」——而所有這一切，都以聖人之「德」為基礎。「德」的意思就是「得」，得其存世之道之謂「德」。《說文》：「悳（德），外得於人，內得於己也。从直从心。」心於道有所得，又能發為實踐應用，貫通內外終至於一體之和諧，而己身之利益亦得長保長有，謂之有德。故「善建」與「善抱」，所謂「善」者，善有所得，亦皆善立其德者也。

「修之身，其德乃真。修之家，其德有餘。修之鄉，其德乃長。修之邦，其德乃豐。修之天下，其德乃溥」，這是老子之「德」的實踐或應用。從形式上看，這種排列頗類似於儒家《禮記·大學》篇「八條目」之最後四項，即修身、齊家、治國、平天下。但是形式上的相同，並不能說明本質上的一律，類比過於簡單，可能會喪失很多實質性的東西。

儒家的「八條目」，首先是一個個獨立的階段，然後形成一個前後相承接的過程——修身有修身之道，齊家有齊家之道，治國、平天下亦然；而正因為每一個階段其實不同道，所以人們在循序漸進的、不間斷的修習過程中，要伴隨著不斷的學習和開拓，增長知識，拓展視野，培育情懷，涵養德行。由身而家、由家而國、由國而天下，通過逐步提升自我的層次由凡入聖，終至大成境界。

老子的修養論與之不同。按照老子的理論，身、家、國、天下的排序其實應該倒過來，以天下為始，而以身為終；天下之於邦（國）、邦（國）之於鄉、鄉之於家、家之於身，並不為層次的遞減，而為包有或者含蘊的關係。這兩種敘述上的差異，並非無關宏旨。在第一種即以身、家、國、天下為排序或層次的敘述中，後者是前者的集合，是「分」而後的「和」或者「合」；「分」而能「和（合）」離不開法則，因此前者彼此之間的法則，決定後者存在的合理性——孝悌就是「家」之存在的法則，禮樂就是「邦（國）」之存在的法則，以此類推。在第二種即以天下為始而以身為終的敘述中，後者是前者的母體，是「一」，前者是後者的胎兒，是「一」之中的「分」，同時也在自身存在中直接體現著與母體的「一」，能「得一」是自身存在的依據——身之存在，家是依據，邦（國）之存在，天下是依據，以此類推。正是因為如此，老子學說立論之始便直探「天道」，並把每個人的現實生存問題直接與「天道」捆綁在一起。打個不太確切的比方，禪宗修行有漸、頓之別，漸悟以「十地」順序漸進，逐次上升而得覺悟，儒家「八條目」即類乎此；頓悟則以直下頓悟本來清淨的佛性為參學事畢，則如老子之依「道」立「德」。這意味著，此節所謂「修」，不論是「修之身」還是「修之家」、「修之鄉」、「修之邦」、「修之天下」，所依據的「道」只能是一個，與之相應的「德」因此也只能是本質單一的。至於身、家、鄉、邦（國）、天下之別，不過是此「德」施行場域的不同，譬之南宗禪，即類於頓悟之後的圓修。因此這裡的「修」字，並不是如儒家的內省式的自我修養，而是聖人將所把持的「道」向外的實踐應用。明乎此，對區別儒道兩家的思想有很大的意義。

「道」為一道，「德」為一德，施用的場域縱有不同，所欲達到的目標卻無差異。無論是在身，還是家、邦（國），還是天下，「德」所體現的本質單一，都是保障具體存在的「長久」——生命的長久、家族延續的長久、權利或者利益的長久：

「修之身，其德乃真」，當即指老子之「善執生者」，亦所謂「貴生」者。本書第十三節（通行本第五十章）：「蓋聞善執生者，陵行不避兕虎，入軍不被甲兵。兕無所投其角，虎無所措其爪，兵無所容其刃，夫何故也？以其無死地焉。」本書第四十節（通行本第七十五章）：「夫唯無以生為者，是賢貴生。」此「德」表現於一身，就是「長生久視」，就是「不失其所者久也」

（本書第七十七節，通行本第三十三章）。

「修之家，其德有餘」，當即指老子之「子孫以祭祀不絕」，亦所謂「死而不亡者壽也」（本書第七十七節，通行本第三十三章）。按照古代的觀念，人死為鬼，鬼亦有凍餒之憂，需要後世子孫祭祀奉獻。《左傳．宣公四年》記載，若敖氏的後代楚國令尹子文，擔心他的侄子越椒將來會使若敖氏滅宗，臨死時，聚集族人哭泣道：「鬼猶求食，若敖氏之鬼，不其餒而！」若家族興旺，則「子孫以祭祀不絕」，鬼亦得「死而不亡」之壽。在古人的意識裡，家族綿延興盛，有時甚至比個人的生存意義更加重大，為整個家族的福祉而不惜奉獻出自己的生命，這樣的例子史不絕書。老子的意思是，祖先有德，就會蔭庇整個家族的興旺，福澤綿延及於子孫後代，以至於「多福無疆，子子孫孫，永寶用享」（《伯公父簠》）。

「修之鄉，其德乃長」，「鄉」是介於「家」和「邦（國）」之間的一種社會組織形式，而這種組織形式，儘管與古老的氏族遺風有關聯，但一般來講，它更側重於人們地域的而非血緣的聯繫。檢《禮記．大學》一篇之「八條目」，「格物」、「致知」、「誠意」、「正心」、「修身」、「齊家」之後，直接就跳到了「治國」、「平天下」，而《老子》此處於「身」、「家」與「邦（國）」、「天下」之間，比照「八條目」更多出一「鄉」，社會組織的層次——從血緣的「家」到地域的「國」，銜接和轉換更為順暢、自然。證以《儀禮》，則如鄉射、鄉飲酒等，皆屬意於以一種普及性的道德實踐活動，使「民知尊長養老，而后乃能入孝弟。民入孝弟，出尊長養老，而后成教，成教而后國可安也。君子之所謂孝者，非家至而日見之也，合諸鄉射，教之鄉飲酒之禮，而孝弟之行立矣」（《鄉飲酒義》）。尊年劭、崇德行、序長幼、別貴賤，成就孝弟、尊賢、敬長養老的道德風尚，達到教化的目的，這些似乎都在證成著「鄉」這一組織層次在社會生活中所具備的重要地位和作用。甚至儒家所謂「五行」，即「仁義禮智信」（馬王堆漢墓帛書、郭店竹簡本〈五行〉「信」並作「聖」），若按傳統的說法，「仁」對應於「家」（孝悌為仁之本），「禮」對應於「邦（國）」（治國以禮），則其中之「義」，或者竟當與「鄉」相聯屬，而為從血緣政治向地域政治過渡的過程中，觀念形態演化的轉捩點也未可知。

「修之邦，其德乃豐」，《老子》中談論治邦（國）之處頗多，如「以正治邦」、「民多利器，而邦家滋昏」（本書第二十節，通行本第五十七章），「故以智治邦，邦之賊也；以不智治邦，邦之德也」（本書第二十八節，通行本第六十五章），「小邦寡民」（本書第三十節，通行本第八十章），「受邦之垢，是謂社稷之主；受邦之不祥，是謂天下之王」（本書第四十三節，通行本第七十八章），「魚不可脫於淵，邦利器不可以示人」（本書第八十節，通行本第三十六章）等。治邦（國）之道，於百姓則塞兌閉門堵塞智欲，各任自然和合萬民，於己身則孤寡不穀謙卑自任，功成身退為下不爭。唯其如此，百姓才能「甘其食，美其服，樂其俗，安其居」（本書第三十節，通行本第八十章），而國君也才能政治上得以深根固柢，人生上達於長生久視。

「修之天下，其德乃溥」，這是老子之「德」實踐應用的終極，是侯王或者聖人之作用於自然以及人類社會所能達到的最大範圍。在「天下」這個範圍中，老子關於「德」的各種規定性——無名、無欲、無為、不爭等等，最為本質地體現了對一切矛盾對立的消解，存在因此而成為一個整體，萬物包括人類社會亦在其中，各以自身存在的獨特形態和功用，遵照「道」的指引，參與到整體和諧的構成之中，而侯王或者聖人的功績也因此而與「道」和合，成為天地萬物所共同保障的「不朽」。

從另一個角度講，「道」雖為一，但具體表現於萬物，卻因與具體的「有」相聯繫而各有不同；與之對應的「德」雖然本質單一，但是正由於施用的場域有所不同，所以「德」的具體表現不妨多樣。以本節為例，從「修之身」而至於「修之天下」，涉及的範圍是一個不斷擴大的過程；但是從「修之」的角度上講，卻是「德」這個觀念內涵不斷被壓縮的過程——隨著所涉及的範圍逐步擴大，「德」所要求於「修之」者的卻是個性體現或者所把持原則的「損之又損」。本節所謂「以身觀身，以家觀家，以鄉觀鄉，以邦觀邦，以天下觀天下」，是老子為「修之」者設定的觀察事物的角度，也是「德」所適用的取捨原則。以老子「得一」之論詮釋之，「修之身」之時，「身」就是「一」，四肢百骸、欲望滿足，一切都當以此「一」之長生久視為取捨依據；而主宰或感受此「身」之心，就當持無欲的信念。「修之家」之時，「家」就是「一」，父母兒女、兄弟姐妹，一切所謂，也當以此「一」的福祉綿延為取捨依據；而領有或掌管此「家」之主，就當有無己的胸懷。「修之邦（國）」之時，「邦（國）」就是一，君臣萬民，百事興廢，一切都當以國祚長久為取捨的標準；而尊貴如一國之君，就當有謙退處下的氣度。「修之」的範圍愈大，「修之」者愈要克己，這是一方面。另一方面，「修之」的範圍越大，「修之」者所把持的原則越要緊縮。舉例來說，「修之家」的階段，或者並不排斥譬如儒家所提倡的「父慈子孝」、「兄恭弟敬」等等家庭倫理觀念（「民復孝慈」也是老子之追求）；但至於「修之鄉」的範圍，基於血緣情感的「仁」、「孝」等等，就會成為「修之」的障阻，因為立場發生了改變，你必須站在「鄉」這個或許缺乏血緣基礎的整體立場上，平等地對待一切（包括自己的家）。同樣，共同地域、共同生活所產生的相同或相近的好惡是非標準（這應當就是「義」之所以為「宜」的基礎），也會阻隔你「修之國」之時的判斷，因此「義」又會成為捨棄的對象。如此「損之又損」，以至於「修之天下」，聖人遂致「無為而無以為」，這是「聞道」者的必然——總而言之，人人都會有立場，人人都不免有成心、私心，因此都不免於以身觀家、以家觀鄉、以鄉觀邦、以邦觀天下這種以自我為中心的自以為是——孔子提倡仁義，欲以禮樂而達於天下大治，而老子誡之，「去子之驕氣與多欲，態色與淫志，是皆無益於子之身」（《史記・老子韓非列傳》），或許正是基於此種理由。老子主張「以身觀身，以家觀家，以鄉觀鄉，以邦觀邦，以天下觀天下」，就是要去掉這種成心和私心作用，採用一種無立場的或者說整體（亦即所謂「一」）為立場的態度觀察萬物存在，只有如此，認識才可能達到客觀公正，建立在客觀公正的觀察立場之上的「德」，才能不存善惡，不涉是非地發揮作用。而「德」這個觀念的內涵自「修之身」始，在「修之家」、「修之鄉」、「修之邦」、「修之天下」的過程中不斷地被壓縮，可以理解為是不以私見，不雜私利的「天地之德」在人們心中的日益顯現，最終達於「無為而無以為」的、「無私」的聖人之境，侯王才能建而不拔、抱而不脫，在根本上成就其「長生久視」的一己之私，本書第五十一節（通行本第七章）「不以其無私歟？故能成其私」，即此之謂。

第十八節

【題解】本節文字，在通行本《老子》中為總第五十五章、《德經》之第十八章。在帛書本中，為《德經》之第十八節，亦為《老子》全本之第十八節。此節帛書甲本殘損十四字，乙本殘損七字。兩本相較，文字差異不大，且可以互補。

含德之厚者，比於赤子❶。蜂癘蟲蛇弗赫❷，據鳥猛獸弗搏❸。骨弱筋柔而握固❹，未知牝牡之會而朘怒❺，精之至也❻。終日號而不嚘❼，和之至也❽。和曰常❾，知常曰明，益生曰祥❿，心使氣曰強⓫。物壯即老⓬，謂之不道⓭，不道蚤已⓮。

【注釋】❶含德之厚者二句　德行深厚的人，就像剛出生的嬰兒一樣。含，蘊含。厚，深厚。赤子，剛出生的嬰兒。❷蜂癘蟲蛇弗赫　毒蟲、蛇蠍不會傷害他。蜂，毒蜂。癘，通「蠆」。蠍子類的毒蟲。蟲，通「虺」。虺蛇，毒蛇。赫，通「螫」。叮咬；刺傷。按此句帛書甲本作「逢⿰彳剌螝地弗螫」，字或為異體，或為通假。❸據鳥猛獸弗搏　兇猛的飛禽、野獸也不會侵害他。據，通「攫」。攫鳥，猛禽。搏，捕捉；攫取。按「據」，帛書甲本作「擢」，為「攫」之省形。「搏」，帛書乙本作「捕」，當為「搏」之省形。❹握固　用手抓物抓得很緊。❺未知牝牡之會而朘怒　不曉得男女交合之事，小生殖器卻常常勃起。牝牡之會，這裡指男女交合之事。朘，小男孩的生殖器。怒，勃起。❻精之至也　精氣充盈飽滿。❼終日號而不嚘　一天到晚地哭，卻不會哭啞嗓子。號，大聲哭。嚘，嘶啞。❽和之至也　指嬰兒己之所欲與天之所與（官能）達於絕對的和諧。❾常　這裡指人的自然之性。⑩益生曰祥　益於生存才是真正的吉祥。⑪心使氣曰強　任心妄為損耗精氣是逞強。心，意志。使，支使，這裡指損耗。氣，精氣。強，逞強，亦老子所謂「強梁者不得死」之強梁。⑫物壯即老　事物把自身推向極盛就會衰敗下去。壯，這裡指把自身推向極盛。老，衰敗。按帛書乙本句作「物壯則老」。⑬謂之不道　這就叫違背大道。⑭不道蚤已　違背大道很快就會滅亡。蚤，通「早」。已，滅亡。

【語　譯】德行深厚的人，就像嬰兒一樣。毒蟲、蛇蠍不會傷害他，兇猛的飛禽、野獸也不會侵害他。他的骨頭很軟、筋很柔，但是握持東西卻很緊，不曉得男女交合之事，小生殖器卻常常勃起，這是因為他有充沛的精氣。一天到晚地哭，卻不會哭啞嗓子，這是因為他的所欲與天所賦予的官能相互和諧。和諧是自然所賦予人的人性之常，知道什麼是人性之常才是真正的明達事理，有益於自身的生存才是真正的吉祥，任心妄為損耗精氣是逞強。事物把自身推向極盛就會很快衰敗，這種行為違背大道，違背大道很快就會滅亡。

【研　析】「含德之厚者，比於赤子」，這真是一個精彩的比喻。老子說「出生入死」，人一出生就踏上了死亡之途，赤子嬰兒為入死之始，而能得生之全體者也。自此以往，全體漸虧，而入死漸深。大德之人亦然。天地萬物未分（「無名」）之時，本無所謂「德」，亦無所謂「道」。「有名」始立，萬物初分，「道」作為萬物之母隨之出現。聖人追原萬物之始而至於「玄之又玄」之「眾妙之門」，亦不啻為自然之赤子，「道」母之嬰兒。

「眾妙之門」是「無名」與「有名」的分界。此「門」閉之則為「無名」，啟之則為「有名」。人類認識之中的一切對立，有無、是非、善惡、美醜，皆為「有名」所啟，而「無名」的原始狀態則無分別、無對立、無善惡美醜，一派和諧氣象。「大」（即「無名」之時的「道」）作為「無名」時期萬物和合的原則，包容萬物之所有，調諧萬物存在，決定萬物生死。「大」是萬物存在的依據，也是萬物死亡的決定者；「大」所包容和決定的一切存在，都是現實的、具體的存在，都是整體之部分；在整體之中的萬物，「和」是本性，也是存在的法則，否則會被整體所淘汰，為「大」所捨棄。人以及人類社會，也是萬物之中的一物，「無名」時期的人類社會，其自然形成的組織結構同樣是以「大」為原則，交由「大」所決定的。這應當就是老子之「無名」狀態的基本情況。

至於「有名」，情況發生了改變。所謂「名」，不是物之所固有，而是人所賦予萬物的。人賦予了萬物以所謂類的本質，於是萬物在人的意識之中開始彼此區別，各自按其所謂本質歸類。這裡應予強調的是，「名分」是人為作用的結果，不是自然本身所具有；萬物因「有名」而生發出來的種種對立，也是人的意識所導致，並非自然本身所顯現。如果剔除了人的認識因素，萬物存在任何時候都是和諧的一體的；只是因為人的意識介入，才使得人作為萬物之一，與「大」相歧離，不能與萬物保持「和」的關係了。

所以人之不能與萬物相和，其因不在於萬物，而在於人自身，在於「有名」作用。「有名」使得人自覺為一個單獨的類，並從此開始脫離人之作為一物與其他事物的互相規定和彼此適應，轉而追求自身之所謂本質實現，由此偽智方作，私欲興起。人們取捨由心，有為不已，攀比炫耀，爭鬥不絕。說到底，人與萬物的不能「和」，是人混亂了「天」（自然），智與欲混亂了「道」，根子在人而不在自然萬物。

萬物之「和」是「道」之使然，而內修其「德」則是聖人之應然，聖人內修其「德」，則萬物「和」於己身。聖人若欲求取自身利益的長久保有與生命的長生久視，就必須把自身置於「道」的保障之下，就必須自致和諧，和於「身」、和於「家」、和於「鄉」、和於「邦（國）」乃至和於天下萬物，而所有這一切，都以對外在於身的「道」的把握為前提——「道」是聖人之「德」所以建立的依據，而「德」首先是對於「道」的省察和體悟，繼之則為基於自身利益而生發出的自我克制與自我改造的決心和實踐。老子「德」與「道」的關係，大致如此。

「含德之厚者，比於赤子」，赤子之作為大德之人的象徵，首先表現為內蘊之「精」的純粹無雜糅。這是赤子對於後天的修習者而言的殊勝之處。作為後天的修習者，面對「有名」世界的紛亂現實，無可避免要受到已有的知識或觀念的薰染，受到現實利益的牽扯羈絆，而要剔除成心、抹去薰染、擺脫羈絆，則必須有所借助。老子學說中居於重要地位的「無」，就是供所借助者。需要再一次強調，很久以來，老子學說的研究者幾乎無一例外，都把「無」與「道」作為同質異字的概念看待，這其實是個大誤解。「無」不是「道」，或者說「道」不是「無」。儘管《老子》中一再以「無」與「道」相互鏈結，譬如說「道恆無名」，但這些「無」或者「無名」，都不過是為對治「有名」世界的成心，破除人們對「有名」以及「有名」所引發的欲望紛爭而設的，都是用以鎮治「有名」乃至私欲與妄為的工具。沒有「有名」，「無名」也不存在，「道」亦不存在；「有名」始生，而「無名」破其執著，「道」方始顯現作用。若以西方黑格爾哲學比方，則「有名」為正，「無名」為反，「道」則為正反之合、有無之中。修習者借助「無名」勘磨「有名」，以對天道的認知和把握為始基，對天道的把握越清晰透徹，修習也就越精深，自身之德越豐沛圓滿，直至達於「精而又精」的赤子境界，這就是老子之所謂「精之至」，亦老子之所謂「含德之厚」者也。

老子之所謂「精」，不是人所臆造的所謂「本質」之類的東西。因為談到本質，都是從事物的類屬性即「有名」著眼的，而「精」則是自然狀態之下的整體存在所賦予每個個體或者具體的、現實或者當下的事物——在本書第四十五節（通行本第一章）中，老子稱此種事物存在為「妙」或「眾妙」——獨特的、真正體現著整體和諧的規定性，是所有具體事物存在的真正依據。「有德」的第一步，就是要自主尋求並於自身實現這種獨特的規定性，此之謂「精之至也」。這裡需要說明的是，「德」作為萬物存在的普遍性原則，一旦落實於每個不同的、現實存在的「有」（「眾妙」），表現卻並非一律——百姓有百姓之「德」，侯王有侯王之「德」，推演及於萬物，則萬物各有其「德」，天清地寧、神靈谷盈皆為其「德」；而正因為萬物不同「德」，所以萬物才可以互相利益、互相成就——老子之「自然」，就是萬物各得其「德」；而各歸心於自身之「精之至」，不至於毋已貴高而傾覆敗亡，卻又是「德」體現於萬物之共通一律之處。

「精」而至於至純，對修習者而言需要不懈努力方能達到，而對於赤子嬰兒，精純不雜就是自然而然。他們沒有成心的做作，不受外界的誘惑，因而不涉險地，也不會受到傷害，「蜂蠆虺蛇弗螫，攫鳥猛獸弗搏」；他們所有的欲望皆出於自然而然，所有滿足欲望的衝動都屬於生命的本能，「骨弱筋柔而握固，未知牝牡之會而朘怒」，此即所謂「精之至」。「精之至」，就是內在德行的充溢完滿，所謂「含德之厚者」也。

與之相應的是「和」。所謂「和」，就是事物的內質（「精」）與外部條件或環境的彼此和諧，就是「無名」之時的「大」與「有名」之後的「道」所共同顯現的萬物存在的法則，而「和之至」

則直接相當於在「大」或「道」的基礎之上萬物存在的一體無分——表現於赤子嬰兒，就是「終日號而不嗄」，心有欲求，需要滿足，但雖號哭終日，卻不會哭啞嗓子，這是心與身的「和之至」；表現於「含德之厚」的聖人，就是「方而不割，廉而不劌，直而不肆，光而不耀」（本書第二十一節，通行本第五十八章），是聖人與天下的「和之至」。這是「有德」的第二步，即在「精而又精」的基礎之上的能「和」於物——和於身、和於家、和於鄉、和於邦（國）、和於天下，皆此之「和」的表現。若不能「和」，則為老子之所謂「餘食贅形」，為「強梁」，為「物壯」，而「強梁者不得死」、「物壯即老，謂之不道，不道早已」——得不到「道」的保障，則喪亂敗亡指日可待。

「精」與「和」，一求諸內，一行於外，兩者互為條件、互相作用。「精」體現著「和」（「精」是能「和」之「精」，不能「和」則不為「精」），「和」也體現著「精」（「和」是「精」之「和」，不能「精」則不能「和」）。赤子嬰兒之所以如「含德之厚者」，正此兩方面皆達於至極。

第十九節

【題　解】本節文字，在通行本《老子》中為總第五十六章、《德經》之第十九章。在帛書本中，為《德經》之第十九節，亦為《老子》全本之第十九節。此節帛書甲本殘損五字，乙本殘損八字。

兩本殘損文字可以互補。

知者弗言❶，言者弗知❷。塞其⿰土兑❸，閉其門❹，和其光❺，同其塵❻，銼其兌❼，解其紛❽，是謂玄同❾。故不可得而親也，亦不可得而疏❿；不可得而利，亦不可得而害；不可得而貴，亦不可得而賤⓫；故為天下貴。

【注　釋】❶弗言　指不以言辭說教教化百姓。❷弗知　指不通曉大道。❸⿰土兑　通「兌」。竅穴，這裡指耳目口鼻等感官。按帛書甲本作「悶」。❹門　這裡指智欲的門戶。❺和其光　這裡指混同聖人與一般百姓之間的差異。和，和合。光，光焰。❻同其塵　這裡指達於無所區別的自然狀態。同，混同。塵，塵垢。❼銼其兌　銼，通「挫」。摧折。兌，通「銳」。鋒芒。按「銼」，帛書甲本作「坐」；「兌」，作「閱」，亦與「銳」通。❽解其紛　解，拆解。紛，糾紛；爭執。❾玄同　幽深的同一，指自然無分別的狀態。玄，黑色，引申為無分別。❿故不可得而親也二句　所以（百姓）想親近他也不能夠，想疏遠他也不能夠。親，親近。疏，疏遠。⓫不可得而貴二句　（百姓）想尊崇他也不能夠，想貶抑他也不能夠。貴，尊崇。賤，貶抑。按「賤」，帛書甲本作「淺」。

【語　譯】通曉大道的人不以言辭說教教化百姓，以言辭說教教化百姓的人不通曉大道。堵塞住引發人們各種欲望的感官知覺，關閉啟人偽智的門戶，混同聖人與一般百姓之間的差異，和合萬民使之同歸自然，摧折那些虛假的所謂智慧的鋒芒，解決聖智仁義給萬民所帶來的糾紛，這叫做玄妙的同一。能夠實施這樣的統治的君主，百姓想親近他不可得，想疏遠他也不可得；想討好他不可得，想加害他也不可得；想尊崇他不可得，想貶抑他也不可得。只有這樣的君主，才能夠長久地保持尊貴的地位。

【研析】歷來解《老子》者，多以「道」為此節之所謂「弗言」、「弗知」的對象，謂知「道」者不談論「道」，不知「道」者才整天對「道」議論不休。其實按照整節文意，此所謂「知者弗言，言者弗知」，說的應該是教化問題。所謂「弗言」、「弗知」，是指有真知（通曉大道）的人君，不憑藉名言（「有名」）教化百姓，而憑藉名言為教化者，實為無知。類似的說法，就是本書第二十八節（通行本第六十五章）「以智治邦，邦之賊也；以不智治邦，邦之德也」。本節接下來「塞其兌，閉其門，和其光，同其塵，挫其銳，解其紛」，則是對此命題的具體展開。

這裡重點說明一下，什麼是老子的「玄同」。首先看什麼是「玄」。「玄」，《說文》給出了兩種解釋，一曰「玄，幽遠也」，二曰「黑而有赤色者為玄」。段玉裁注「黑而有赤色者為玄」，謂繒染為色，工序多重，顏色由淺入深，一入為縓，再入為赬，三入為纁，朱則四入，五入為緅，玄則六入，七入為緇。此說亦見於《說文》「染」字段注。古代印染之術，究竟是否如段注所言，可以不論，但以「玄」指示深色或一種十分接近於黑色的顏色，應該是沒錯的，《說文》所謂「幽遠也」，應當是「玄」字本義的引申。

顏色深而至於「玄」，則很多光明之下可以輕易認知或區別的東西，彼此之間的界限就模糊不清甚至暗昧不明了；而又不至於漆黑一片完全無法分別，則仍給人們認識這個世界留有餘地。譬之老子的學說，「無名」之時，人們無知無識，處於徹底的蒙昧狀態之中，此則類於「七入」之「緇」；「有名」始生，智慧濫觴，以是非善惡互相攻訐，則如緇素不雜，皎然明矣。而此兩種形態，皆非老子所欲取。老子之「道」雖本原於「無名」之「大」，但「有名」既立，是非已然不可迴避，唯一可行者，就是以真知破除俗見，取「無名」鎮制「有名」，俾使零落破碎的「名分」世界在「道」的基礎上整合起來，使萬物存在在人類的認識中從界限分明、彼此對立爭鬥的狀態，轉化為互為利益、一體共存的和諧狀態。明白這一點就可體悟，老子選取「玄」字以狀其「同」，實在是大有深意。

「玄同」不是簡單的「同」。儒家以仁義教化百姓，以禮樂為治國之經緯，某種意義上，這也是「同」，是價值觀念上的「同」。這樣的「同」並不「玄」。「玄同」之「同」，是以「異」為存在，以「異」為合理，甚至是以「異」為條件的「同」，是「同中有異」的「同」。在前幾節的「研析」文中我們提到過，老子的「德」作為萬物存在的普遍性原則，就是具體存在通過與萬物的互為利用顯現自身存在的價值，從利他之中獲得自身存在的依據，而一旦落實於每個具體的、現實存在的「有」，表現卻各自不同。簡單說，萬物各有其「德」，而正因為萬物不同「德」，所以萬物才可以互相利益、互相成就——老子之「自然」，就是萬物各得其「德」。而聖人的「玄同」天下，就是在萬物存在咸有一「德」的基礎上，模糊其是非善惡，杜絕其攀比牽扯，連綴其分崩離析，消解其對立爭執，使天下萬物共遵一「道」，一體和諧。因此聖人之「玄同」，首先是包容萬「有」，使其各得其所，不相連屬。對這一點，莊子多有意會，〈齊物論〉曰：

物无非彼，物无非是。自彼則不見，自知則知之。故曰：彼出於是，是亦因彼。彼是方生之說也。雖然，方生方死，方死方生，方可方不可，方不可方可，因是因非，因非因是。是以聖人不由，而照之於天，亦因是也。是亦彼也，彼亦是也。彼亦一是非，此亦一是非。果且有彼是乎哉？果且无彼是乎哉？彼是莫得其偶，謂之道樞。

勿使萬物相區別，不令萬物得偶對，則智欲不出，對立不生，矛盾不起，爭鬥不興，天下之物各以「自然」，又皆在聖人之「德」的包容之中，此「玄同」之所以為「玄」者也。

「玄同」之體現於聖人，首先就是包容，其次是不揀擇、不提倡——這是老子之「無為」的一個重要的規定性。這裡可以拿老子的「玄同」與孔子的「和而不同」做個比較。《論語．子路》篇裡說「君子和而不同」，同樣講究多樣性存在之間的互相協調和補充。但是在孔子看來，彼此之間的互相協調和補充，必須以君子獨立的人格特徵為基礎，而一旦喪失了自己的原則立場，便是小人，只有小人才「同而不和」。老子的「玄同」不然，它相容萬物，以無立場為立場；它不言不辯，以無揀擇提倡為揀擇提倡。具體而言，「塞其兌，閉其門」，是阻隔偽智流散，斬斷引動私欲妄為的根源，「恆使民無知無欲也，使夫知不敢，弗為而已」；「和其光，同其塵」，是君上自覺與天下百姓結為互為利用的一體，不與民爭利，不與民爭名；「挫其銳，解其紛」，就是化解世間一切矛盾對立和紛爭，任由萬物各是其是、各非其非的自然與自為。唯其如此，所以對於聖人百姓琢磨不透，無法依傍，也無法捨棄，無法親近，也無法遠離，「不可得而親也，亦不可得而疏；不可得而利，亦不可得而害；不可得而貴，亦不可得而賤；故為天下貴」——聖人的利益，由此得以保全。

第二十節

【題解】本節文字，在通行本《老子》中為總第五十七章、《德經》之第二十章。在帛書本中，為《德經》之第二十節，亦為《老子》全本之第二十節。此節帛書甲本殘損三十一字，乙本殘損十六字。今以甲乙本互校，而以通行各本補其不足。

以正之邦❶，以畸用兵❷，以無事取天下。吾何以知其然❸也哉？夫天下多忌諱❹，而民彌❺貧。民多利器❻，而邦家茲昏❼。人多知，而何物茲起❽。法物茲章❾，而盜賊多有。是以聖人之言曰：我無為也而民自化❿，我好靜而民自正⓫，我無事而民自富，我欲不欲而民自樸⓬。

【注釋】❶以正之邦　用平正的方法治理國家。正，指平正的方法，即老子所謂清靜無為的治國之道。之，借為「治」。邦，國家。按「邦」，帛書乙本並通行本皆作「國」，乃避漢高祖劉邦諱改。❷以畸用兵　用奇異的計謀用兵打仗。畸，通「奇」。奇異（的計謀）。《孫子・兵勢》：「凡戰者，以正合，以奇勝。故善出奇者，無窮如天地，不竭如江河。」❸然　如此。❹忌諱　畏忌隱諱，這裡指法律政令之屬。❺彌　更；越。❻利器　指治國之道。《老子》：「魚不可脫於淵，邦利器不可以示人。」（本書第八十節，通行本第三十六章）❼邦家茲昏　國家就越昏亂。茲，通「滋」。越。昏，昏亂。❽人多知二句　百姓的智慧越多，邪僻之事也就越多。知，通「智」。何，借為「奇」。奇物，指邪僻奇異的東西。茲，通「滋」。❾法物茲章　法物，指珍好奇玩之物，河上公注：「法物，好物也。」章，通「彰」。茲彰，滋生彰著。❿自化　順道變化，指受自然所決定而演化。⓫自正　自己歸於正途。⓬我欲不欲而民自樸　我不顯示自己的欲望，百姓就會歸於淳樸。欲不欲，指減損私欲而實踐大道。自樸，自己歸於淳樸。

【語　譯】用平正的方法治理國家，用奇異的計謀用兵打仗，用無所作為的政治取得天下。我根據什麼知道這樣是正確的途徑呢？天下的禁令越多，百姓就越貧窮；談論治國之道的人越多，國家就越昏亂；百姓的智慧越多，邪僻之事也就越多；珍好奇玩之物越多，盜賊也就越多。因此聖人說：我無所作為，百姓自然就會順化；我喜好清靜，百姓就會走上正途；我無所事事，百姓就會富足；我不顯示自己的欲望，百姓就會歸於淳樸。

【研　析】本節與下一節，都涉及老子的「正」與「奇」。但是兩節文字中的「正」、「奇」，意義其實不同。本節之「以正治邦，以奇用兵」，所謂「正」、「奇」，是治國和用兵的法則，而下一節之「正」與「奇」，則指代方法或原則的變與常、正與誤。這是閱讀此兩節文字時首先應予分別的。本節開始之「以正治邦，以奇用兵，以無事取天下」，意思是說「以正治邦」，是治邦之正；

「以奇用兵」，是用兵之正；「以無事取天下」，是取天下之正，這三者都是老子所首肯的、正確的方法或原則。

「正」與「奇」，在中國思想史中，是一對非常重要的範疇。兩者成對出現之時，「正」一般表示事物存在整體的與穩定的狀態，與之相對，「奇」則表示事物存在局部的與變化的狀態。這是「正」與「奇」的相區別處。另一方面，「正」與「奇」，都是相伴而生的，有其「正」必有其「奇」，反之亦然，不存在什麼事物只有「正」沒有「奇」的情況。老子說「以正治邦」，意思是治理國家以「正」為主，而以「奇」輔之——此之所謂「正」，就是依「道」而行，以「德」為先，以和諧為追求；而所謂「奇」，則刑名作為「國之利器」猶在，「為畸者吾得而殺之」之舉不廢於世之謂也。「以奇用兵」則反之，是以「奇」為主，以「正」輔之，《孫子・兵勢》：「凡戰者，以正合，以奇勝。故善出奇者，無窮如天地，不竭如江河。」是「正」固得以合，而取得勝利全憑出「奇」，所以老子以「奇」為用兵之正。

老子的所謂「以正治邦」，就是綜合邦國政治各方面的因素做一種整體性的考量，具體而言，就是統治者立足於「邦（國）」之整體立場（老子稱之為「以邦觀邦」），兼顧社會各個不同地域或階層人們的切身利益，引導社會不同階層的人們按照「道」的法則，彼此構成「利而不害」的相互協作的關係，在最大程度上保持社會各個部分之間的均衡與協調，以求取社會整體的穩定與和諧。

這裡需要說明一下老子關於社會等級與秩序的看法。很多研究者說老子所追求的「自然」理想代表了一種人類蒙昧時期的生活狀態，無階級、無社會、無政府、無君王；而對人類社會的等級與秩序設定，老子則採取了完全的否定態度。這其實是誤解。任何有價值的社會政治思想，都是基於人類社會的現實提出的，而現實的人類社會是「有名」的社會，「有名」就意味著「名分」的已然存在，落實於人類社會，就是君臣之別已然存在。但是有「名分」或者有君臣之別就一定意味著上下相凌必然出現、爾虞我詐從此合理、法令制度必為私器、殺伐爭鬥都屬必要嗎？未必如此。從老子的敘述中我們可以看到，一個有「道」的社會裡，雖有君臣，卻無上下，更沒有上對下的欺陵壓迫，本書第二十九節（通行本第六十六章）：

> 江海之所以能為百谷王者，以其善下之，是以能為百谷王。是以聖人之欲上民也，必以其言下之；其欲先民也，必以其身後之。故居前而民弗害也，居上而民弗重也。天下皆樂推而弗厭也。非以其無爭歟，故天下莫能與爭。

聖人之一「上」一「下」、一「先」一「後」，最終保持的是與萬民的平齊，與萬民的結為一體。聖人與萬民，只是在社會的結構形態中，以功用上的彼此差異為差異，此所以聖人「居前而民弗害，居上而民弗重」的原因，也是社會得以和諧、聖人能得長久的原因。所以，問題的關鍵並不是人類社會應不應該存在等級和秩序，而是人類社會的等級和秩序是不是符合「道」。符合於「道」，就是治國之「正」；不符合於「道」，則為人類社會的邪途。老子的「以正治邦」，意義當即如此。

所謂「以奇用兵」，從某種意義上可以視為「以正治邦（國）」之反面——從對象上，治國是對內，用兵一般來說是對外，這是反之一；從達到的結果上，治國是君臣上下互相成就，用兵則是主客雙方相互摧折，這是反之二；從策略或方針上，治國是求取整體和諧，用兵則常常是由一點突破引領全線跟進，造成對方整體的崩潰，這是反之三。

軍爭之事，老子從根本上持否定態度。本書第七十五節（通行本第三十一章）：

> 夫兵者，不祥之器。物或惡之，故有欲者弗居。君子居則貴左，用兵則貴右。故兵者非君子之器也，兵者不祥之器也，不得已而用之，銛襲為上，勿美也。若美之，是樂殺人也。夫樂殺人，不可以得志於天下矣。

兵雖不祥，然而不得已還須應用，是因為現實之中，總有貪婪之徒欲逞其心，所以老子雖然根本上否定戰爭，但實際運用上卻也並不完全排斥。《老子》書中談論戰爭的章節很多，唐代的王真，甚至專從用兵的角度寫過《道德經論兵要義述》，謂老子五千言，「未嘗有一章不屬意於兵也」。所論雖過其實，卻也並非毫無根據的臆造。老子雖然不是軍事家，但是對軍事原則的把握卻甚得精要——用兵之要，中心就是一個「奇」字。「奇」，類似於數學中的奇點，運用於軍事鬥爭，就是找準敵方整體（正）之中最為薄弱的那一個環節、一個點，迅速集中己方的力量於此一點，對敵方予以重點打擊，從而造成敵方的全線崩潰和整體坍塌。人類戰爭史證明，此種軍事原則，是克敵制勝的不二法門。如果有哪一天，需要選取一句話來簡略精當地概括古今中外幾千年人類軍事思想的成果，那麼「以奇用兵」這四個字，應該是最當之無愧的。

所謂「以無事取天下」，是「以正治邦，以奇用兵」百尺竿頭的更進一步。按照老子論述的線索，無論是「以正治邦」還是「以奇用兵」，皆為聖人之「有欲」與「有為」的階段——這樣說可能很多人會感到奇怪，老子不是主張「無欲」、「無為」嗎？怎麼學說中還會存在一個「有欲」與「有為」的階段？的確，「無欲」、「無為」的「自然」是老子的提倡，但由現實的「有名」世界而達於老子的「自然」，則確實需要理性指引之下的觀念形態與行為模式的改變以為過渡。這個過程表現於觀念形態，就是老子的「欲不欲」；表現於行為模式，就是「為無為」（本書第二十六節，通行本第六十三章）。「欲不欲」同樣也是「(有) 欲」，「為無為」終究還是「(有) 為」，兩者儘管不同於一般之所謂「欲」與「為」——譬如儒家欲以「仁義」矯正世道人心，墨家欲以「兼愛」、「非攻」平息天下之紛爭，但畢竟還是以「知」為先導、以「欲」為滿足、以「為」為實現的（聖）人之作用的結果。表現於此節的論述，就是「治邦」和「用兵」，還有「正」與「奇」的選擇應用。「取天下」則不然，所謂「以無事取天下」，是連帶「正」、「奇」之區別與選擇應用也一併取消的，它體現著對「自然」的徹底的隨應。本書第七十三節（通行本第二十九章）：

> 將欲取天下而為之，吾見其弗得已。夫天下神器也，非可為者也。為者敗之，執者失之。物或行或隨，或熱或淬，或培或墮。是以聖人去甚，去泰，去奢。

「取天下」的意思，不是把天下掌控在自己手中，供自己私意使運，而是使整個天下歸於「道」的統攝之下，聖人與百姓經由「道」而連為一體互為利益，聖人亦由此而得「為天下貴」，此為聖人之「取天下」。而欲達此目的，聖人必須摒棄一切「有為」，純任百姓之「自化」、「自正」、「自富」、「自樸」，所以本節在闡述「有為」之不足以取天下之後，繼之以聖人之言曰：「我無為也而民自化，我好靜而民自正，我無事而民自富，我欲不欲而民自樸。」況之本書第十七節（通行本第五十四章），此即老子之所謂「以天下觀天下」，即立足於「天下」的立場包容一切，不以私意揀擇，不以好惡取捨，則天下來歸矣。此種「取天下」的方略，所別於「以身觀身，以家觀家，以鄉觀鄉，以邦觀邦」者甚明。

第二十一節

【題解】本節文字，在通行本《老子》中為總第五十八章、《德經》之第二十一章。在帛書本中，為《德經》之第二十一節，亦為《老子》全本之第二十一節。此節帛書甲本僅存十八字（含重文），乙本殘損十五字。今以甲乙本互校，而以通行各本補其不足。

其正閔閔❶，其民屯屯❷。其正察察❸，其邦夬夬❹。禍，福之所倚❺；福，禍之所伏❻，孰知其極❼？其無正也❽，正復為奇❾，善復為妖❿。人之迷也，其日固久矣⓫。是以方而不割⓬，兼而不刺⓭，直而不紲⓮，光而不眺⓯。

【注　釋】❶其正闇闇　國家的政治混沌無分。正，通「政」。政治。闇闇，通行本作「悶悶」，混沌無分貌。❷屯屯　通「淳淳」。淳厚樸實。❸察察　明察苛細貌。❹夬夬　通「缺缺」。殘破不完。❺倚　倚靠。❻伏　隱藏。❼孰知其極　誰知道最終降臨的是什麼呢。極，指最終的結果。❽其無正也　沒有什麼是一定不變的。❾奇　與「正」相對，指變化或謬誤。❿善復為妖　福善會變化而為妖孽。⓫人之迷也二句　人們深陷迷亂的時日真是太久啦。⓬方而不割　行為方正，卻不使這方正傷害自然。方，(行為)方正。割，截斷，引申為傷害。⓭兼而不刺　行為有棱角，卻不使這棱角損傷自然。兼，通「廉」。棱角。刺，通「劌」。《方言》：「凡草木刺人，自關而東或謂之劌，自關而西謂之刺。」引申為損害、損傷。⓮直而不紲　行為正直，卻不使這正直侵害自然。直，正直。紲，通「肆」。放肆無忌，引申為侵凌。⓯光而不眺　行為光明，卻不使這光明掩蔽自然。眺，通「耀」。炫目耀眼。

【語　譯】國家的政治混沌無分，他的人民就會淳樸自然；國家的政治清明嚴苛，他的統治就會殘破不完。災禍緊鄰福善而存在；福善預伏了災禍於其中。誰又知道最終降臨的是什麼呢？實在是沒有什麼一定正確（不變）的東西存在。正確會變為謬誤，福善會變為妖孽。人們被所謂智慧蒙蔽的時日真是太久太久啦。因此聖人行為方正，卻不使這方正傷害自然，行為有棱角，卻不使這棱角損傷自然，行為正直，卻不使這正直侵凌自然，行為光明，卻不使這光明掩蔽自然。

【研　析】所謂「自然」，從《老子》之文本意義上來說，是「自己如此」的意思。這種用法，和我們今天所說的自然界，大有區別。意義上的這種差異，或許來源於這樣一個原因，即在老子所崇尚的「無名」時期，人與自然一體無分，也一體接受「大」（即「無名」之「道」）的包容與支配。由於意識未興，分別未起，所以對於萬物（包括人）而言，存在的依據雖然是「道」，但存在之表現卻是「自然」（自己如此）——這是老子之所謂「天之道」決定之下的萬物存在狀態。及至「有名」興起，因為「名（分）」的出現，人的智欲開始催生出對自身之所謂本質的企尚，引動自身反叛整體法則、脫離系統控制，人類社會由此從自然整體之中分離出去，踏上了自主自為的「人之道」，於是紛爭不斷、戰亂迭起。而真正能夠體現「天之道」，使萬物「自己如此」而達於和諧的，倒是只有沒受到所謂智慧薰染的自然界了。老子學說的中心就是使人類社會回歸於受「大」或「道」所支配的整體和諧的秩序之中，所以自然界中萬物存在所表現出來的那種渾然天成、質樸無華的精神氣質，就成為老子所取法的對象，成為人類社會發展的借鑒，成為藉以矯正人類社會的利器，成為人類社會賴以寄託的思想家園。《老子》書中，之所以隨處都可以看到對自然之中的萬物所抱有的敬意，以及對自然萬物存在法則——「天之道」的深刻洞察與傾心讚嘆，這應當就是原因。

自然是人類社會的老師，「天之道」作為自然之整體所體現出來的原則，是萬物存在達於和諧的終極原則。此一原則支配之下的整個系統中的萬物存在，是以「生」、「死」為量的，符合系統法則的得以「生」，反之則「死」，為系統所淘汰。而這一點，在老子為人間世界所構建的價值體系中，也有充分的體現——「執生」、「貴生」、「長生久視」，始終是老子學說所把持的中心。或許就是因為如此，老子學說乃至中國傳統思想中，一直充滿著非常溫情的對人生的現實關懷，而或許也正是因為如此，老子學說乃至中國傳統思想中，一直缺乏對於生命存在的形而上的探究與人生意義的超越性的想像——「不朽」的觀念，在老子這裡不過是「長生久視」（老子的「長生久視」並非如後世道教之羽化成仙，而是最大程度上接近自然給與人類的壽限），至多表現於家族繁衍，即所謂「死而不亡者壽」（本書第七十七節，通行本第三十三章）、「子孫以祭祀不絕」（本書第十七節，通行本第五十四章）。較之基督教之所謂天堂、佛教的所謂輪迴，以及眾多宗教中靈魂不滅的觀念所表現的對於生命存在的那種執著，老子對於生命的看法，更能代表中國傳統思維中的一般性表達。至於這種看法究竟是通脫達觀，還是膚皮潦草，那就只能託於今天每個人的仁智之見，各自甲乙了。

自然是整體，「天之道」是自然整體和諧的法則。相對於體現著「天之道」的自然之整體，自然界中的一切具體存在都依附於特定的時空環境，將自身生存的狀態和周圍的環境因素緊密地結合在一起，隨環境因素的變化而變化，以期適應存身的生態系統，並努力在系統之中顯現自身的作用，以此繁衍生息，累世不絕。譬之於《老子》之中的概念或範疇，自然之中能夠存在的每一具體事物，都是有得於「天之道」的有「德」之存在，而能與環境相終始，與生態共和諧，就是此一存在有「德」之證明，就是此一存在之「正」。

自然作為一個自足的系統，它的存在狀態所給與人的啟示是多樣的，而眾多啟示之中，最為中心的一個應當是：一切存在物，只有還原到它存身的具體時空環境之中，它的存在才是最為真實的——而這恰恰構成了對人們以「有名」來界定和規範萬物存在這種把握世界的方式的否定。因為按照上述說法，萬物存在從根本上講其實都屬特殊，都為具體，一切「有名」的劃分或者

「類」的歸併，一切普遍和一般，以及基於普遍和一般而確立的所謂本質，都是相對的，因而都不具有最終的意義。站在這樣的認識立場之上，則一物有一物之「德」，一事有一事之「正」，而此「德」非彼「德」，此「正」亦非彼「正」，則天下萬物「其無正也」。若必欲執著於某者為「正」，則「正復為奇，善復為妖」——或當時報應，譬如「亡國之餘」卻儼然仁義而「不鼓不成列」，終至慘敗於泓水的宋襄公；或殃及子孫，譬如苛法峻刑以臨蒞天下，終至「二世而亡」的秦王朝，是皆惑於一時之「正」，而欲貫通一切，終得妖祥者。以此推演，凡一切「有為」，皆不足以治邦（國）取天下，故老子曰：「夫天下多忌諱，而民彌貧。民多利器，而邦家滋昏。人多智，而奇物滋起。法物滋彰，而盜賊多有。」（本書第二十節，通行本第五十七章）而唯有以「無」鎮制，「其政悶悶」，天下萬物才能各存其「德」；各存其「德」，即為「天道」之「正」。「天道」之「正」表現於聖人，則「方而不割，廉而不劌，直而不肆，光而不耀」，得其「正」而於百姓無傷；表現於百姓，則「成功遂事，而百姓謂我自然」（本書第六十一節，通行本第十七章）——聖人與百姓，上下相得，同歸於「道」。

此節文字中，「禍，福之所倚；福，禍之所伏，孰知其極」三句，歷來是被當作辯證法的傑出命題看待的。但在我們的解釋框架中，此三句實際表現的意義，或許有再予考察的必要。

「道」唯自然，無所謂禍福之分。禍福趨避，是建立在人具體的認識、判斷和好惡基礎之上的。然而人之認識，囿於「有名」之局限，經常是妄自揣摩，而人之判斷，也只能基於一時一事之「正」。因此對世之所謂禍福的趨避從違，結果往往適得其反，趨福而終至於禍，遇禍而反至於福。老子論禍福之理，其實一如他所謂之損益，「物或損之而益，益之而損」（本書第五節，通行本第四十二章)，「損之」、「益之」，這是人為；「而益」、「而損」，這是天道。人之所損，天之所益，人之所益，天之所損；人以為禍，福之所倚，人以為福，禍之所伏，「孰知其極？」——馮藉人類之所謂智慧，根本無法確切把握這一切。因此不如損益兩捨、禍福雙捐，而付之「利而不害」的天道自然，如此方為趨福避禍的根本之途。

第二十二節

【題解】本節文字，在通行本《老子》中為總第五十九章、《德經》之第二十二章。在帛書本中，為《德經》之第二十二節，亦為《老子》全本之第二十二節。此節帛書甲本殘損四十四字，乙本殘損十八字。今以甲乙本互校，而以通行各本補其不足。

治人事天莫若嗇❶，夫唯嗇，是以蚤服❷，蚤服是謂重積德❸。重積德則無不克❹，無不克則莫知其極❺。莫知其極，可以有國❻。有國之母❼，可以長久。是謂深根固氐❽，長生久視❾之道也。

【注　釋】❶莫若嗇　沒有比吝嗇更好的了。莫若，莫過。嗇，吝嗇，這裡指儉省作為，不損害自然的運行。❷蚤服　蚤，同「早」。早服，意思是儘早地服膺和順從自然之道。一說據郭店竹簡本《老子》「服」作「備」，謂早服意思為早作準備。❸重積德　猶言厚積其德，《說文》：「重，厚也。」❹無不克　無往而不勝。克，勝。❺極　極限，引申為窮盡、究竟。❻有國　指保有對國家的統治。❼母　這裡指治國之道的根本。❽深根固氐　把根紮得深，把本生得牢。氐，通「柢」。樹根。❾長生久視　這裡指君主的生命長久，以及國家統治的長久。

【語　譯】治理國家、事奉上天，沒有比吝嗇更好的了。正因為吝嗇，才能在事物產生之初就使它歸於道的控制之下，使它順應自然而發展，自己卻不加干預。不干預事物順應自然而發展，就是君主厚積其德；厚積其德，就會無往而不勝；無往而不勝，就沒有人能夠知道他所具有的實力；沒有人能夠知道他所具有的實力，他就可以保有對國家的統治；保有對國家的統治並繼續實踐大道，就可以使自己的統治長久地維持下去。這樣把根紮得深，把本生得牢，才是長久地生存、長久地統治國家的方法。

【研　析】「嗇」的本義是收麥子入倉。即稼穡之「穡」的本字。《說文》段玉裁注：「嗇者，多入而少出，如田夫之務蓋藏。」後世引申，則田夫謂之「嗇夫」，過分愛惜錢財謂之「愛濇」或「吝嗇」。此處「治人事天莫若嗇」的「嗇」，使用如段注所言，指儉省精神，收斂心智。本書第十一節（通行本第四十八章）「為學者日益，聞道者日損」之「日損」功夫，當即「嗇」的具體體現。

聖人之於百姓，在人類社會中所處的地位不同，在社會組織之中的功用不同，因而所「知」

有異，其「德」不同。本書第十節（通行本第四十七章）「不出於戶，以知天下。不窺於牖，以知天道。其出也彌遠，其知彌少」，是聖人之「知」，「知天下之然」者，知「天道」之所在者。本書第六十四節（通行本第二十章）「眾人皆有餘，我獨遺。我愚人之心也，沌沌呵。俗人昭昭，我獨若昏呵。俗人察察，我獨悶悶呵。……眾人皆有以，我獨頑以鄙。吾欲獨異於人，而貴食母」，是聖人之「知」異於萬民者。「嗇」之所謂儉省精神，收斂心智，當即此之謂也。

「夫唯嗇，是以蚤服」，「蚤」通「早」沒有問題。但這裡的「早」，或許不是用來表示時間，而是表示狀態。《說文》：「早，晨也」；「晨，早昧爽也」，二字互訓，而「昧爽」之義，《說文》「且（旦）明也」，段注：「且明者，將明未全明也。……昧者未明也，爽者明也，合為將旦之稱。」據此所謂「早」者，應該是指示一種將明而未明之狀態，譬之《老子》中的論述，當為「一」之始分、是非善惡明而未明之時，亦即老子「玄牝之門」、「眾妙之門」方啟之時的狀態。「服」者，「服政事也」（《詩經・大雅・蕩》毛傳）。本書第七十二節（通行本第二十八章）：

> 知其雄，守其雌，為天下溪。為天下溪，恆德不離。恆德不離，復歸嬰兒。知其榮，守其辱，為天下谷。為天下谷，恆德乃足。恆德乃足，復歸於樸。知其白，守其黑，為天下式。為天下式，恆德不忒。恆德不忒，復歸於無極。樸散則為器，聖人用則為官長。夫大制無割。

知雄守雌、知榮守辱、知白守黑，皆為深知「得一」之理，而措手於以「無名」鎮制，矯治

「有名」之弊，混同是非善惡者，此當即「早服」意義之所在。這些雖屬於聖人之「有為」，而所為之事，與「無名」之恆道、「無為」之自然精神一貫，故謂之「恆德不離」、「恆德乃足」、「恆德不忒」。若以本書第一節（通行本第三十八章）所論者比附，則「早服」或者即相當於「上德，無為而無以為」，故下文謂「早服是謂重積德」——所謂「重積德」，即厚積其德之義，「上（尚）德」之謂也。《老子》帶有總結全書性質的最後一節（本書第八十一節，通行本第三十七章）有曰：

> 道恆無名，侯王若守之，萬物將自化。化而欲作，吾將鎮之以無名之樸。鎮之以無名之樸，夫將不辱。不辱以靜，天地將自正。

本書第七十六節（通行本第三十二章）亦曰：

> 道恆無名，樸雖小，而天下弗敢臣。侯王若能守之，萬物將自賓。……始制有名，名亦既有，夫亦將知止，知止所以不殆。

聖人之德，首重以「無名之樸」鎮制「有名」所引發的「化而欲作」，而鎮制之法，就是以「無名」破除世人對於「名」的執著，使「名」的功效僅止於其所指代的具體的現實存在，而不使溢出具體的現實存在，趨向於所謂類的本質。如此一來，存在人的認識之中的彼此對立就會消解，同時客觀世界的彼此關聯與整體和諧就會顯現出來——這就是老子「有名知止」的認識理論，而「早服」則當是對此理論的積極遵行與實施。

疏通了上述文意，接下來的內容理解起來就相對容易一些了。聖人厚德載物，以「無名」鎮制「有名」，混同是非善惡；是非善惡混，則偽智不起，仁義不興，正奇俱息，福禍雙遣，此之謂「重積德則無不克」——所謂正奇、善惡、禍福等等對立，皆是「有名」作用的結果。若斤斤於「有名」，則正不能勝奇，福不能避禍。只有以「無」克「有」，才不獨能克其正，亦能克其奇；不獨能臻其福，亦可全避其禍，是所謂「無不克」也。本書第二十八節（通行本第六十五章）：

古之為道者非以明民也，將以愚之也。民之難治也，以其知也。故以智治邦，邦之賊也；以不智治邦，邦之德也。恆知此兩者，亦稽式也；恆知稽式，此謂玄德。玄德深矣，遠矣，與物反矣，乃至大順。

「無不克則莫知其極」，「莫知其極」四字，舊說多以聖人無往而不勝，故能得長久為解，其實不然。此「極」字與上節「孰知其極」之「極」並當釋為「究竟」。聖人是非雙遣，事不「有為」言不提倡，一以自然為尚，則如「大象」之包有萬形，而不以一形示人，故百姓莫能識其究竟——「莫知其極」，義為百姓於聖人無從揣摩，而親之、譽之、畏之、侮之皆不得行，則聖人為太上矣。本書第六十一節（通行本第十七章）：

> 太上，下知有之。其次，親譽之。其次，畏之。其下，侮之。信不足，焉有不信。猶呵，其貴言也。成功遂事，而百姓謂我自然。

「莫知其極，可以有國」，治人事天，若能以「無名」鎮制「有名」，混同是非善惡而令百姓不相企尚，各得其自然，則「可以有國」而為侯王，甚至可以「寄天下」、「托天下」而為「天下貴」。本書第十九節（通行本第五十六章）：

> 知者弗言，言者弗知。塞其兌，閉其門，和其光，同其塵，挫其銳，解其紛，是謂玄同。故不可得而親也，亦不可得而疏；不可得而利，亦不可得而害；不可得而貴，亦不可得而賤；故為天下貴。

「有國之母，可以長久」，侯王之所以「有國」，始於「嗇」，繼之以「早服」；侯王「有國」而能「長久」，亦必因於是。故老子之所謂「有國之母」（即「有國」之「道」），必同時亦為「有國」而能「長久」之「道」。本書第二十節（通行本第五十七章）「以正治邦」，老子所言治國安邦之「正」，當即此之謂；本書第二節（通行本第三十九章）「侯王得一而以為天下正」之「正」，亦當即此之謂。把持此「正」此「道」，則侯王得「深根固柢」、「長生久視」之效；若歧離此「正」此「道」，則「侯王毋已貴以高將恐蹶」。此節文字以「嗇」與「早服」起首，論說層層推進，主旨卻又通篇貫穿，有很強的邏輯力量。

第二十三節

【題解】本節文字，在通行本《老子》中為總第六十章、《德經》之第二十三章。在帛書本中，為《德經》之第二十三節，亦為《老子》全本之第二十三節。此節帛書甲本殘損十五字，乙本殘損四字。兩本相較，文字差異不大，且可互為補足。

治大國若亨小鮮❶。以道立天下❷，其鬼不神❸。非其鬼不神也，其神不傷人也❹；非其神不傷人也，聖人亦弗傷也❺。夫兩不相傷❻，故德交歸焉❼。

【注釋】❶**治大國若亨小鮮**　治大國如同煎小魚一樣（不能常常翻動）。亨，通「烹」。煎烹食物。小鮮，小魚。❷**以道立天下**　用大道治理天下。立，通「蒞」。蒞臨。❸**其鬼不神**　鬼神就不靈異了。此句「鬼」、「神」二字互文見義。神，靈異。❹**其神不傷人也**　（鬼神）的靈異不傷害人。❺**聖人亦弗傷也**　聖人也不傷害百姓。❻**兩不相傷**　指鬼神與人、聖人與百姓彼此各安其道、各順自然。❼**德交歸焉**　天下之德相互交通。

【語　譯】治大國如同煎烹小魚一樣，不能常常翻動。依照大道治理天下，鬼神就不靈異了。不是鬼神不靈異，而是它們的靈異不再傷害人了；不但鬼神的靈異不再傷害人，聖人也不傷害人。鬼神、聖人與百姓各順自然，各安其位，互不相傷，天下之德就會相互交融。

【研　析】治國與取天下，在老子是有區別的，這可以從本書第二十節（通行本第五十七章）「以正治邦，以奇用兵，以無事取天下」得到證明。粗略而言，聖人之「為無為」，是治國之「正」；而純任自然的「無為」，則為取天下之「正」。蓋以一國之治必以天下之清晏為整體背景，而不能獨完於自然者也，故需聖人之作為——甚至有時必須借助於兵革之事，邦國方能達於治存。「治大國若烹小鮮」，是對聖人治國之「為無為」非常形象的比喻——國須治而後能安，猶「小鮮」須煎烹始能食，此為聖人之「為」；然治國之道，必絕去一切妨礙社會自然和諧的因素，以順應百姓之自然為宗旨，猶「烹小鮮」時恐其糜爛而不輕易擾動，此為聖人之「無為」。取天下則不然。本書第七十三節（通行本第二十九章）：

> 將欲取天下而為之，吾見其弗得已。夫天下神器也，非可為者也。為者敗之，執者失之。物或行或隨，或熱或淬，或培或墮。是以聖人去甚，去泰，去奢。

「將欲取天下」，必須排除一切的「為」，聖人治國之「為無為」亦當在排除之列。取天下只能純任自然——或有例外，則聖人之「去甚，去泰，去奢」，大約總是自我克制、自我修養的工夫，而對百姓兆民、天地鬼神，則「以道莅」之而已。「以道莅天下」，「道」自會以生與死控有萬物存在，使其共存於一個和諧的整體即老子之所謂「一」之中，而遵「道」得「一」，就成為整體之中所有具體存在之所以能夠存在的依據和法則。本書第二節（通行本第三十九章）：

> 昔之得一者，天得一以清，地得一以寧，神得一以靈，谷得一以盈，侯王得一而以為天下正。其至之也，謂天毋已清將恐裂，謂地毋已寧將恐廢，謂神毋已靈將恐歇，謂谷毋已盈將恐竭，謂侯王毋已貴以高將恐蹶。

所謂「得一」，就是接受「道」的支配和決定，進入一體和諧的整體之中，與萬物存在構成彼此相利而不相害的關係。因此在老子的「一」之中，傳統意義上的那些世界的決定者，如天神、地祇、人鬼，乃至聖人，都將失去往日的光豔，只是作為整體中與他物結為一體的具體存在而顯現意義——天地人鬼都存在於整體之系統即「一」之中，而不在「一」之外或「一」之上。唯天地鬼神皆能入於「一」，各行己道並互相利益而不相害，故「其鬼不神」、「其神不傷人」，祭祀供奉或者可以行之不輟，至於厭勝詛咒、遷延禍福，鬼神恐怕也無能為力，則一切巫尪之事絕於天下。不獨天地鬼神如此，聖人亦復如是，奉天承運而為侯王，「下知有之」而已；至於裁定是非、教化萬民，雖「攘臂而扔」，百姓亦不過畏之、侮之而已。聖人因循大道，無欲無為，百姓質樸天真，純以自然，是百姓不傷於聖人，「聖人亦弗傷」於百姓，「夫兩不相傷，故德交歸焉」。推而廣之，整體之中的萬物各得其「一」，則整體和諧，萬物各得其所；若無已於伸展自我、爭強鬥狠而不能遵「道」得「一」，則必會折損自我，終至於崩潰滅亡。

對自然界的萬物存在而言，進入整體的「一」之中並接受其對自身生存的保障，是自然而然的事情，但對於人則否。之所以如此，是源於人的認識結果所固有的片面性，造成了萬物存在在人的意識中所表現出的彼此分別和相互對立。本書第四十六節（通行本第二章）：

天下皆知美之為美，惡矣；皆知善，斯不善矣。有無之相生也，難易之相成也，長短之相形也，高下之相呈也，音聲之相和也，先後之相隨，恆也。

美醜、善惡、有無、難易、長短、高下、音聲、先後，或者說人的認識結果中一切彼此相互對立的概念，所反映的其實都不是存在的真實屬性。存在的真實屬性是美醜、善惡、有無、難易、長短、高下、音聲、先後彼此的相生、相成、相形、相和、相隨，是意識中相互對立的事物之間的共存共生、渾然一體——此即老子之「恆」的確切涵義。《老子》中的「恆道」、「恆德」、「恆名」等，所謂「恆」，表示的都是與人的認識結果相對的萬物存在的真實性狀。作為人的認識結果的概念（「名」），基於其形式上的先天不足，往往只能把事物存在彼此區別的一面表達出來，而對彼此區別的事物之間的共存共生、渾然一體之真實性狀，則要借助於較之概念（「名」）顯為複雜的命題或範疇來表述。聖人傳教於天下，欲使天下皆知美之為美、善之為善，則必借重於「名」，所可借重者亦唯「名」而已，故欲以教化而和合萬民者，以「正名」為始，《論語・子路》：

子路曰：「衛君待子而為政，子將奚先？」子曰：「必也正名乎！」子路曰：「有是哉，子之迂也！奚其正！」子曰：「野哉由也！君子於其所不知，蓋闕如也。名不正則言不順，言不順則事不成，事不成則禮樂不興，禮樂不興則刑罰不中，刑罰不中則民無所錯手足。故君子名之必可言也，言之必可行也。君子於其言，無所苟而已矣。」

老子「道」尊恆常，走的是與孔子相反的路徑。在老子看來，類似於儒家「有名」教化的最根本的問題，在於使萬民各自歧離自身之真實，企尚虛假之仁義，去質樸而趨繁華，離自然而從偽智，出其「一」而生對立，隳其「和」而成鬥爭，於是天下大亂，兵戈數起，此所以天下皆知美之為美、善之為善，之所以為惡、為不善之由也。因此治理天下萬民，就要誘導他們跳出「有名」的樊籬，返於恆常之真實，所以「無名」作為提倡，確乎是老子學說的基礎。

第二十四節

【題解】本節文字，在通行本《老子》中為總第六十一章、《德經》之第二十四章。在帛書本中，為《德經》之第二十四節，亦為《老子》全本之第二十四節。此節帛書甲本殘損十字，乙本殘損十五字。兩本殘損之處可互為補足。

大邦者，下流也❶，天下之牝❷。天下之交也❸，牝恆以靜勝牡❹。為其靜也，故宜為下❺。大邦以下小邦，則取小邦❻；小邦以下大邦，則取於大邦❼。故或下以取❽，或下而取❾。故大邦者，不過欲兼畜❿人；小邦者，不過欲入事⓫人。夫皆得其欲⓬，則大者宜為下⓭。

【注釋】❶大邦者二句　大國應當自處謙卑，如江河的下游。大邦，大的諸侯國。下流，江河能容納百川的下游。❷天下之牝　（大國應當自比於柔弱守靜的）天下之雌。牝，雌性動物，這裡指柔弱處下。❸天下之交也　指一切雌雄交配之事。按「交」，帛書甲本作「郊」，與「交」通。❹牝恆以靜勝牡　雌性總是能以安靜而勝過躁動的雄性。牡，雄性動物。按此節兩「靜」字，帛書甲本皆作「靚」，與「靜」通。❺為其靜也二句　欲以安靜而勝過躁動，所以應當自居謙卑的地位。❻大邦以下小邦二句　大國用謙卑的態度對待小國，就會取得小國的信任。❼小邦以下大邦二句　小國用謙卑的態度對待大國，就會從大國那裡獲得保護。取於大邦，為大國所取，意思是受到大國的保護。❽下以取　（大國）謙下而得到小國的歸附。❾下而取　（小國）謙下而得到大國的保護。❿兼畜　兼領；領有。按帛書乙本作「並畜」。⓫入事　依附之義。⓬皆得其欲　都能滿足自己的願望。⓭大者宜為下　大國必須先自處謙卑。

【語譯】大國應當自處謙卑的地位，如江河的下游，處於柔弱守靜的天下之雌的地位。天下的交合之事，雌性總是以靜戰勝雄性。因為欲以安靜而勝過躁動，所以應當處於下位，這樣才能戰勝雄性。大國用謙卑的態度對待小國，就會取得小國的信任和歸附；小國用謙卑的態度對待大國，就會從大國那裡獲得保護。大國自處謙卑而取得小國的信任，小國自處謙卑而取得大國的保護。大國不過是想兼領小國；小國不過是想依附大國從而獲得大國的保護。想要各自都得到滿足，那麼大國必須先自處於謙卑的地位。

【研　析】老子的「天下」，廣義是指宇宙萬物一切存在，譬如「天下之物生於有，有生於無」（本書第四節，通行本第四十章）、「天下之至柔，馳騁於天下之至堅」（本書第六節，通行本第四十三章）等等；狹義是指由大大小小的國家（邦國）集合而成的整個人類社會，譬如「侯王得一而以為天下正」（本書第二節，通行本第三十九章）、「天下之所惡，唯孤寡不穀，而王公以自名也」（本書第五節，通行本第四十二章）、「天下有道，卻走馬以糞。天下無道，戎馬生於郊」（本書第九節，通行本第四十六章）等等。此節文字中，「天下之交」之「天下」，為廣義，而「天下之牝」之「天下」，取用的則是狹義。而整節文字探討的內容，就是《老子》中四次提到的「取天下」的問題。本書第十一節（通行本第四十八章）「取天下也，恆無事；及其有事也，又不足以取天下矣」、第二十節（通行本第五十七章）「以正治邦，以奇用兵，以無事取天下」、第七十三節（通行本第二十九章）「將欲取天下而為之，吾見其弗得已。夫天下神器也，非可為者也。為者敗之，執者失之」，皆論「取天下」以「無事」，此節文字則細為演繹，而欲使「取天下」之道更為彰顯。

「天下」是由不同的國家集合而成的。不同的國家，地域有大小，人口有多少，物產有貧瘠富饒，國力有強有弱，這些都屬於客觀之存在，是任何人不得不面對的事實。大國與小國、強國與弱國，彼此互相對立，是一對矛盾。而這種矛盾，在春秋以降愈演愈烈的爭霸與兼併浪潮中，表現得尤為激烈。《史記・太史公自序》：「《春秋》之中，弒君三十六，亡國五十二，諸侯奔走不得保其社稷者不可勝數。」《墨子・兼愛下》：「當今之時，天下之害孰為大？曰：若大國之攻小國也，大家之亂小家也，強之劫弱，眾之暴寡，詐之謀愚，貴之敖賤，此天下之害也。」如何平弭國與國之間的矛盾，諸子百家各有自己的政治主張。孔子之「仁政」，孟子之「王道」，墨家之「非攻」等等，立意皆在解救國家之間的紛爭，謀取天下之安寧。墨家之「非攻」，基礎全在「兼愛」，而保障「兼愛」實施的，則為「天志」、「明鬼」，具備很強的宗教色彩，因此難以取信於當世之主。儒家之「仁政」、「王道」，則致力於恢復西周時期的禮樂制度，欲以「禮」來規範天下諸侯，以等級秩序協調國與國之間的關係。《左傳・昭公三十年》：「禮也者，小事大、大字（撫愛）小之謂。事大在共其時命，字小在恤其所無。」而以禮為之，則必有主次、上下之分——大國是小國的宗主，小國是大國的附庸，彼此之間關係並不平等。不平等則難免出現利益上的衝突，衝突必然導致對立，對立則意味著關係有隙，關係有隙則縱橫捭闔之術得逞矣。所以儒家之以「禮」和合萬邦，其實有患。

王國維先生《殷周制度論》曰：

> 自殷以前，天子諸侯君臣之分未定也。故當夏后之世，而殷之王亥、王恆，累葉稱王。湯未放桀之時，亦已稱王。當商之末，而周之文、武亦稱王。蓋諸侯之於天子，猶後世諸侯之於盟主，未有君臣之分也。周初亦然，於〈牧誓〉、〈大誥〉皆稱諸侯曰友邦君，是君臣之分亦未全定也。逮克殷踐奄，滅國數十，而新建之國皆其功臣、昆弟、甥舅，本周之臣

子，而魯、衛、晉、齊四國，又以王室至親為東方大藩，夏、殷以來古國，方之蔑矣。由是天子之尊，非復諸侯之長而為諸侯之君。

若以此為準的，則無論是諸侯之長還是諸侯之君，皆非老子之所謂「取天下」者。老子之「取天下」，實以和合國與國之間的矛盾對立為本質；而和合國與國之間的矛盾對立，與和合萬物為一體，遵從的是同一個「道」。此「道」簡單說來，就是凡有所和，必以整體之中每一部分的各自為己、各從其欲、各得其利為動機，以各具其德、各在其位、互為利益為實現，而反對基於貪婪與過分的私欲滿足的一方對另一方的壓迫和強制。物與物之和合如此，人與人之和合如此，國與國之和合亦當如此，一切矛盾對立，化解之途皆當如此。

於是我們在此節中，看到了與老子所設計的聖人或侯王之於百姓幾乎相同的表述：「大邦」匯聚諸多「小邦」而成就，猶聖人總揆百姓而為侯王，所以「大邦」當處於「下流」能容之地，當取清靜無為以為策略，當處下而不爭，以利他為原則，以滿足「小邦」的欲望為手段，而不能強迫「小邦」屈從於己。「大邦」與「小邦」，由此結為如老子所構建之侯王與百姓、聖與愚、上與下那種互為利用、互相滿足的整體和諧的、一體的而不是彼此對立的、層級的關係，則天下清晏，紛爭不起。譬之本書第十七節（通行本第五十四章）之所論，則老子之「取天下」，首當以「以天下觀天下」為立場，絕去出於自身利益的種種考量，而以廣大能容之「德」為基礎，以利益萬物之「道」為歸終，如此方能使「大邦」與「小邦」兩者「皆得其欲」而結為一體，此當即老子之「修之天下，其德乃溥」。而「大邦」動輒以一方之強大迫使他者屈從於己，則為「以邦觀天下」甚或至於「以身觀天下」，純以天下為私囊尤物，則吞併兼有必行於世，戰亂爭鬥必不絕於世，如此則或以為滿足者，亦必為其「不道」而「早已」。老子所設計的這種國與國之間的交際法則，從歷史上看，應當脫胎於氏族社會時期部落聯盟的法則，較之後世之「諸侯之長」、「諸侯之君」們所採用的那些所謂「仁政」、「義政」、「王政」或者「霸政」，這種設計因其更多出了一份公平和正義於其中，很值得今天的我們予以足夠的重視。

從本書第十七節（通行本第五十四章）可以看出，老子的修為，是以身、家、鄉、邦（國）、天下為序列的，「天下」是終點，與之對應，就是老子的社會政治論中以「取天下」為終極。老子為何以「取天下」為招？聖人因何以「取天下」為務？這其中的原因應該是：身之所存必託之於家，家之所存必託之於鄉，鄉之所存必託之於國，國之所存必託之於天下。究其理而言，天下之物，不管是多麼微不足道，都與萬物存在之整體息息相關。若不能自致於包蘊一切的「無名」之「大」，則一切所為皆是相對的，因而是「有患」的。只有當「道」統攝所有、萬物存在之全體至於和諧之時，所有的具體存在才能得到切實的保障。身、家、鄉、邦（國）、天下這個序列範圍的逐步擴大，表明聖人存身之「道」，必以「天下」為終極之所，而不得躐等獨存。這就應當是老子把視線最終聚於「天下」、把自存之「道」最終落實於「取天下」的原因。

第二十五節

【題解】本節文字，在通行本《老子》中為總第六十二章、《德經》之第二十五章。在帛書本中，為《德經》之第二十五節，亦為《老子》全本之第二十五節。此節帛書甲本相對完整，僅殘損四字，乙本殘損十五字。兩本相較，文字差異不大，且可互為補足。

道者萬物之注也❶，善人之葆也❷，不善人之所葆❸也。美言可以市❹，奠行可以賀人❺。人之不善也，何棄之有❻。故立天子，置三卿❼，雖有共之璧以先四馬❽，不若坐而進此❾。古之所以貴此者何也？不謂求以得❿，有罪以免與⓫，故為天下貴。

【注釋】❶萬物之注也　萬物的主宰、歸終。注，通「主」。主宰。❷善人之葆也　善人主動地保有它。葆，通「保」。保有；保用。❸所葆　這裡的意思是被動地受它的支配。「葆」字的用法同上。❹美言可以市　謙卑的言辭可以掙得高位。美言，美好的言辭，這裡指謙卑的言辭。市，換取（居於民上的高位）。❺奠行可以賀人　謙遜的行為可以使自己處身眾人之上。奠，通「撙」。抑制。撙行，這裡指謙遜的行為。賀，通「加」。加人，指居於眾人之上。按此上兩句的意義，可參見老子在本書第二十九節（通行本第六十六章）之中的論述。❻何棄之有　為什麼要捨棄呢。❼三卿　也稱三公，即太師、太傅、太保，周代輔助天子的三個最高級別的官員。❽有共之璧以先四馬　大玉璧在先、駟馬繼後的豐厚賀禮。共，通「拱」。兩手合圍。璧，圓形的玉器，中有圓孔。有拱之璧，用兩手合圍的玉璧，指大玉璧。先，先行奉獻（以表明意圖）。四馬，義同於「駟馬」。

古代一車四馬謂之一乘，亦稱一駟。❾不若坐而進此　不如不拘禮節地把道進獻上去。坐，這裡指不拘於形式。進，進獻。按「不若」，帛書甲本誤作「不善」，此從乙本。❿求以得　求取什麼就能得到。⓫有罪以免與　有什麼罪過則可免除。

【語　譯】道是萬物共同遵循的法則，天地萬物都按照道的規範在運行。善人主動地保有它，不善的人也被動地受它的支配。謙卑的言辭可以掙得高位，謙遜的行為可以使自己處身眾人之上。如果沒有不善的人存在，善人又居於誰之上呢？如此說來，不善的人又怎麼可以捨棄呢？所以天子登基、三卿得位的時候，即使有大玉璧在先、駟馬繼後這樣豐厚的賀禮，也不如不拘禮節地把統治天下的大道獻給他。古人為什麼重視這個統治天下的大道呢？不就是因為使用它有求必得、有禍可免嗎，所以它才會被天下所重視。

【研　析】「道者萬物之注也」之「注」，一般解釋者皆以為字當通「主」，為主宰、領有之義。其實按照本字解釋，或許更符合老子的本意。本書第二十九節（通行本第六十六章）：「江海之所以能為百谷王者」，所謂「百谷王」，正當是「萬物之注」的最好解釋。本書第七十六節（通行本第三十二章）「譬道之在天下也，猶川谷之與江海也」，可為旁證。

其實不獨是這個「百谷王」，本節與第二十九節，論述的內容在很大程度上也可以相互發明，因為它們談論的問題近似，都是侯王與百姓的關係問題。我們以本節文字為主，梳理一下老子在論證這個問題時的基本思路和邏輯線索。

「道者萬物之注」，是說萬物匯總於道，在道的原則支配之下各自成就。萬物存在雖受制於道，但並不因此而泯滅自身，仍然各為一物，各以自我存在為最高目標。萬物的這種彼此區別，就是老子之「眾妙」所以為「眾」者。與「有名」而後的強為分別、彼此爭鬥的關係不同，「眾妙」之所以為「妙」，實指萬物存在皆遵從道的法則，得自身之正，而存身於互相聯繫、互相利益的和諧整體之中，此之謂「道生一」，亦萬物之「得一」。萬物皆能「得一」而為整體之有機組成部分，此為萬物存身之道、長生久視之道。那麼，從道的立場上看，應當說萬物存在其實平等，誰也不是誰的附庸，誰也不是誰的主子，而彼此的差異，只是功能上的。所以「道生一」的「一」，不獨意味著整體的和諧統一，同時也意味著萬物存在的平等齊一、無高下之別，道也因為這種無分別地包蘊一切、無差異地對待一切，而成為「萬物之注」。這應當是老子萬物存在理論的終極狀態，也是老子人類社會構成的理想模式。

在這樣一個理想的系統結構之中，萬物端正齊一，不需要任何系統之外的作用和干涉，也不需要任何來自系統內部的「有為」進行調控。這就是老子之所謂「道法自然」的「自然」狀態，也是老子之所謂「有名」之前的「無名」狀態。這種狀態中，其實本無所謂「道」，也無所謂「德」，或者就根本無所命名，只能「強為之名曰大」。老子之「上德不德」（本書第一節，通行本第三十八章）、「有物混成，先天地生」（本書第六十九節，通行本第二十五章），所指代的都是「玄牝之門」閉而未啟之時的這樣一個結構系統。

這樣一個系統，及至於「天門開闔」的「始制有名」，發生了改變。人的情感意志受到「名」的牽引、偽智的誘惑，開始脫離生態與環境的制約，企尚之心、趨避之心、競爭之心日益顯現，原本純淨素樸的德行逐漸喪失，人與萬物之間的關係，由和諧一體的彼此平等、互為利益逐漸轉化為相互對立與相互鬥爭，人們的命運開始歧離道的掌控，而受制於人的私欲氾濫、肆意妄為。但是人雖悖離於道，道卻並不遠人，仍然發揮著作用——人生的最大利益即生存的長久，只能由道提供保障，這一事實不管人們是否承認，都是不可更易的。若欲獲得這種利益，必須遵從道的決定，克制私欲，省儉作為，容物利他，不求盈滿，此之謂「孔德之容，惟道是從」（本書第六十五節，通行本第二十一章）。反之，私欲氾濫、肆意妄為之徒，即使能滿足一時，也終將被道所摧折，不得善終，此之謂「物壯即老，謂之不道，不道早已」（本書第十八節，通行本第五十五章）。

老子建言立論的立場，毫無疑問，是社會統治者的立場。其實不獨老子如此，先秦時期諸子百家絕大部分「以學幹世」的立場，都是如此。站在統治者的立場之上，面對名言淆亂、私欲沸騰的社會現實，聖人應當如何自處、社會應當以何為治呢？儒家的選擇是起而提倡，以仁義統一思想，以禮樂規範社會，教化小人而為君子，努力踐行聖人之道，以期達到消弭紛爭、安定社會的目的。老子則不然。對老子而言，一切教化和提倡，皆非治國平天下之本，而不提倡、無教化，任由百姓之各以自然，才是安定社會的不二良方。本書第十二節（通行本第四十九章）：

> 聖人恆無心，以百姓之心為心。善者善之，不善者亦善之，德善也。信者信之，不信者亦信之，德信也。聖人之在天下也，翕翕焉，為天下渾心。百姓皆屬耳目焉，聖人皆閡之。

所謂「善」、「不善」，是就百姓之德而言的。百姓之「善者」與聖人同道，而能順遂自然者也。「不善者」反之，認識上拘於「有名」，行為上執著於一己之中心，故為不善人。此為百姓之

「善」與「不善」。聖人之「善」則否，不獨應「善」百姓之「善者」，亦當「善」百姓之「不善者」，不分別，無對待，更無抑揚褒貶於其中，此方為聖人之「德善」、「德信」。

聖人處身貴高之位，總揆天下，必須要認清形勢，並且正確應對。「有名」的分別，作為人類生活演進的結果，某種程度上也可以說是一種必然，現實生活之中，「名」之存在，其實也不可或缺。但是整個社會，如果太執著於「有名」的分別，脫離具體的存在環境，片面追求所謂本質實現，就是陋見，就會引動私欲，引發混亂紛爭。這個時候就需要聖人出來「鎮之以無名之樸」，「使夫智者不敢」——縱百姓有所提倡，「聖人皆閡之」，而使各適所適，不相雜亂。由此，聖人之「善」，端在於「為天下渾心」，維護萬物存在各所不同之自然，使和於「恆無名」的「天之道」。至於不能和者，則「恆有司殺者」在——「強梁者不得死」，道將行其殺戮矣。總之，聖人之所務，務使百姓和於自然之道，而使整體和諧的「一」在人類社會得以實現，聖人的功用亦由此得以顯明。

從這裡可以看出，世有百姓之「不善」，才有聖人之「善」；沒有「不善人」的存在，天子、三卿之設也無實際的必要，則聖人之貴高也就喪失了存在的依據。所以老子說「美言可以市，撙行可以加人。人之不善也，何棄之有」。不棄「不善」，正聖人與百姓互相成就之處，亦聖人自我成就之處，所以老子說「故立天子，置三卿，雖有拱之璧以先四馬，不若坐而進此」。類似的表述也見於本書第七十一節（通行本第二十七章）：

> 故善人，善人之師；不善人，善人之資也。不貴其師，不愛其資，雖智乎大迷，是謂妙要。

聖人治理天下，其實取的是「（名）分」與「和」之「中」。偏取其「（名）分」，則將導致天下的對立與衝突；而偏取其「和」，則將喪失聖人的規定性。兩者之「中」，是為老子「道」之所在，表現於治國理念，則為「有名知止」，「為而不爭」等等。這就牽扯到了對一系列情況下進行處理時分寸的把握問題，而這尤其需要大智慧、真膽略。本書第五十二節（通行本第八章）：

> 上善如水。水善利萬物而有靜，居眾之所惡，故幾於道矣。居善地，心善淵，予善信，政善治，事善能，動善時。夫唯不爭，故無尤。

這段文字中間部分的六個「善」，幾乎包蘊一切，是尤待聖人費心勞神、斟酌考量者。因此老子所倡言的「無為」，其實並不如一般所理解的那麼簡單，似乎垂拱之間天下就可以得到治理了。聖人之「德善」與「德信」，蓋亦戛戛乎難盡言哉！此後隨文詮釋，當多有分解。這裡還是回到本節「研析」之初的話題，即此節文字與本書第二十九節（通行本第六十六章）的關係問題：

> 江海之所以能為百谷王者，以其善下之，是以能為百谷王。是以聖人之欲上民也，必以其言下之；其欲先民也，必以其身後之。故居前而民弗害也，居上而民弗重也。天下皆樂推而弗厭也。非以其無爭歟，故天下莫能與爭。

第二十九節「聖人之欲上民也，必以其言下之；其欲先民也，必以其身後之」四句，其實是此節文字的綱目，而「美言」、「撙行」以下其民，則是「以其言下之」、「以其身後之」的具體實施。天子、三卿能夠接受聖人進獻之道並確實行之於世，就會雖「居前而民弗害也，居上而民弗重也」，這無疑是最為良好的君民關係了。而達於此種結果的路徑，老子的設想和其他學說根本有異。

以儒家為例。儒家的仁義，是以是非善惡定於一尊，然後借助教化或政治權力，推為天下之法則，使天下之道德有所依憑，天下之行為有所借重，而天子、三卿，不獨為政治上之君上，亦為垂範天下的道德上之楷模、當世之賢聖。具體到彼此的關係，則仁愛百姓，實為天子、三卿之恩賜，是對百姓之順遂統治者的獎賞。既為恩賜和獎賞，則予取予求，全在統治者掌控之中。因此這種關係，本質上意味著統治者對百姓的剝奪，而百姓只有感恩戴德的份兒，人格上根本無平等可言。

老子所推崇的關係則不然。在人類社會理想的構成模式中，依然有天子、三卿與黎民百姓之別。但我為天子、三卿，你為黎民百姓，這並非因為依照某種標準，我比你更高尚完美，而主要是因為我們彼此在社會生活中的功用不同。正是因為彼此的功用不同，需要互相補充，所以我為天子、三卿，並不通過教化，對你實施絕對的領有和支配，甚至湮滅你的意志和自由，成為單純達成我之目的的工具；你為黎民百姓，也不必以我的意志為意志，以我之是非為是非，而是純粹以你的生命滿足為滿足，以你的自然為自然。以此種方式關聯起來的侯王與百姓，本質上是互為前提、互相利益、彼此成就的一體兩面，是正反相成、共存共榮的一個整體。職是之故，侯王才能「居前而民弗害也，居上而民弗重也。天下皆樂推而弗厭也」。這就是聖人的「不爭」，而正以其不爭，「故天下莫能與爭」——侯王的「長生久視」才能得到根本的保障。

第二十六節

【題　解】本節文字，在通行本《老子》中為總第六十三章、《德經》之第二十六章。在帛書本中，為《德經》之第二十六節，亦為《老子》全本之第二十六節。此節帛書甲本殘損二十三字，乙本殘損四十八字。今以甲乙本互校，而以通行各本補其不足。

為無為❶，事無事❷，味無未❸。大小多少❹，報怨以德❺。圖難乎其易也❻，為大乎其細也❼。天下之難作於易❽，天下之大作於細❾，是以聖人冬不為大，故能成其大❿。夫輕若必寡信⓫，多易必多難⓬，是以聖人猶難之⓭，故冬於無難⓮。

【注　釋】❶為無為　聖人以「無為」為自己之所為。❷事無事　以「無事」為自己之所從事。❸味無未　以「無味」為自己之至味。未，通「味」。❹大小多少　把很小的事情看得很重，從很少的東西中看到很多。

❺報怨以德　用自身的德行化解百姓的怨懟。怨，怨懟。❻圖難乎其易也　難以應對的情況剛剛萌生（還容易解決的時候），就開始圖謀解決。圖，圖謀。❼為大乎其細也　重大的事情剛剛出現徵兆（還容易處理的時候），就已經預先處理了。細，小。❽天下之難作於易　天下那些困難的事情都是從容易處理的事情變化而來。作，興起；開始。❾天下之大作於細　天下那些重大的事情都是從細微的事情發展而來的。❿是以聖人冬不為大二句　所以聖人總也用不著去處理什麼大事，卻能夠成就一切大事。冬，通「終」。末句「冬」字同。⓫輕若必寡信　輕易地允諾別人，結果一定是很少守信用。若，通「諾」。許諾；承諾。寡，少。信，信守（承諾）。⓬多易必多難　經常把事情看得很容易，結果一定是屢遭困難。⓭猶難之　像是事事為難。⓮冬於無難　最後總是事事順利。

【語　譯】聖人輔佐自然而為，所以看起來像是無所作為；聖人隨順自然而行，所以看起來像是無所事事；聖人迎合自然而品味萬物，所以看起來像是沒什麼品味。聖人把很小的事情看得很重，從很微弱的徵兆中發現很多，用自身的德行來化解百姓的怨懟，以免除災禍的發生。難以應付的情況剛剛萌生，他們就開始著手解決了，重大的事情剛剛出現徵兆，他們就已經預先處理了。天下那些困難的事情都是從容易的事情演化而來的，那些重大的事情都是從細微的事情發展而來的。那些困難的事情總是在萌生之初就已經解決，所以聖人總也用不著去處理什麼大事，卻能夠成就一切大事。輕易地允諾別人的要求，結果一定是很少守信用，把事情都看得很容易，結果一定會屢遭失敗。因此聖人總是像事事為難，卻能夠事事無難。

【研　析】老子之「得一」，是指存在物自身能夠融入萬物存在的系統，接受系統整體的決定，並在系統的整體和諧之中發揮作用。這裡的所謂「一」不是單一，而是眾多存在和合而成的一個系統，而萬物處身這樣一個整體之中，彼此的對立和衝突幾不可免。若欲使各個不同的存在彼此之間和諧共存，則需要「道」從中調停。「道」作為系統構成的法則，主要表現為平衡各種存在的利益需求，消弭各種存在之間的對立和衝突，使之成為互利而不互害的有機整體。然而這種平衡或者說這種關係，其實是很容易打破的。一旦平衡被打破，則整體就會分解，和諧就會崩潰，萬物存在就是不可想像的了。

在人的意識（「有名」）產生之前的自然狀態中，「道」或者說「大」是唯一作用於萬物存在、維護萬物存在彼此和諧的因素。某一具體存在如果從普遍聯繫的整體之中凸顯出來，與其他存在的關係從相互和諧到彼此對立進而至於衝突爭鬥，成為系統之所不能容的「餘食贅形」，系統就會反作用於它自身，把它排斥或捨棄於系統之外，導致它的滅亡。在老子的敘述中，是因為它違背了「道」的規定，所以導致了自身的滅亡——「道」以具體存在的生存和毀滅控制著萬物存在整體，使其達於平衡和諧。所以老子說「道」或者「大」可以為天地萬物之母，本書第六十九節（通行本第二十五章）：

> 有物混成，先天地生。寂呵寥呵，獨立而不改，可以為天地母。吾未知其名，字之曰道，吾強為之名曰大。大曰逝，逝曰遠，遠曰返。道大，天大，地大，王亦大。域中有四大，而王居一焉。人法地，地法天，天法道，道法自然。

此節文字前半截敘述的，是「無名」的自然狀態之中的「道」或者「大」。而道、天、地、王域中「四大」，則是「有名」以後的意識分別。聖人法於自然，立「道」以為天下安定之根基，以「無為」治理天下，則維護萬物存在彼此和諧的因素，除了「道」的自然作用之外，還加入了聖人或者侯王的人為作用。自此以往，萬物的平衡和諧就不但全憑自然，聖人亦有責任或者義務參與其中予以維護，所以老子說「道法自然」——聖人之「道」只是效法自然，並非一切歸因於自然所決定。聖人究當如何「法自然」而平衡萬物存在的利益需求，維護存在整體的和諧，就成為需要研究的問題了。

聖人平衡萬物存在的利益需求，維護存在的整體和諧，首先需要的，是「德」的提倡。自然的狀態之中，本無「道」之名，更無所謂「德」的提倡。本書第一節（通行本第三十八章）「上德不德，是以有德」可以為證。而「始制有名」，「道」、「德」始立。「德」究其根源，與「道」相同，也是「法自然」而來者。兩者的區別是：如果說「道」之所法，是自然的一體和諧，則「德」之所法，就是自然中具體存在之所以能夠自生自存的原因。自然中的具體存在之所以能得存在之實，雖然各自表現不同，本質其實一律，都是以一己之所能，在與他者的互利中而得其所欲（生）。就存在物之間的關係言，它們彼此之間並非沒有矛盾，但是它們懂得或者能夠實際表現出對環境的適應和對自我的克制，能以相容、相利為基本的存身之道。「德」效法這一切，就是正視衝突和矛盾，懂得分析、選擇、取捨，懂得避讓與堅守，懂得有所捨才能有所得，有所後才能有所先。具體到本節內容，就是「聖人終不為大，故能成其大」，就是「大小多少」。「聖人終不為大」，是老子之所謂「小」；「故能成其大」，是老子之所謂「大」。這裡「小」的是自我的意志、欲望、行為，「大」的是行為結果的與道、天、地並而為四，即成就的「大」。所謂「大小」，就是以小求大；所謂「多少」，就是以少求多。「少」者，少私寡欲之謂也；「多」者，富有天下之謂也。「少」之極、「小」之極，即是無欲無為，即是「無名之樸」；而「大」之極、「多」之極，即是侯王與聖人功業的成就。這是「德」之表現於聖人之內在者。

「德」之表現於聖人之外在者，就是「為無為，事無事，味無味」，就是「報怨以德」。「為無為，事無事，味無味」，即以「無為」為聖人之所為，以「無事」為聖人之所從事，以「無味」為聖人之所品味——三句合為一句，就是「為無為」。聖人以「無名」鎮制「有名」，渾同天下之人心，殫殘天下之聖法，削除仁義禮智等等一切提倡，而使天下各是其是，各美其美，保障天下萬物各以自然而成就自身，此聖人之「為無為」也。關於這方面的內容，在前面的「研析」中我們已經說了很多了，有興趣的可以翻檢，茲不贅述。這裡需要重點說明一下的，是對「報怨以德」這句話的解釋。

《老子》這本書，究竟是誰所作，產生於什麼時代，長久以來都是中國思想史研究的重大問題。以崔述（東壁）、梁啟超為代表的一派意見，認為《老子》是戰國以降晚出之作，一個重要的理由就是《史記》雖載孔子為老子的學生，但《論語》書中卻未見提及老子以及《老子》書，可見《史記》有誤。反對這種意見的，則引《論語．憲問》「或曰：『以德報怨，何如？』子曰：『何以報德？以直報怨，以德報德』」一段，認為「或曰」所引「以德報怨」，就是本節的「報怨以德」，就是老子之言；孔子反對這個說法，謂當「以直報怨，以德報德」，則是孔、老學說互相對立之處。

這裡暫且把《老子》書的時代問題放下，看一看本節老子的「報怨以德」和《論語．憲問》

「或曰」之「以德報怨」是不是一個意思。孔子回答「或曰」之問，翻譯過來意思是，如果以德報怨，那麼拿什麼來報答別人的恩德呢？應當該怎樣就怎樣（「直」通「值」，意思是相當），用這種態度報答仇怨；至於別人給予的恩惠，則應該用恩惠予以回報。從孔子的回答，我們可以推究，「或曰」之「以德報怨」，「德」的意思是恩惠，「怨」的意思是仇怨。「以德報怨」的意思，猶今日之以恩惠化解仇恨——能否化解可以不談，「德」和「怨」猶今「恩怨分明」之「恩」與「怨」，彼此是在同一層面上的相互對立的兩項，如美與醜、善與惡、是與非等等，卻是一定的。

老子怎麼說來著？「善者善之，不善者亦善之，德善也；信者信之，不信者亦信之，德信也」（本書第十二節，通行本第四十九章），聖人之「德」，在俗世之所謂善惡、美醜一切對立之上，當然也在恩怨、是非之上，而「翕翕焉，為天下渾心」（同上）者也，此為聖人之「德善」、「德信」。將此種說法代入「報怨以德」這個命題，很明顯可以看出，老子主張的其實是混同恩怨，而報之以無所分別。這種觀點表現在侯王與百姓的關係上，就是「寵辱若驚」（本書第五十七節，通行本第十三章），百姓對侯王不管是親譽有加，還是怨懟滿腹，侯王都應該反思自身之「德」的不足，因為最好的、德行充滿的統治者（「太上」），只不過「下知有之」而已（本書第六十一節，通行本第十七章）。等而下之者，百姓才會「親譽之」、「畏之」、「侮之」（同上），而這些都是「德」之「善」與「信」不足的表現。

所以，「以德報怨」和「報怨以德」，儘管在漢語表達上兩者沒什麼差異，但是由於「德」這個概念的不同，使得這兩個字面上基本相同的表達，在《論語》和《老子》裡的意義大為不同。將如此不同的兩個命題強為牽涉，並據以論說孔、老淵源，其實不應該。這不是說我們同意《老子》晚出論的意見。我們認為，《老子》中有很多對儒家的批評，這是事實。但這並不與《史記》中所記載老子曾為孔子之師、《老子》為老子手著的說法相矛盾。老子壽長，史有明徵，晚年出關之時，《論語》雖不必結集，但觀孔子及其門徒棲棲遑遑周遊天下，欲以仁義聳動王侯、以禮樂教化天下的熱心與努力，儒家的思想主張已廣為天下所熟知應屬無疑。那麼當時之博學如老子者，引儒家之命題與主張進行一些論辯和批評，不知有何不可。以此必曰《老子》成書於《論語》之後，必為依託之作，倒不免有點膠柱鼓瑟了。

老子之「德」與孔子之「德」的分別，其實不獨只有上述那些，而是大有內涵的好論題。這個論題一旦展開，涉及的範圍太大，這裡只能簡單說來。前面我們提到，老子的「德」也是「法自然」而來者，萬物存在之「德」，各以其自生自存為宗旨，各以一己之所能，在與他者的互利中而得其所欲（生），此即為老子之「得一」。「一」為整體和諧，而「得一」之道，由於萬物存在彼此之間的差異，其表現並不相同，與之相應的「德」，也就隨之不同。在前幾篇「研析」文字中我們強調過，萬物各有其「德」，萬物之「德」彼此協調、互為應用，「一」作為整體和諧才能夠建立。聖人之「無為」，旨在保障萬物之「德」的各自成就，非但不以教化強為整齊劃一，還於萬物演化的整個過程中，以絕去聖智仁義一切提倡為手段，著意剔除來自於外部的、能對存在物之自身演化施加影響和誘惑的因素，保障萬物存在於非常接近於「無名」之自然的狀態中成就自身——簡言之，聖人之「無為」，就是保障天下之「德」的多樣統一、互為平等與彼此和諧。此為聖人之「德」有別於百姓之「德」而互相成就者。莊子的一段話，可以為老子的這種觀點作證明，《莊子・胠篋》曰：

絕聖棄知，大盜乃止；擿玉毀珠，小盜不起；焚符破璽，而民朴鄙；掊斗折衡，而民不爭；殫殘天下之聖法，而民始可與論議。擢亂六律，鑠絕竽瑟，塞瞽曠之耳，而天下始人含其聰矣；滅文章，散五采，膠離朱之目，而天下始人含其明矣。毀絕鉤繩而棄規矩，攦工倕之指，而天下始人有其巧矣。故曰：大巧若拙。削曾史之行，鉗楊墨之口，攘棄仁義，而天下之德始玄同矣。彼人含其明，則天下不鑠矣；人含其聰，則天下不累矣；人含其知，則天下不惑矣；人含其德，則天下不僻矣。彼曾、史、楊、墨、師曠、工倕、離朱，皆外立其德而以爚亂天下者也，法之所無用也。

絕去一切人為的法則、規矩、標準，則「人含其明」、「人含其聰」、「人含其知」，「削曾史之行，鉗楊墨之口，攘棄仁義」則「人含其德」，這是聖人之「無為」。「無為」使眾「德」各歸於萬物存在，萬物存在由此各「得一」德而至於彼此和諧，就是老子的「上德不德，是以有德」，也就是老子的「道法自然」。與之相對的，是「外立其德」的曾參、史鰌、楊朱、墨翟、師曠、工倕、離朱之流——孔子的儒家當然也在其中，他們以仁義為教化，以禮樂為制度，欲使天下共其一德，此所謂「下德不失德，是以無德」。以仁義為天下之共「德」而把持之，結果就是人為造就君子、小人之對立；而更以禮樂制度鞏固之，則無疑更進一步強化了這種對立的存在。對立不思消弭，反而更予強化，那麼彼此的衝突和爭鬥就是必然的。因此仁義之設、一「德」之尊，非但不能安定社會，恰足以「爚亂天下」、禍及人生。

以上內容，大多是基於萬物整體存在處於相對穩定的狀態之下，聖人應當如何作為而言。但是任何一個存在系統都不會是靜止的，系統之中既有矛盾對立，當然就會有變化、有發展。如何在變化或者發展的系統整體之中維護一種動態的平衡，此節亦有涉及，即所謂「圖難乎其易也，為大乎其細也」。但是相關內容，下一節（本書第二十七節，通行本第六十四章）談得較多，可以集中在下節一併予以研析。這裡不妨以西方哲學之「對立統一」為借助，就老子思想總的傾向性多談幾句。所謂對立統一，是指處於事物整體之中的矛盾雙方既相互依存、相互肯定又相互排斥、相互否定的辯證關係。其中相互依存與相互肯定的關係，使整體保持自身統一，從而為整體的發展獲得必要的前提；而相互排斥與相互否定的關係，則為整體自身的演化提供動力，促成整體的不斷發展。如果這種表述不錯，那麼對立或者統一、現實或者發展，就容許人們有不同的側重。馮友蘭先生在《中國現代哲學史》的最後說：

一個統一體的兩個對立面，必須先是一個統一體，然後才成為兩個對立面。這個「先」是邏輯上的先，不是時間上的先。用邏輯的話說，一個統一體的兩個對立面，含蘊它們的統一性，而不含蘊它們的鬥爭性。

客觀的辯證法只有一個，但人們對於客觀辯證法的認識，可以因條件的不同而有差別。照馬克思主義的辯證法思想，矛盾鬥爭是絕對的，無條件的；統一是相對的，有條件的。這是把矛盾鬥爭放在第一位。中國古典哲學沒有這樣說，而是把統一放在第一位。

理論上的這點差別，在實踐上有重大的意義。在中國古典哲學中，張載把辯證法的規律歸納為四句話：「有象斯有對，對必反其為；有反斯有仇，仇必和而解」（《正蒙・太和篇》）。這四句中的前三句是馬克思主義辯證法思想也同意的，但第四句馬克思主義就不會這樣說了，它怎麼說呢？我還沒有看到現成的話可以引用。照我的推測，它可能會說：「仇必仇到底」。

老子或者中國古代的思想，更多地是以整體存在的現實性和穩定性為價值判斷的基礎，以整體之中矛盾雙方（或多方）的相互依存的關係為思維的導向，因此也就更多地側重於萬物存在彼此之間相存、相輔、相成的關係設置。由此延伸，協調、穩定和（漸進的）改良就會成為中國古代思想家運思的主要方向。但是在如何協調萬物存在使之達於整體的穩定與和諧，老子與當時孔子的儒家以及後世的墨家、法家等等，方法有異。前面說過，以「有名」教化萬民者，本欲使天下共其一德，結果是人為造成了社會各個階層之間的對立；而更以各種制度設置保障之，則是對這種對立的更進一步強化——實行教化、設立制度的主觀動機雖然是為保障社會的穩定和諧，但客觀效果卻恰好相反，反而加劇了彼此的衝突和爭鬥。儒家之「仁義」、墨家之「兼愛」、法家之「明法尚刑」概莫能外，最後的結果都是如此。有鑒於此，老子以「無名」保障萬物存在之自然狀態，從而在概念層面抹除了事物存在之所謂「本質」；以「無為」保障天下之「德」的互為平等與彼此和諧，從而在整體層面消解了萬物存在的對立和衝突——這兩者在根本上解構了所謂「對立統一」中矛盾雙方相互排斥與相互否定的理論，而使和諧成為宇宙唯一的真實，使「道」成為決定一切存在的鐵律，使「得一」成為所有具體事物之所以能夠存在的最終依據。

第二十七節

【題解】本節文字，在通行本《老子》中為總第六十四章、《德經》之第二十七章。在帛書本中，為《德經》之第二十七節，亦為《老子》全本之第二十七節。此節帛書甲本殘損六十三字，乙本殘損五十字。今以甲乙本互校，而以通行各本補其不足。

其安也，易持也❶。其未兆也，易謀也❷。其脆也，易判也❸。其微也，易散也❹。為之乎其未有❺，治之乎其未亂❻。合抱之木，作於毫末❼；九成之臺，作於蔂土❽；百仁之高，始於足下❾。為之者敗之❿，執之者失之⓫。是以聖人無為也，故無敗也；無執也，故無失也。民之從事也，恆於其成事而敗之⓬，故慎終若始，則無敗事矣⓭。是以聖人欲不欲⓮，而不貴難得之貨⓯；學不學⓰，而復眾人之所過⓱；能輔萬物之自然，而弗敢為⑱。

【注釋】❶其安也二句　事物在穩定之時容易把握。安，安定；穩定。持，把握。❷其未兆也二句　事物在還沒有顯現變化的徵兆之時容易應付。兆，徵兆。謀，圖謀；對付。❸其脆也二句　事物在還脆弱的時候容易分割。脆，脆弱。判，分裂；分割。❹其微也二句　事物在還微細的時候容易消散。微，細碎。散，散開；消散。❺為之乎其未有　在事情還沒有發生之前處理掉它。❻治之乎其未亂　在混亂還沒有發生之前治理好它。❼合抱之木二句　合抱的大樹，是從細小的樹芽長開的。合抱，雙臂合圍。作，起；始。毫末，本義指細小的毛髮末端，這裡指樹木的嫩芽。❽九成之臺二句　九重的高臺，是從平地的第一筐土開始堆積的。成，通「重」。虆，盛土的筐。按「虆」，帛書甲本作「羸」。❾百仁之高二句　攀登百仞高峰，是從腳下的第一步開始的。仁，通「仞」。古代七尺為一仞。按「仁」，帛書乙本作「千」，與「仞」亦相通假。「始」，帛書甲本作「台」，與「始」通。❿為之者敗之　妄為必然失敗。⓫執之者失之　意欲把持就會喪失。執，把持。⓬恆於其成事而敗之　總是在接近成功的時候失敗。其，通「幾」。意思是接近。按帛書乙本無「事」字。⓭故慎終若始二句　所以像開始之時一樣謹慎地對待最後階段的工作，就不會把事情搞壞了。慎，謹慎（地對待）。⓮欲不欲　指減損私欲、順應自然的決定。⓯難得之貨　泛指一切寶物。按「貨」，帛書甲本作「貨」，與「貨」通。⓰學不學　指棄絕那些虛假的所謂知識。⓱復眾人之所過　補救眾人所犯的錯誤。復，返回，這裡指改正錯誤。⓲能輔萬物之自然二句　能夠輔佐萬物的自然發展，而不妄為。輔，輔佐；輔助。

【語譯】事物穩定之時容易把握，還沒有顯現變化的徵兆之時容易應付，還脆弱的時候容易分割，還微細的時候容易消散。應當在事情還沒有發生之前處理掉它，在混亂還沒有發生之前治理好它。合抱的大樹，是從細小的樹芽長開的，九重的高臺，是從平地的第一筐土開始堆積的，攀登百仞高峰，是從腳下的第一步開始的。誰任性妄為誰必然失敗，誰意欲把持誰就必然喪失。聖人不任性妄為，而是順應自然而為，所以他永無失敗之時；聖人不意欲把持，而是推功於自然，所以他永無喪失之虞。人們做事情，總是在接近成功的時候失敗，所以能夠像開始之時一樣謹慎地對待最後階段的工作，人們就不會把事情搞壞了。因此聖人減損自己的欲望，不重視難得的寶物；自覺地摒棄那些虛假的知識，補救眾人的過失，引導人們回歸到正確的道路；他們輔佐萬物的自然發展，而不敢任性妄為。

【研　析】上一節（本書第二十六節，通行本第六十三章）內容，主要講萬物整體存在處於相對穩定的狀態之下，聖人應當如何作為。以所談論內容的側重來劃分，大致應當歸於隨順自然的「無為」。而這節的側重，主要是在變化或者發展的系統整體之中，聖人如何維護一種動態的平衡，以便使系統整體按照「道」的規定，在正確的道路上演進。對應於老子的概念，則應當歸於「為而不恃」的「為無為」。但是就如上一節（本書第二十六節，通行本第六十三章）「研析」中我們談到的那樣，任何一個整體的存在系統都不會是靜止的，系統之中既有區別與對立，整體當然就會有變化、有發展。因此「無為」與「為無為」這兩者其實本質上並無區別，應該認識為一種行為原則的兩種不同表述。或者說，「無為」之所以能夠實現，其實是「為」的結果，兩者在語義上就是互相連結的，行為上或者表現上，更是密不可分。

在純粹以自然為主導的「無名」狀態之下，不存在老子之所謂「無為」或者「有為」。一切所為皆出於自然，也皆體現著自然的精神，因此一切所為本質地屬於自然，或者說一切所為就是自然，所以根本不存在「為」或是「不為」的問題，更無所謂「有為」或者「無為」的對立——這一切問題，都是玄牝之門大啟、「始制有名」之後、有無、是非、美醜、善惡等等漸次產生才出現的。

名者，概念也。表現在語言上，可以說一種語言就是一個概念的系統，而每個概念系統，都是對客觀世界進行的主觀劃分。語言之不同，不但表現在語音、詞彙、語法之上——這些只是表層的區別，更深層次的區別，是由概念對客觀世界的切分而表現出的對萬物存在的理解和解釋不同。即使是使用同一種語言的人們，彼此由於時空阻隔、文化背景、經驗範圍、理性水準和主觀好惡等等差異，在傳達和交流中也不免存在語意上的分歧，不同語言之間更是如此。因此即使僅僅著眼於語言（名或者概念系統）表情達意的功能本身，它也是有局限的。這種對語言的不信任感，可以說始終貫穿在中國的傳統思維之中。三國時期魏荀粲提出「言不盡意」說，謂「象外之意，繫表之言」皆為「蘊而不出」者，所以「六籍雖存，固聖人之糠秕」（《三國志・魏書・荀彧荀攸賈詡傳》裴松之注引晉孫盛《晉陽秋》），可作此種傾向的表徵。然而「至道無言，非立言無以明其理；大象無形，非立象無以測其奧。道象之妙，非言不津；津言之妙，非學不傳」（《劉子・崇學》），言雖不能盡意，離言卻無從得意，所以言還是不能捨棄。中國傳統思維中對語言的態度糾結牽扯一至於斯，或許是世界其他民族所無者。而所有這些糾結牽扯，可能都導源於老子。

依照老子的邏輯，概念既然是對客觀世界進行的主觀劃分，那麼就非萬物存在之真實性狀。萬物存在的真實性狀，是一切具體存在都是當下的、現實的、個性化的，因而是無法以一般之所謂類的屬性予以分別，也無法以所謂類的本質予以概括。如果說具體存在的事物有什麼屬性可以稱之為本質，那麼這種本質就是此一事物與其所存在之具體環境中的其他事物之間的互為條件、互相利益、和諧共存——而這就是「道」所表現的。萬物皆以此為本質，就是說萬物以「道」所表現的關係特徵為共同本質。「(有)名」則相反，以事物之間相同或相似的所謂屬性、特徵為基礎，追求本質概括，企望本質實現，這就脫離了萬物存在之真實性狀，把人為劃分的世界等同於客觀世界的真實，客觀世界整體的和諧一致被隱匿，對立興起，矛盾顯現，而參雜於人們認識之中的人的意志、情感、偏好有了藉機發揮的餘地，於是私欲滋蔓、「有為」大作。「有為」表現於侯王，則為「有名」提倡，實行教化。教化興則民生趨避，反於自然而歸於名教。反於自然而詐偽之心起，歸於名教則競慕企尚之心生，由此爭鬥不息、天下大亂，而侯王欲以其「有為」所獲得的一切，也終將在混亂和爭鬥中徹底喪失，這就是本節所謂「為之者敗之，執之者失之」。

「有為」的根本在於以「有名」為尚，而「有名」其實是反於存在之真實的人為創造，其本身就是「有為」的結果。因此，欲以「無為」消弭紛爭安定社會，首先要破除的就是人們對「名」的執著——「無名」論因此成為老子整個學說的基礎。本書第八十一節（通行本第三十七章）：

> 道恆無名，侯王若守之，萬物將自化。化而欲作，吾將鎮之以無名之樸。鎮之以無名之樸，夫將不辱。不辱以靜，天地將自正。

「無名」不是棄用一切「有名」，而是對「有名」進行必要的限制和規定，不使其成為分割萬物存在之整體、破壞一體和諧之「無名之樸」、人為製造對立和矛盾的工具。「有名」在「無名」

的鎮制之下，只能作為與具體的現實存在相對應的符號，在相對意義上指稱具體存在的性狀，而不會溢出具體的、現實的存在，趨向於所謂類的本質與一般，此即老子之所謂「有名知止」。至於萬物存在的真實性狀，則不在「有名」，也不在「無名」，而在於「有名」和「無名」之間的「恆名」——此即所謂「道可道也，非恆道也。名可名也，非恆名也」句意義之所在。「恆名」並非絕不可「名」，《老子》中其實就有一個「恆名」系統，「大象」、「大音」、「大白」、「大贏」、「大巧」、「大成」、「大盈」、「大直」等等，皆此「恆名」之列。觀其構成，皆以否定「有名」為形式，則所謂「無名」者，實即以否定「有名」而達於「恆名」之謂也。後世傳統中，往往以「象」廁於言、意之間，作為傳達和交流的媒介，以至於有人乾脆提出，中國式思維是所謂「象思維」，這些都可從老子之「大象無形」以及類似的命題中得到合理解釋。《易・繫辭上》：

> 子曰：「書不盡言，言不盡意。然則聖人之意，其不可見乎？」子曰：「聖人立象以盡意，設卦以盡情偽，繫辭以盡其言，變而通之以盡利，鼓之舞之以盡神。」

「無為」仿於「無名」，也是以否定「有為」而達於其所當為者，而非一切撒手，放任自流。這是「始制有名」以來、對立和矛盾紛爭出現之後，聖人之所應從事者。按照老子的理論，自「有名」肇端，萬物存在和演化的整個過程，都應在聖人的人為控制和調諧之下。這種調控以自然為效法的對象，以「道」為把持的原則，以「無名」鎮制「有名」提倡為實施的具體措施，以保障萬物皆可沿襲自然之本性並各自順應自性之演化為方向，這就是聖人之「道」，也即是聖人之「法自然」。在聖人的如此作為之下，萬物演化最終達到的結果，與純粹自然主導的「無名」狀態所達到的一致，整個演化過程似乎就是自然，但其實是聖人人為的調控所導致。聖人的這種「為」，從對過程積極主動的調控上說，是「為無為」，亦即本節之所謂「聖人欲不欲，而不貴難得之貨；學不學，而復眾人之所過；能輔萬物之自然，而弗敢為」；從萬物演化的結果上說，是「無為」，亦即本書第六十一節（通行本第十七章）之所謂「成功遂事，而百姓謂我自然」。

對萬物存在和演化的整個過程予以控制和調諧，是以萬物存在的整體在系統的法則即「道」的立場之上的彼此平衡、互為利益為實現的。而當有些事物受到「有名」的牽引或者私欲的鼓蕩，意欲違反系統法則或者溢出系統之外，從而與其他事物產生矛盾之時，聖人的功用就顯現出來了。任何事物都是從小到大、從微到著逐漸演化來的，「合抱之木，作於毫末；九成之臺，作於纍土；百仞之高，始於足下」，事物之間的矛盾紛爭也是如此。而就矛盾產生演化的整個過程而言，與其在結果上解決，不如在過程之中調控。調控對於聖人來講，就是能夠在問題剛剛顯現苗頭之初、在矛盾紛爭初露端倪之時即著手處理，不使矛盾擴大、激化。「其安也，易持也。其未兆也，易謀也。其脆也，易判也。其微也，易散也。為之乎其未有，治之乎其未亂」，說的就是這個。如果任由矛盾擴大乃至激化，然後再著手解決，一則牽扯的因素會加多，解決起來更加困難，再則危險係數會增大，稍有不慎即成兩敗之勢，而整個系統也有可能隨之崩塌，以至於不可收拾。

在過程之中實施調控，針對某一具體的存在物而言，可以分為正向與反向兩類作用。正向的作用，就是保持此一事物與其存身之整體的「一」之中其他事物之間關係的和諧，本書第二節（通行本第三十九章）裡老子提出的「得一」，就是這種正向作用的方式：

> 昔之得一者，天得一以清，地得一以寧，神得一以靈，谷得一以盈，侯王得一而以為天下正。其至之也，謂天毋已清將恐裂，謂地毋已寧將恐廢，謂神毋已靈將恐歇，謂谷毋已盈將恐竭，謂侯王毋已貴以高將恐蹶。

「得一」標誌著自身融入整體，並在整體和諧之中發揮作用，而整體則反過來保障其存在。反向的作用，就是促使此一事物與其存身之整體的分離、對立和矛盾，使其相對於整體而言成為「餘食贅形」，成為「道」所不予保障的「強梁者」。本書第八十節（通行本第三十六章）：

> 將欲翕之，必固張之；將欲弱之，必固強之；將欲去之，必固與之；將欲奪之，必固予之。是謂微明。

「微明」者，見微知著之明也，防患於未然之智也。把這種智慧反過來應用於去除不道，就是傳統之所謂「柔弱勝剛強」。在和合無望、矛盾無法彌合之後，尤其對於弱小的一方而言，這是一種非常高明的鬥爭策略。

第二十八節

【題　解】本節文字，在通行本《老子》中為總第六十五章、《德經》之第二十八章。在帛書本中，為《德經》之第二十八節，亦為《老子》全本之第二十八節。此節帛書甲本殘損七字，乙本殘損六字。兩本相較，文字差異不大，且可互為補足。

古之為道者非以明民也❶，將以愚之❷也。民之難治也，以其知也❸。故以知知邦❹，邦之賊也❺；以不知知邦，邦之德也❻。恆知此兩者，亦稽式❼也；恆知稽式，此謂玄德❽。玄德深矣，遠矣，與物反矣❾，乃至大順❿。

【注　釋】❶古之為道者非以明民也　古時那些遵行大道的聖人們不是讓百姓聰明起來。明民，使百姓聰明。按「古之為道者」，帛書甲本作「故曰為道者」。❷愚之　使他們（百姓）愚蠢。❸以其知也　是因為他們有（所謂的）智慧。知，通「智」。❹以知知邦　憑藉（所謂的）智慧來治理國家。此句上「知」字通「智」，下「知」字通「治」。邦，國家。❺邦之賊也　（這種君主）是禍害國家的災星。賊，禍害。❻以不知知邦二句　不靠所謂的智慧來治理國家，這種君主才能給國家帶來福祉。此句兩「知」字用法同上句。❼稽式　楷模；法則。稽，通「楷」。❽玄德　玄妙的德行。❾與物反矣　偕同萬物共同返歸自然質樸的狀態。❿大順　指順應自然的決定而至於一切順暢無礙。

【語　譯】古時那些遵行大道的聖人們，不是使百姓聰明起來，而是使百姓愚昧下去。百姓之所以難治理，是因為他們有所謂的智慧在身。所以憑藉所謂的智慧來治理國家，這種君主是禍害國家的災星；不憑藉所謂的智慧來治理國家，這種君主才是能給國家帶來福祉的國君。明白這兩條也就是明白了治理國家的根本法則；永遠地貫徹執行這一法則，就可以說是具備了玄妙的德。玄妙的德幽深、玄遠，能夠偕同萬物共同返歸自然質樸的狀態，實行這樣的德，才能順暢無礙地治理天下。

【研析】此節文字，在眾多的《老子》詮釋體系中，被作為老子所謂「愚民政策」的典型表述，受到了很多批判。老子之所謂「愚民政策」究竟是否存在，此節文字所闡述的真實內容是什麼，其實還有進一步考察的必要。

馬王堆漢墓帛書《老子》出土以後，經過與傳世諸本對勘，人們發現兩者之間文字上有很多不同。譬如此節「民之難治也，以其知也」一句，傳世諸本均作「民之難治，以其知多」，較帛書本增出一「多」字。這當然有兩種可能，一種是帛書本奪一字，另一種是傳世諸本衍一字。從版本學的角度，越早的版本，保存作品原貌的可能性也就越大，而越往後則被增刪篡改的可能性也就越大。考慮到兩者年代上的差異，我們更傾向於認為《老子》原文並無「多」字，傳世諸本「多」字係後世所增。

這樣一來問題就出現了。依照一般對傳世諸本的解釋，所謂「知」是指知識或智慧，而「民之難治，以其知多」，落腳點並不在於知識或智慧本身，而在於知識或智慧之「多」。論者以此為立場，給所謂「知」區別出真偽是非，進而提出老子其實主張廢黜的是偽知詐巧。老子的本意是否如此，或者以什麼標準來區別民之「知」的真偽是非，《老子》中可資引為論證的東西實在缺乏，處理起來有難度，已有的解釋也多有罅漏。兩相比較，帛書本似乎沒有這個問題，「民之難治也，以其知也」，落腳點在於「知」本身，意思是無論多寡，是「知」皆非，這就堵死了給知識或智慧區別是非真偽的門徑。但是按照這種說法，一些問題同樣也無法解釋。譬如民之甘食美服、樂俗安居，知識或智慧，即便是日常生活又何可一日闕如？再如聖人為天下神器之主，以善人為師，以不善人為資，美言以市，撙行加人，百姓若果一味地蒙昧，無有是非善惡之知，聖人即使獨秉天下之至道，又如何乘用百姓而為侯王，以至於長生久視、子孫以祭祀不絕呢？從根本上講，聖人與百姓是互相成就者，而這種互相成就，就是以百姓之「有名」、「欲作」與聖人之「無名」、「無為」相表裡。沒有百姓之「知」，就沒有聖人之「絕聖棄智」——聖人也就失去了存在的現實依據。如此說來，民之「知」何曾不是成就了聖人，又何可一日「愚之」使其皆入於混沌？

那麼「民之難治也，以其知也」一句究當如何作解？還應該從此節文字整體表達的意思著眼。從論述的層次看，此節前半段的邏輯歸終應該在「故以智治邦，邦之賊也；以不智治邦，邦之德也」兩句之上，而這兩句所表達的意義應該是相對清楚的。「以智治邦」，指的是統治者以「有名」提倡——譬如仁義禮智之類設為邦國天下之法則，而欲萬民信守遵循。「以不智治邦」則反之，本書第四十七節（通行本第三章）就應當是對此的具體說明：

不上賢，使民不爭。不貴難得之貨，使民不為盜。不見可欲，使民不亂。是以聖人之治也，虛其心，實其腹，弱其志，強其骨。恆使民無知無欲也，使夫知不敢，弗為而已，則無不治矣。

「不上賢」等等，皆是以「無」鎮制「有」之舉——以「無名」鎮制「有名」，以「無為」鎮制「有為」，不獨聖人無有提倡，所謂智者亦不敢提倡，則萬民對於統治者莫能識其究竟，莫能識其究竟則無從揣摩追隨、投其所好，只能各以一己之自然為歸終。如果此種解釋不誤，則所謂「民之難治也，以其知也」之「知」字，不當解為知識、智慧等等，而應當釋為動詞的「識得」，全句義為在上者若有為提倡而使民識得其用心，則曲附迎逢、委婉趨避從之，而詐偽生、奸邪作，民難治矣。以此文意逆推「古之為道者非以明民也，將以愚之也」一句，所謂「明民」實當以「有名」提倡之「有為」解之，而「愚之」者，不是認識論上的蒙昧無知，而是政治論中的揣摩上意之不得遂行——所謂「愚之」者，「愚人之心」（本書第六十四節，通行本第二十章）而不是愚人之知（智）。對此節文字的前半段作如此解釋，則與本書第十二節（通行本第四十九章）意義全合：

> 聖人恆無心，以百姓之心為心。善者善之，不善者亦善之，德善也。信者信之，不信者亦信之，德信也。聖人之在天下也，翕翕焉，為天下渾心。百姓皆屬耳目焉，聖人皆閡之。

聖人之德，表現為普遍的包容與平等的對待，不以一己之善惡是非為邦國天下的善惡是非，不以一時之權宜取捨為子孫萬代的法度規則，這是聖人的能容，也是聖人之德所以能「玄同」天下而至於「大順」者——關於老子的「玄」以及「玄同」，在本書第十九節（通行本第五十六章）的「研析」中我們已有論述，可以參看。

第二十九節

【題解】本節文字，在通行本《老子》中為總第六十六章、《德經》之第二十九章。在帛書本中，為《德經》之第二十九節，亦為《老子》全本之第二十九節。此節帛書甲本殘損八字，乙本殘損五字。兩本相較，文字差異不大，且可互為補足。

江海之所以能為百谷王❶者，以其善下之❷，是以能為百谷王。是以聖人之欲上民❸也，必以其言下之❹；其欲先民❺也，必以其身後之❻。故居前而民弗害也❼，居上而民弗重也❽。天下皆樂隼而弗猒❾也。非以其無爭與❿，故天下莫能與爭⓫。

【注　釋】❶百谷王　天下河川的總匯。❷以其善下之　因為它能夠處於百川的下游。善，能夠。❸欲上民　想要處身眾人之上。上，居於……之上。❹必以其言下之　一定要以言辭表現自己的謙遜卑下。❺欲先民　想要處身眾人之前。❻必以其身後之　一定要把自己的位置擺在眾人之後。❼居前而民弗害也　處於眾人之前，人們不會感到受到傷害。害，(感到)受到傷害。❽居上而民弗重也　居身上位而人們不感到受到壓迫。重，這裡指(感到)受到壓迫。❾樂隼而弗猒　願意推崇他而不會厭惡他。隼，通「推」。推崇；推重。猒，通「厭」。憎惡。按「隼」，帛書乙本作「誰」，亦與「推」通。❿非以其無爭與　這不都是因為他不與人相爭嗎。與，通「歟」。按「爭」，帛書甲本作「諍」，與「爭」通。下「爭」字同。⓫莫能與爭　沒有誰能夠與他爭。

【語　譯】江海之所以能夠匯聚天下百川，是因為它能夠處身於百川的下游，所以能夠匯聚天下百川。因此聖人想要處身人們之上，一定要以謙遜卑下的言辭示之眾人；想要處身人們之前，一定要把自己的位置置於眾人之後。這樣聖人才能處於前而人們不感到受到傷害，居身上位而人們不感到受到壓迫，天下之人就會願意推崇他而不會厭惡他。這不都是因為他不與人相爭嗎，所以天下沒有誰能夠與他爭奪統治的地位。

【研　析】人類為什麼能夠在殘酷的自然選擇之中生存下來，先秦時期的荀子給出過答案。《荀子・王制》：

(人)力不若牛，走不若馬，而牛馬為用，何也？曰：人能群，彼不能群也。人何以能群？曰：分。分何以能行？曰：義。故義以分則和，和則一，一則多力，多力則強，強則勝物，故宮室可得而居也。故序四時，裁萬物，兼利天下，無它故焉，得之分義也。故人生不能無群，群而無分則爭，爭則亂，亂則離，離則弱，弱則不能勝物，故宮室不可得而居也，不可少頃舍禮義之謂也。

為了生存，人類組織起來成為社會，社會作為一個整體而能為人類的生存延續提供保障，是以社會內部人們之間的相互協調、彼此和合、團結一體、共同努力作為前提的。社會整體和合而為「一」，人類才有力量與自然抗衡，才能「序四時，裁萬物，兼利天下」，成為萬物之長，而與天地為三。如果社會整體不能和合為「一」，或者社會不能達於保障人類得以延續所需要的基本的秩序穩定，那麼單憑每一個個體的自利自為，人類是否能夠繼續存在下去，可能就是一個疑問，所謂「人生不能無群」，沒有一個能夠有效地保障人生的社會，個人的存在幾乎無法想像。

接下來的問題是，一個能夠有效地保障人生的社會，應當依據什麼樣的原則，採取何種方式組織起來。荀子給出的回答，在相當普遍的意義上可以作為人類有史以來對這個問題所做出的理性思考和社會實踐的一般性概括。「人何以能群？曰：分。分何以能行？曰：義。」人類社會是需要權力來調諧的。權力的來源是社會的「分」。「分」在荀子那裡有兩層意義，一是分別之「分」——「人」作為類（即老子之所謂「名」）是「存在」這個概念之「分」，君臣上下、大人小人，又是「人」這個類的「分」，如此層層分別，而至於每個個體。二是本分之「分」——君子據道行德、依仁遊藝，是其宜為，亦其本分；而所謂宜為或者本分，表現於社會，就是制度、教化、道德、倫理乃至於刑罰、律令等等。這些規範性的東西，體現的都是廣義上的「義」。如此說來，一個能夠有效地保障人生的社會，一定是一個等級社會，並且是一個有著一整套觀念和體制為保障的等級社會。權力運行於其中，可以協調社會各方面的關係，可以調配整個社會的力量，抵禦或者消解來自自然或其他人群與社會組織的生存壓力——但與此同時，權力也可能造就這個社會之中一部分人對另一部分人的剝奪和壓迫，造就社會內部不同等級的對立和衝突，造就貪婪、腐敗、暴政和殺戮，並最終導致這樣一個社會實際無法維持保障人類生存所必需的基本的秩序穩定。於是溫情的改良和暴力的革命開始輪番上演，新與舊、治與亂相互交替，人類社會由此陷入週期性的動亂當中。

歷史實踐表明，類似於荀子所歸納的那種以「分」與「義」為特徵的人類社會的制度形式，什麼時候都是這樣一柄雙刃劍，它既可以用來抵禦來自外部世界的傷害，卻也可能導致內部不同勢力的彼此相斫，從而削弱社會整體應對外部世界的能力，出現對人生的戕害有餘而保障不足的問題。那麼，有沒有一種不同的制度形式與權力運作方式，使得人類既可以消解來自自然的生存壓力，又可以有效避免社會內部矛盾對立的產生呢？這應當就是老子學說所要解決的中心問題。

在老子的構想中，人類社會合理的結構方式，應當是和整個自然的結構相一致的。自然是萬物存在整體的「一」，而具體事物只有在與萬物存在的關係之中定義自身，在與萬物存在的整體協調之中保全自身，在積極努力的完善自我的基礎上，主動參與到構建整體和諧的進程之中，才能夠於這樣一個整體的「一」之中得以存在，此之謂萬物之「得一」。將這種觀念落實於人類社會，就是人類社會的構成，也必須依照「道」的法則，而使社會中實際處於不同等級和階層的人們彼此結為互相利益的整體的「一」，並在「一」之中各自擁有自己的位置、發揮自己的作用、分享自己的利益，此之謂侯王百姓之「得一」。

必須說明，老子的「得一」不是囿於一美一善的「天下歸心」，而是不同事物之間的彼此和諧。「一」是整體的完美和統一，「得一」是具體存在遵循整體構成原則，與其他存在物相互之間的協調。因此老子所構想的人類社會中，侯王與百姓的彼此和諧，並不建立在諸如觀念上的或者制度上的彼此認同之上，而是建立在侯王與百姓在現實的社會生活中彼此的功用不同之上——《老子》中侯王與百姓的分列，也是荀子之所謂「分」，但是這個「分」，更接近於今之所謂「分工」，而較少如傳統政治理論中尊卑貴賤所體現的那種人身領屬的味道。因此儘管社會的結構形式上，侯王與百姓有君臣之別，屬於不同的層級，但社會有君臣、人群分層級，並不必然意味著矛盾對立，也並不必然導致壓迫和反抗，按照老子的設想，他們完全可以在社會整體立場上，依照「道」的原則各得其「一」，構建起互相利益、彼此成就的關係。「江海之所以能為百谷王者，以其善下之，是以能為百谷王。是以聖人之欲上民也，必以其言下之；其欲先民也，必以其身後之」，聖人之一「上」一「下」、一「先」一「後」，最終保持的是與萬民的平齊，與萬民的結為一體。而建立這樣一種關係，最主要的憑藉不是侯王的威權勢力——即使權力依然運行於這樣的一種社會結構之中，它也不是以侯王的意志和利益需要為目標，以一部分人對另一部分人的支配和強迫為本質，而是作為對「利而不害」的「天之道」的維護力量，客觀地保障著整個社會的公平和正義。而侯王作為權力的持有者，並不必然地高人一等，相反必須要能處下、能容物，要自省節儉、謙退忍讓、自我犧牲——總而言之，「為而不爭」才是「聖人之道」的根本。唯其如此，侯王才能「居前而民弗害也，居上而民弗重也。天下皆樂推而弗厭也」，侯王的「長生久視」也才能得到根本的保障。

第三十節

【題解】本節文字，在通行本《老子》中為總第八十章、《德經》之第四十三章。在帛書本中，此節位置均被前置，為《德經》之第三十節。此節帛書甲本殘損十三字，乙本則相對完整，僅殘損二字。兩本相校，文字差異不大，且殘損文字可互為補足。

小邦寡民❶，使十百人之器❷毋用，使民重死而遠徙❸。有車周無所乘之❹，有甲兵無所陳之❺。使民復結繩而用之❻。甘其食，美其服，樂其俗，安其居❼。鄰邦相望，雞狗之聲相聞，民至老死不相往來❽。

【注釋】❶小邦寡民　使國家小，使人民少。小、寡皆為使動，意思是使得……小（寡）。邦，國家。古之「封邦建國」，邦的意義是指四境之內，而國的意思則為國都。❷十百人之器　指需要多人共同使用的大型器具。一說指功效十倍百倍於人力的器具。一說十、百為軍員編制，十百人之器，謂兵革之屬。按帛書乙本句作「有十百人器而勿用」。❸重死而遠徙　守護著先人的墳墓，而遠離遷徙之事。重死，這裡的意義為守護著先人的墳墓。重，看重。死，指逝去的先人。遠徙，遠離遷徙之事。按「遠徙」，帛書甲本作「遠送」。❹有車周無所乘之　有車有船也沒乘用的必要。周，通「舟」。按「車周」，帛書乙本作「周（舟）車」。❺有甲兵無所陳之　有軍隊也沒有列陣迎敵的機會。甲兵，盾牌和戈矛，這裡指軍隊。陳，列陣，古文字裡陳和陣為一字。❻使民復結繩而用之　使百姓回到結繩記事的狀態中。結繩，傳說為文字產生之前的一種記事方法，以繩結輔助記憶，事大則大結其繩，事小則小結其繩。《易．繫辭下》：「上古結繩而治，後世聖人易之以書契，百官以治，萬民以察。」❼甘其食四句　覺得自己的食物很甘美，服飾很漂亮，習俗很快樂，居處很舒適。甘、美、樂、安四字皆為意動。❽鄰邦相望三句　國家相鄰，彼此可以看得到，雞鳴狗吠之聲彼此也可以聽得見，百姓卻一直到老死，相互之間也不往來。按「鄰」，帛書乙本作「㗁」；「雞狗」，作「雞犬」。

【語　譯】聖人治理天下，要使一個個國家小一些，使每一個國家的人民少一些，廢棄那些需要十人百人共同使用的大型器具使之不得應用，使百姓居有定所，世代守護著先人的墳墓而遠離一切遷徙之事。因為不遷徙，所以即使百姓有車有船，也沒乘用的必要。因為互不交往互不爭鬥，所以國家即使有軍隊，也沒有列陣迎敵的機會。使百姓重新回到結繩記事的狀態中。讓百姓覺得自己的食物才是甘美的，自己的服飾才是漂亮的，自己的習俗才是快樂的，自己的居處才是舒適的。鄰近的國家，互相可以看得到，雞鳴狗吠之聲彼此可以聽得見，百姓卻一直到老死，相互之間也不往來。

【研　析】老子認為，人類理性存在的意義，並不在於強化人與自然萬物的分別，從而實現對萬物的征服與占有，而在於克服自己的貪欲和衝動，自覺融入萬物存在的自然序列之中，與萬物保持一種互為利用的關係。這種觀念，反映在老子對人類社會的制度設定中，就是「小邦寡民」政治主張的提出。國家要小，彼此隔離不相交通，不結盟、不聯合、不擴張、不爭鬥，因此即使有軍備也沒有使用的機會。人民要少，按照血緣派生的自然家庭組織生活，沒有需要協力合作的社會工程，各自守護著自己的土地，生於斯葬於斯，居處穩定，不四處流動。一切的生活觀念以當下為滿足，以自然所提供的真實具體的生存條件為界定，絕棄一切高蹈於現實生活之上的浮華和虛榮，絕棄一切誘發爭強鬥狠的醜惡人性的因素，使得人類社會真正與萬物融為一體，成為整體自然的有機組成部分。

老子是史官，如果一個民族對自己遙遠的歷史記憶並沒有完全泯滅，那這些記憶一定會再現於老子的學說之中。以人類社會進程和老子的「小邦寡民」做個對比就會發現，老子的制度設定，特徵上很符合現代人類學稱之為前國家形態的氏族社會晚期的生活景象。而由此進入我們確定為文明進步重要標誌的國家形態，這個過程在老子看來是人類社會的墮落。國家的出現，確實通過一種較之前代更為嚴密的社會組織形式，提升了人類群體在整個自然之中的地位，但同時人類社會的強權和暴力、人對人的壓迫和掠奪也因之而具備了合法性。人類結為群體，組成社會，起因是依靠群體的力量，抵禦或者消解來自自然的生存壓力，現在自然的壓力相對減弱了，但是人與人之間的矛盾卻因之加劇，貪腐、暴政、殺戮、戰爭，很多時候更甚於自然對於人所能造成的傷害，而這顯然不是社會之中的大多數人所希望見到的。

為了生存，人類必須組織起來。採取一種什麼樣的組織形式，使得人類既可以消解來自自然的生存壓力，又可以消解人類社會內部的矛盾，就成為思想所關注的問題。儒家的大同社會與老子的小邦寡民，都是對這個問題提出的解答。

與儒家寄希望於統治者的道德境界的提升不同，老子把達成目標的希望，寄託在對統治者政治策略的改造上。這種改造的中心，就是國家的政治職能（組織職能、管理職能）的弱化。國家政治職能的弱化，首先表現為社會組織形式的改變，即由大一統的、人為的天下形態向多樣的、自然的聚落形態轉化。「小邦寡民」內不利於形成超越於民眾之上的特殊權利階層（因為無利可爭），外不利於形成國與國之間的對抗，對於消弭爭鬥、安定社會有功效。反之，地廣人眾，財阜物豐，就會產生權力和利益的爭奪，就會導致人對人的掠奪和壓迫，並最終威脅到每一個人的生存。

其次，表現為國家制定的法令制度的削減，如此各個不同的群體生活中自然形成的風俗習慣等等的意義、作用就會顯露出來。對於生活狀態之中的民眾來講，切身的環境以及自身的歷史凝煉而成的鄉規民約、風俗禁忌，對指導當下的生活意義更為顯著。而權力架構起來的國家，對一些人是天堂，對另一些人就是地獄，這是一切人為的必然。從自然的立場看，各是所是，各非所非，是最為公正的選擇。老子主張隔絕交流、拋棄書契文字，恢復到結繩而治的狀態之中，主張「民至老死不相往來」，就是要保障這種自然所賦予的公正得以實現。

「小邦寡民」並不是人們所謂的理想國，而是針對當時的社會現實應該採取何種政治策略所作出的回答，它體現著思想對人類自身歷史進行自主把握、掌握自身命運的願望。很多人評價老子的這種社會政治主張是倒退，因為它犧牲了物質生活的進步。這個問題應該具體分析。春秋戰國時代，是一個戰亂頻仍的時代，是一個連人的基本生存權利都無法保障的時代。如果連自身的生存都無法保障，人們為什麼不能奢望一個道德完善、秩序穩定、社會公平和正義彰顯的時代——

即使這樣一個時代物質上稍顯匱乏，生活上略微困窘。「不患貧而患不均，不患寡而患不安」，老子的選擇，同樣也是孔子的選擇，也必定是一切生活於亂世之中的人們的選擇。

第三十一節

【題　解】本節文字，在通行本《老子》中為總第八十一章、《德經》之第四十四章。在帛書本中，為《德經》之第三十一節，亦為《老子》全本之第三十一節。此節帛書甲本殘損四十二字，乙本無殘損。

信言不美，美言不信❶。知者不博，博者不知❷。善者不多，多者不善❸。聖人無積❹，既以為人，己俞有❺；既以予人矣，己俞多❻。故天之道，利而不害❼；人之道，為而弗爭❽。

【注　釋】❶信言不美二句　實在的言辭不華麗，華麗的言辭不實在。信，實在；誠實。❷知者不博二句　智慧的人不廣博，廣博的人沒智慧。知，通「智」。智慧。博，廣博。❸善者不多二句　好人的財物不會多，財物多的不是好人。多，這裡指財物多。❹聖人無積　聖人不積聚財物。積，積聚（財物）。❺既以為人二句　盡其所有去幫助別人，他反而更富有。既，盡。俞，通「愈」。更加。有，指富有。❻既以予人矣二句　盡其所能去給予別人，他反而更充盈。既，盡。予，給予。俞，通「愈」。更加。多，充盈。❼利而不害　給萬物帶來好處卻不損害萬物。❽為而弗爭　為百姓做事卻不與百姓爭利。

【語　譯】實在的言辭不華麗，華麗的言辭不實在。明曉天道的人知識不廣博，知識廣博的人不懂得天道。好人的財物不會多，財物多的不是好人。聖人不積聚財物，盡其所有去幫助別人，他反而更富有；盡其所能去給予別人，他反而更充盈。所以說天之道只給萬物帶來好處卻從不損害萬物；聖人之道只為百姓做事卻從不與百姓爭利。

【研　析】西方之所謂哲學，從古希臘的泰利斯開始一直到近代，是以本體論為特徵的，各種各樣的哲學流派構建起來的各種各樣的理論，都在回答一個問題，即世界是什麼。近代以來，從笛卡兒的「我思故我在」或者從康德的「人的認識能力如何是可能的」開始，哲學的中心開始向認識論轉變，人是怎樣認識世界的，成為了西方哲學的中心論題。到了二十世紀，哲學迎來了被很多人命名為語言轉向的時代，語言以及符號（語言本就是符號的一種）成為新的哲學研究的基礎與對象，人們怎樣談論世界本體或者怎樣談論人的認識能力，成為哲學討論的中心，於是世界只作為存在於人們意識之中的語言或符號的系統受到關注，而傳統哲學的本體論、認識論問題，或者說作為語言或符號的本源——客觀存在的世界本身，卻成為哲學所不能承受之重，在這一時期被擱置到了一邊。

不同民族觀念、思想演化的歷史進程，會因為文化基因上的差異而彼此區別。比照西方哲學發展的歷史，如果說中國古代思想演化歷史中，也曾發生過類似西方那種被稱之為哲學的語言轉向的事件，而且這一事件竟然在雅斯培所謂「軸心時代」就已經發生，估計很多人會感到匪夷所思甚至覺得荒唐無比。但是戰國時期名家學派的存在，以及名家之外儒、道、墨、法諸家理論體系中普遍表現出的對「名」的異乎尋常的關注，似乎又確實向我們暗示著什麼。從感覺上我們似乎可以說，中國古代思想演化的歷史中，確乎有一個時期，是以「名」的意義、功能、局限等等作為討論的中心的——《莊子・天下》所載名家二十一事並惠施的學說、命題，《墨子》中的《經》上下、〈經說〉上下、〈大取〉、〈小取〉諸篇，以及《公孫龍子》等著作可為佐證。而隨著這種討論的逐步深入，以及對於「名」的一種較為通脫實用的態度逐漸得到普遍認可，一個重象尚意的時代才得以開啟，中國古代思想——尤其是藝術與美學中那種特色鮮明的民族氣質才得以奠定。這一切推原其始，應該以老子的「無名」理論為濫觴。

老子的「無名」有兩種意義。一種是「名」的不存在，這是人類普遍認識還沒有發生之時鴻蒙混沌狀態之中的「無名」。本書第六十九節（通行本第二十五章）：

有物混成，先天地生。寂呵寥呵，獨立而不改，可以為天地母。吾未知其名，字之曰道，吾強為之名曰大。大曰逝，逝曰遠，遠曰返。

本書第六十五節（通行本第二十一章）又曰：

孔德之容，惟道是從。道之物，唯恍唯惚。惚呵恍呵，中有象呵。恍呵惚呵，中有物呵。窈呵冥呵，中有誠呵；其誠甚真，其中有信。

「無名」之時，亦即老子之所謂「大」（「道」是「大」的字）的狀態中，天地萬物雖混然一體未得區分，而此混然一體之中，卻也有象有物、有誠（實在）有信。這就是說，客觀真實的世界裡，萬物存在並不假借於人們的認識，也能有條不紊，綱紀嚴明。這應當就是老子之「自然」顯現於存在之整體之時的狀態。

然後「名」出現了。「名」之一物，作為表達人類認識的符號，並非認識對象即客觀真實的世界本身，而是獨立於客觀真實之外的一個力求反映和把握世界的概念系統。這個系統，和概念所指稱的客觀真實之間的關係並非一一對應。從客觀真實的角度，任何存在都是具體特殊、獨一無二的，而以「名」表現存在，只能將具體事物抽離其所存在的具體環境，擷取具體事物之所謂類的屬性，形成所謂本質一般——這一過程，往往摻雜了人們太多的主觀願望、欲求、偏見，甚至是陰謀。而當這種本質一般被要求還原為具體與特殊的時候，客觀真實的許多屬性就被歪曲、掩蓋，甚至抹殺掉了。於是「無名」時期「自然」所表達的客觀真實即整體和諧的「一」，反映在人們的認識世界中，就成為各自起訖、彼此對立，甚至互相傾軋的零散破碎的「多」——客觀真實由此喪失殆盡。沉湎於這樣的世界之中，人的自然本性必定淪亡；在這樣的世界之中相互追逐，人類真實的生活必定失落。所以單純的「有名」，無論從方法論的意義上還是實際生活的意義上，帶給人類的必定是災難。《莊子・應帝王》：

南海之帝為儵，北海之帝為忽，中央之帝為渾沌。儵與忽時相與遇於渾沌之地，渾沌待之甚善。儵與忽謀報渾沌之德，曰：「人皆有七竅，以視聽食息，此獨無有，嘗試鑿之。」日鑿一竅，七日而渾沌死。

只因人皆有七竅，所以渾沌亦當有之？涂又光先生在《楚國哲學史》裡一句「共相殺人」，將其底蘊揭露無遺。老子以及後世的莊子，之所以對儒家仁義禮智的提倡深惡痛絕，泰半是有鑒於這類情況於人類的現實生活中，在在處處，無日無之。「名」之為害，於此可見一斑。

這是不是意味著「名」就應當被徹底拋棄呢？顯然不能。人類結為群體組成社會，憑藉群體的力量才在自然中獲得了生存的權利。而「名」的存在，概念與語言系統的存在，是群體成員之間的彼此溝通與相互協調的基礎，也是人類社會組織形式得以確立的基礎。如果從根本上否定了「名」存在的必要性與合理性，就會引發一系列問題的產生，並最終動搖社會組織這個人類生存的保障基礎。在這一點上，老子學說和後世的莊子學說之間存在很大的差異——人類一旦走出了莊子所謂「上如標枝，民如野鹿」的蒙昧時代，再圖返回到混沌的自然之中，既屬不能也無必要，所以老子學說的終極目標，並不是人類整體回歸到生命的原始衝動支配之下的蠻荒時代，而是推動人類社會進入到充盈著思想的光輝的「道法自然」的理性自覺時代。落實到「名」的問題上，就是一旦發現「名」本身存在著這樣或那樣的局限，就開始對「名」保持一種審慎的態度，並使其與客觀真實的世界隔離開來。本書第四十五節（通行本第一章）：

> 道可道也，非恆道也。名可名也，非恆名也。無名，萬物之始也；有名，萬物之母也。

「可道」之「道」，「可名」之「名」，就是「名」所構成的概念世界的代稱。儘管並非客觀世界之真實，但如果不執著於「有名」本身，而能以「道」統攝「有名」，使概念世界所顯現的事物之間的分別與對立能夠在「道」的基礎上統一起來，客觀真實的世界中萬物的一體共存與互為前提、相互成就的真實性狀就會顯現出來——起碼是近似地顯現出來。本書第七十六節（通行本第三十二章）：

> 道恆無名，樸雖小，而天下弗敢臣。侯王若能守之，萬物將自賓。天地相合，以雨甘露，民莫之令而自均焉。始制有名，名亦既有，夫亦將知止，知止所以不殆。譬道之在天下也，猶川谷之與江海也。

本書第八十一節（通行本第三十七章）又曰：

> 道恆無名，侯王若守之，萬物將自化。化而欲作，吾將鎮之以無名之樸。鎮之以無名之樸，夫將不辱。不辱以靜，天地將自正。

「無名」在與「有名」的對立中，體現著存在的全體、整體、無分別的屬性，表現著事物之間共存共生、渾然一體之真實性狀。「無名」是對「有名」形式上的否定，而這種否定的實際意義，並非斬絕一切名言，而是以「無名之樸」鎮制「有名」，使「有名」由單純的語言世界靠向客觀真實的現實世界——這是老子之「無名」的第二種意義。此種「無名」以「(有)名」為基礎，以實際應用之中的「有名知止」為表現，使「(有)名」脫離各自孤立與彼此對立的狀態，而在「有」與「無」兩者之「中」——此即老子之「道」的立場上建立起一種相互融攝的關係，以期在人們的認識中實現對萬物存在的最為真實具體的反映。

因此「無名」並不是終極，它只是行「道」的聖人藉以破除對「(有)名」的執著的手段，使「有名」世界在「道」的有效控制之下組織起來。本書第四十五節(通行本第一章)「無名，萬物之始也；有名，萬物之母也」，意思是「有名」分別萬物，而「道」作為「萬物之母」與「有名」並生並調控著「有名」世界。這樣的「有名」世界(「道」亦是「名」)，儘管不是客觀真實的世界(自然)本身，但已經很接近了。老子的「道法自然」，應當在這種意義上獲得解釋。所以問題的關鍵不是「有名」是否具有合理性，是否應當存在，而是「有名」世界是不是受到「道」的控制或調整——沒有「無名」的矯正，「有名」就無法歸向於「道」；沒有「道」的控制，「有名」世界就會和真實世界發生歧離；有「道」的控制，「有名」就會在「道」的基礎上結為互相關聯、互相制約、互相成就的世界，萬物存在就會各循其「名」而入於「一」。在這種意義上，「有名」非但不能廢止，恰恰是人們認識和摹擬「自然」的利器。本書第八十節(通行本第三十六章)「魚不可脫於淵，邦利器不可以示人」，所謂「邦(之)利器」，即刑名法術之類，而「不可脫於淵」、「不可以示人」，正謂不可獨大獨尊，逸出「道」的控制之外。

「有名」世界是概念的世界，而真實世界則傾向於對概念的否定，因此反映真實世界的「恆名」，就非語言之中的概念所能承擔，所以「恆名」不可名。但是「恆名」不可名，並不意味著從此一切不可言說——語言之中的概念（「名」）解決不了的問題，借助於較之「名」更為複雜的命題或範疇其實可以解決。解決的途徑，就是將表現客觀世界真實性狀的「恆名」顯現於「有名」與「無名」的對立統一之中——既以「有名」為標識，又排斥「有名」的專斷，而隨順自然之林林總總、千差萬別。以「大象無形」這個命題為例，「象」之為「象」，語言中一定是和具體的「形」相關聯的，而「無形」又排斥了人類認識從具體存在中所獲得的一切形象因素和規定，這就使得「大象」獨立於我們所能感知的一切形象之外，由此而形成了對真實的自然世界之中所有形象的包有和涵蓋，「大象」這個理念的相對性也因此而顯現出來了。「大音希聲」亦然，非必黃鐘大呂、宮商角徵，擊甕叩缶、彈箏搏髀，亦「大音」之一端。這裡的「大象」之於形、「大音」之於聲，皆在一「有」一「無」之間。譬之《莊子．知北遊》「天地有大美而不言，四時有明法而不議，萬物有成理而不說」，則所謂「有」者，「大美」、「明法」、「成理」者也；所謂「無」者，「不言」、「不議」、「不說」者也。而必欲形諸言辭，則必如「大白如辱」、「大方無隅」之類，似非而是，顛倒歧離，非一般人所能瞭解，此之謂「信言不美」。「信」的意思是真實，存在的真實，人生的真實，借助言語表達出來，就是「信言」——「信」則「信」矣，而「知我者稀」，為之奈何？本書第六十四節（通行本第二十章）：

眾人熙熙，若饗於太牢，而春登臺。我泊焉未兆，若嬰兒未咳。纍呵，如無所歸。眾人皆有餘，我獨遺。我愚人之心也，沌沌呵。俗人昭昭，我獨若昏呵。俗人察察，我獨悶悶呵。惚呵，其若海。恍呵，其若無所止。眾人皆有以，我獨頑以鄙。吾欲獨異於人，而貴食母。

世皆沉湎於「有名」世界，而聖人反於是。聖人體悟大道，是要從世俗生活之中超拔出來，是對自我的拯救。而這種自我的超拔和拯救，不但要行之於自身，還要行之於眾人。或者說，沒有眾人的歸於自然，聖人對自己的拯救也是無法實現的。在另一種意義上，正因為世人耽於「有名」、屈服於欲望的牽引而沉淪下去，而聖人獨醒，能以「無名之樸」鎮制私欲的發生，引導天下同循至道，聖人存在的獨特意義和價值才得以顯現，這又是聖人與百姓之相互成就的具體體現。

第三十二節

【題解】本節文字，在通行本《老子》中為總第六十七章、《德經》之第三十章。在帛書本中，為《德經》之第三十二節，亦為《老子》全本之第三十二節。此節帛書甲本殘損二十七字，乙本殘損二字。

天下皆謂我大❶，大而不宵❷。夫唯不宵，故能大❸。若宵，久矣其細也夫❹。我恆有三葆❺，市而葆之❻。一曰茲❼，二曰檢❽，三曰不敢為天下先❾。夫茲，故能勇❿；檢，故能廣⓫；不敢為天下先，故能為成事長⓬。今捨其茲，且勇⓭；捨其檢，且廣⓮；捨其後，且先⓯，則必死矣。夫茲，以戰則勝，以守則固。天將建之⓰，如以茲垣之⓱。

【注釋】❶我大　我所說的道。《老子》中，「大」是「道」的名，「道」是「大」的字。本書第六十九節（通行本第二十五章）：「吾未知其名也，字之曰道，吾強為之名曰大」，可證。❷大而不宵　過於籠統抽象，不像任何已知的、具體的東西。大，籠統；空泛。宵，通「肖」。像；似。下兩「宵」字用法同此。❸夫唯不宵二句　正因為不像任何具體的東西，所以才能成就它的廣大。按此句帛書甲本作「夫唯大，故不宵」，此從乙本。❹若宵二句　如果它像了什麼具體的東西，那它早就成了瑣碎的東西了。細，細微；渺小；瑣碎。按此句帛書甲本作「若宵，細久矣」，此從乙本。❺三葆　三種珍貴的東西、法寶。葆，通「寶」。❻市而葆之　把持並且珍視它們。市，通「持」。把持。葆，通「寶」。寶之，義為珍視。按與帛書乙本相校，甲本此句脫「市而葆」三字，此從乙本。❼茲　通「慈」。慈愛。下四「茲」字同此。❽檢　通「儉」。儉約。下兩「檢」字同，指減損私欲。❾不敢為天下先　即老子所謂的柔弱不爭。❿夫茲二句　對萬物慈愛，才能勇敢地割捨自己的私欲。勇，指勇於戰勝自我。⓫檢二句　自身儉約，才能廣博地蓄有萬物。廣，廣博。⓬不敢為天下先二句　不敢處身天下人之先，才能作萬物的領袖。事長，萬物的領袖。按「事」，帛書乙本作「器」。⓭且勇　單純地追逐勇力。且，這裡是苟且、單純的意思。下兩「且」字義同。⓮廣　這裡指廣泛地占有。按帛書甲本脫「捨其檢且廣」五字。⓯先　這裡指居於天下人之先。⓰天將建之　上天想要成就他。建，建立；成就。⓱如以茲垣之　就會用慈來護衛他。如，則；就會。垣，護衛；保衛。

【語　譯】天下的人都說我的道太廣大，大得不像任何具體的東西，所以很難置信。正是因為我的道不像任何具體的東西，所以才能成就它的廣大。如果它像了什麼具體的東西，那麼它早就成了渺小細微的東西了。我始終保有著三件法寶，我把持並且珍視它們。第一是慈愛，第二是儉約，第三是不敢處身天下人之先。對萬物慈愛，才能勇敢地割捨自己的私欲；自身儉約，才能廣博地蓄有萬物；不敢處身天下人之先，才能作萬物的領袖。如果捨棄慈愛而單純任用勇力，就會為私欲支配而任性妄為；捨棄儉約而單純謀求對外物的占有，就會為滿足自身而傷害萬物；捨棄處身人後而單純追求居於眾人之先，就會為一己之利益而事事爭勝，這樣就死定了。慈愛用於戰爭必定勝利，用於防守必定堅固。上天要成就什麼東西，一定會賦予他慈愛的特質，使他能夠保護自己。

【研　析】老子的「一」所表達的，是世界的整體性和系統性，而「道」就是這整體或系統變化所表現的法則。整體或系統的「一」，是人類的感覺能力無法承載的，這一點，在本書第五十八節（通行本第十四章），老子有所揭示：

視之而弗見，名之曰微。聽之而弗聞，名之曰希。捪之而弗得，名之曰夷。三者不可致詰，故混而為一。一者，其上不皦，其下不昧。繩繩呵不可名也，復歸於無物。是謂無狀之狀，無物之象，是謂惚恍。隨而不見其後，迎而不見其首。

視、聽、搿是人以感官為基礎對世界進行的認知，而微、希、夷則是通過這種方式感知世界的結果。相對於廣大無邊而且無始無終的客觀世界，人的感覺能力微不足道，只能是一時一地的所得，而且不論怎樣擴張，所能得到的結果，始終只是可憐的一點點。這就是說，人們根本不可能通過感官來認識「一」以及「一」所表現的法則，只能通過理性嘗試把握。而理性把握的途徑，就是通過對已有的認知（老子之所謂「有」）的不斷的否定（「無」的動詞意義），而達到對人的認知能力的不斷突破，使人的心靈向存在的終極無限敞開，從而使得思想的境界獲得無限上升的空間——這就是老子之「無」作為名詞使用時所表達的意義，而在這種意義上，「無」也就是老子的「一」。作為無限開放的空間，「一」是系統，是萬物存在彼此之間的相互聯繫和互為前提，是存在整體和大全，而這樣的「一」，只能存在於人的理性之中。

「一」是人之所「混」或「混成」（本書第六十九節，通行本第二十五章）者，而混成萬物存在而生的「一」，在老子這裡，並不是基於客觀世界什麼相同的物質基礎，不是存在的質的單一或同一，譬如西方本體論哲學中的基本粒子之類，而是基於萬物存在這一基本現實，對存在者之所以存在的原因的追問——是什麼決定著存在者的存在， 又是什麼導致了消亡者的消亡。老子的「道」就誕生於這種追問，而「道」的出現，也最終使紛亂如麻的客觀世界在存在的依據上整合為一體：世間萬物，只有在相互利益的關係之中，在彼此結合、互相協調的整體之中，自身的存在才是有依據、有保障的；脫離了萬物存在的關係法則和整體依據，任何事物都必將走向滅亡。正是因為這個原因，萬物存在的關係論而非本質論，才成為中國式思維運思的中心，而「道」作為對「一」所體現的最為基本的或者說唯一的關係法則的總結和描述，才使得世間萬物從紛繁複雜各不相關走向整齊一律互為一體，而這就是《老子》中「一」與「道」這兩個範疇有時竟難區分的原因。

回到老子在本節中的論述。「天下皆謂我大，大而不肖。夫唯不肖，故能大。若肖，久矣其細也夫」，正是因為「一」以及「一」之中所體現的「道」(「大」)是通過否定已有的認知逐次上升而獲得的對存在整體的理性把握，所以這個「大」不是任何感覺經驗所能概括的。如果能為感覺經驗所概括，那麼這個「大」就是有限的，就終將被超越，因而就不能成其為「大」。「大而不肖」，所以才能成為整體、大全而無所不包。所謂「肖」，是與具體存在物聯繫在一起的，是與人類認識的局限聯繫在一起的。任何具體存在物的立場，都不是整體立場，都區別於整體立場。而要發現和站穩整體立場，不單純是認識論問題，還是修養論問題——只有不斷地減損欲望，超越個體存在的立場與認識的局限(此即老子之所謂「玄之又玄」)，才能站上這個立場，而不被有限的事物和有限的自我認識所局限、束縛。也只有站上這樣的立場，才能達到「慈」的境界。

慈，《說文》：「愛也。从心，兹聲。」《左傳・昭公二十八年》：「慈和遍服曰順。」服虔注：「上愛下曰慈。」從字面上，「慈」約略同於孔子所提倡的「仁」，但作為思想範疇，老子的「慈」與孔子的「仁」差異卻很大。孔子的「仁」，嚴格意義上，是指君子之所以為君子的內在規定性，它不獨使君子區別於萬物存在，也區別於社會群體之中的「小人」，甚至君子之中，也要以

「禮」為綱目，區別出尊卑等級，總之，愛有差等，如是方始為「仁」——所謂「人而不仁如禮何？人而不仁如樂何？」「仁」的本質，就是禮樂制度之貫通於人心者，是禮樂制度的心理依據。而在老子看來，儒家的仁義禮等等，都是道德喪失之後的產物，是自然喪失之後人類的做作，「失道而後德，失德而後仁，失仁而後義，失義而後禮」。「慈」卻不然，它不是人為創造的「有」，而是人性因素的自然流露和理性延伸。自然人性，總是把自我的存在放置在首要位置上，因此「慈」首先是愛己，保障自身生存，此即老子的「長生久視」；只有愛己才能愛人，所以老子講「愛己身，為天下，汝可以寄天下矣」。其次，「慈」表現為愛親、愛子孫，「重死而遠徙」（看重逝去的親人而守護著墓地，遠離遷徙之事）、「子孫以祭祀不絕」。最後，「慈」表現為愛民，「愛民治國」。這三者中，愛己是本能，愛親是本性，愛民則是統治天下的侯王基於本能本性之所需的不得已而為——愛己為我，但是愛己有道，為我必須為人，所以老子強調利人利他，聖人行道於天下，猶慈母之愛子，於天下百姓無分於長幼親疏，唯以慈愛之心容其驕縱，以利益之心助其成長，以自我的謙遜退讓換取其成就，而能一以天下百姓之心為心，各順萬物之性，不傷害自然整體之和諧，而聖人亦可在自然的整體和諧之中存身存念，得自身之長生久視。

由此可見，老子的「慈」實際體現的是對自然之道的理性選擇和自覺依從，而較少涉及到人類情感的方面。儘管在語詞上「慈」和「仁」的差別不大，但是在使用上，兩者的意義卻截然不同。「慈」為老子的三寶之中心，本節謂「夫慈，以戰則勝，以守則固。天將建之，如以慈垣之」，然而本書第四十九節（通行本第五章）卻又謂「天地不仁，以萬物為芻狗；聖人不仁，以百姓為芻狗」，是「慈」與「仁」大別矣。兩者之間可能的區別在於：如果說孔子的「仁」，更多地與人的情感因素相接續，那麼老子的「慈」，表現的卻是清醒的理性取捨，顯現著對人類情感的超越。可以作為佐證的，是老子對「德」的推演之描述，本書第十七節（通行本第五十四章）有謂：「修之身，其德乃真。修之家，其德有餘。修之鄉，其德乃長。修之邦，其德乃豐。修之天下，其德乃溥。以身觀身，以家觀家，以鄉觀鄉，以邦觀邦，以天下觀天下」，「德」的提升，必然意味著境界的擴大，而境界的擴大，必然意味著對有限的情感、知識、經驗等等的捨棄。因此有理由相信，老子的「慈」必普適於天地萬物一切存在，因而本質上，「慈」的意義就應當等同於老子之「輔萬物之自然而弗敢為」。以此為基，所以聖人能勇（勇於行道）、能儉（克制私欲）、能廣（相容萬物）、能利萬物而不爭，並最終不失其位，能為天下之尊長。「慈」也因此能夠涵蓋三寶，而為大德之形容。

第三十三節

【題　解】本節文字，在通行本《老子》中為總第六十八章、《德經》之第三十一章。在帛書本中，為《德經》之第三十三節，亦為《老子》全本之第三十三節。此節帛書甲本殘損二字，乙本殘損一字。兩本相較，文字差異不大，且可互為補足。

善為士者不武❶，善戰者不怒❷，善勝敵者弗與❸，善用人者為之下❹。是謂不爭之德❺，是謂用人❻，是謂肥天古之極也❼。

【注　釋】❶善為士者不武　善於做武士的人不炫耀自己孔武有力。士，這裡指武士、勇士。武，勇武。❷怒　氣勢很盛，這裡指很強悍。❸與　接觸；參與，這裡指面對。❹為之下　處於人下，這裡指態度謙遜卑下。❺不爭之德　不與人相爭的德，即老子所謂「為而不爭」的聖人之德。按「爭」，帛書甲本作「諍」，與「爭」通。❻用人　指統攝民眾而用其力。❼肥天古之極也　從古以來與天相配的最高德行。肥，通「配」。合。極，最高的（德行）。按帛書甲本脫「肥（配）」字，此從乙本。

【語　譯】善於做武士的人不炫耀自己孔武有力，善於打仗的人不靠自己的強悍，善於戰勝敵人的人不和敵人對陣作戰，善於用人的人對人的態度謙遜卑下。這就叫做不與人爭的德，這就叫做統攝萬民的德，這就叫做與天相配的德，它是從古到今最高的德行。

【研　析】歷來解釋《老子》，皆謂此節是老子之言兵戰。老子對於戰爭的基本態度，我們在本書第九節（通行本第四十六章）的「研析」當中已經做過陳述，可以參看。這裡結合老子之敘述，談幾點對本節內容的具體認識。

「善為士者不武」，王弼注：「士，卒之帥。」謂當指將帥而言。此種解釋，或許是涉下「武」字而生。武，《說文》隱括《左傳・宣公十二年》文，謂「楚莊王曰：夫武，定功戢兵，故止戈為武。」能憑藉強大的武力戢止干戈，所以「士」當為將帥。但是文字創造伊始，「武」字是否就具備如此高的倫理內涵，唐蘭先生有疑問。據他的解釋，「武」字从止（趾）从戈，是以大腳印代指身材壯大之人，和一個戈會意，表示孔武有力。而「士」用為武士，先秦皆然，非必一定是指將帥。結合下文「善戰者不怒，善勝敵者弗與」，老子在這裡要說明的，其實只是面對爭鬥和對抗，有德之人應當把持的態度。如果再把「善用人者為之下」一句引入，使四句一貫加以綜合考量，我們其實有理由猜測，老子此節的中心，或許竟是在教給世人如何轉變衝突與對抗而為彼此之相用相利也未可知。

就一個系統的內部而言，一種對立或者矛盾的出現，可以描述為是一事物從普遍聯繫的「一」的狀態中漸次分立、逐漸凸顯的過程，也可以理解為是從此事物與其他事物相互和諧的過程到彼此對立的過程。而處理和解決此類矛盾，最好是在矛盾和對立端倪初現但尚未凸顯之時即著手處理，化解掉日後衝突出現的可能。老子之所謂「圖難乎其易也，為大乎其細也」（本書第二十六節，通行本第六十三章），就是在說這個。這實際可以引申出這樣一個結論，就是事物變化和發展是可以人為調諧和控制的。與其在結果上解決，不如在過程中調控。而在過程中調控，就是綜合與此事物相關的各方面的因素，合力作用於此一事物，抑制其與整體發生矛盾的可能，使其始終保持在整體和諧之中，不脫離整體的制約，這是維持整體和諧、防止矛盾激化的最好的方法。

但是現實的情況是，並非所有的對抗都生發於同一系統之內——以戰爭為例，國內戰爭或許可以通過內部掌控化解於無形，而來自國外的侵略，有時就必須直接面對；或者即使是生發於同一系統之內，也並非都可以通過系統內部的調控予以化解——客觀存在並不完全以人的意志為轉移。因此在對抗發生而且確實必須面對的情況之下，應當如何處置，把握什麼樣的分寸，就成為需要謹慎對待的問題。

對抗和衝突是由利益所引發的意志和實力的較量，衝突各方都以全面伸展自己的意志、牟取到最大的利益為追求，所以完勝成為所有參與衝突者的最高追求——政治家如此，軍事家更是如此。完勝意味著己方意志對對方意志的完全覆蓋，意味著利益的獨享和專有，而使對方屈從於己方之下，成為己方的附庸，這是一般人在對抗和衝突發生之後所希望達到的結果——但是老子卻不這麼看。老子認為，即使對抗和衝突確實不可免，那也不應該以戰勝或徹底消滅對方為目標。善於處理衝突的人（善為士者、善戰者、善勝敵者），不是以完勝為追求，而是以能達於「和」為目標。本書第七十四節（通行本第三十章）：

以道佐人主，不以兵強於天下。其事好還。師之所居，荊棘生之。善者果而已矣，毋以取強焉。果而毋驕，果而勿矜，果而勿伐，果而毋得已居，是謂果而不強。物壯而老，是謂之不道，不道早已。

「善者果而已矣」，這個「果」指向的就是「和」。「和」是天道的精華，也是「配天古之極」的「德」之最終體現。所謂「善」，是符合於「德」的行為，善於處理對抗和衝突，就表現在以達於和合而不是獨尊（完勝）為最終追求——與之相反，追求完勝則是「取強」，縱無敵於天下，其實禍莫大焉，老子說「禍莫大於無敵」（本書第三十四節，通行本第六十九章），意即在此。

老子之所以有條件地肯定軍事鬥爭的必要性，是因為惡的現實存在（有人就是要行霸道、與軍爭）；之所以無條件地反對憑藉軍事鬥爭達到雄霸天下的目的，是因為兵者不祥，不符合大道的原則。因為在老子看來，促使彼此從對抗與衝突的立場返還到互利而不相害的「道」的立場，這才是進行戰爭的目的。如果以這個視角來看待對抗和衝突，那麼對抗的過程，同時也就是互相磨合的過程，是真正達於「和」所必不可少的過程。而要恰如其分地體現這一過程的意義，在處理衝突時就要理性、克制，不能以一己的好惡為尺度，不能以情緒化反應做處理，此之謂「不武」、「不怒」、「弗與」、「為之下」，一切皆以「德」為準的，而以「道」為法則，則兵者之事，亦直接於大道，為行大道者不可須臾離者矣。

第三十四節

【題解】本節文字，在通行本《老子》中為總第六十九章、《德經》之第三十二章。在帛書本中，為《德經》之第三十四節，亦為《老子》全本之第三十四節。此節帛書甲本無殘損，乙本殘損一字。

用兵有言曰❶：吾不敢為主而為客❷，吾不敢進寸而退尺❸。是謂行無行❹，攘無臂❺，執無兵❻，乃無敵矣❼。禍莫大於無敵❽，無敵近亡吾葆矣❾。故稱兵相若❿，則哀者勝矣⓫。

【注　釋】❶用兵有言曰　用兵的人有這樣的話。用兵，一說為用兵之人，一說為書名。❷吾不敢為主而為客　我不敢主動地發動戰爭，只能被動地應付戰爭。按主、客是古代兵學的重要範疇，主是指戰爭中主動發起進攻的一方；客是指戰爭中被動地應付的一方。❸吾不敢進寸而退尺　我不敢在戰爭中採取攻勢，只在戰爭中採取退守之勢。進，指侵入別國的領土。退，指守衛本國的領土。按「退」，帛書甲本作「芮」，與「退」通。❹行無行　行軍沒有行列。❺攘無臂　打人沒有胳臂。攘，挽起袖子（打人）。按「攘」，帛書甲本作「襄」，與「攘」通。❻執無兵　手中沒有兵器。執，握。兵，兵器。❼乃無敵矣　照樣可以無敵於天下。乃，通「仍」。仍然；照樣。❽禍莫大於無敵　沒有什麼比天下無敵更容易招致災禍了。禍，災禍。按「莫大於無敵」，帛書甲本作「莫於於無適」，「適」與「敵」通。❾無敵近亡吾葆矣　天下無敵近於把我的法寶全部喪失掉。近，接近。葆，通「寶」。指本書第三十二節（通行本第六十七章）所說的慈、儉、不敢為天下先。❿稱兵相若　指兩軍作戰時勢力相當。稱，相對；相抗衡。相若，勢力相當。按「稱」，帛書乙本作「抗」，義同。⓫哀者勝矣　懷著悲憤之情的那一方將會獲勝。哀，沉痛；悲憤。按「哀者勝」，帛書乙本作「依者朕」，「依」通「哀」，「朕」通「勝」。

【語　譯】用兵的人有這樣的話：我不敢主動地發動戰爭，只能被動地應付戰爭；我不敢在戰爭中採取攻勢，只在戰爭中採取退守之勢。能夠做到這樣，即使你的軍隊行軍沒有陣勢，打人沒有胳臂，手中沒有兵器，照樣可以無敵於天下。沒有什麼比天下無敵更容易招致災禍了，天下無敵近於把我所說的慈愛、儉約、不敢為天下先三件法寶全部喪失掉。因此如果兩軍作戰時勢力相當，勝利者一定是懷著悲憤之情的那一方。

【研析】軍事鬥爭，是政治鬥爭的延續，是達成政治目的的手段，為政治利益服務。因此，一個成熟的軍事家，從來不會單就戰爭本身去考慮問題，一定會站在政治需要的整體立場上去定義戰爭，自覺地把戰爭置於全盤的政治考量之中，並確定相應的戰略和戰術。這一點，在中國古代傳統的軍事理論中表現尤其充分。譬如《孫子》所說的「百戰百勝，非善之善者；不戰而屈人之兵，善之善者」，這幾乎成為歷代軍事理論和實踐的圭臬，就是超越單純的戰爭思維，而達於以政治整體為思維立場的顯要例證。與之相應，《孫子》中的其他一些主張，譬如「兵不頓而利全」，推崇「上兵伐謀」、「以計代戰」等等，都是這一系統自身衍生出的必然結論，而與其所確立的總的軍事原則一體共存。

有什麼樣的政治，就有什麼樣的戰爭，有什麼樣的政治學，就會衍生出什麼樣的戰爭論。戰爭是政治的延續，軍事觀念也是政治觀念的延伸。於是軍事家的軍事學說，也必然地帶有了一般所謂政治所具備的普遍的病患——自進入階級社會以後，政治本身就是特定的利益集團的利益體現；軍事與政治相接續，本質上就是特定的利益集團爭權奪利的工具，而其所憑藉的暴力方式，又往往使得這種爭權奪利的結果以一種極端的形式顯現：要麼生，要麼死；要麼存，要麼亡；要麼稱霸於天下，要麼屈服於他人，此即《孫子》之所謂「兵者，國之大事，死生之地，存亡之道」，圖霸求存者，不可不察。《淮南子・兵略訓》亦曰：

其臨敵決戰，不顧必死，無有二心。是故無天於上，無地於下，無敵於前，無主於後，進不求名，退不避罪，唯民是保，利合於主，國之寶也，上將之道也。

老子的政治構想，與一般的政治學並不一致，它不是建立在以「損不足以奉有餘」為表現的人道基礎之上，而是建立在以「損有餘以奉不足」為特徵的「天之道」的基礎之上。天道以自然萬物彼此的互利合作為基礎，以整體之內所有存在的和諧共存為目標。這就使得老子的政治理念與當時流行的那些以私利爭鬥為基礎的政治理念大相逕庭，成為異類；而附屬於老子這樣一種特異的政治理念的軍事與戰爭理論，也因此表現出獨有的特色。這些特色，集中地表現在本書第七十四、七十五兩節（通行本第三十、三十一章）之中：

以道佐人主，不以兵強於天下，其事好還。師之所居，荊棘生之。善者果而已矣，毋以取強焉。果而毋驕，果而勿矜，果而勿伐，果而毋得已居，是謂果而不強。物壯而老，是謂之不道，不道早已。

夫兵者，不祥之器。物或惡之，故有欲者弗居。君子居則貴左，用兵則貴右。故兵者非君子之器也，兵者不祥之器也，不得已而用之，銛襲為上，勿美也。若美之，是樂殺人也。夫樂殺人，不可以得志於天下矣。是以吉事上左，喪事上右。是以偏將軍居左，上將軍居右，言以喪禮居之也。殺人眾，以悲哀莅之。戰勝，以喪禮處之。

軍爭之事，作為不同人群之間對抗與衝突的最高形式，是在人無盡的私欲支配之下展開的，所為滿足的，也是一部分人對另一部分人的壓迫和掠奪，而所有這些，直接與「損有餘以奉不足」的天道相悖離，因而必將受到天道的摧折，所以「兵者不祥」，「非君子之器」；想要親身實踐大道的人，不會選擇憑藉爭鬥來達到目的；有志於平定天下的君主，也不會選擇通過戰爭來鞏固自己的地位；不獨人類社會如此，自然之中的萬物，凡是通過爭鬥而獲得利益的，一定會在繼之而來的新的爭鬥之中失去（「其事好還」），甚至你賠進去的還會更多，包括生命——這是老子對待戰爭的基本態度。

但是現實的利益，有時確實會引動某些人鋌而走險，世間也絕非都是君子，更遑論聖人。老子慨嘆「吾言甚易知也，甚易行也；而天下莫之能知也，莫之能行也」（本書第三十五節，通行本第七十章），驗之於春秋末期的社會狀況，的為寫實。春秋二百四十二年之間，「弒君三十六，亡國五十二，諸侯奔走不得保其社稷者不可勝數」（《史記・太史公自序》），所以即使你是君子、聖人，不想面對戰爭，戰爭還是會來，會逼你做出應對，這就是老子所說的「不得已而用之」。不得已而面對，應當遵循什麼樣的原則，採取什麼樣的策略，通過戰爭達到什麼樣的目的，這是必須搞清楚的問題。

在上一節（本書第三十三節，通行本第六十八章）的「研析」裡我們說到，在老子看來，即使對抗和衝突確實不可免，那也不應該以徹底消滅對方為目標，以己方意志對對方意志的完全覆蓋的所謂「完勝」為追求。有道善戰之人，能把本來悖離大道的軍爭之事拉回到「道」的軌跡之中，使得彼此對抗的過程轉化為衝突雙方互相磨合的過程——這當然要以戰勝為條件，所以老子對戰術層面的東西並不陌生，「以奇用兵」就是老子戰術思想的創造，唐代的王真甚至寫過一本《道德經論兵要義述》，謂《老子》「未嘗有一章不屬意於兵者」。但是老子軍事思想中最為傑出的還不是這一點——最為傑出的是，老子非常清楚地知道，戰爭進行到何種狀態下應該停止，而這對於戰勝者來說尤為難能可貴。「善者果而已矣，毋以取強焉。果而毋驕，果而勿矜，果而勿伐，果而毋得已居，是謂果而不強」，所謂「果」，就是雖勝而不以取強，就是不以利益的獨享和專有使對方屈從於己方之下、成為己方之附庸為結局——那將是「物壯而老，是謂之不道」，而「不道早已」，這顯然不是有道善戰者之樂見。簡單說，戰爭的目的應當是消解對抗而不是征服和消滅對方，因此應當採用理性的方式控制戰爭的進程，將戰爭雙方拉回到彼此相利、和諧共存的「道」的立場，使得前期的對抗與衝突由此顯現為一體共存之前的互相磨合的過程——對於任何一種和諧關係的達成，這樣的過程都是不可或缺的。

明瞭了老子的這種戰爭理論，再來看本節內容，意義就應該很明顯了。此節起首所引「用兵」之言，實際並未脫出《孫子》之所謂「詭道」的範圍。「詭道」之所以為「詭」，中心就是出其不意、攻其不備，表現就是能而示之不能、不能而示之能、遠而示之近、近而示之遠，如此等等，都是戰術問題；「吾不敢為主而為客，吾不敢進寸而退尺」，是變被動為主動、以退為進的謀略，也不過是戰術的一種，雖處下謙退，所追求的還是戰勝一切敵人而無敵於天下，故曰「行無行，攘無臂，執無兵，乃無敵矣」。然而無敵戰勝，於他者是終極追求，於老子則是禍莫大焉，「禍莫大於無敵，無敵近亡吾寶矣」——「三寶」盡失，獨大於天下，則必「早已」。唯有知其進退，止其所止，並在「道」的基礎上與萬物結為互為利用的關係，方能有效地保障自身利益而「沒身不殆」。這是從戰略的角度得出的結論。從戰術上，用兵可以為「奇」，但必須是正道約束之下的「奇」，這個正道，就是戰略上的「和」，不是「無敵」。「用兵有言」者，是「術」不是「道」，是「詭」不是「正」。而老子之本意，正為改造其術之「詭」而將兵事納入「道」的整體支配之中。如此則用兵之「詭」亦入於其「正」——「吾不敢為主而為客，吾不敢進寸而退尺」，從此出脫「詭道」，而與老子「兵者不祥」、「殺人眾以悲哀蒞之」、「戰勝以喪禮處之」等等經典兵論一體共存，而為體現「柔弱」之政治理論與軍事理論的有機組成部分。反於此，則三寶盡失，而喪失三寶（尤其是慈），則實際等於為對方造就了哀兵——哀兵必勝，則我必敗矣。所以即使從戰術上，也不可無敵（消滅一切敵人），而要使其有機會、有出路。《孫子》之「窮寇莫追」、「圍三闕一」等等，其所肇始，亦當追原於老子——只是思維的原點差之毫釐，而遂使結論謬以千里了。

第三十五節

【題　解】本節文字，在通行本《老子》中為總第七十章、《德經》之第三十三章。在帛書本中，為《德經》之第三十五節，亦為《老子》全本之第三十五節。此節帛書甲本殘損七字，乙本無殘損。

吾言甚易知也，甚易行也❶；而天下莫之能知也❷，莫之能行也。言又宗，事又君❸。夫唯無知也，是以不我知❹。知我者希，則我貴矣❺。是以聖人被褐而褱玉❻。

【注釋】❶吾言甚易知也一句　我所說的很容易瞭解，也很容易施行。按帛書乙本此句無二「甚」字。❷莫之能知也　猶言「莫能知之也」，沒有誰能夠理解。下句「莫之能行也」句法結構同。❸言又宗二句　我的言論是有所本的，我說的話是有根據的。又，通「有」。宗，根本。君，這裡指依據。按此句帛書甲本作「言有君，事有宗」，此從乙本。❹夫唯無知也二句　正是因為天下人的無知，所以人們才不理解我。不我知，不知我；不理解我。❺知我者希二句　理解我的人稀少，說明我的理論更可貴。希，通「稀」。少。❻被褐而褱玉　身穿粗衣、懷揣寶玉。被，後來寫做「披」，穿在身上。褐，粗衣。褱，通「懷」。揣著。

【語譯】我所說的其實很容易理解、很容易實行，但是天下之人沒有誰能夠理解、沒有誰能夠實行。我的言論是有所本的，我談的道理是有依據的。正是因為天下人的無知，所以人們才不理解我。理解我的人稀少，說明我的理論近於大道而更可貴。因此聖人經常是不被人理解的，像是身穿粗衣、懷揣寶玉。

【研析】《老子》五千言，其實「卑之無甚高論」，都是從現實的生活世界以及顯而易見的歷史經驗教訓之中產生，言語雖略涉玄虛，但道理並不難理解，老子說「吾言甚易知也，甚易行也」，其實並非自謙。可實際的情況，卻是當時之人的「莫之能知也，莫之能行也」；或者還可以宕開一步，從《老子》這本書誕生直至今日，且不說「行」的一面，只單就「知」之一項，兩千多年來真正做到的又有幾人？

是什麼原因使得本來並不難解的《老子》知音難遇，以至於幾成天書而數稱絕學呢？其實原因很簡單，就是作為閱讀者（接受者）的「成心」在作怪。我們每一個人在看待某個具體問題的時候，都是以我們自己漸次積累起來的知識，以及由這些知識的相互關聯而形成的思維框架為參照的，這個作為參照的系統，就是我們的「成心」；接受或者拒絕某一個結論，很大程度上是看這個結論是否可以被納入這個框架之中，成為對我們既有的思想或觀念的證明或者補充，這就是「成心」作用的方式。無論是以莊解老、以儒解老、以法（家）解老、以玄（學）解老，還是以追求羽化飛升的道教理論解釋老子——這些都是《老子》研究歷史中實際存在的傾向；或者是將「理念」、「絕對精神」、「邏格斯」等等一系列西方哲學的觀念引入對《老子》的解釋，把老子實際再造為東方的柏拉圖或者黑格爾，並據此將老子學說（甚而擴展至幾乎全部的經學與子學）一體宣布為西方之所謂「哲學」，以本體論、認識論、規律論、歷史觀等等將各家肢解離歧、分合取捨，然後給他們一個個地貼上主觀或者客觀、唯心或者唯物、機械或者辯證、進步或者倒退的標籤，然後昭告天下大事已了，所有這些做作，其實都是「成心」作用的結果。

對自然、社會或者人生進行探究，是為了獲得真知，而「成心」只能引導探索進入預設的軌道，依照思維慣性一路下滑而至於無地，所以「成心」其實是獲得真知的障蔽。探求真知，首先要破除「成心」，而破除「成心」，首先要從自我中心的境地出脫出去，通過「修之身」、「修之家」、「修之鄉」、「修之邦」、「修之天下」的「玄之又玄」的修養功夫，逐層提升自己的人生立場與認識水準，而一旦達到與萬物存在相平齊、與「道」合一的境界就會發現，我們舊有的對於這個世界的認知是多麼的淺薄，我們往昔汲汲追求的東西是多麼的無足輕重，我們曾經引為自豪的創見和執持是多麼的荒唐可笑。存在的所有真實其實既簡單又明確，那就是互相成就的和諧關係，以及為達成和維護這種關係而進行的不懈的努力——人類的知與行，皆當以此為中心而展開。

知易行難。知如果不落實於行為實踐，而僅為思維之結果存留於意識之中，那對於真實的人生其實無甚意義——中國古代傳統思想，無論是哪家哪派，於此一點均特別強調，所以如果必須用一個命題概括中國傳統思想的核心，那大概就應當是「知行合一」。老子說「(吾言)甚易行」，應該是就行為的表現而言的。事實上，物欲繁盛的人心，面對外部世界花樣百出、無休無止的誘惑，而能躬行克己不為所動，是需要相當的定力的。定力何來？來自於對自我存在（生命形態）所關涉的所有利益因素的根本把握（長生久視是人生最大的利益），來自於對主宰萬物生死變遷的宇宙間最根本的力量的敬畏和順從，而所有這一切，最終都要落實在理性的自覺，與理性對行為的自我調控之上。可以想見，這將是一場靈與肉之間曠日持久的搏鬥，一般人是難以承受由此帶來的巨大的痛苦的，而這就應當是老子之言雖「甚易行」而天下人「莫之能行」的原因。可以肯定，老子「不尚賢」、「不貴難得之貨」、「不見可欲」、「為腹不為目」以至於「小邦寡民」等整整一套被今人稱之為「愚民」、反對社會物質進步的政治設置，本意其實就在於從外部隔絕物質世界對人心的誘惑，從而使得百姓之內心一直保持質樸自然的本初狀態，則行道所帶來的痛苦庶幾可以減輕甚至消除，而整個社會歸向於大道的可能性也會因此而大為增強。

由真知而建立人類社會的正道，由人類社會的正道而衍生出相應的政治設置，所有這些，皆以聖人的存在為前提，也需賴聖人的努力而實現。因此百姓可以無知無識，聖人不可以；「成功遂事，而百姓謂我自然」，聖人卻不可一切不為。前幾節的「研析」裡我們不止一次地提到過，老子所謂聖人的「無為」，不是一切不作為，而是順「道」而為的「為無為」。說到底，聖人應當是「道」的體悟者、踐行者和宣導者，是理想的人類社會制度的建立者和維護者，聖人存在的價值體現於此，聖人之得以存在的依據也根原於此——否則聖人就是「餘食贅形」，就只能令人生厭而沒有實際存在的必要。聖人不脫於萬物，不居於民上，而功用有別於萬物，只在於其能獨知其所知，獨行其所能，這應當就是老子之所謂「聖人被褐而懷玉」的真實語義所在。

第三十六節

【題　解】本節文字，在通行本《老子》中為總第七十一章、《德經》之第三十四章。在帛書本中，為《德經》之第三十六節，亦為《老子》全本之第三十六節。此節帛書甲本殘損七字，乙本殘損一字。兩本相較，文字差異不大，且可互為補足。

知不知，尚矣❶；不知不知，病矣❷。是以聖人之不病也❸，以其病病ㄅㄧㄥˋ也ㄧㄝˇ，是ㄕˋ以ㄧˇ不ㄅㄨˋ病ㄅㄧㄥˋ❹。

【注　釋】❶知不知二句　知道應當絕棄世人所謂的智慧，是最好的。尚，通「上」。最好的。❷不知不知二句　不知道應當絕棄，就會被世人所謂的智慧給害了。病，被……所害。按此句帛書乙本作「不知知，病矣」，奪一「不」字，此從甲本。❸聖人之不病也　聖人之所以不會被世人之所謂智慧禍害。此指聖人之採取「絕聖去智」的政治舉措。❹以其病病也二句　正是因為聖人認識到那些所謂的智慧是禍害，所以才會絕去它們，不受它們的傷害。病病，上「病」字為動詞，以……為病；下「病」字指「不知不知」之害。

【語　譯】知道應當絕棄世人所謂的智慧，是最好的統治智慧；不知道應當絕棄世人所謂的智慧，就會被這些東西給害了。因此聖人是不會被世人所謂的智慧禍害的，因為聖人知道它在引人入於邪途，所以聖人絕棄它而不會被它所害。

【研　析】人類關於客觀世界的知識，產生於具體的生活實踐，與具體的生存和生活條件、情境、歷史、文化傳統等相依傍而出現，因而知識總不脫離這些具體因素的制約。知識的合理性受決於此、表現於此，知識的局限性也來源於此。

按照老子的理論推演，所有的此類知識，就其與實際的社會生活的聯繫來看，都是自然的產物，也就是說，都屬於人的「自然」。從這種意義上，此類知識的存在，是有相當的「天道」依據的。但是同時，也意味著此類知識畢竟受制於一時一地的局限，而不可能具備普遍性的意義——萬物是否真正自身蘊含一種可以稱之為本質並放之四海而皆準的東西，其實應當存疑；理性所架構起來的概念世界，究竟是出於人類的自我設計，還是客觀世界的真實影像，同樣也應當存疑。如果從老子之所謂「一」的立場看，任何具體存在都受決於此一事物與他事物之間的關係，任何事物的屬性和特徵，都是與之相關的其他事物而不是與之相似的同類事物所提供，那麼就可以說，即使是同一事物，如果其處身的時間、地點、環境等有所改變，隨著與之相關事物以及彼此關聯的改變，它也可能顯現不同的特性——與事物自身顯現的所謂存在屬性相較，關係屬性對於判定事物的性質應該具備更為真實的意義。

而正是在這種意義上，老子對待舊有的知識（觀念）——諸如仁義禮智等等的態度才是可以解釋的。在前面的「研析」文字裡我們談到，仁義禮智作為觀念形態，也是為適應某種需要，從「一」這個系統之內自然衍生出來的，也應當屬於人類社會生活的「自然」，也在某個特定的時間或特定的區域之內的人群組織上發揮過作用——或許直到後世的某個時刻，它們仍然在發揮作用並會一直持續作用下去，或許則否，這些都不是問題。問題是應當在哪種意義上、以何種的方式對待它們。老子的「一」是一個無所不包、永恆變化的整體；整體變化，毫無疑問意味著整體之內的各個部分也將隨之改變，那麼諸如仁義禮智等等，即使能夠繼續存留並持續作用下去，其屬性和特徵也必將處於不斷的流變之中——古代中國最有代表性的著述方式就是經典注釋，稍微仔細地考察一下這種貌似客觀的著述方式就不難發現，一個名目相同的觀念（譬如仁或者禮），在不同時代、不同的注釋者手裡，其實各有奧義並且各順其宜。從老子之「道」的立場看，這些觀念意義的種種改變儘管例屬權宜，也還不算是從根本上違背「大道」，因而在一定程度上可以接受。但是一旦某種權威性解釋出現，將本應施之於具體的仁或者禮加以固化，尤其是再出個聖人，借助政治的力量，欲推行這種仁或者禮而為全天下之必須遵守的律則，則此等仁或者禮必為戕害人心、引動紛爭的禍首——人之老而不死尚且為賊（見《論語・憲問》），仁義禮智既為已陳之芻狗，若不廢止，更為賊「道」之利器、禍亂天下之元兇；而聖人必欲執之，則出於「一」之外，成為繼道而行（事實上是背道而行）的「人為」，故絕聖棄智、絕仁棄義於老子就成為必然的提倡。

所以仁義禮智的提倡，各種法律的、倫理的和道德的規範的確立，恰恰不是人類智慧的證明，恰恰是人類無智慧的證明。真正的智慧，一定是與「道」相符、與「道」相容、與「道」相終始、隨「道」而演化的；真正智慧的創造，一定是日新日成又隨時生滅的，一定是具體而有效驗的。因此天地施用、聖人施用，皆當隨立隨破，用行舍藏，不具備恆常性，此所謂「天地不仁」、「聖人不仁」——天地之間唯一的、恆常的、絕對的、不變的就是變化，唯有變化才是恆常的存在。而把只能表達具體、現象、相對、無常的知識或者觀念權威化、絕對化並希冀施用於萬古，以不變應萬變，這本身就是對「道」的背叛，如此作為，正是人類的懶惰，以及不明所以的愚蠢所導致。本節所謂「知不知，尚矣；不知不知，病矣」，當即基於此種認識而生發。

通過以上的分析可以看出，老子反對的其實不是知識本身，而是知識的「異化」——把於整體「一」之中本來就包有的、自然而然生成的、因而是適用有限、存亡有時的知識予以絕對化，抽離出它所適用的時空之閾，而作為具有普遍意義的、真理性的、永恆的東西，賦予它一種超越時空的意義——尤其是在這個過程之中，或隱或顯地參雜或者滲透著揀擇者個人的意志因素與利益考量，一旦如此，應立即予以鎮制。本書第八十一節（通行本第三十七章）：

> 道恆無名，侯王若守之，萬物將自化。化而欲作，吾將鎮之以無名之樸。鎮之以無名之樸，夫將不辱。不辱以靜，天地將自正。

所謂絕聖棄智、絕仁棄義，不是對人類的一切知識絕去不留，復使人類回歸蒙昧——單純的否定本身沒有意義。而「鎮之以無名之樸」，實際體現的是具備理性態度的否定，這種否定，恰恰是對已有知識的拯救與知識本身對自身合理性的回歸，恰恰是保留了這些知識所承載的客觀世界的真實性狀，對這一點我們應該有充分的認識。老子是史官，其所持有的這種觀點，很有歷史地看待問題的興味，亦與其所建立的「有（名）」、「無（名）」理論邏輯上一脈相承。仁義禮智等等，是知識（名）的「有」，而「絕聖棄智」等等，就是理性調控的「無」；知識可以「有」，但必須接受「無」的管束，不能僅以其「有」而無視其「無」——「無」在這裡，就是理性的態度，就是系統的「一」的和諧，就是「道」的實現。而「有」經過「無」的調控，使其保持在其所應當發揮也是實際發揮作用的時空之閾，不使其滋蔓於範圍之外，也不使其貽禍後世，這是「有」而後「無」的意義所在——沒有「無」，也成就不了「有」，知識的客觀性和適用性，因為這種「無」的存在而恰如其分地展現出來，這是人類生活的「自然」展現，也是人類生活的「自然」記錄。與之相反的態度，則是把聖智仁義等等「有」視為絕對之真實、無限之普適，並予以不加限制地推廣，這才是老子堅決反對的。

第三十七節

【題解】本節文字，在通行本《老子》中為總第七十二章、《德經》之第三十五章。在帛書本中，為《德經》之第三十七節，亦為《老子》全本之第三十七節。此節帛書甲本殘損二十字，乙本無殘損。

民之不畏畏❶，則大畏將至❷矣。毋㑃其所居❸，無猒其所生❹。夫唯弗猒，是以不猒❺。是以聖人自知而不自見❻也，自愛而不自貴也❼。故去被取此❽。

【注釋】❶民之不畏畏　百姓如果不畏懼統治者的威勢。畏畏，第一個「畏」的意思是畏懼、害怕；第二個「畏」通「威」，指統治者的威權、威勢。❷大畏將至　（對於統治者而言）最大的威脅就要降臨了。畏，通「威」。大威，指使統治者感到恐懼的事情。❸毋㑃其所居　（統治者）不要輕易地亂用自己的權勢。㑃，通「狎」。不莊重。所居，指居身統治之位所具備的權勢。按「㑃」，帛書甲本作「閘」，亦與「狎」通。❹無猒

其所生　（統治者）不要只顧滿足自己的私欲。猒，通「厭」。滿足。所生，指居身統治之位而衍生的個人欲望。❺夫唯弗猒二句　正因為統治者不為滿足私欲而任性妄為，百姓才不會厭惡他。弗猒，（統治者）不自求滿足（私欲）。不猒，（百姓）不厭惡（統治者）。❻自見　表現自己。見，通「現」。表現；炫耀。❼自愛而不自貴也　能夠長久地保有自身的利益，而不時時事事顯現自己的尊貴。❽去被取此　捨棄威勢恫嚇而取謙遜卑下。去，捨棄。被，通「彼」。指威勢恫嚇。取，取用。此，指謙遜卑下。按「被」，帛書乙本作「罷」，亦與「彼」通。

【語譯】百姓如果不畏懼統治者的威勢，那麼對於統治者而言最大的威脅就要降臨了。不要輕易地使用居身統治之位所具備的權勢，不要為了滿足私欲而任性妄為。正是因為統治者不為滿足私欲而任性妄為，百姓才不會厭惡他。因此聖人有自知之明，不表現自己的權勢；得自身利益長久保有之實，而不顯現自己的尊貴。所以聖人捨棄威勢恫嚇而取謙遜卑下的態度。

【研析】老子學說，是把萬物存在作為一個整體看待的。所有具體的、現實的存在，皆為整體之中的一個部分。整體不可分，所以整體之中的各個部分（萬物）誰都不完整，都要依賴他物的存在而存在，因而都受決定於關係，這是存在的現實。而人類認識，卻把這樣一個整體存在之中的部分孤立出來，以「名」作為標識和概括，人為地賦予此一事物某種所謂本質，這就是「有名」。「有名」導致了整體和諧的存在現實矛盾叢生、爭鬥不斷，因此老子提出以「無名」來矯正人類認識的偏差。本書第七十六節（通行本第三十二章）：

道恆無名，樸唯小，而天下弗敢臣。侯王若能守之，萬物將自賓。天地相合，以雨甘露，民莫之令而自均焉。始制有名，名亦既有，夫亦將知止，知止所以不殆。譬道之在天下也，猶川谷之與江海也。

本書第八十一節（通行本第三十七章）又曰：

道恆無名，侯王若守之，萬物將自化。化而欲作，吾將鎮之以無名之樸。鎮之以無名之樸，夫將不辱。不辱以靜，天地將自正。

所謂「樸」，本義是未經雕琢漆畫的原木，在老子這裡，指代的是萬物存在的真實性狀，是「有名」之前的自然無名的狀態。「有名」而導致現實世界私欲叢生紛爭迭起，則需要侯王以「樸」來鎮制，使整個世界歸於其「正」。「鎮之以無名之樸」，並非以徹底抹煞一切「名」，使人類意識重歸混沌蒙昧了事，而是通過對「有名」的否定，彰顯「有名」的局限，消弭人們對「有名」的執著，這就是老子的「有名知止」的理論，「始制有名，名亦既有，夫亦將知止，知止所以不殆」。這一理論所顯現的意義，其實並不僅限於傳統之所謂認識論，它同時也體現著對客觀世界存在狀態的判定：「有名」之所以應當「知止」，是因為與「名」所對應的客觀現實皆為具體，皆無本質，皆為一體共生的存在整體之中的一個部分，皆在與他物的關係之中存在，所以反映這樣一種現實的「名」，其意義必然是有限的與具體的——只有在作為系統的萬物存在整體的立場上（老子稱之為「一」），人類才會超越自身的認識局限，對客觀世界達到真切與全面的認識與表達。

任何一種事物存在，必須在自身體現這個整體的「一」，存在才是可能的和現實的；而我們所關注的每一個具體的存在，也只有從這個整體的「一」中（而不是從所謂事物本身）尋求到依據，我們對於它的認識才是真實的。本書第十七節（通行本第五十四章）：

修之身，其德乃真。修之家，其德有餘。修之鄉，其德乃長。修之邦，其德乃豐。修之天下，其德乃溥。以身觀身，以家觀家，以鄉觀鄉，以邦觀邦，以天下觀天下。吾何以知天下之然哉？以此。

「以身觀身，以家觀家，以鄉觀鄉，以邦觀邦，以天下觀天下」，是認識立場的提升，「修之身，其德乃真。修之家，其德有餘。修之鄉，其德乃長。修之邦，其德乃豐。修之天下，其德乃溥」，則是與之相應的行為實踐的擴展。立場必至於「以天下觀天下」，行為實踐必至於「修之天下」，才是終極和根本；也只有立足於此終極和根本，才得見萬物之道其實是「一以貫之」的。本書第六十九節（通行本第二十五章）：

有物混成，先天地生。寂呵寥呵，獨立而不改，可以為天地母。吾未知其名，字之曰道，吾強為之名曰大。大曰逝，逝曰遠，遠曰返。道大，天大，地大，王亦大。域中有四大，而王居一焉。人法地，地法天，天法道，道法自然。

道、天、地、人四個系統，終極是道；而天、地、人三個，都屬相對，都為有患。只有將這四個系統互相連屬、層層包孕，同歸於道的制約之下，天地萬物（包括人類世界）的真實才得以顯現。而使天、地、人三者並列，如《易傳》之「人與天地為三」，則為老子所不取——儘管《易傳》所說的天道之陰陽、地道之柔剛、人道之仁義也具有內在含蘊的關係，卻不免生發出「各引一端」的「崇其所善」，如儒家之以仁義立宗。老子貫通四者而為一，只將一個「道」字推為根本，則可有效地避免當時以及後世的人意揀擇與無端生發。

所以，儘管從形態或表現上，可以把人類社會作為一個相對獨立的系統，與其他的系統——譬如天、地系統彼此區別開來，但如果追根尋源地探究其終始，還是應當以統攝天地萬物的「道」作為人類社會存在的依據和人類行為所當依存的法則——《老子》中以天道、地道、（聖）人之道三者互相比附之處甚多，不煩枚舉；而統稱之為「道」、推崇之為唯一，更說明了這一點。

「道」的宗旨就是「和」，而「和」就是存在於整體（「一」）之中的各個部分之間的互為利用、互為補充與互相成就，就是彼此之間的「利而不害」——不存在矛盾，不存在爭鬥。萬物存在如果違背了這種法則，自求盈滿，只圖自利而不利人，只顧向外索取而不肯付出，就會與他物構成矛盾和爭鬥關係，那麼對於萬物存在整體來說，它就是多餘並且有害的（老子稱之為「餘食贅形」），一定會遭到他物的排斥，從而遭到整體的遺棄，這就是老子所謂「不道早已」。人類社會也是如此。一個和諧安定的社會，其組成和結構必定是符合「道」的原則的。侯王（統治者）與百姓雖然分為兩級，但兩級之間的關係卻並非如後世那樣，是征服與被征服、壓迫與被壓迫、掠奪與被掠奪的關係，而是互為存在之前提、互相利益與互相成就的關係——侯王居於萬民之上，而俯就於萬民之下，以孤寡不穀自稱，以處眾之所惡、柔弱謙退、為而不爭為把持，以善利萬物為己任，這是侯王之利益百姓的表現，也是侯王順道而存身的依據。百姓得侯王之為天下王，世間之紛爭得以消弭，戰亂得以平息，生活得以安定，生命得以保障，而侯王亦得以深根固蒂，始終居於民上，長生久視，祭祀不輟，子孫延福，這是百姓之利益侯王。

就《老子》中的具體論述而言，在老子看來，世道變遷天下淆亂，而至於盜賊蜂起民不聊生，根本原因不是像孔子所說的那樣，是因為聖人的禮樂制度崩壞、仁義喪亡，也不是如韓非之流所說的那樣，是由於人性普遍的惡所引發——引發這一切的根本原因，純粹是統治者的崇尚「有為」，因而侯王才是天下治亂的關鍵，而與百姓其實無大牽扯。百姓的人性現實與社會理想，其實就是自然而然地生，自然而然地死，而這一點恰恰是「道」所要求於人類，也是「道」所能夠保障於人類的。從這種意義上，悖逆於百姓的意願，也就是悖逆於「道」，侯王基於自身私欲的指使，受所謂智慧的鼓動，以仁義禮智作為謀求私利的手段，以刀鋸鼎鑊作為威懾百姓的工具，使民生不如死，終至於奮起反抗，此所謂「民之不畏威，則大威將至矣」——形式上是百姓造反，根本上就是天人共棄。而侯王若能秉持「無欲」、「無為」的政治理念，百姓就能回歸自然，並在自然之中獲得長久的保障。老子說「毋狎其所居，無厭其所生」，應當就是有鑒於侯王的特殊地位和作用而發出的對侯王的正告——前句是提醒侯王，要莊重地對待自己的位置，謹慎地使用自己的權威，不做不負責任的事情；後句是警告侯王，不要生生之厚而不知滿足，要有所克制，要減損欲望等等。「自知而不自見」，是提醒侯王自我定位要準確；「自愛而不自貴」，則是提醒侯王要自我克制，語意正接續「毋狎其所居，無厭其所生」兩句而來——侯王如果以其居於人上就「自見」而且「自貴」，則為事實上的「餘食贅形」；而又以一己之好惡使民感到沉重，成為負擔，這就不單止於「餘食贅形」、為自然之餘孽，而實際成為自然之反面、人世之禍害，則侯王之喪亡無日矣。

第三十八節

【題　解】本節文字，在通行本《老子》中為總第七十三章、《德經》之第三十六章。在帛書本中，為《德經》之第三十八節，亦為《老子》全本之第三十八節。此節帛書甲本殘損三十四字，乙本殘損一字。

勇於敢則殺❶，勇於不敢則栝❷。此兩者或利或害❸，天之所亞❹，孰知其故❺？天之道，不單而善朕❻，不言而善應❼，不召而自來❽，彈而善謀❾。天罔經經，疏而不失❿。

【注　釋】❶勇於敢則殺　勇於不顧一切，就會喪失性命。殺，被殺；喪失生命。❷勇於不敢則栝　勇於退守自保，就會生存下去。栝，通「活」。指保住生命。按帛書甲本上兩句「敢」字下皆有「者」字，此從乙本。❸或利或害　指各有利害，都不能保全。❹亞　通「惡」。厭惡。❺孰知其故　誰知道為什麼會如此呢。孰，誰。故，原因。❻不單而善朕　不必打仗就可以戰勝對方。單，通「戰」。朕，通「勝」。❼不言而善應　不必言說就可以得到回應。應，使之響應。❽不召而自來　不必召喚就會自動歸順過來。來，使之來。❾彈而善謀　不必急急的謀劃，事情就會成功。彈，通「繟」。遲緩貌。謀，謀劃；策劃。按「彈」，帛書乙本作「單」，亦與「繟」通。❿天罔経経二句　天道猶如網羅籠罩一切，雖然孔目稀疏，但是什麼也遺漏不下。罔，通「網」。経経，通「恢恢」。廣大。疏，稀疏。失，遺漏。

【語　譯】勇於不顧一切地向前，就會喪失生命，勇於退守自保，就會活下來。前者可以獲得勇敢的名聲，但是損害了生命；後者保全了生命，但是卻有損於自己的名聲；事情發展到必須在此兩者之間作出選擇的時候，則任何一種選擇都被上天所厭惡，誰又能夠知道為什麼會如此呢？遵從天之道，用不著進行戰爭就可以戰勝對方，用不著說出自己的要求就可以得到相應的滿足，用不著召喚別人別人就會來到你的跟前，用不著急急地謀劃什麼事情就會成功。天道猶如網羅，萬物皆在它的籠罩之下，雖然孔目稀疏，但是什麼也遺漏不下。

【研　析】對此節文字的前兩句，一般的解釋者基本都傾向於認為，老子反對「勇於敢」的冒進，而贊成或者提倡「勇於不敢」的退守。老子之所謂「三寶」，第三個就是「不敢為天下先」（本書第三十二節，通行本第六十七章），謂「不敢為天下先，故能為成事長」；「三寶」之外，本書第三十四節（通行本第六十九章）亦引用兵曰：「吾不敢為主而為客，吾不敢進寸而退尺」——所有這些，似乎都在支持上述結論。但如果此種解釋得當，則老子在這裡鼓吹的只不過是活命第一，懦夫之見而已，根本談不到「勇」。再從下面的一句看，「此兩者或利或害，天之所惡，孰知其故」，「或利或害」固然可以解釋為前者有害而後者有利，但另一種解釋似乎更符合這裡的語境，即不論是「勇於敢」還是「勇於不敢」，結果都是利害兩分或者毀譽參半，所以不論哪種，都為「天之所惡」。北宋的呂惠卿（吉甫）《道德真經傳》，對以上文字就是如此作解的：「勇於敢者人以為利，而害或在其中矣；勇於不敢者人以為害，而利或在其中矣。然則天之所惡，殆非可以知知而識識也，故曰：此兩者或利或害，天之所惡，孰知其故。」

循著這種思路，老子在這裡實際想表達的或者應當如此理解，即世俗之所謂善惡、是非之類道德的或倫理的判斷，其實沒有固定不變的標準，面對同一行為，由於立場的不同，不同的評判者會給出不同的評價；而對於行為者本身而言，無論是基於何種動機作出何種行為反應，都無法在結果上達於至善至美，總要落入是非榮辱任人評說的尷尬境地。本節所論的「勇於敢」和「勇於不敢」，還僅僅是從個人立場和社會立場的衝突中展現的——勇於實踐社會的倫理並為之獻身，雖然滿足了社會期許，但結果卻是對自己的生命造成了傷害，於是在一些人嘴裡你是勇士，在另一些人嘴裡你卻是匹夫（之勇）；勇於在社會的倫理與個人生命欲求的對立中選擇後者，雖然生存下來的概率更大，但對社會卻造成了傷害，也對自己的聲譽造成傷害，於是在一些人嘴裡你是怯於擔當的懦夫，在另一些人嘴裡你卻是忍辱負重的智者——如果這種尷尬僅僅表現在一個人面臨選擇時的左右為難也還罷了，很多時候，對某個人、某種行為的不同評價，以及由此而生的是非善惡等等的意見分歧，會直接引發道德觀、倫理觀和價值觀的爭論，引發整個社會的不同利益群體的對立和爭鬥，甚至引發戰爭和災難，這種情況，在人類歷史當中可以說是屢見不鮮。

立場的不同，是造成這一切問題的關鍵；而之所以會有不同立場的存在，又是關鍵之中的關鍵。不同立場的存在意味著什麼呢？意味著所有的這些立場，都是有限的、具體的立場，是以對外物的認知為基礎而建立起來的立場，是體現著「人之道」的立場。只要你是站在一個有限的立場之上，你就永遠有對立面，就永遠會有不同的觀念體系與你相區別甚至相抗衡。而所有類似的立場，不論是身的立場、家的立場、鄉的立場、邦（國）的立場（參見本書第十七節，通行本第五十四章「研析」），只要不是天下的立場，就必然面對不同立場之間的矛盾和實際選擇之中的兩難，而不論你如何選擇，過程都是利害參半，結果都是「天之所惡」，人類的紛爭就是不可避免的。

因此，要解決人類社會的紛爭，必須解決立場問題，而解決立場問題，首先要搞清什麼樣的立場才是正確的。在老子看來，天下只有一個立場能夠真實地判定一切，那就是「一」所表現出來的唯一的、整體的立場。這種立場以「天之道」為基礎而建立，以摒棄一切成見的「以天下觀天下」為特徵，以廣蓄萬物無有分別的「慈」為表現。站在這種立場上看待世界，萬物之間沒有分歧與對抗，有的只是互為利益與共生共存——此之謂「天之道，不戰而善勝，不言而善應，不召而自來」；沒有勇與怯、敢與不敢的對立，也沒有人為招致的殺活之異、利害之分，有的只是順「道」生滅的自然而然——道生之蓄之，道亦覆之亡之，此之謂「繟而善謀」；一切都在「道」的決定下和諧圓融——此之謂「天網恢恢，疏而不失」。這是個獨立無倚、大真大善大美的世界，而只有站上「天之道」這個唯一真實的立場，如此世界才會在你的視野中展現。

如此高妙的立場，自然不是人人都可占據的。事實上，就老子學說本身的邏輯推演，應該站上而且能夠站上這個立場的只有明道的聖人或者理想中的侯王——聖人或者侯王，在《老子》中經常「混而為一」。至於百姓兆民，由於其各自把持的立場本來有異，則需要聖人予以節節破除，使其回歸於自然質樸的原初狀態。本書第二十八節（通行本第六十五章）：

古之為道者非以明民也，將以愚之也。民之難治也，以其知也。故以智治邦，邦之賊也；以不智治邦，邦之德也。恆知此兩者，亦稽式也；恆知稽式，此謂玄德。玄德深矣，遠矣，與物反矣，乃至大順。

這就是老子深受詬病的所謂愚民政策。關於這個問題，我們在前面幾節「研析」文字中多次涉及到，後面的章節裡也還會涉及。這裡只簡單說明，老子之所謂「愚民」，所謂「恆使民無知無欲」等等，其所側重，泰半在於消解百姓所持有的成見，不使其爚亂耳目，以致脫離質樸自然的生活，而影響到社會秩序的安定；其所依據，並非全屬欺騙，而是確實有見於一般所謂知識與智慧的局限，因而有所主張。總而言之，與百姓之「我自然」相對立的，並不是知識，而是一些人對知識的濫用所導致的人心不定與社會難安。老子之「愚民」的真正意義，恰恰在於防範這種情況的發生和加劇。

第三十九節

【題　解】本節文字，在通行本《老子》中為總第七十四章、《德經》之第三十七章。在帛書本中，為《德經》之第三十九節，亦為《老子》全本之第三十九節。此節帛書甲本殘損十字，乙本殘損一字。兩本殘損之處可互為補足。

若民恆且不畏死❶，若何以殺愳之也❷？使民恆且畏死，而為畸者吾得而殺之❸，夫孰敢矣❹。若民恆且必畏死❺，則恆有司殺者❻。夫代司殺者殺，是代大匠斫❼也，夫代大匠斫者，則希不傷其手矣❽。

【注　釋】❶恆且不畏死　確實連死都不怕了。恆且，意思是真的、確實。畏，害怕。按此句甲本殘，乙本「恆且」下衍一「畏」字，據通行本刪。❷若何以殺愳之也　再用殺戮來恐嚇他們又會有什麼用。愳，通「懼」。懼之，使人民畏懼，即（用殺戮）恐嚇人民。按「愳」，帛書乙本作「矔」，亦與「懼」通。❸使民恆且畏死二句　使百姓都懼怕死亡，那麼再有為非作惡的人，我抓過來殺掉他。為畸，指為非作歹。畸，邪僻，與正相對。按「使民恆且畏死而為畸者」，帛書甲本作「若民恆是死則而為者」，此從乙本。❹夫孰敢矣　誰還敢再繼續作惡呢。孰，誰。❺必畏死　指百姓始終處於怕死而戀生的自然生命狀態。❻司殺者　掌管殺戮的人，這裡指天道。❼代大匠斫　代替木工大師砍削木頭。代，替代。大匠，木工大師。斫，砍木頭。按「代」，帛書甲本誤作「伐」，下同。❽希不傷其手矣　很少有不自傷其手的。希，通「稀」。少。

【語　譯】如果百姓確實連死都不怕了，再用殺戮來恐嚇他們又會有什麼用？使得百姓都怕死而戀生，那麼再有搗亂的，我抓過來殺掉他，誰還敢再出來搗亂呢。如果百姓始終都處於怕死而戀生的自然生命狀態，那麼他們要是悖逆天道，天道就會成為實施殺戮的劊子手，就會讓他短命而亡。代替天道而行殺戮之事，如同代替木工大師砍削木頭，代替木工大師砍削木頭，很少有不自傷其手的。

【研　析】本節文字，通行的王弼本全文如下：

> 民不畏死，奈何以死懼之？若使民常畏死，而為奇者，吾得執而殺之，孰敢？常有司殺者殺，夫代司殺者殺，是謂代大匠斲。夫代大匠斲者，希有不傷其手矣。

與帛書本相較，王弼的本子乾淨俐落，語詞文氣銜接得很緊密，而帛書本卻因為多出來的兩處「若民恆且」等等，顯得既重複又囉嗦。但是謝天謝地，幸虧帛書本裡這些囉囉嗦嗦，我們才可以清楚地把這段文字劃出兩個層次，而標識這兩個層次的，都是帛書本句首較王弼本多出來的

「若民恆且」：

若民恆且不畏死，若何以殺懼之也？使民恆且畏死，而為畸者吾得而殺之，夫孰敢矣。若民恆且必畏死，則恆有司殺者。夫代司殺者殺，是代大匠斫也，夫代大匠斫者，則希不傷其手矣。

第一個層次裡，實際包含了兩種情況，就是民「不畏死」與民「畏死」。與百姓對待死亡的兩種態度相對應的，則應是侯王的兩種治理國家的策略，即行其「奇」與行其「正」。我們先說第二種。老子說「以正治邦（國）」，侯王能行其「正」，方能得「為畸者」而「殺之」，否則舉國皆為邪僻，則殺不勝殺矣。我們在本書第二十節（通行本第五十七章）的「研析」中討論過，「以正治邦」並非純用其「正」，也需要以「奇」輔之，此處之殺「為畸者」，就是以「奇」輔「正」，以刑名殺戮輔佐倫理教化、制度政令的貫徹等等，「正」正「奇」奇，雙管齊下，則百姓知趨避，明榮辱，好生惡死之人類本性遂得以充分顯現，此當即老子所謂「使民恆且畏死」。

與此種治國方策相區別，則是侯王之行其「奇」，不以忠信為本，而純以一己之私欲為驅動，以一己之好惡為標準，橫徵暴斂、巧取豪奪，或朝令夕改，或殺伐由心，遂致民不聊生、苦不堪言，極則生不如死，於是憤而為盜竊亂賊，而威權不得止，刑罰不能禁，殺戮不能懼矣。所以「民不畏死」，真正的根源在於其上之侯王，而不在於百姓自身，老子說「民之不畏威，則大威將至矣」（本書第三十七節，通行本第七十二章）——「若民恆且不畏死」，則盡天下皆為「為畸者」，殺之無益，殺之亦無盡，所以最終喪身辱命的，必定是侯王。

在這個層次裡，老子討論的是人為的殺伐在何種情況下才是有效的。百姓生不如死，殺之無益；樂生畏死，殺之才足以震懾人心，使其不敢為畸——殺伐之事，只有在「民恆且畏死」之時，行於「為畸者」，才是有效驗的。那麼什麼是「為畸者」，判定的標準是什麼，《荀子・宥坐》裡的一段，或許可以引為參考：

> 孔子為魯攝相，朝七日而誅少正卯。門人進問曰：「夫少正卯，魯之聞人也，夫子為政而始誅之，得無失乎？」孔子曰：「居，吾語女其故。人有惡者五，而盜竊不與焉。一曰心達而險，二曰行辟而堅，三曰言偽而辯，四曰記醜而博，五曰順非而澤。此五者，有一於人，則不得免於君子之誅，而少正卯兼有之。故居處足以聚徒成群，言談足以飾邪營眾，強足以反是獨立，此小人之桀雄也，不可不誅也。是以湯誅尹諧，文王誅潘止，周公誅管叔，太公誅華仕，管仲誅付里乙，子產誅鄧析、史付。此七子者，皆異世同心，不可不誅也。《詩》曰：憂心悄悄，慍於群小。小人成群，斯足憂矣。」

盜竊亂賊固然是人人得而誅之，然而更有甚於是者在，孔子之所言就是證明。總而言之，一切對於體現著治國之「正」的既有的意識形態、制度形式、道德規範、倫理法則、法律條文等等形成現實的破壞，或者僅僅是具有潛在的威脅，都應該視為「為畸者」之所造作，禁其言、敗其行、毀其譽、墮其名乃至屠戮其身，乃至延禍其家，皆侯王之所當為，亦侯王之所必為——這種觀念，幾乎伴隨著人類歷史始終，被古往今來所有崇尚專制的君王們奉為治理國家的不二法門，至今續有餘響。

如果老子的社會政治理論終結於此，那麼老子與韓非之流其實無別——韓非是歷史上第一個系統的研究和注解《老子》的人，他的〈解老〉、〈喻老〉堪稱老子研究的創始之作，而他「上無為而下無所不為」的政治理論，雖導源於老子，但卻是在為集權與專制的政治體制張目，和老子實際的社會政治取向大相逕庭。事實上，「以邦（國）觀邦（國）」立場之上的「以正治邦（國）」，只是老子展現社會理想的一個步驟，而他最高的政治理念，是建立在「以天下觀天下」立場之上的「道法自然」與「小邦寡民」。以此種理念觀照，則一切人為的標準皆為相對，而人類社會政治尤當以此為戒。本書第二十一節（通行本第五十八章）：

> 其政悶悶，其民淳淳。其政察察，其民缺缺。禍，福之所倚；福，禍之所伏，孰知其極？其無正也，正復為奇，善復為妖。人之迷也，其日固久矣。

「正復為奇，善復為妖」，標準既然無定，那麼依止於這種標準而進行的殺伐也就失去了依據——今日之「奇」，焉知不是明日之「正」；今日之「善」，或竟然為明日之「妖」。人智迷途既然無法出脫，不如將一切殺伐委於天地之道——這就是老子在本節裡構建的第二個層次，「若民恆且必畏死，則恆有司殺者」——民必畏死，天地之道就是司殺者，而所殺者就是違背道者，此之謂「天殺」。

「道」司生殺，以「一」為依據，以自然為表現。依照老子的理論，萬物存在，皆為整體之中的一個部分，皆受決定於自身與整體之中其他事物是否構成互為利用的關係，存在物按照「道」的法則，與整體之中的其他事物構成互利並存的關係（此之謂「得一」），並被整體的「一」所接納，存在才成為可能的和現實的；若違背「道」的法則，不能與整體之中的其他事物彼此互利和諧共存，只是互相矛盾彼此爭鬥，那麼此一存在物必定要受到整體的排斥，而被孤立於整體之外，成為老子所謂的「餘食贅形」。任何存在，只要得到整體的接納，就會受到整體的維護，隨整體而運轉，共大道而遷化，雖年窮壽盡，也不為喪亡，這就是本書第七十七節（通行本第三十三章）之所謂「不失其所者久，死而不亡者壽」；而一旦被整體拋棄，孤懸於整體之外，就會失去一切生存的保障，生命和存在也就走到了窮途末路，這就是「天殺」——如大匠斫木，惟不見斧鉞之運，而殺伐之功昭昭赫赫，明明不昧。說到底，對於存在物而言，這一切都是咎由自取，而「道」只是依據存在自身的性狀，自然而然地引申出結果而已——「道」賦予存在以合理性，「道」也剝奪這種合理性，前者是物之「生」，後者是物之「亡」，因此「道」既是生之者（老子之所謂「可以為天下母」），也是殺之者（老子之所謂「恆有司殺者」）。殺之無端，或假手於聖人，但縱假手於聖人，亦為自然之恆殺。聖人行此殺戮，其所依據者為「天道」，其所施行者為「天殺」，而不同於老子之所謂「代大匠斫者」，斤斤以制度法令一切人為為講求，雖曰「恭行天之罰」，實則怨懟叢集，人欲飽滿。行此等殺戮，猶「代大匠斫也，夫代大匠斫者，則希不傷其手矣」——所論甚確。

第四十節

【題解】本節文字，在通行本《老子》中為總第七十五章、《德經》之第三十八章。在帛書本中，為《德經》之第四十節，亦為《老子》全本之第四十節。此節帛書甲本殘損一字，乙本殘損一字。兩本相較，文字差異不大，且可互為補足。

人之饑也，以其取食䢔之多也❶，是以饑。百姓之不治❷也，以其上有以為也❸，是以不治。民之輕死❹，以其求生之厚也❺，是以輕死。夫唯無以生為者，是賢貴生❻。

【注釋】❶以其取食䢔之多也　是因為人們取食的門徑太多（反而不得其食）。䢔，通「兌」。孔竅；門徑；途徑。按「䢔」，帛書乙本作「⿰⻊兌」，亦與「兌」通。❷不治　得不到（好的）治理。❸以其上有以為也　是因為他們的君上太希望治理得好（因此而亂逞智謀、任性妄為）。❹輕死　指生命短暫、倉促就死。❺以其求生之厚也　是因為他們太貪求欲望滿足。厚，太；多。❻夫唯無以生為者二句　只有那些不為了自己的欲望滿足而任性妄為的人，才是最善於養生的。無以生為，指不為私欲滿足而妄為。賢，善於。貴生，養生。

【語　譯】人們挨餓，是因為人們取食的門徑太多，反而不得其食，所以人們才會挨餓。老百姓得不到治理，是因為他們的君主太希望治理得好，因此而亂逞智謀任性妄為，所以百姓才得不到治理。人們很容易就會死去，是因為他們太貪求生命欲望的滿足，所以很容易就會死去。只有那些不為了自己的欲望滿足而任性妄為的人，才是最善於養生的人。

【研　析】《老子》這本書，於世間流傳了兩千多年，各種版本不下數百，文字之差異、語句之錯訛，於不同的版本在在多有。這其中絕大多數的差異錯訛，對我們把握老子思想的基本傾向，影響不是太大，但有一些就不一樣了。帛書《老子》出土以後，就此節內容將帛書本與通行本相互比較，人們驚訝地發現，兩者之間的差異竟然如此之大，以致完全可以據之構造出兩個不同的老子。我們引傅奕本為代表，看看通行本《老子》和帛書本相較有哪些差異：

民之飢者，以其上食稅之多也，是以飢。民之難治者，以其上之有為也，是以難治。民之輕死者，以其上求生生之厚也，是以輕死。夫惟無以生為貴者，是賢於貴生也。

傅奕本裡的這個老子，一定是對當時現實的制度大為不滿，所以把百姓生活所面臨的一切困窘統統歸因於在上的統治者——百姓之所以忍飢挨餓食不果腹，是因為他們的君上取用的稅賦太重；社會之所以動盪混亂，是因為他們的君上推崇有為；人之所以很容易就會死去，是因為他們的君上太過重視自己的私欲滿足。而帛書本裡的老子卻說，人們之所以挨餓，是因為人們取食的門徑太多，反而不得其食；社會混亂，是因為百姓推崇有為向上的人生，因而亂逞智謀任性妄為；人們很容易就會死去，是因為他們太看重自己的生命、太貪求欲望的滿足——人所面臨的所有災難，根源都在於自身，一切都是自作自受。

這兩個老子，哪個真實呢？依照古籍版本學的一般原則，就同一本書籍或者同一個流傳系統的書籍而言，版本的時代越早，應該越接近於書籍的原貌，也就越可以反映著作者的真實，因此帛書本裡的老子，更有理由成為春秋末期那個著作了《老子》的老聃的代言人。而後世流傳的本子，或許是有鑒於社會發展中越來越明顯的階級對立，才生發出對本節文字的種種改造。

據帛書本本節的內容來看，取食的門徑多反而於人有害，導致人之饑，這大約是因為人之本性就是趨安逸而避勞苦，所以人們不以「道」所規定於己者為遵循，卻循著個人的好惡，以機智詐巧為手段，避重就輕，避實就虛，希冀以最小的付出換取最大的利益；而現實社會不但為類似的行為提供了可能，甚至是以實際的利益獲得鼓勵著這種行為的蔓延，於是投機鑽營、損人利己便成為一種風尚，而智愚相欺、強弱相陵也就成為一種必然，利益集團的形成，階級的出現，以及國家、軍隊、監獄、刑罰等等的存在，也就不可避免——人們雖求生之厚，亦或早夭輕死就會成為現實。

推究所有這一切的起因，皆當源於「道」的立場的喪失。如果以「道」作為立場，就不會有「取食兌之多」的情況，因而也不會出現「人之饑」的問題。「道」作為整體的「一」的構建法則，為處身於整體之中的各個具體存在實際設定著各自不同的位置，以及各自不同的功能規定。

整體的「一」之中，每一個事物存在，都是獨特的、不可替代的，因而是在「道」的立場上彼此平等的；而在「道」的作用之下，每一個事物存在，都在以僅屬於自己的方式，和彼此相關的其他事物相互連屬、互相利益，因而在「一」的整體中，其所處身的位置、所發揮的功效是相對固定的——只有這樣去理解，才可以解釋老子的「一」之作為系統的存在，以及老子的「道」之作為普遍法則的統攝一切。具體到人，就是社會中的每一個個體，其所充當的社會角色、其所「取食」的方式都是特有的，因而每一個個體人格上應當是平等的；有所區別，也應當是並且只能是在其所擔當的社會功能上，而每一個人的尊嚴，也當由此而受到「道」的保障。

第四十一節

【題解】本節文字，在通行本《老子》中為總第七十六章、《德經》之第三十九章。在帛書本中，為《德經》之第四十一節，亦為《老子》全本之第四十一節。此節帛書甲本無殘損，乙本殘損三字。

人之生也柔弱❶，其死也荁仞堅強❷。萬物草木之生也柔脆❸，其死也棹槁❹。故曰：堅強者死之徒也❺；柔弱微細，生之徒也❻。是以兵強則不勝❼，木強則恆❽。強大居下，柔弱微細居上❾。

【注　釋】❶柔弱　這裡指柔軟有彈性。❷其死也植仞堅強　死了以後筋骨變得僵硬。植，通「筋」。仞，通「肕」。筋肕，筋和肌肉。堅強，這裡指僵硬。按「植仞」，帛書乙本作「骲信」，亦與「筋肕」通。「堅」，帛書甲本作「賢」，與「堅」通。❸柔脆　柔弱。脆，易折斷。按帛書乙本作「柔椊」。❹棹槁　棹，通「枯」。枯槁；乾枯。按「槁」，帛書甲本作「槀」。❺堅強者死之徒也　堅挺強硬之類屬於死亡。徒，屬。❻柔弱微細二句　柔弱、微細之類屬於生命。按帛書乙本無「微細」字。❼兵強則不勝　兵力強大（就會恃強而行不義）反而會失敗。❽木強則恆　樹木乾枯就會被砍去燒掉。恆，通「烘」。燒。按「恆」，帛書乙本作「競」，亦與「烘」通。❾強大居下二句　強大最終要處在劣勢，柔弱微細最終會占據優勢。

【語　譯】人活著的時候身體柔軟，死了以後筋骨變得僵硬。萬物、草木活著的時候都很柔弱，死了以後就會變得枯槁。所以堅強、堅硬等等屬於死亡，柔弱、微細等等屬於生命。因此兵力強大反而會失敗，樹木乾枯了就會被砍去燒掉。所以強大最終要處在劣勢，柔弱微細最終會占據優勢。

【研　析】我們的漢語裡經常使用的「存在」，是結合了「存」與「在」這兩個單音節詞而形成的，而在表示一般所謂「存在」的意義上，「存」與「在」其實各有側重。一切存在物，都是特定的時間和空間範圍之內的「存在」——所謂「在」，側重的是空間範圍內什麼東西的「有」，與之對立的概念是「沒有」或者「無」；而所謂「存」，則往往側重於表現時間範圍，指代某種東西一直「在」那裡，與之對立的概念是「亡」。

如果在日常語言之中兩者的這種分別確實不為無據，那麼我們不妨把「存」與「在」繼續分開來，看看在更高的表達層面，譬如一般所謂「哲學」的層面，它們有沒有可能也各有側重因而有所區別——時空一體，對於任何一個存在物來講，都是不可分的。但是既然我們再三強調的是兩者各自的側重而不是截然相分乃至相互對立，我們就似乎有理由堅持這樣做。

基於這樣的堅持，我們可以把「在」定義為現實性的存在。它的出現對於人的認識而言或許是偶然，如佛家講的機緣巧合等等，無論你是否能夠解釋，反正「在」就是「在」在那裡了。而「存」則不然。「存」不但意味著「在」這個現實，同時還意味著「在」的延續，「在」而能「存」方為「存」，「在」而不能「存」，則為「亡」——這種意義上，說「在」是「存」的背景或者開端，應該可以成立。

一切現實的「存」必然包括了「在」於其中，這個沒有問題；但是反過來，一切現實的「在」是否都能延續下去，則受決於「在」之本身。人類幾乎所有的思維成果，都或隱或顯地指向同一個事實，就是任何事物，都離不開其所存身的系統，沒有哪種事物是能夠脫離於系統之外而獨「存」——即使是「上帝」這樣純粹的理性創造，也必須通過現實世界而顯現，並與現實世界相適應。落實到具體的存在更是如此，一物之「在」或許出於偶然，但是一物之「存」則一定有其必然——老子學說中，作為存在之大全而使用的「自然」，與作為存在之整體而使用的「一」，這看似不同的兩個概念，其實是「異名同謂」的關係，指稱的都是客觀世界的全體，但是兩者的側重是不同的。「自然」所側重的，是「在」的現實，萬物叢生，混沌一片，無邊無際，無終無始。而「一」則是人的理性介入「自然」之後，經過思維的整理而顯現出來的世界，「道」由此而出現了；也正因為「道」的出現，這個世界開始顯現為秩序井然、和諧安定的整體，顯現為法則鮮明的系統；任何具體存在，欲求其「存」，就必須遵循「道」的法則，否則就是自尋滅亡——「一」與「道」由此本質地與我們所說的「存」聯繫在了一起。

「道」這個字的本義，按照通行的解釋，是指人行的道路。《說文》：「道，所行道也，一達謂之道。」與四達之「衢」、九達之「馗」相較，「道」更著重唯一的意義。但無論是「道」還是「衢」、「馗」，總是與人之所行相聯繫，也就是說與運動、變化相聯繫，而這一點集中表現在老子對「生」的強調之中——「生」是「存」之為「存」最為具體的體現。人或者萬物，生為動，死為靜；生為存，死為亡；生為道，死為不道。所以老子的「道」，從根本上講，就是生命之道，就是生命於大化流行之中求其伸展、求其延續、求其實現之道——若以一言蔽之，就是生命的求存之道。

萬物存在，都是由「自然」或者稱之為「一」這個宏大的系統所決定的，而「自然」或者「一」所標識的整體與大全，不是一個僵死的系統，而是處於不斷的變化之中的。因此萬物存在，只能以兩種方式顯現。其一是消極地承受，完全隨應自然的決定，而「天地不仁，以萬物為芻狗；聖人不仁，以百姓為芻狗」（本書第四十九節，通行本第五章），天地聖人，於萬物百姓不過順時而用，時過境遷，則棄之如已陳之芻狗，任其消亡。這種狀態中的萬物，其實於「道」無所借鑒。其二，並不純然消極地承受，而能在「在」的基礎上，通過動態的調諧而求得其「存」。此一類存在，或許是通過時時改變自身而與環境、系統相互適應，或許兼有對環境的改造，乃至專事通過改造環境以滿足延續生存的欲望。各種做作，或許成功，或許並無效驗，或許反而引發災禍，如老子之所謂「生生」而入於死地者，不一而足。

哪一種才是人們求「存」的正途呢？老子給出的方案，思路其實非常清楚，就是由「在」之現實而推延至「存」的可能。人或者萬物何以能「在」，是因為其所存身的整體系統的需要，而整體的需要也決定著「在」者之屬性，以及與系統之中與之相關的所有他者之間的關係，而「在」者只有與系統之中與之相關的所有他者之間構建起符合於「道」的關係，彼此能夠互為利益、互相成就、和諧共存，其「在」的現實才是有依據、有保障的。這是「在」的原則，同樣也是「存」的原則，把這種原則保持下去並貫穿生命始終，人就會得「長生久視」之「存」而不會中道夭折。簡單說，老子之存身之道，是以謀求存在者被接納於「一」的系統之中，從而獲得整體對存在者自身的全面保障為途徑的。不循此途徑達於目的，而單純訴諸個人的奮鬥，或者依恃所謂智慧、勇力、剛強等等，對老子而言簡直是求死之道。

原則就是如此簡單，但是要具體貫徹，卻不是一件容易的事情。這不但需要理性的堅執，還需要隨時隨地的靈活應變。世界在不斷地變化，環境在不斷地改易，關係在不斷地更新，一切相關的因素在不斷地調整，人也必須對自身不斷地作出調整，改變自身以適應環境的變化——這就是老子一再強調的「柔弱」，猶如蔓草隨風，水流循川，猶如初生兒的骨弱筋柔。但蔓草隨風，根猶在地，水流循川，潤下是由，而「骨弱筋柔而握固」（本書第十八節，通行本第五十五章），尤其是個好比喻——對自身作出的所有調整，都必須以「道」為把持，以利物利人為表現，以同臻和諧為目標，無論是居於廟堂之高還是處身江湖之遠，都能不畏懼、不懈怠、不苟且、不猥瑣，正道直行，死而後已，則雖柔而剛，無堅不克。反之，雖曰剛強，貌似強大，實則是屈服於內在欲望和私利滿足的弱者，循此以往，是從整體而對立、從和諧而鬥爭的死路，必使自己成為天道不予保障的「餘食贅形」，必陷於「不道早已」的絕境之中。

第四十二節

【題解】本節文字，在通行本《老子》中為總第七十七章、《德經》之第四十章。在帛書本中，為《德經》之第四十二節，亦為《老子》全本之第四十二節。此節帛書甲本殘損四十字，乙本殘損八字。兩本相較，文字差異不大，且可互為補足。

天之道，酉張弓者也❶。高者印之❷，下者舉之❸；有餘者敗之❹，不足者補之❺。故天之道，敗有餘而益不足❻。人之道則不然，敗不足而奉有餘❼。孰能有餘而有以取奉於天者乎❽？唯有道者乎。是以聖人為而弗有❾，成功而弗居也❿，若此其不欲見賢也⓫。

【注　釋】❶酉張弓者也　就像是給弓掛弦。酉，通「猶」。像；似。張弓，給弓掛弦。❷高者印之　弓弰高翹（意味著弓弦太鬆），要把它壓下去一些（使弓弦繃緊一些）。高，這裡指弓弰翹得太高。印，通「抑」。下壓。❸下者舉之　弓弰太低（意味著弓弦太緊），要把它抬起來一些（使弓弦鬆弛一些）。下，指弓弰太低、弓弦太緊。舉，這裡指放鬆弓弦使弓弰抬起。❹有餘者敗之　弓弦太長，剪掉一段。有餘，指弓弦有餘（太長）。敗，通「損」。減少。按「敗」，帛書乙本作「云」，亦與「損」通。❺不足者補之　弓弦太短，接續一段。不足，指弓弦太短。補，這裡指接續。❻敗有餘而益不足　減損有餘的用來增補不足的。益，增加。❼敗不足而奉有餘　減損本來就不足的用來供奉有餘的。奉，供奉；供給。❽孰能有餘句　誰能夠把自己有餘的拿出來供奉天道所欲增補的不足之人呢。孰，誰。❾為而弗有　有所作為卻不是為了自己。❿成功而弗居也　事情成功了也不自居有功。⓫不欲見賢也　不想表現自己的能耐。見，通「現」。表現。賢，能耐。

【語　譯】天道作用於萬物，很像給弓掛弦。弓弰高翹，要把它壓一壓（使弓弦繃緊一些），弓弰太低，要把它抬一抬（使弓弦鬆一些）；弓弦太長，剪掉一段，弓弦太短，接續一段。天道作用於萬物，是減損有餘的用來增補不足的。人之道卻不是這樣，而是減損本來就不足的用來供奉有餘的。誰能夠把自己有餘的拿出來供奉天道所欲增補的不足之人呢？唯有有道的人才能如此。因此聖人為百姓而有所作為，卻不收取回報，辦事情成功了也不自居有功，之所以如此，是因為聖人不想表現自己的能耐，而把一切歸功於天道自然。

【研　析】老子說「人法地，地法天，天法道，道法自然」（本書第六十九節，通行本第二十五章），是把「天」繫在了「道」與「自然」之下。然而《老子》中，卻又在很多地方，以「天」、「天道」來指示大道之根本，其意義等同於「道」。例如：

不出於戶，以知天下。不窺於牖，以知天道。（本書第十節，通行本第四十七章）

故天之道，利而不害；人之道，為而弗爭。（本書第三十一節，通行本第八十一章）

天之道，不戰而善勝，不言而善應，不召而自來，繟而善謀。天網恢恢，疏而不失。（本書第三十八節，通行本第七十三章）

天道無親，恆譽善人。（本書第四十四節，通行本第七十九章）

功遂身退，天之道也。（本書第五十三節，通行本第九章）

知常容，容乃公，公乃王，王乃天，天乃道，道乃久，沒身不殆。（本書第六十節，通行本第十六章）

「天」作為「域中四大」之一，是具體可感的存在，而「道」與「自然」，畢竟幽深玄妙，很難被人們直接感受到。作為具體可感的存在，「天」的系統性原則表現得非常充分——日月星辰附麗其上，四季變化表現其中，周而復始，刻刻不差，秩序感很強。儘管也有風雨雷電的時時而作，然而飄風不終朝、驟雨不終日，不過是偶爾出現，不會從根本上動搖天的秩序。老子之所謂「天道」，指的就是這種秩序，「天之道，猶張弓者也。高者抑之，下者舉之；有餘者損之，不足者補之」，指的就是體現這種秩序的現象——日中則仄，月滿則虧，寒極生熱，熱極生寒，晝夜變化，四季代興，而所有這一切，又直接作用於蒼穹覆蓋之下的萬物，使它們也感應著「天道」的變化，春生夏長秋收冬藏，整個自然界，由此顯現出統一的秩序，而這種秩序的精神，老子以一言蔽之，「天之道，損有餘而益不足」。

中國古代社會的整個制度傳承，是由「天之歷數在爾躬」開啟的，堯命舜、舜命禹皆以此，在那個時代，掌握著曆法，是擁有統治天下的權力的象徵，而曆法，就是具體化的「天道」。老子作為史官，當然是熟諳「天道」的，而又能將「天道」與人類社會相聯繫，從歷代興衰更迭的經驗教訓之中，深切地闡明「損不足而奉有餘」的「人之道」的本質缺陷，進而將「天道」推舉為人類社會亦當遵循的天地之間唯一公平與公正之法則，這種識見與作為，卻不是一般的史官所能承當的。

自然的亦即「天之道」的法則，與人類社會所謂「人之道」的法則，屬於兩個不同的系統，兩者各有其規則與表現，也各有其必然導致的結果。「人之道」的結果是什麼呢？是人們之間無盡的爭鬥與戰亂，是一切私欲妄為的倡狂肆虐，是人剝削人、人壓迫人的社會現實的大行其道，是人心如坎陷、人命如草芥、統治如累卵、政權更替如走馬燈的飄搖無定。統治者縱使耗盡心神千般算計萬般努力，總也逃脫不出敗亡覆滅的宿命。有鑒於此，老子以「天之道」為標本，給侯王展現了另一種系統參照。「天之道」作為獨立運行的系統，並不直接領有萬物存在，更不對萬物存在有所偏私，它只是按照自身的法則穩定而恆久地運行，無欲無求，無偏無黨，獨立不改，至大至公，自然、自為、自主、自足。本書第七十六節（通行本第三十二章）：

道恆無名，樸唯小，而天下弗敢臣。侯王若能守之，萬物將自賓。天地相合，以雨甘露，民莫之令而自均焉。

「天之道」作用於萬物存在，是以萬物對天道的遵循而不是以天道對萬物的領屬為表現的。天道自為自足，萬物同樣也自為自足，天道不以占有萬物為目的，萬物也不以天道為造物的上帝，兩者之間是共生的關係——在老子所描述的理想的人類社會中，侯王與百姓的關係，應即仿此建立。而侯王如果真的能夠效法「天之道」治理天下，那麼侯王也將如天之永恆與崇高，為萬民所尊崇與仿效，侯王的地位也就會像天一樣，雖歷千劫而不隳，累萬祀而不絕——對於整日裡焦頭爛額、疲於應付的侯王而言，老子勾畫出的這種美好前景，確實有相當的針對性和誘惑力。

對此節文字的解讀，有一個比較傳統的說法，就是老子所謂「天之道」的「損有餘而益不足」是在主張一切平等，而「有道者」之「有餘而有以取奉於天」，就是在社會政治中具體實踐平等的原則，防止社會的貧富分化最終釀成階級鬥爭。這種解釋的麻煩是邏輯上勢必導出一個所謂平等的標準，而結果上勢必會出現一個依據此一標準勇於取捨的有為者——一有標準則不免於心存私念者的假借，勇於取捨亦不免於老子所否定之「有為」。客觀存在的彼此差異，老子其實也是承認的，既然大小、多少、長短、高下之類的區別是存在的現實，那麼就應當承認差別的存在也是自然——絕對的平均主義，其實是反自然的。如果立足「天之道」的立場，就不會存在有餘不足的分別，也不會有平均不平均的概念。一旦有餘、不足的對立存在，那一定是「人之道」作用的結果。侯王或者聖人——即老子之所謂「有道者」效法「天之道」的努力，本質在於調諧系統之中各部分之間的和諧，「挫其銳，解其紛，和其光，同其塵」（本書第四十八節，通行本第四章），使得每一個部分都能夠處於自身當處的位置，起到它所當起的作用，老子「天之道」之「損有餘而益不足」，應該是這種意義上的；「有道者」之「有餘而有以取奉於天」，也應當是這種意義上的。

第四十三節

【題解】本節文字，在通行本《老子》中為總第七十八章、《德經》之第四十一章。在帛書本中，為《德經》之第四十三節，亦為《老子》全本之第四十三節。此節帛書甲本殘損二十三字，乙本殘損十三字。今以甲乙本互校，而以通行各本補其不足。

天下莫柔弱於水，而攻堅強者莫之能先❶也，以其無以易之也❷。柔之勝剛，弱之勝強，天下莫弗知也，而莫能行也❸。故聖人之言云曰：受邦之詢，是謂社稷之主❹；受邦之不祥，是謂天下之王❺。正言若反❻。

【注　釋】❶莫之能先　沒有什麼能夠超過它。❷以其無以易之也　因為水如果不攻克堅強，它就無路可行。易，替代；改變。❸柔之勝剛四句　柔能夠戰勝剛，弱能夠戰勝強，天下沒有人不知道，卻沒有人能夠切身實踐。按「柔」，帛書乙本作「水」，此從通行本。❹受邦之訽二句　能夠在國家中自處下流、承擔一切責怨，這樣的人才算是國家的君主。受，承擔。邦，國家。訽，通「垢」。汙穢的東西，這裡指人民的責怨。❺受邦之不祥二句　能夠在國家中自居不祥、承擔一切災難，這樣的人才可以做天下的王。不祥，不吉利，這裡指災難。❻正言若反　真理聽起來總像是荒誕不實。正言，真理。若，像。反，這裡指言語荒唐不可信。

【語　譯】天下沒有比水更柔弱的東西了，但是攻克堅硬的東西，沒有什麼能夠超過水，這是因為水如果不攻克堅強，它就無路可行。柔能夠戰勝剛，弱能夠戰勝強，天下沒有人不知道，卻沒有人為此而甘願自居柔弱。所以聖人說：「能夠在國家中自處下流、承擔一切責怨，這樣的人才算是國家的君主；能夠在國家中自居不祥、承擔一切災難，這樣的人才可以做天下的王。」這話聽起來很荒唐，但的確是真知灼見。

【研　析】理解此節文字，關鍵在於「以其無以易之」一句的解釋。「以其」是說明原因，可直譯為「因為它」；「無以易之」當做何解，則眾說紛紜。王弼注「無物可以易之」，訓「易」為更易、替代；宋徽宗注「萬變而常一」，訓「易」為變易；河上公注「攻堅強者無以易於水」，訓「易」為容易。又有訓「易」為輕易者、為輕視者、為慢易者等等，不一而足。檢點諸說，王弼的解釋，似乎最為符合古漢語的一般表達形式，其他的說法則顯得有些拗口，所以大多數研究者主張王弼的說法是對的。但是如果細細思量，這裡面也還是有問題，依照王弼的注，「以其無以易之」，逐字對譯過來就是「因為水（的柔弱）沒有什麼東西可以替代（勝過）它」，意譯則為「因為水最柔弱」——這就和此節的第一句「天下莫柔弱於水」語義重複了。

「以其無以易之」一句，很明顯是在解釋水之所以「攻堅強者莫之能先」的原因。〈洪範〉五行，其一為水，水之本性，以「潤下」為常。點滴潺涓於西北，恣肆浩淼於東南，或懷山襄陵，或隨形婉轉，或千里凝波，或崩崖裂岸，或百丈懸瀑，或穿隧越澗，皆出於其性之本然。本然之性無所逃避，則水雖遇剛強也無別的途徑，只能通過自己的努力，克制、包容、隱忍、頑強、含垢納汙、堅持不懈，來打開一條新路。所有這一切，都只不過是水隨應自身本性，尋找自身出路的「自然」——險阻在前，自性無法伸展，這實際意味著自身的死亡；那麼戰勝險阻，攻破堅強，劈山為澗，裂谷為川，就是無所選擇的選擇、必須面對的面對，而這應當就是此節中「天下莫柔弱於水，而攻堅強者莫之能先也，以其無以易之也」的真實意義。所謂「無以易之」，表現的是道路的唯一性以及選擇（行為）的必然性，譯成現代漢語，意思就是水如果不攻克堅強，它就無路可行，它就面臨死亡（水入於海，才意味著永生）。

老子論水，主要集中在兩節文字之中。這裡是一節，側重於水之柔弱而能戰勝剛強的特性；另外一節是本書的第五十二節（通行本第八章），側重的是水之善於利物而又甘居下流的表現：

> 上善如水。水善利萬物而有靜，居眾之所惡，故幾於道矣。居善地，心善淵，予善信，政善治，事善能，動善時。夫唯不爭，故無尤。

善利萬物而又甘居下流，是老子推崇水為「上善」的依據；而水之所以善利萬物而又能甘居下流，毫無疑問是出於水之本性的「潤下」。「潤下」是水的自然本性，此種本性與老子之「道」極為接近，所謂「幾於道」者是也。則水能順應此種本性，以天下至柔至弱之體攻堅克難，千迴百折一往無前，是水的勝利，也是「道」的勝利——或者說，水之所以能克制剛強，是因為水具備了「道」所要求的柔弱於自身。

老子說「柔弱勝強」（本書第八十節，通行本第三十六章），說「守柔曰強」（本書第十五節，通行本第五十二章），以及本節的「柔之勝剛，弱之勝強」，我們理解起來會有難度，那是因為我們總是囿於感性經驗，以及日常思維所形成的模式去看待這些命題。而事實上，無論這些命題所牽涉的概念意義、關係設定還是得出結論的立場，老子和我們都存在差異，甚至大不相同。在本書第四節（通行本第四十章）的「研析」中我們談到過，老子的「柔弱」，指的是一事物的存在主動接受自身所處的系統或整體的決定，以一種順應的、被決定的態度參與到構建整體和諧的進程之中，並在與萬物存在的整體協調之中保全自身；「柔弱」所表現出的，是對真理性和唯一性的「道」的順應和依從，而不是對一切現實不加選擇的服從，更不是對惡的妥協。與之相反，所謂「剛強」，則是立足於自身之所謂「本質」而生，是對自我的刻意擴張，是脫離系統或整體制約、片面追求自身之所謂本質實現的固執與妄為，是對「道」的反叛，也一定會被「道」所摧折。那麼基於老子的立場，我們通常認為是剛強的東西，在老子那裡恰恰屬於柔弱——得不到系統保障，存在將為之不保；反過來，我們通常認為是柔弱的東西，在老子那裡恰恰是堅強——這叫「正言若反」。反覆其言，即可知老子的「守柔曰強」的意義，就是堅守「道」的立場，憑藉系統或整體對自身形成的保障，自身就會無比強大。

下面接著說到的是聖人（侯王）。對比一下就可發現，從語義結構上，此節文字和前面引到的第五十二節（通行本第八章）基本相同，都是先論水，然後直接引入聖人（侯王）應該如何如何。這就給我們一種聯想，似乎水的性狀所表現出來的德行因素，特別值得聖人（侯王）效法。在本書第六十四節（通行本第二十章）的「研析」裡我們提到一種感覺，似乎在老子看來，侯王之作為侯王，實在不是什麼值得追求或者留戀的好事情，那些無道之君，反而會因為實際擁有的權力足以讓他們肆意妄為，於是或以「求生之厚」而動之死地，或以「甚愛多藏」而大費厚亡，或以「且勇且先」而致必死，或以「狎其所居」而遭崩潰，總之是被人君之位帶累牽連而橫死夭折，此即老子所謂「不道早已」。

那麼有道之君又將如何？相信大多數讀過《老子》的人都會有一種感覺，所謂聖人，在老子那裡其實是一副倒楣相。物質享樂談不上，還要殫精竭慮、隱忍克制；要謙卑退讓、克己奉公，還要會糊塗、能愚蠢，即使如此，還會經常受人詬病、責罵甚至侮辱，要承受一般人所不能承受的一切。憑什麼聖人（侯王）要忍受這一切？儒家訴諸「天下為公」的政治理想以及聖人無與倫比的道德境界，而對老子而言，原因恐怕只有一個，就是既為侯王，便當如此——這是侯王的「以其無以易之」。猶水之不得不「潤下」，不得不含汙納垢，不得不攻堅克難、衝破一切阻隔，卻只為「居眾之所惡」，侯王也只有如此，才會常保其位，因而也能長得其生，否則侯王便會成為人類社會這個整體系統所不予保障的「餘食贅形」，那麼不獨侯王這個職位存在的合理性將被剝奪，連帶侯王現實所擁有的一切，包括生命，都會喪失殆盡。明白了這個道理，再來讀本書第六十一節（通行本第十七章），也許會別有會意：

太上，下知有之。其次，親譽之。其次，畏之。其下，侮之。信不足，焉有不信。猶呵，其貴言也。成功遂事，而百姓謂我自然。

侯王之所以力求「太上」，其實不獨為人，也是為己；將自己與民眾的關係維持在極為淡漠的層面上，其實不獨利人，也是利己。

第四十四節

【題解】本節文字，在通行本《老子》中為總第七十九章、《德經》之第四十二章。在帛書本中，為《德經》之第四十四節，亦為《老子》全本之第四十四節。此節帛書甲本殘損一字，乙本殘損十六字。兩本殘損之處可互為補足。

和大怨，必有餘怨❶，焉可以為善❷？是以聖人執右介，而不以責於人❸。故有德司介❹，無德司徹❺。夫天道無親，恆與善人❻。

【注　釋】❶和大怨二句　仇怨發生之後再去和解，即使和解了，也必然會有遺留問題。和，調和；調解。怨，怨恨。❷焉可以為善　怎麼可以算是善呢。❸是以聖人執右介二句　因此聖人像是手持借據的債權人，但並不以此追索催逼欠債的人。執，持。介，借為「契」，借據，古時借債，將所借名物數量刻記於木或竹上，然後剖而為二，一半（從《老子》此節文字看當為右半）由借出一方持有，一半（左半）由借入一方持有，供還債時合驗查對。責，追索。按「聖人執右介」，帛書甲本作「聖右介」，誤奪「人執」二字，據乙本補。帛書乙本句作「聖人執左芥」，與甲本「左」、「右」相反。「芥」亦與「契」通。❹有德司介　有德的人只是握著借據，等著別人來還（不與人結怨）。司，掌管；掌握。按此節兩「介」字，帛書乙本皆作「芥」，亦為「契」之借字。❺無德司徹　無德的人才會天天計較追索（和別人結下怨恨）。徹，先秦稅法之一種，佃農以土地所產十分之一上繳土地所有的貴族，貴族按時派人入邑核對田畝計算賦稅。❻夫天道無親二句　天道對人無所偏愛，永遠褒揚那些與人為善的人。親，偏愛。與，通「譽」。讚許；褒揚。

【語　譯】仇怨發生之後再去謀求和解，必然不能使得各方面都完全滿意，必然會有遺留問題存在，即使和解了，又怎麼可以算是善呢？因此聖人像是手持借據的債權人，但並不以此對別人逼仄催討。所以有德的人只是和別人互通有無，從不與人結怨，無德的人才會像討債鬼那樣跟別人計較追索，和別人結下怨恨。天道對人無所偏愛，永遠褒揚並保佑那些與人為善的有德之人。

【研　析】「和」是中國傳統思維中核心的觀念，它體現著中華文明最為基本的精神旨趣與價值追求。無論是先秦時期的儒、道、法、墨「九流十家」，還是後世的經學、玄學、理學、心學，雖立學的側重或有不同，方法或許有異，但無不以「和」為懸鵠，而以達於「和」為追求。可以說幾千年中華文明的發展與思想的演進中，沒有哪個範疇會比「和」更能代表中國傳統的思維特色，也沒有哪種理論設定會比「和」更能體現我們民族始終如一的信念與追求——「和」也因此而成為中華文明之區別於異域文明的最為顯著之處。

《說文》中，與今天我們使用的「和」相對應的有兩個字，一個是「和，相應也。从口，禾聲」；一個是「龢，調也。从龠，禾聲」。從文字學的立場，前一個字應當是後一個字的省略形式，而「和」字的本義，就應當是調諧不同的音質、音高、音調使相應、相和。《詩經・商頌・那》「鞉鼓淵淵，嘒嘒管聲。既和且平，依我磬聲」可證。由此引申，調和一切不同而使其彼此協調，皆得謂之「和」。《國語・鄭語》：

> 公（鄭伯友）曰：「周其弊乎？」（史伯）對曰：「殆於必弊者也。〈泰誓〉曰：『民之所欲，天必從之。』今王棄高明昭顯，而好讒慝暗昧；惡角犀豐盈，而近頑童窮固。去和而取同。夫和實生物，同則不繼。以他平他謂之和，故能豐長而物歸之；若以同裨同，盡乃棄矣。故先王以土與金木水火雜，以成百物。是以和五味以調口，剛四支以衛體，和六律以聰耳，正七體以役心，平八索以成人，建九紀以立純德，合十數以訓百體。出千品，具萬方，計億事，材兆物，收經入，行亥極。故王者居九畡之田，收經入以食兆民，周訓而能用之，和樂如一。夫如是，和之至也。於是乎先王聘后於異姓，求財於有方，擇臣取諫工而講以多物，務和同也。聲一無聽，物一無文，味一無果，物一不講。王將棄是類也而與剸同。天奪之明，欲無弊，得乎？」

史伯「和實生物，同則不繼」之論，是中國思想史中第一次區別「和」與「同」兩者。「和」是指事物多樣性的統一，而「同」是指無差別的單一事物的疊加。不同的事物互相結合才能產生百物，「以他平他謂之和，故能豐長而物歸之」；如果僅僅是「同」，不僅不能產生新的事物，而且世界的一切也就變得平淡無味，沒有生氣了——「若以同裨同，盡乃棄矣」。這種觀念一經出現，便在古代典籍中被不斷重複，而最為著名的，當屬二百年之後的晏嬰之論「和」。《左傳・昭公二十年》：

> 齊侯至自田，晏子侍于遄臺，子猶馳而造焉。公曰：「唯據與我和夫！」晏子對曰：「據亦同也，焉得為和？」公曰：「和與同異乎？」對曰：「異。和如羹焉，水火醯醢鹽梅以烹魚肉，燀之以薪。宰夫和之，齊之以味，濟其不及，以洩其過。君子食之，以平其心。君臣亦然。君所謂可而有否焉，臣獻其否以成其可。君所謂否而有可焉，臣獻其可以去其否。是以政平而不干，民無爭心。故《詩》曰：『亦有和羹，既戒既平。鬷嘏無言，時靡有爭。』先王之濟五味，和五聲也，以平其心，成其政也。聲亦如味，一氣，二體，三類，四物，五聲，六律，七音，八風，九歌，以相成也。清濁，小大，短長，疾徐，哀樂，剛柔，遲速，高下，出入，周疏，以相濟也。君子聽之，以平其心。心平，德和。故《詩》曰：『德音不瑕。』今據不然。君所謂可，據亦曰可；君所謂否，據亦曰否。若以水濟水，誰能食之？若琴瑟之專壹，誰能聽之？同之不可也如是。」

這種觀念認為，「和」作為原則，體現在自然與現實存在的一切方面，遵從這種原則的指引，調諧人與人、人與自然萬物的關係，則是聖人侯王治理天下的根本。但是這裡有兩點必須指出：

其一，無論是史伯之論還是晏嬰之論，「和」都是在「分」的基礎之上實現的，也就是說先有了「分」，然後再謀求相互分別的彼此之間的「和」。其產生以及演化的過程，可以用北宋時期張載的四句話概括：「有象斯有對，對必反其為；有反斯有仇，仇必和而解」。這種意義的「和」，是行為追求的目的，是矛盾雙方的各退一步與互相包容，是為了共同的利益而各自表現出的容忍與克制——只要萬物仍然是以各自的立場為立場，以各自的利益為利益，彼此之間的矛盾就永遠不可能多層次、全方位的化解，只能以暫時的妥協為結果。這就是老子所說的「和大怨，必有餘怨」，絕非根本解決矛盾之途，「焉可以為善？」

其二，「和」作為處理矛盾的法則，在實際應用之中，往往具有某種目的上的指向性，以及行為的原則性；單純的為「和」而「和」，於人則類於孔子所憎惡的「鄉愿」，於事則不異於今之所謂和稀泥，肯定為識者所不取——這一點是孔子所代表的儒家特別強調的。《論語・學而》：

有子曰：「禮之用，和為貴。先王之道斯為美，小大由之。有所不行，知和而和，不以禮節之，亦不可行也。」

目的上有指向，行為上有原則，則利益上一定有考量，方法上一定有取捨，表現上一定有偏袒。這就是老子所謂「有為」。「有為」雖然可以局部地、暫時地消弭矛盾，但其引發的結果，卻是更大的矛盾衝突的到來。本書第一節（通行本第三十八章）：

> 上德，無為而無以為也。上仁，為之而無以為也。上義，為之而有以為也。上禮，為之而莫之應也，則攘臂而扔之，故失道矣。失道矣而後德，失德而後仁，失仁而後義，失義而後禮。夫禮者，忠信之薄也，而亂之首也。前識者，道之華也，而愚之首也。

「上（尚）德」，是將自然與人類社會作為一個整體看待，而以「道」貫穿其中，於「自然」所得最多。「上（尚）仁」則是將人類社會獨立出來，而以「仁」所表現的人類普遍具有的情感因素為基礎，求得人類社會自身的和諧，則人類社會與自然的矛盾就顯現出來了。「上（尚）義」更前一步，以君子所應把持的倫理法則與行為實踐區別社會之上下，謀求通過協調處身社會上層的君子之間的關係從而穩定社會，則君子小人之間的矛盾又進一步加劇。至於「上（尚）禮」，則不獨於君子小人有所區分，更以等級秩序區別和規範君子集團內部，而終使諸侯天子成為國家天下的「予一人」，故雖「攘臂而扔之」，而人莫應之者。如果說「上仁」、「上義」於「道」尚不至於全失，那麼或許是因為它們或多或少仍然表現有互利共存的「道」的精神，不管是人類社會還是君子集團，畢竟還是一個整體，「上仁」、「上義」所追求的，畢竟還是整體之內彼此約制的「和」。「上禮」則不然，它從體制的構成上確立了君主的權威與意志的至高無上，而這一點一旦確立，則所有的「和」就只具有形式意義了，本質上都是以君主為準的向上的「同」，於是「大道」便蕩然無存了。儒家崇尚以「禮」為秩序、以君主為至上，所以有子主張「和」當以禮節之；老子反對這種一切以君主的利益和意志為裁量的所謂「和」，所以才說「禮」為「忠信之薄，而亂之首」。

本質上說，「和」在老子的學說中，不是以「有為」的方式刻意追求的目標，而是「無為」所導致的自然而然的結果——「和」不應表現為「有名」所導致的「分」的基礎之上的「和大怨」，而應表現為「無名之樸」鎮制之下的「天地將自正」（本書第八十一節，通行本第三十七章）。我們來看《老子》中對「和」的論述：

道生一，一生二，二生三，三生萬物。萬物負陰而抱陽，沖氣以為和。（本書第五節，通行本第四十二章）

含德之厚者，比於赤子。蜂蠆虺蛇弗螫，攫鳥猛獸弗搏。骨弱筋柔而握固，未知牝牡之會而朘怒，精之至也。終日號而不嚘，和之至也。和曰常，知常曰明，益生曰祥，心使氣曰強。物壯即老，謂之不道，不道早已。（本書第十八節，通行本第五十五章）

道沖，而用之又弗盈也。淵呵，似萬物之宗。挫其銳，解其紛，和其光，同其塵。湛呵似或存，吾不知其誰之子也，象帝之先。（本書第四十八節，通行本第四章）

在本書前面多節的「研析」裡我們都談到「無名」與「有名」的關係問題，這裡也還有必要稍作總結。老子的「自然」本身是「無名」的，「道」也不存在於其中，對應於我們的意識，「自然」其實就是紛亂複雜、無以名狀的蒙昧。由蒙昧而人智初起，把本屬於「自然」整體的部分從整體中強行拉扯出來、孤立起來，人為地賦予此一事物某種所謂本質，並以「名」作為標識和概括，這就是「有名」。「有名」受到人們認識能力的局限，只能在有限與相對的意義上反映存在，而無法深入到存在本身，表現存在之間普遍的聯繫與和諧共存的關係，因而在根本上是虛幻的，不符合事物存在之真實，所以老子提倡「無名」。「無名」通過對「有名」的否定而逐層上升，並最終建立起「一」這個表現萬物存在整體的範疇，並使得作為存在整體的秩序——即老子之所謂「道」亦因此得以顯現，此所謂「道生一」（本書第五節，通行本第四十二章）。於是萬物存在由客觀上紛亂蕪雜不可名狀的「自然」，變而為我們意識之中細密緊致、條理清楚的系統的「一」；將「一」與「道」相互結合，於是不獨當下可以理解，歷史和未來的一切都可以因此而獲得有效的解釋——「自今及古，其名不去，以順眾父」（本書第六十五節，通行本第二十一章），「執今之道，以御今之有，以知古始，是謂道紀」（本書第五十八節，通行本第十四章）。

以「無名」為借助，從「有名」向「一」進行的這種反向推演，倒逼出了「道」這個範疇。而「道」範疇的確立，又反過來實際定義了具體事物應予把持的存在法則。從「道」的立場看，「和」不是努力的方向，而是萬物存在之「常」——「和曰常」一句，通行本前衍一「知」字，這是典型的佛頭著糞。這三個字，其實是對「一」與「道」最為精當的規定。所以萬物雖眾，皆是「沖氣以為和」；赤子能達於「和之至」，所以「終日號而不嗄」。而從萬物存在各自的立場看，只有在作為存在整體的「一」之中多層次、全方位地調諧自身與他物的互利互惠的關係，在符合於「道」的演化之中全過程、多時段地堅持自身與他物的和諧與共存的關係，存在才是可能的與現實的，存在之間也才能達到真正的、全面的「和」的關係——不是矛盾激化了才嘗試解決，而是分歧未曾顯現之時即予以平復。《老子》中很多被後世視為機詐權謀之術的東西，其實應該從這個角度予以理解。本書第二十七節（通行本第六十四章）：

> 其安也，易持也。其未兆也，易謀也。其脆也，易判也。其微也，易散也。為之乎其未有，治之乎其未亂。合抱之木，作於毫末；九重之臺，作於篡土；百仞之高，始於足下。為之者敗之，執之者失之。是以聖人無為也，故無敗也；無執也，故無失也。民之從事也，恆於幾成事而敗之，故慎終若始，則無敗事矣。

聖人是有德者之稱。聖人之德，表現就是能夠「得一」，即能入於系統之整體，並能按照「道」的要求作為。「聖人執右介而不以責於人」，行為上有所付出，但付出既非施恩（仍然有契在手），結果也不結怨（「不以責於人」）。因為聖人明白，「得一」之所以為「德」，無論恩怨，並非得其對偶，而是得入於整體之「一」──聖人與外物，不是一對一的關係，而是一與整體的關係。聖人行為上有所付出，這是「道」所要求於人者，必須利人，才能獲得自利的回報──然而你或許永遠不知道回報是以哪種方式返還，或者由誰返還的──現象上或許是一事、一物、一人作用於你，但是本質上卻是整體作用於你。所以無論是「益之」還是「損之」，都不能算在某個具體的人或者物的頭上，而應當看做整體對你的作用。這是一方面。另一方面，即使損益當前，你也根本無法判斷，所謂「益之」或者「損之」，究竟是真損真益，還是適得其反，本書第五節（通行本第四十二章）說「物或損之而益，益之而損」。所以，唯有遵守整體的「道」的法則，將「報怨以德」（本書第二十六節，通行本第六十三章）作為行為的唯一指導原則，才是聖人所應當把持的唯一正確的態度。此之為行為規範上的「得一」，此之為人生實踐上的「有德」。整體和諧之中，物物皆應如此，人人皆應如此，而果能如此，則「天道無親，恆譽善人」，你所獲得的必定是超然於禍福轉換之上的純然的福報——寬容與大度的人，看起來似乎總是在吃虧，但最終的福報，必定首先落在他們頭上，道理就在這裡。與此種襟懷相較，孔子的「以直報怨」，就顯得氣量狹小了。《論語・憲問》：

或曰：「以德報怨，何如？」子曰：「何以報德？以直報怨，以德報德。」

兩者的差異，其實根源在於他們各自占據的立場不同。基於仁義的立場，就應當將善惡、是非分個清清楚楚，任何含混與縱容，都是姑息養奸，都是原則的喪失，所以「以直報怨」成為孔子的選擇。而老子的立場，恰恰排斥一切人為的原則，「報怨以德」也就因此成為唯一可行的道路。世人討論孔、老關係，時時會引用這兩種說法予以對比分析，其實大多無據，不可盡信。

下編

第四十五節

【題解】本節文字，在通行本《老子》中為總第一章、《道經》之第一章。在帛書本中，為《道經》之第一節、《老子》全本之第四十五節。此節帛書甲本殘損二字，乙本殘損十三字。兩本殘損之處可互為補足。

道可道也❶，非恆道❷也。名可名也❸，非恆名❹也。無名，萬物之始也❺；有名，萬物之母也❻。故恆無欲❼也，以觀其眇❽；恆有欲也❾，以觀其所噭❿。兩者同出⓫，異名同謂⓬，玄之又玄⓭，眾眇之門⓮。

【注釋】❶道可道也　道是可以言說的。第一個「道」指學說、理論等等；第二個「道」義為言說。❷恆道　恆常不變的大道。這裡特指老子所提倡的自然之道、天道。❸名可名也　事物是可以命名的。第一個「名」相當於我們今天所說的概念；後一個名是動詞，命名。❹恆名　真實表現事物存在的概念。❺無名二句　萬物之始的自然是和諧無分的整體存在，不託賴於人的意識而存在。無名，指人類認識對萬物未進行區分。

始，初始的狀態。❻有名二句　萬物已各以其名而彼此分別，作為萬物之母的「道」也相伴出現。❼恆無欲　指把握自然無名的立場。按「恆」，帛書甲本作「亘」，與「恆」通。❽眇　通「妙」。下同。指自然之中互為利益、彼此和諧的萬物存在。❾恆有欲也　即老子所謂的「欲不欲」，指期望通過理性作用認識天道，並順應天道的決定獲得對自身利益的保障。❿觀其所曒　把握萬物存在從有到無的變化和歸終。曒，通「徼」。歸終。⓫兩者同出　指老子所謂無名狀態下「強為之名」的「大」，和「有名」狀態下「字之曰道」的「道」。⓬異名同謂　名稱雖異，指示的實則為一。⓭玄之又玄　這裡指通過「無名」對「有名」的否定，逐層深入地接近事物存在的真實。玄，幽昧深遠，使用如動詞。⓮眾眇之門　人類認識的有無之初，這裡指人類認識將生未生之時。

【語　譯】所謂「恆道」不可以尋常的概念來表達；所謂「恆名」不可以尋常的方法來命名。「無名」的世界裡，所謂物的概念和道的概念都不存在，萬物處於混然一體沒有分別的狀態；「有名」的世界裡，萬物既已彼此分別，主宰萬物生滅的「道」作為概念（範疇）也相伴出現了。所以聖人本著自然順應之心，觀察紛繁複雜的萬物何以生成；本著效法利用之心，觀察紛繁複雜的萬物如何滅亡。使萬物生成和滅亡的其實是一個東西，這個東西「無名」之時被強名為「大」，「有名」之時被字之為「道」。要真正認識和把握這個「恆道」，就要以「無名」為手段，通過對「有名」的逐層否定，而達於「無名」與「有名」對立甫生之時，並以此為起點，重建人類的認識體系。

【研　析】本節文字，在通行本《老子》中為第一章，歷史上對老子學說的各種不同的解釋，也肇始於對此節文字的不同理解。尤其是近代以來，習慣於所謂哲學思維的研究者基於西方哲學的本體論傳統，對此節所涉及的諸多概念的詮釋，可謂五花八門，讓人目不暇接，思之卻又令人如墜五里霧中。近代哲學，尤其是思辨哲學，作為西方哲學的一個重要的歷史分期，確實達到了人類理性思維的一個高峰。但是，是不是歷史上所有時期、所有地域、所有文化類型的人們，對處身其中的這個世界所進行的思考，都可以或者說必須納入近代西方所謂「哲學」的體系之內，他們所使用的概念都必須和近代西方所謂「哲學」的概念、範疇一一對應，才算得上夠層次、有水準呢？讀過黑格爾《哲學史講演錄》中對中國所作的描述，相信很有一些人會對其中所表現出來的「哲學」的狂妄感到不舒服。如果我們相信，世界上各個不同的民族在感受世界、體悟人生上確實存在著不同的思維方式和習慣，那麼我們就有理由懷疑，假如黑格爾所言不虛，先秦時期——或者還有後世中國——面對世界和自我的內心，那些古香古色的頭顱裡縈繞盤旋的一個個問題，闡述的一個個理論，構建的一個個系統，確實不能算作「哲學」的話，那麼出問題的究竟是我們的古人，還是西方所謂「哲學」？

古代中國的思想，有自己觀察世界的獨特角度，和處理問題的獨特方法。這一角度，以及由此衍生的方法，迴異於西方所謂本體論哲學的傳統。簡單地說，如果以探討「什麼在」來描述自上世紀初以往的西方哲學幾百年發展的脈絡線索，那麼兩千多年來，中國思想發展的主線則是對「怎麼在」的深入探究。對於前者而言，物質和精神、思維和存在是哲學的中心問題，而對於後者來說，「什麼在」從來都不是問題，問題的中心是「怎麼在」——道作為一切存在物得以存在的依據，就是由此引申，而成為中國式思維的最高範疇，成為所有思考的出發點和終極結論，成為思想的真正中心。所以，即使古代中國確實沒有「哲學」，那又怎麼樣？我們有道學。儘管「道學」這個名稱在後世被世俗化甚至妖魔化了，但是甚至在西學恣肆的今天，我們的思維習慣，仍然自覺或不自覺地堅守在「道」這個基礎之上，這應當是無可爭辯的事實。

道學的開創，從學理上來講，應當歸功於老子。而本節文字，又最為集中地闡述了老子之所謂「道」的本質，所以對本節文字無論予以何種程度的重視，都不過分。但是另一方面我們也應該意識到，古代思想所使用的概念、範疇，基本都是在語詞的日常語義中生發出來的，就是說，概念和範疇的基本意義，往往和日常語義之間存在著引申關係，尤其在這個概念和範疇出現之初，更是如此。「道」作為範疇，最初出現於《老子》，很難想像甫一出現，「道」便兼有了如所謂宇宙本原、萬物存在的始基、一切運動的法則和總規律，乃至宇宙變化的總動力等等虛玄高妙的所謂「屬性」。因此，以所使用的語詞為基礎，順著各節文字的敘述，尋求語句之間的邏輯關係，嘗試還原整節文字所表達的意義，然後嘗試逐步深入到概念和範疇的意義之中，應該是一種比較可取的做法。

「道」的本義，是指人所行的道路，引申而言，可以指一切具體存在物共同遵循的發展變化的道路。這應該是老子「道」的基本規定性。而作為一個概念或者範疇，「道」並非從古就有，它一定是人類認識世界的水平達到一定的高度之後，在某一個特定的階段才出現的。老子說「無名，萬物之始也；有名，萬物之母也」，「道」本身就屬於「名」，「無名」之時「道」亦無存，這是一定不易的；至於「有名」出現，「道」作為「萬物之母」才得以成立，這有本書第六十九節（通行本第二十五章）「有物混成，先天地生。寂呵寥呵，獨立而不改，可以為天地母。吾未知其名，字之曰道，吾強為之名曰大」可證——「道」為「有」、為「物」、為「生」出來的。然而「道」名雖晚出，其所指代的實卻是「自古以固存」（莊子語）者。只是在老子之所謂自然「無名」的狀態之中，一切事物自然而然地生成或者毀滅，人們根本不去追究這些生成或者毀滅背後的原因或者主宰，也根本不會在意什麼「道」不「道」——猶如本書第一節（通行本第三十八章）「上德不德，是以有德」所顯現的意義一樣，在老子看來，這個時候才是「恆道」大行其是的時代。由於這個世界裡沒有「名」的存在，萬物渾然一體，人類自身也和整個世界渾然一體，意識裡不存在道器之分，認識中不存在萬物之別，所以「恆道」雖存而不彰，猶「上德」之實有而似無。聰達智慧如老子者，雖能體知所謂「恆道」的存在（「有物混成」），也還是「未知其名也」，不得已而只能「強為之名曰大」而已（本書第六十九節，通行本第二十五章）。這樣的世界，正對應於在本節文字中的「無名，萬物之始」——它的確切的意義應該就是說，「有名」之前，萬物胎伏於整體存在的「自然」之中而無別，此句中的「始」字不妨直接讀為「胎」，而與後句「有名，萬物之母」的「母」字相對。聖人處身這樣的世界，只能完全站在自然的立場上，一切以自然為歸依，這就是老子之所謂「恆無欲」。

所謂「恆有欲」，就是老子之「欲不欲」，它指代的是「有名」之後欲望叢生、紛爭不斷的人類現實世界中，聖人們為消弭紛爭、安定社會而進行的理性探求與行為實踐。這個時期由於名言的作用充分彰顯，萬物彼此之間的區別在人們的意識之中顯現出來，作為「萬物之母」的「道」因而可以言說。但是這樣一來，渾然一體的世界因之四分五裂，陷入不斷的爭吵之中。儒道墨法百家之學、仁義禮智各種觀念雜然而興，是非善惡種種分別也越來越顯著，人類社會也進入「下德不失德，是以無德」的狀態。而所有這一切，均開端於一個現象，就是「有名」。

名，是指事物的名稱，但在老子這裡，「名」則主要指對事物進行類的劃分，名是跟「分」相互對應並結合在一起的，「名分」作為一個詞，在中國古代典籍裡大量出現，並不是偶然。人類認識世界，賦予同類事物一個固定的名稱，以標識此類事物的特徵和屬性，從而在萬物之中把此類事物分別出來，並進而劃分整個世界為不同的類，這就是名分的意義，也是老子之「有名」所要表達的確切含義。

以「有名」分別世界，在我們今天看來，應該是合情合理而且幾乎是唯一的把握世界的方式，但在老子看來則不盡然。老子說「道可道也，非恆道也。名可名也，非恆名也」，道之所以不可道，名之所以不可名，主要是因為萬物從無到有、從有到無的整個循環過程，都不是事物自身所能決定者，都取決於整體與系統的「一」的需要。具體而言，就是任何事物的生成，或者說任何事物從無到有的合理性，都來源於整體與系統的「一」的決定，而這種決定的依據，就是此一事物的功能或者屬性，對於整體與系統的「一」維護和保障自身的穩定與和諧不可或缺——天地每生成一物，即將此物置於自身的系統結構之中，並藉由此一事物的功能發揮來成就系統自身的完整；而從具體事物存在的立場來看，只有在整體與系統的「一」之中尋求到自身所處的位置，並在此位置上很好地充任起所擔當的角色，自身的存在才具有現實性與合理性。這就是老子之所謂「天得一以清，地得一以寧，神得一以靈，谷得一以盈，侯王得一而以為天下正」（本書第二節，通行本第三十九章）。這是立足於萬物生成，亦即具體事物從無到有的這一階段而言的。從另一面，即從有到無的階段言，萬物存在更是非自身所能決定者。老子之所謂「天地不仁，以萬物為芻狗」（本書第四十九節，通行本第五章），一句便將具體事物存在與整體及系統的「一」兩者之間的關係交代清楚了——天地之於萬物不存私心作用，無偏好、無承諾，當其用則舉為神異尊之上之，不當其用則如已陳之芻狗，踐其首脊，取而爨之而已。

所以，不論是具體事物從無到有的生成，還是從有到無的消亡，都非事物自身所能決定，都是由事物存身其中的整體與系統決定。這事實上是把一切具體存在都安置在了一個具體的、個別的、特殊的地位之上，成為系統的「一」隨用隨息的因子、整體的「一」時時演化的表象，而整體與系統的「一」則被作為一切具體存在的依據，成為對於存在之真實的唯一表達。這就決定了以具體存在物為立場的「名」（本質、屬性）的不可靠——當我們斤斤計較於此一事物與彼一事物相互之間的區別之時，我們其實已經是誤入歧途了。因為事物存在的真實，恰恰是屬性的不確定，是作為整體與系統的「一」隨機決定的。而把這種隨機決定看作是絕對與永恆的事物屬性，就是愚蠢了。

相對於事物具備什麼樣的屬性而言，萬物為什麼生成，以及怎樣導致滅亡，才是更為根本的問題。這應當就是「恆無欲也，以觀其眇；恆有欲也，以觀其所噭」兩句的真實含義。「眇」，王弼本作「妙」，《老子注》：「微之極也，萬物始於微而後成」，是其意為「始」；「噭」，王弼本作「徼」，「徼，歸終也」。如此，則所謂「以觀其眇」，就是觀萬物之生成；「以觀其所噭」，就是觀萬物之死滅（歸終）。從萬物生之所從來（「其眇」）、死之所歸去（「其所噭」）——這也是作為動詞的「有」與「無」的意義——考察萬物存在，而不是從萬物自身之所謂相對靜止的、穩定的一面去總結、歸納和定義事物之所謂屬性，相對於人們的認識而言，就更為切近於存在之真實了。認識世界的角度一旦發生了這樣的轉換，「有名」所代表的世間萬物彼此之間的差別就顯得並不是那麼有意義了。世界是一個整體與系統，而存身其中的萬物都不過是構成這個整體與系統的因子，它們彼此之間有什麼差別其實不重要，整體與系統如何存在，存身其中的萬物如何存在，這才是最為重要的問題——「怎麼在」由此代替了「什麼在」，成為人們思維這個世界的中心問題，而「道」也由於自身在所有事物存在中所顯現出的唯一性與法則性，成為人們總結這個世界的中心範疇。

以上論述，其實就是我們在本書多節的「研析」文字中所提到的兩種立場的差異在「名」和「命名」這一具體問題上的顯現（近年發現的北大簡本《老子》中，「名可名」作「名可命」）。從萬物存在各自的立場而言，「道可道」、「名可名」；而從整體與系統的「一」的立場，則道不可道、名不可名——這是「無名，萬物之始」的意義所在。然而儘管如前所述，整體與系統的「一」的立場才是唯一的真實，但如果單純執著於這個立場，徹底否定萬物存在各自的立場，也還是不行，因為那將連「恆道」本身都消解掉。當然，在一切以自然為歸依的人類生活狀態中，「恆道」作為人類意識成果，是有是無根本無所謂，但是在「有名」分別既已成為現實的情況下，尤其在「化而欲作」所導致的紛擾不斷的現實社會中，聖人侯王意欲「法自然」而使人類社會回歸於整體和諧的狀態，就必須首先把握「恆道」；而把握「恆道」，就離不開對於「有名」的借助——《老子》中作為萬物之母的「道」，正是依賴於萬物彼此之間分別的顯現以及「有名」的成立而凸顯出來的——這是「有名，萬物之母」的意義所在。

人們談到老子，幾乎是眾口一辭，說「無名」才是老子關於人類認識的最終結論，而「無名」就是否定人類對於客觀世界的一切認識成果，否定人們有認識和把握這個客觀世界的能力，老子就是想通過對「無名」的提倡，消解一切人類認識活動，使人類社會回到蒙昧無知的原始狀態之中，這些說法，其實皆為皮相。凡讀過《老子》的，都會有感於其中所蘊含的深邃的哲理，而目之為大智慧之著作。說老子徹底否定「名」的存在，推崇蒙昧無知的自然生活狀態，反對理性生活，不唯與書中大量出現的提倡真知的具體論斷相矛盾，即或《老子》這本書究竟是否有必要存在，也會成為問題。白居易〈讀老子〉：「言者不知知者默，此語吾聞於老君。若道老君是知者，緣何自著五千文。」「名」亦如之，如果「無名」才是老子的最終追求，哪裡又會有五千言流傳世間呢？

那麼，對待「名」的問題，老子究竟取用哪種態度呢？本書第七十六節（通行本第三十二章）和第八十一節（通行本第三十七章）相關內容可以為我們做出解答：

道恆無名，樸雖小，而天下弗敢臣。侯王若能守之，萬物將自賓。……始制有名，名亦既有，夫亦將知止，知止所以不殆。

道恆無名，侯王若守之，萬物將自化。化而欲作，吾將鎮之以無名之樸。鎮之以無名之樸，夫將不辱。不辱以靜，天地將自正。

有名仍需有名，否則人際交流就無法實現。但單純的有名所構建的概念世界，又不足以反映真實的現實世界，於是「道」出現了。「道」也是名，也不是亙古存在的，所以老子說「道可道也，非恆道也。名可名也，非恆名也」——「非恆道」的意思，類於「非恆名」，指後起的、有始而生的。這兩句排列在一起，意思是在說，「道」與「名」兩者相伴而生，「名」若不有，則「道」亦無存。本書第六十九節（通行本第二十五章）稱「有物混成，先天地生。寂呵寥呵，獨立而不改，可以為天地母。吾未知其名，字之曰道，吾強為之名曰大」，說「字之曰道」，顯然是說「道」名後有。但是名雖後有，「道」所指代的「實」卻是先在的，就是混然無分、廣大而無所不包的「大」。「大」本屬無名而強為之名者，「道」雖有名（其實是字）而實以「大」為歸終，所以老子說「道恆無名」——道以「無名」為恆常。這裡的「無」，不是表示沒有，而是對「有名」的否定，如同「無欲」之否定「有欲」、「無為」之否定「有為」，「無名」是類與分的對立面，是與分別萬物的「名」相對而生的整體、廣大與無分，是分別之中的統一、部分所處身的整體、有限所蘊含的無限——這是老子之「無名」的第二種意義。而這種意義的「無名」與「有名」的並立，其所表示的真正意蘊是，任何具體事物的存在，即使以「有名」而在人的認識中被歸屬為某一類了，它終究也還是整體之存在中的一個部分（這是「無名」所提示的意義）。舉例來說，輪、轂、輻、牙構成一個輪子的觀念形態，具備這一形態特徵的都可以稱之為輪子，這是「有名」；而只有當某個具體的輪子與軸、箱、輮、衡結合為一體，被車之整體所規定的時候，這個輪子的存在才會成為現實。「恆無欲也，以觀其妙；恆有欲也，以觀其所徼」，所提示的就是要基於不同的立場來看待萬物——「有名」的世界裡才會有「道」，「有名」之前，「道」就是「大」，萬物存在就是自然；從無名的、萬物一體無分的立場看待，萬物是各以其自然的狀態顯現自身存在的；而從遵行大道的立場，就需要以「無名」鎮制「有名」，以整體統攝或規定部分，把所有事物還原到各自具體存在的環境與系統之中。

基於「道」的這種特徵，我們可以推知，「道」並非單獨作用於世界，「無名」也並非就是世界的終極，「道」與「物（名）」其實共存，是「母」與「子」的關係；「無名」與「有名」也究竟一體，在彼此的否定之中相互關聯。真實的「道」，絕不如有些人理解的那樣，一個「無」就可以概括——道不是「無」，道是「有」與「無」的「中」，引申之，道是一切對立之「中」；而「無」則是對「既有」的否定，生成於「既有」之後，是達於道之「中」的手段。具體到老子的「名」論，就是「名」固宜有，然須知止；知止之道，在於時時提撕「無名」以消解對「名」的執著，勿使名害實，引動私欲發作，此之謂「知止所以不殆」；若有名而不知止，以至於私欲昌熾，爭鬥迭起，則須「鎮之以無名之樸」，「鎮之以無名之樸，夫將不辱。不辱以靜，天地將自正」。以「無名」鎮制「有名」，所表現的意義就是：萬物存在，不能單純執著於自身的所謂本質，單純強調自我存在的現實，而應從萬物一體的角度，使得自身與整體存在協調一致，這才是具體事物存在之法則，世間萬物自存之道，而這應當就是老子之所謂「恆道」的意義所在。《說文》：「恆，常（段注：常當作長）也。从心从舟在二之閒上下（段注：上下，猶往復也）。心以舟施，恆也（段注：謂往復遙遠，而心以舟運旋，歷久不變，恆之意也）。」本書第四十六節（通行本第二章）：「有無之相生也，難易之相成也，長短之相形也，高下之相呈也，音聲之相和也，先後之相隨，恆也。」「有無之相生」為「恆」，反過來，有無之相推滅亦當為「恆」，「恆」不能自「有」或「無」之中求，只能從「有」、「無」的關係之中求，具體到「名」，就是從「有名」與「無名」的關係之中求——老子之所以要以「無名」鎮制「有名」而不是取消「有名」回歸自然蒙昧的世界，是因為那將失去一切言說的可能；而如果聽任「有名」主使之下的「化而欲作」繼續蔓延不予鎮制，亦將失去對整體與系統的「一」這個存在的唯一真實的把握，失去對「恆道」這一萬物存在根本法則的把握，「有名」也將永久沉淪於荒誕不經而無法自拔。

認識和把握「恆道」，要借助「有名」與「無名」的相互作用，而「有名」、「無名」的相互作用，當即老子之所謂的「玄之又玄」——關於「玄」的解釋，可參見本書第十九節（通行本第五十六章）的「研析」部分，茲不贅述。這裡只想強調，所謂「玄之又玄」的過程，並非以人類徹底的蒙昧無知為終極，而是通過對已有的人類認識結果的層層否定，拽轉人類認識，使其回到人類認識發生的原點——老子所謂「眾妙之門」、「玄牝之門」，指示的就是這個點。它是「天門」啟（「有名」之初生）闔（「無名」之仍存）的那個時刻，是人類認識將生未生之際。而之所以要重新回到這個點，很顯然是老子認為我們一般的認識，無論從方法還是結果上來看都有問題，因此需要從頭開始，重建人類的知識體系。老子對世人之所謂「知」那些看起來莫名其妙的批評，《老子》書中那些一般人難以理解的概念或範疇規定，甚至整體語言風格上的高深莫測，泰半是因為他所建立起來的語詞系統與概念體系，和我們日常所使用的不在一個認知基礎之上。但因此就判定老子徹底否定了人類的知性作用與認識能力，以此阻止人們去認識世界，那就幾近武斷了。

第四十六節

【題解】本節文字，在通行本《老子》中為總第二章、《道經》之第二章。在帛書本中，為《道經》之第二節、《老子》全本之第四十六節。此節帛書甲本殘損十字，乙本殘損四字。兩本殘損之處可互為補足。

天下皆知美之為美，惡已❶；皆知善，斯不善矣❷。有無之相生也，難易之相成也，長短之相刑也，高下之相盈也，音聲之相和也，先後之相隨，恆也❸。是以聖人居無為之事❹，行不言之教❺，萬物昔而弗始也❻，為而弗志也❼，成功而弗居也❽。夫唯弗居，是以弗去❾。

【注釋】❶天下皆知美之為美二句　天下人都知道美之所以為美，這本身就是醜。惡，醜。已，通「矣」。語氣詞。按「惡」，帛書乙本作「亞」，與「惡」通。❷皆知善二句　都知道什麼是善，這本身就是不善。斯，此。按「斯」，帛書甲本作「訾」，與「斯」或「此」通。❸有無之相生也七句　有與無、難與易、長與短、高與下、音與聲、先（前）與後這些彼此相反的概念，彼此又互為前提、互相生成，這是一定不易的。生，生成。成，成就。刑，借為「形」，比較。盈，借為「呈」，呈現。音，和聲。聲，單音。和，協調。隨，依從。恆，一定不易；永恆不變。❹無為之事　指輔佐萬物的自然，不以一己的好惡而妄為。❺不言之教　指不以言辭教化萬民，而使萬民各以自然之性為依據，各自順應自然的決定。❻萬物昔而弗始也　萬物自然而然地產生、發展，聖人並不刻意地去改變它們。昔，通「作」。興起。始，通「司」。掌管；主宰。❼為而弗志也　有所作為，也只是輔佐萬物的自然，因此並不自恃有功。志，通「恃」。自恃（有功）。按「志」，帛書乙本作「侍」，亦與「恃」通。❽成功而弗居也　事情做成了也不以為是自己的功勞。居，居功。❾夫唯弗居二句　正是因為聖人不自居功，所以他的功績才永遠不會泯滅。去，泯滅；喪失。按帛書甲本此句作「夫唯居，是以弗去」，奪一「弗」字，此從乙本。

【語　譯】如果天下人都知道美之所以為美，就會生出取捨競爭之心，則整個社會就會淪入紛爭不斷的邪惡之中；同樣，如果天下人都知道什麼是善，就會生出趨避機詐之心，則整個社會就會陷入偽善和欺騙之中。有無、難易、長短、高下、音聲、先後，這些既相須而待、相對而生，彼此恆常地處於相互轉化的關係中。所以聖人順輔萬物之自然而不強以自己的意志去有所作為，隨應自然的化育而不強以言辭說教，萬物自然而然地產生、發展，聖人並不刻意地去改變它們，縱或有所作為，也只是為了保障而不是改變萬物的自然，所以並不以為自己真的對萬物演化起過什麼作用，萬物發展，功成事遂，聖人也不以為是自己的功勞。正是因為聖人不自居功，所以他的功績才永遠不會泯滅，因為萬物存在本身已經銘刻上了聖人的勳業，聖人之功已然與萬物存在合而為一、不可分離了。

【研　析】本節前兩句，通行本作「天下皆知美之為美，斯惡已；皆知善之為善，斯不善已。」對此一般有兩種解釋，一種解釋認為這裡是在說美醜、善惡互相對立，意思是知道了什麼是美，就知道了什麼是醜，知道什麼是善，就知道了什麼是不善。另一種解釋說，「天下皆知美之為美」，這本身就是「惡（醜）」；「皆知善之為善」，這本身就是「不善」。兩說分歧的關鍵，是在於如何理解「斯」字的意義——將「斯」字訓為「於是」，則第一說成立；訓為「此」，則第二說成立。

帛書本出土，給這種分歧提供了進一步解決的可能。「天下皆知美之為美，惡已」，甲乙兩本皆無「斯」字，而整句更近於古漢語判斷句的基本表達形式；「皆知善，斯不善矣」，甲本「斯」作「訾」，既可與「斯」通，也可作為複指代詞與「此」通。因此從帛書此句的句式表達上，似乎第二種說法更有理由成立。

再者，從本節的結構看，也應以第二種說法的可能性更大。「是以」二字，表明後面的內容是從前面推導出來的結論，而「聖人居無為之事，行不言之教」等等，又顯然是作為「天下皆知美之為美」、天下「皆知善」之為善的反面存在的。如果前兩句的意義僅僅限止在美與醜、善與不善的簡單對立，那麼結論與前提之間就實際缺乏邏輯上的直接關聯，而使整節文字表達顯得彆扭無比。比較而言，第二種說法就清楚多了——「天下皆知美之為美，惡已」，開始就亮出結論；然後給出原因，「有無之相生也，難易之相成也，長短之相刑也，高下之相盈也，音聲之相和也，先後之相隨，恆也」；最後是結論基礎之上的進一步推導，「是以聖人居無為之事，行不言之教，萬物作而弗司也，為而弗恃也，成功而弗居也」，條索一貫而又層次鮮明，文氣通暢，邏輯清楚。

對於解釋《老子》而言，僅僅從語法或者章法結構上尋求證據顯然是不夠的，它們或許可以提供一種指向、一種可能，但根本性的結論，還要從義理中尋求——具體到這裡，就是無論對上述兩種說法做出何種取捨，都要得到老子整個「名論」的支撐。

老子的「名論」，實際可以用《老子》中的一句作為概括，那就是「名可名，非恆名」（本書第四十五節，通行本第一章），而「名可名，非恆名」的立論基礎，就是本節中的「有無之相生也，難易之相成也，長短之相形也，高下之相呈也，音聲之相和也，先後之相隨，恆也」。「恆也」二字，《老子》的傳世各本中皆奪，而帛書甲、乙本中皆存，涂又光先生說，帛書本的這個「恆」，算是真正的「一字千金」。將老子對「恆」的界定代入本書第四十五節（通行本第一章）「道可道，非恆道；名可名，非恆名」，可使千古聚訟由此得一折中：老子之「（恆）道」既非一般所謂「有」，也非絕對的「無」——非一般所謂「有」，故「可道非恆道」；非絕對的「無」，故五千言中「道」字七十二見。前面有些章節的「研析」中我們都曾提到，老子之「道」是恢復理性把握存在整體的「一」所獲得的萬物存在的總的原則，而對存在整體的「一」所進行的理性把握，是通過對「（有）名」的逐層否定而達到的，從這種意義上講，無論是「一」還是「道」，都是「有」與「無」共同成就者。「名」亦如之，一切的「（有）名」皆非「恆名」，單純的「無名」也非「恆名」。「恆名」恰恰在於「名」而「知止」之處，是「無名之樸」鎮制之下的「名」——這樣的「名」與相對時空之中的具體存在（所謂「實」）相對應，隨應具體存在的變化而變化，其意義則需時時順應和接受系統整體的不斷調整，而自身並不具備恆常不變的所謂本質規定性，所以「恆名」不可名。所謂「有無之相生也，難易之相成也，長短之相形也，高下之相呈也，音聲之相和也，先後之相隨」，表現於老子的「名論」，就是一切與「實」相應的「名」（「名者實之賓」），其所標識的意義只能是具體的與相對的，其存在的合理性也只能在一時一地中尋求——如果說「名」也有「自然」，那麼這就是。

反於「自然」的行為是「有為」；反於「名」之「自然」的存在是「有名」而不知止。「有名」一詞，《老子》中凡兩見，一為「有名，萬物之母也」（本書第四十五節，通行本第一章），一為「始制有名」(本書第七十六節，通行本第三十二章)。從具體使用看，老子這兩處「有名」都是指「名」的存在，似乎並無褒貶於其中。但如果考慮到「有」這個字的本義，或許可以對「有名」這個概念稍加引申。《說文》：「有，不宜有也。」段注：「謂本是不當有而有之偁。引伸遂為凡有之偁。凡《春秋》書『有』者，皆『有』字之本義也。」作為旁證，《穀梁傳》莊公十八年、二十九年，昭公十七年、二十五年皆有「一有一亡曰有」的說法，亦皆用為不當有而有之稱。檢之《老子》，其實是以「自然」、「無名」為尚，而以「有名」為不得已，本書第七十六節(通行本第三十二章)：

> 道恆無名，樸雖小，而天下弗敢臣。侯王若能守之，萬物將自賓。天地相合，以雨甘露，民莫之令而自均焉。始制有名，名亦既有，夫亦將知止，知止所以不殆。譬道之在天下也，猶川谷之與江海也。

我們在這裡借用「有名」這個詞，意在指示老子所反對的「有名」卻不「知止」的情況，而與「名」之「自然」相區別。前面說過，一切與「實」相應的「名」，其所標識的意義只能是具體的與相對的，其存在的合理性也只能在一時一地中尋求。而使本屬相對與具體的「名」絕對化，引為真理，加以提倡，欲其普遍、恆久地有效，則為「名」而不「知止」——我們稱之為「有名」。這種「名」之所以不當「有」，是因為它實際已斬斷了與其所標識的「實」相互對應的關係，從所依存的「實」上剝離出來了，而這意味著「名」就此喪失了自身存在的真實性基礎，成為孤懸於實際存在之外的虛假的名相。而必欲將這種「名」——如仁義禮智等等推向天下，使人人信受奉行，勢必導致「自然」這個整體之中彼此和諧的各個部分相互歧離，引發出人們本分之外的欲望，和基於此種欲望而生的悖道妄為，所以「有名」提倡，實為天下大亂之根源。本書第六十二節（通行本第十八章）：

故大道廢，焉有仁義。智慧出，焉有大偽。六親不和，焉有孝慈。邦家昏亂，焉有貞臣。

「名」之存在既為現實，則絕棄使歸於蒙昧既無可能也無必要，聖人只需在「化而欲作」之時，以「無名之樸」予以鎮制，令其返回「名」之恆常，而不使仁義禮智等等混淆人心妨害自然，即為治理天下之根本。本書第八十一節（通行本第三十七章）：

道恆無名，侯王若守之，萬物將自化。化而欲作，吾將鎮之以無名之樸。鎮之以無名之樸，夫將不辱。不辱以靜，天地將自正。

這就是老子之所謂「有名知止」。「有名知止」可以作為老子「名論」的中心看待。但是應該強調的一點是，「名」之所止，當止於「名」之「自然」，而並非如有些論者所言的止於蒙昧。止於「名」之「自然」，則萬物存在的性狀可以借助於「名」而真實顯露，百姓萬民的自然也可以借助「名」而真實表達。本書第六十三節（通行本第十九章）：

絕聖棄智，而民利百倍。絕仁棄義，而民復孝慈。絕巧棄利，盜賊無有。此三言也，以為文未足，故令之有所屬：見素抱樸，少私而寡欲，絕學無憂。

後世莊子對老子的這種理念可謂心領神會，在《莊子・胠篋》篇裡有極好的發揮，可以作為理解老子思想的參照：

故絕聖棄知，大盜乃止；擿玉毀珠，小盜不起；焚符破璽，而民樸鄙；掊斗折衡，而民不爭；殫殘天下之聖法，而民始可與論議。擢亂六律，鑠絕竽瑟，塞瞽曠之耳，而天下始人含其聰矣；滅文章，散五采，膠離朱之目，而天下始人含其明矣。毀絕鉤繩而棄規矩，攦工倕之指，而天下始人有其巧矣。故曰：大巧若拙。削曾史之行，鉗楊墨之口，攘棄仁義，而天下之德始玄同矣。彼人含其明，則天下不鑠矣；人含其聰，則天下不累矣；人含其知，則天下不惑矣；人含其德，則天下不僻矣。

現在可以回到開始之時我們提出的問題。所謂「天下皆知美之為美」，一定是為天下同心者所造，是通過「有名」教化、善惡是非的提倡而實現——上仁、上義、上禮，遵循的都是這一條道路；而一旦有所提倡，則萬民各自歧離自身之自然，靡然景從而取譽於當道，則狡黠生焉，大偽生焉，對立生焉，爭鬥生焉。此「皆知美之為美」之所以為惡（醜）之由也。「皆知善，斯不善矣」與此同調。而真正的大美、大善，根本獨立於相互對待的世之所謂美醜、善惡之外，也不會依本體之遷延、情境與關係的變化發生改變，而完全以是否符合於「道」作為衡定的標準——聖人合乎「道」的行為表現，是「居無為之事，行不言之教，萬物作而弗司也，為而弗恃也，成功而弗居也」，百姓萬民則各美其美、各善其善，而天下同歸於至道；與之相應的「恆名」，則為「大成若缺」、「大盈若盅」、「大直如屈」、「大巧如拙」、「大贏如肭」、「大白如辱」，則為「明道如昧」、「進道如退」、「夷道如類」、「健德如偷」、「質真如渝」等等，將一切所謂矛盾對立包蘊於己身之中無所揀擇，因而於天下萬物無所不容。套用老子的句式，此當謂「大美若醜」、「大美無疆」、「大美無對」。由此說來，真正的「美」與「善」，只存在於大道之中，只能為有道之聖人所把持；世俗之所謂善惡美醜，不過是飄萍浮雲而已，根本不值得計較斟酌。

第四十七節

【題解】本節文字，在通行本《老子》中為總第三章、《道經》之第三章。在帛書本中，為《道經》之第三節、《老子》全本之第四十七節。此節帛書甲本殘損四十字，乙本無殘損。

不上賢❶，使民不爭❷。不貴難得之貨❸，使民不為盜。不見可欲❹，使民不亂❺。是以聖人之治也，虛其心❻，實其腹❼，弱其志❽，強其骨❾。恆使民無知無欲也，使夫知不敢，弗為而已❿，則無不治矣。

【注釋】❶不上賢　不去推崇那些賢能的人。上，通「尚」。推重；推崇。賢，賢能的人。❷爭　爭鬥；爭競。❸不貴難得之貨　不看重那些珍稀的寶物。貴，寶愛；珍惜；看重。難得之貨，指珍稀的寶物。❹不見可欲　不炫耀那些容易引動人們貪欲的東西。見，通「現」。炫耀。可欲，指誘發人們貪欲的東西。❺亂　（內心）動搖。❻虛其心　使（百姓）內心虛靜。❼實其腹　使（百姓）腹內充實。❽弱其志　使（百姓）意志消減。❾強其骨　使（百姓）身體強壯。❿使夫知不敢二句　讓那些所謂智者不敢有所作為，也無法有所作為。按老子之所謂智者，是指欲以其道影響和改變萬物自然演化的人，特指政治上欲有所作為者。

【語譯】不去推崇那些賢能的人，這樣人們就不會追逐知識，機詐之心也就不會生出，爭鬥也就不會發生了。不看重那些珍稀的寶物，這樣人們就不會捨棄有用的東西，為無用的東西犯難為寇、淪為竊賊了。不要炫耀那些容易引動人們貪欲的東西，這樣人們就不會中心動搖，從而陷入重重的欲望和不斷的爭鬥之中。所以聖人治理國家其實並沒有什麼特別玄妙的方法，只是使得百姓心中無欲無求、無知無慮，同時要保障他們吃得飽、穿得暖，消除他們冒險進取的意志，讓他們人人擁有強壯的體魄，總是讓他們處於沒有智慮、沒有非分的欲望幻想的境地中，壓制那些才智之士，使他們不敢也沒有機會妄逞智謀、干犯自然的進程。採取這樣無為的方式治理國家，國家就一定可以治理好。

【研析】賢，《說文》：「多財也。从貝，臤聲。」段注：「賢本多財之稱，引伸之，凡多皆曰賢。」據此，有研究者認為，老子在這節裡所言之「不上賢」、「不貴難得之貨」、「不見可欲」，皆指財物而言，所謂「不上賢」，應以不尚多財為解。此說推究「賢」字原始，立論不謂無據。但是如果從春秋戰國之時語詞使用的實際情況而言，以「賢」指多財，似乎難以徵信；而用為指示能力出眾，則多見諸典籍之中，《論語》中的「賢賢易色」（〈學而〉）、「舉賢才」（〈子路〉）、「君子尊賢而容眾」（〈子張〉）等，尤為明證。王弼注《老子》此節，曰：「賢，猶能也。」《老子》中「賢」字凡三見，此節之外，第四十節（通行本第七十五章）「夫唯無以生為者，是賢貴生」；第四十二節（通行本第七十七章）「是以聖人為而弗有，成功而弗居也，若此其不欲見賢也」，兩「賢」字皆當釋為「能」或「善」，而與多財無涉。

中國古代，往往是聖與賢兩者並稱，兩者雖有智慧程度、能力大小甚至等級上的差異（參見《大戴禮記・哀公問五義第四十》孔子之論賢聖），但聖賢一體，尊聖必及於重賢，則是一般學說思想所共具者。而老子學說，卻是尊聖不重賢——「聖」字在《老子》中二十八見，除第六十三節（通行本第十九章）「絕聖棄智」一處外，皆為老子所正面肯定、積極提倡者，如本書第十節（通行本第四十七章）「是以聖人不行而知，不見而名，弗為而成」，第二十節（通行本第五十七節）「是以聖人之言曰：我無為也而民自化，我好靜而民自正，我無事而民自富，我欲不欲而民自樸」，第五十一節（通行本第七章）「是以聖人退其身而身先，外其身而身存。不以其無私歟？故能成其私」，第六十七節（通行本第二十二章）「是以聖人執一以為天下牧」等等。而「賢」字全書僅三見，一則曰「不欲見賢」，再則曰「不上賢」。為何老子思想，會與當時一般觀念之間，存在著如此大的區別呢？

聖，《說文》：「通也。从耳，呈聲。」所謂通，指的是智慧通達。古文字「聖」从耳从壬，「壬」表示一個人站在高處，从耳表示有所聞。至於以聖人為明曉一切、有能力為自然以及人類社會立法並能發為實踐的頂級人物，而特別提出堯、舜、禹作為其代表，雖起始於儒家的尊崇，但後來也確實得到了諸子百家各個學派的共同認可——但老子與莊子卻除外。莊子在非難儒之所謂聖人上，表現尤為激烈。在他看來，儒之所謂聖人，以及他們所創設的那些聖法，乾脆就是煽亂天下的罪魁禍首，自然以及人類社會的一切災難，皆起源於聖人之有所作為，因此莊子說「聖人不死，大盜不止，雖重聖人而治天下，則是重利盜跖也」（《莊子・胠篋》）。老子的態度雖然沒有莊子表現的那麼激烈，但「絕聖棄智，而民利百倍」一句，也足以說明他對待諸如堯、舜、禹這些儒家之所謂聖人的態度，其實也是根本否定的。

那麼，老子之尊聖，尊的是什麼樣的聖人呢？與堯、舜、禹的孜孜矻矻以仁義治理天下不同，老子尊崇的，是無為的聖人、好靜的聖人、無事的聖人、欲不欲的聖人（本書第二十節，通行本第五十七章）。他們的理性足以把握萬物存在的真實性狀，他們的智慧足以發明貫通天地的生存法則，因此無論世界如何變化，他們都能積極地順應改變，自主地把握自身乃至整個人類社會的命運。因為他們知道，世界是一個無限開放的存在整體，而這個存在的整體永恆地處於變化之中；以私欲繁盛的個人那點兒有限的認識能力，基於一時一地對一事一物之所見所聞，根本無法獲得關於這個世界的真實，因而囿於一己的識見其實是愚蠢；意識不到這一點，甚而把持自己的識見更加發揮，乃至奉為治理天下的圭臬，為而不已、爭而不休，則是愚蠢至極。因此作為存在現實的個人，根本的立身之道，就是減損自己的欲望，遮蔽自己的聰明，超越自身認識立場的局限，以觀照萬物存在與變化的自然；而一旦將自己的認識立場轉換到萬物存在與變化的整體層位，就會發現世間萬物一切存在與變化，其實有一個共同的規則，這個規則就是「道」；把握了這個「道」並主動去隨順這個「道」，「道」就會對存在本身形成實際的利益保障，反之則否──老子的聖人，其實就是消解了私欲蒙蔽的自身認識立場，而站上了表現整體存在法則的「道」的立場之上的人，就是能夠理性地把握並在實踐中積極隨順這個「道」的人。

老子的「道」是聖人對萬物存在之自然的歸納、總結和提升，而萬物存在的自然，經過這種提升，顯現為以現實存在為基礎的整體性的「一」，它囊括了一切現實性存在於其中，是存在之大全。處身於這樣一個整體的「一」之中，萬物存在彼此之間，以互為條件、互為補充、互相作用、互相成就的關係構成為自身存在之前提與法則。遵從這種關係法則，將自身存在融入整體的「一」之中，就是老子之所謂有道；違反這種法則，即所謂無道，就會被整體排斥而游離於「一」之外，成為「餘食贅形」，無法得到整體的「一」的保障，於是死滅敗亡就不可避免。

「一」作為現實性存在的整體，是全部歷史演化的結果，也是未來一切變化的開端，因此「一」作為整體，永恆地處於自我更替的過程之中。但是無論怎樣更新，它所體現的「道」卻是恆常唯一，永遠不變的。一切具體存在，只有遵循「道」的決定，才能為「一」所接納，自身存在才能從「一」之整體得到保障。本書第五十八節（通行本第十四章）：

視之而弗見，名之曰微。聽之而弗聞，名之曰希。捪之而弗得，名之曰夷。三者不可致詰，

> 故混而為一。一者，其上不皦，其下不昧。繩繩呵不可名也，復歸於無物。是謂無狀之狀，無物之象，是謂惚恍。隨而不見其後，迎而不見其首。執今之道，以御今之有，以知古始，是謂道紀。

「道」作為唯一與永恆的存在法則，排斥一切人為與做作，所以一般之所謂賢能之士，根本無有作為的餘地；非獨賢人，聖人也無作為的可能，一切只要任由「道」的決定就可以了，聖人對於萬物存在不會有所提倡、有所推崇，只是順應「一」之所尚、「道」之所尚。「一」之所尚、「道」之所尚，意味著「一」與「道」確實地形成對某一具體存在的保障，這種保障並非出於「一」與「道」對這種存在的私心偏愛，而是出於「一」自身之需要，選擇的權利在於「一」與「道」本身——並且這種所尚，並不尚其一生，而是尚其一時。本書第四十九節（通行本第五章）：

> 天地不仁，以萬物為芻狗；聖人不仁，以百姓為芻狗。天地之間，其猶橐籥歟？噓而不淈，動而愈出。多聞數窮，不若守於沖。

這實際上是在判定，「一」所包蘊的萬物存在，本質上都是獨特的，因而也都是平等的，在「一」的變化之中，或許在某個時刻某種事物被凸顯出來，但這並不意味著此一事物因此可以長久地凌駕於萬物之上；被抑制下去，也並不意味著此一事物因此就永遠地被邊緣化。因此那些判斷事物的標準，無論是道德的、倫理的等等，也是如此，是非善惡，都表現為一時一地的具體判斷，所以不可以一種之是非為天下之是非，以一人之美醜為天下之美醜——總而言之，人的立場，以及緣於此種立場而生的所有判斷取捨，都是有局限的。而人類社會之「尚賢」、「貴難得之貨」、「現可欲」，是基於統治者個人的私欲私見。私欲立場反對於「道」之立場，而使得原本和諧自然的社會起爭執、生是非，究其根本，實在是因為人的愚蠢、自私、固執與做作。老子之聖人尚「無為」，所務就是去除人之賢，而歸於「一」與「道」之賢。而在「一」與「道」的立場上，人無賢愚、物無貴賤，用之則為賢為貴，捨之則為賤為卑。大賢不賢，人人為賢，因時而賢；大貴不貴，人人為貴，因時而貴；則人人為賢，物物為貴，也就無所謂誰賢誰貴了。萬物順應「一」的變化與「道」的決定，接受整體的選擇，是為「自然」；這種「自然」表現於人類社會，就是「實其腹」、「強其骨」，就是「為腹不為目」。本書第五十六節（通行本第十二章）：

五色使人目盲，馳騁田獵使人心發狂，難得之貨使人之行妨，五味使人之口爽，五音使人之耳聾。是以聖人之治也，為腹而不為目，故去彼而取此。

聖人的職責，就是保障「一」與「道」在人類社會中的實施，也就是說，保障人類社會的「自然」。而要做到這一點，必須出脫先天的愚昧和後天的愚蠢——前者使得聖人只能以「法自然」而不能以純粹的「自然」（這種意義上的「自然」，理性上等同於蒙昧）的面目出現，而後者則使得老子的聖人與儒墨各家以「有為」相號召的所謂聖人相互區別開來。這種定位，最終使老子之聖人在整體的「一」之中，成為獨特與不可替代的唯一存在——「一」之中的萬物存在，地位越是獨特，越是不可替代、不可或缺，「一」與「道」對他的保障也就越有力。於是聖人的利益和百姓的利益，在「道」的基礎上構成互相保障的關係，彼此共同支撐起兩得其利的雙贏局面。

第四十八節

【題解】本節文字，在通行本《老子》中為總第四章、《道經》之第四章。在帛書本中，為《道經》之第四節、《老子》全本之第四十八節。此節帛書甲本殘損十三字，乙本無殘損。

道沖❶，而用之有弗盈也❷。淵呵，似萬物之宗❸。銼其兌❹，解其紛❺，和其光❻，同其塵❼。湛呵似或存❽，吾不知其誰之子也，象帝之先❾。

【注釋】❶沖　沖虛。❷用之有弗盈也　（道）應用起來卻永遠不會盈滿。有，通「又」。盈，滿。❸淵呵二句　深遠呵如同萬物的宗主。淵，深。宗，宗主。按「似」，帛書甲本作「始」，與「似」通。❹銼其兌　摧折萬物的鋒芒。銼，通「挫」。摧折。兌，通「銳」。鋒芒。❺解其紛　拆解開萬物的糾結。解，拆解。紛，糾結；紛爭。按「紛」，帛書乙本作「芬」，與「紛」通。❻和其光　掩滅萬物的光焰。和，掩滅；和同。❼同其塵　使萬物同歸塵俗。同，混同。按上四句又見於本書第十九節（通行本第五十六章）。❽湛呵似或存　明明白白，彷彿實存之物一樣真實可感。湛，明顯；明白。存，存在。❾象帝之先　似乎天帝存在之前（道）就已然存在了。象，似乎。帝，天帝，舊說為創造和統治萬物的至上神。

【語譯】道本身不是實存的東西，沒有形體，但道雖空虛，宇宙萬物皆置其中，它也不會盈滿。深遠呵，如萬物的宗主。萬物有鋒芒顯露的，道便摧折它的鋒芒；有糾結難解的，道便解開它的糾結；有光焰耀人的，道便掩滅它的光焰；有特立不群的，道便使它返歸塵俗。它明明白白，彷彿實存之物一樣真實可感。我不知道道是從哪裡生出來的，似乎天帝存在之前道就已然存在著了。

【研析】《老子》中「自然」、「一」與「道」這三個概念，經常被後來的詮釋者混淆在一起。這三者在實際表現的意義上確實有交叉，而老子在具體的使用中，有時也的確存在某種混同的現象。但是總的來說，三者的分別還是可以從《老子》中尋出端倪的。

套用我們經常使用的概念，老子的「自然」大致可以類比於今之所謂「存在」，它指示的是存在之現實，尤其是人們意識狀態尚未發揮作用之時的存在現實——它可以指示一物之「自己如此」，也可以指示全體之「本來如此」。而「一」則是經過人（聖人）的思維（理性）整理過的「自然」，是人類意識對「自然」之「存在」的歸納和總結，它所指示的，是存在之全體中各個部分之間互為條件、互為補充、互相作用、互相成就的關係，以及由此種關係作用而形成的存在整體的一體無分——這樣的「一」，既可以指示蘊涵了一切具體存在，成為指示普遍與唯一的存在系統、存在整體之大全，也可以指示系統之中每個具體的存在物對系統與大全的歸附與認同。而系統與大全所體現的互為條件、互為補充、互相作用、互相成就的存在法則，就是老子之所謂「道」——它為整體的「一」所體現，也是「一」之中每個具體存在物存在下去所必須遵循的道路。

從「自然」到「一」，表現為客觀（現實）世界向思維（理性）世界的過渡，而「一」與「道」兩者，則意味著法則與法則的體現者之間的相互印證——「一」憑藉「道」而建立，而以「自然」所指代的現實存在為基礎，因此「一」指示的仍然是現實世界與現象世界；而「道」則超越於現實或現象性的存在之上，表現為法則性、恆常性與唯一性的統一——一切不符合「道」的存在都已經被淘汰，這是歷史；一切遵循「道」的存在都受到「道」的保障，這是現實；一切主動接受「道」的法則和作用的存在都將為「一」所接納，這是未來。老子之所謂「淵呵，似萬物之宗」、「湛呵似或存」，就是對「道」的這種屬性的描述。

從萬物自身存在的角度講，一物之存在，必須融入整體的「一」之中，借助整體存在作為保障，必須與整體之中的其他存在構成互為條件、互為補充、互相作用、互相成就的關係，也就是說，必須遵從「道」的法則，接受「道」的決定，自身存在才是現實的與可能的。老子這裡所謂「挫其銳，解其紛，和其光，同其塵」，是立足於「道」對具體存在物的作用而言的；從具體存在物自身存在的角度，就是拋棄以自我為中心的立場，湮滅對自我之所謂本質或個性的強調，接受自身所處的環境與關係對自身的決定，並且在這種給定的關係之中重新定義自身——說到底，任何存在物都是具體的存在，都不能脫離自身所處的時空界域，因而都只能秉持相對的原則處理自身與外物的關係，都只能在相對具體的境域中顯現自身的存在。這裡排斥一切本質和絕對，因而

「有名」是相對的，真理是相對的；這裡否定一切靜止和孤立，因而變化是永恆的，隨順變化而不斷適應新的關係規定也是永恆的。

「一」永恆地處於不斷的變化和自我更新之中，而「道」卻超越過去、現實和未來，不但能容納一切的現實，而且能容納一切的可能。「道沖，而用之又弗盈也」，說的就是「道」的這種超越性與包容性。「道」之能容，是因為它體現著「一」之全體（大全），而自身並無取捨——倘有取捨，便生善惡，善惡甫生，是非立現，一墮便入萬劫不復。老子謂「吾不知其（道）誰之子也，象帝之先」，所謂「先」，是層次上的高，猶父母之「先」於子女。「道」不知為誰之子，意味著「道」或者「一」之上更無一層，而為全體（大全）。所謂「帝」則否，只是大全之一部分，所體現的只能是某種特定的價值觀念和倫理觀念，因而註定是有限的——「帝」與「道」的區別，正在於有限與無限之不同。「道」為無限，所以才能容納一切善惡是非；「道」有恆，所以才能貶抑一切所謂真理而使之歸於相對。一切非為大全的東西，即使崇高如「帝」，只要隸屬有限，就不具備絕對與唯一的權威，就會偏於一隅，時用時息、時生時滅。只有「道」，才能超越並統攝一切具體存在，永為法則，永為主宰，永為唯一，永遠不變。

第四十九節

【題解】本節文字，在通行本《老子》中為總第五章、《道經》之第五章。在帛書本中，為《道經》之第五節、《老子》全本之第四十九節。此節帛書甲本殘損四字，乙本殘損一字。兩本殘損之處可互為補足。

天地不仁❶，以萬物為芻狗❷；聖人不仁，以百姓為芻狗❸。天地之間，其猶橐籥輿❹？虛而不淈❺，動而俞出❻。多聞數窮❼，不若守於中❽。

【注釋】❶天地不仁　天地無私昵偏愛之心。仁，仁愛，這裡指私昵偏愛。❷芻狗　用草紮成的狗，祭祀之時潔淨貢獻，祭祀完畢則遺棄踐踏，不稍存恭敬之心。❸聖人不仁二句　意思是聖人也沒有所謂仁愛之情，只是聽任百姓自然而然地生滅。❹其猶橐籥輿　橐籥，風箱。古之風箱袋狀，皮製，冶煉之時擠壓以生風。輿，通「歟」。❺虛而不淈　慢慢地吹，好像總也沒有窮盡。虛，通「噓」。謂輕輕地出氣。淈，枯竭；窮盡。❻動而俞出　擠壓得越快，風窮盡得越快。動，擠壓（得很快）。俞，通「愈」。快速；迅速。❼多聞數窮　通行本此句作「多言數窮」，謂話說得越多，人損耗得越快；另說據帛書本，謂學的東西越多，實行起來碰壁的時候也就越多。數，多；快。窮，窮盡；盡頭。❽中　通「沖」。沖虛。

【語譯】天地並無私昵偏愛之心，對萬物像對待芻狗一樣，用之捨之，全看自身是否需要；聖人並無所謂仁愛之心，對百姓也像對待芻狗一樣，用之捨之，聽任百姓自然生滅。天地作用於萬物，不就像個風箱吹風？緩緩擠壓，風吹出的時間就長，好像總也吹不完；擠壓得越猛烈，風窮盡得越快。博聞強記並且真正去實踐世間那些所謂的道術，必將到處碰壁、路路不通，不如把持柔弱的態度以時時順應「道」的決定。

【研　析】老子的社會政治學說中，最應注意的，就是百姓之「自然」與聖人之「法自然」，這是兩種不同的境界。聖人雖與百姓和合而為一體之社會，但是一體之中也有分別，而一以「自然」一「法自然」，就是他們的分別之處。聖人與百姓，在社會中所處的地位不同，利益需要不同，行為表現也不同。但是這種種不同，並不必然地導致聖人與百姓彼此之間的對立和矛盾。相反，正是因為這些不同的存在，聖人與百姓才能和合為人類社會的「一」；而和合的結果，就是聖人與百姓各得其利、共同成就，這是聖人與百姓的「和而不同」。如果強迫百姓必須同於其上，如墨家之「尚同」，在老子看來恰足以導致詐偽多端、奸邪叢生的局面愈演愈烈，那麼人類社會中的爭鬥就是不可避免的了。這種觀念，其實在《老子》的許多章節之中都有所表現，我們在相關的「研析」文字裡也相應地作出了說明，大家可以參看。

聖人之「法自然」，是建立在理性自覺基礎之上的。「道」作為聖人理性自覺的產物，來源於對自然存在真實性狀的深刻洞察之上，是從客觀事物存在的歷史與現實之中總結出來的。因此聖人作為聖人，既非天縱使然，也不是命定如此，而是通過後天努力所達到的。按照這種邏輯就應當說，人人可以為聖人，只要勤於觀察思索，努力實踐，誰都可以達到聖人的境界——《說文》：「聖，通也。」智慧通達者為聖，《老子》中就有深嘆不為人知、「被褐而懷玉」的聖人，可見所謂聖，不僅只局限於在位的統治者。

聖人作為一種理性自覺的人，所尋求的是存在的真實性狀；聖人之追尋大道，目的是使自身在不斷變化的整體存在之中，始終能夠隨順「一」的變化，由此而求得自身利益的長久保有。這其實顯現的是人對自主把握自己命運的渴望——不怨天，不尤人，自身的一切都取決於自己所達到的理性高度，以及理性對自身的欲望與生活狀態的調控能力。所以要成為聖人，修身就是必須強調的。修身的過程，就是先知後行，以知「道」為始，並最終落實於行，在行為中時時把握「道」的原則，這就是老子之所謂「有德」。從這個角度說，未必治理天下者才是聖人，「以身觀身，以家觀家，以鄉觀鄉，以邦觀邦，以天下觀天下」（本書第十七節，通行本第五十四章），而能將「道」的精神實踐於身、家、鄉、邦、天下者，都應當是聖人——大道雖然唯一，但表現於不同的存在層次則各有區別，此亦當為「道沖而用之又弗盈」一句中應有之義——老子「懷玉」而「被褐」，雖明「道」於天下，行為上卻不過僅止於修身之一端，成為後世避世之人的楷模，是聖人；那麼如仁者得之於家，義者得之於鄉，禮者得之於邦，而亦得「道」之一端者，是不是也當稱為聖人呢？從邏輯上推導，回答應該是肯定的，但《老子》之中卻一曰「絕聖棄智」，再曰「絕仁棄義」（本書第六十三節，通行本第十九章），大似視聖智為仇讎，棄仁義如敝屣，這又該如何理解呢？

在前面章節的「研析」文字中我們提到過，老子認為，具體存在物的屬性，並非由此一事物自身的所謂本質所決定，而是由此一事物所處身的關係所決定。由關係決定意味著任何具體必須依託於整體（系統）而存在，並在整體（系統）的規定之中通過自身功用的發揮獲得自身存在的合理性。簡單說，個體在整體（系統）中被規定為什麼，它就應該表現為什麼，否則就會被系統所排斥，被整體所淘汰，那麼個體就會面臨存在危機，直至喪亡。這是一方面。另一方面，整體（系統）是不斷變化的，整體（系統）之中的各種關係也在不斷變化之中，而這將導致整體（系統）之中的每個個體的屬性、地位恆常地處於變化之中；而個體則必須時時順應整體（系統）的變化，不斷地對自身進行調整和改變。「天地不仁，以萬物為芻狗；聖人不仁，以百姓為芻狗」，此句中的「天地」，指的就是存在之整體與系統，而所謂「萬物」，則是構成整體與系統的具體存在物的總稱。「芻狗」是用草紮成的狗，用於祭祀。《莊子・天運》：「夫芻狗之未陳也，盛以篋衍，巾以文繡，尸祝齊戒以將制；及其已陳也，行者踐其首脊，蘇者取而爨之而已。」整句是說，存在之全體對於任何具體之存在物都無私心作用，不偏好、無承諾，當其用則舉為神異尊崇有加，不當其用則踐其首脊取而爨之。聖人治理天下，猶天地之於萬物，也是因時俯仰，用捨無常，唯以「道」為遵循，以「一」為追求。「天地不仁」、「聖人不仁」，是因為仁義等等，或曾取用於一時一地而有效驗，然而終為有限之具體、有時之存在。有限則不足以當於整體，有時則不足以施之永恆；時過境遷，既與整體不相適應，也就喪失了推崇的必要——猶人之「老而不死是為賊」，仁義老而不死，借助於「名」，遷延流轉於後世，亦當為賊，所謂賊「道」者也。芻狗已陳，舉而尚之，是欲以人力而繼「道」為治者；而以人力繼「道」為治，如儒家之主張「正名」，尊忠信仁義為普世法則，提倡禮樂教化百姓，此皆以人的欲望為基礎，受人的利益所驅動，以人的價值判斷為策略選擇的依據，在老子看來，這根本就是悖離整體（「一」）的立場與「道」的精神，正是人類社會大亂之源。

說到底，仁義與「道」的對立，不是彼非此是的對立，而是有限與無限的對立。借用老子的「名」論，所謂仁義等等，僅不過一時之「有名」，或有效驗，但屬具體，所以必須「知止」，不能無限推演、一意提倡——老子的「絕聖棄智」、「絕仁棄義」，應該是在這種意義上立論的。「道」屬意於「無名」，「無名」的意義，恰恰在於打破對具體的「名」的固執與刻意泛化，而以「無名」否定「有名」，就是讓具體的歸於具體、有限的歸於有限，不使汪洋恣肆，溢為無涯。從這種意義上說，老子其實並非要對仁義等等一筆抹煞——「絕仁棄義」的結果是「民復孝慈」，「孝」、「慈」也是「有名」；通過絕棄、「無名」之類的方式對聖智仁義等等實施否定，而使所謂聖智、仁義歸「名」於「實」，應該才是老子措意之處。本書第七十六節（通行本第三十二章）：

> 道恆無名，樸唯小，而天下弗敢臣。侯王若能守之，萬物將自賓。……始制有名，名亦既有，夫亦將知止，知止所以不殆。

「有名知止」的意義，應當就是歸「名」於「實」。而萬物之「實」，就是任何具體存在都要隨時適應系統的變化，按照「道」的原則調整自身的定位、理念、策略、方法，以期與「道」相表裡，與整體（系統）相適應——這就是老子之所謂「柔弱」的真義，也是「柔弱」作為老子之「德」最為根本的規定的原因。老子說「柔弱勝強」（本書第八十節，通行本第三十六章），「柔弱」就是與「道」同體；「強」與之相對，則為悖離於「道」的率意妄為，即老子所反對的「有為」。與「道」同體就是聖人自覺把持虛一而靜的立場，純任「道」的作用，則「道」自能涵蘊一切、生成一切，而聖人的利益也會得到「道」的保障，並借助於「道」戰勝一切人為，所以老子說「強大居下，柔弱微細居上」（本書第四十一節，通行本第七十六章）。

個體隨順系統的變化，依照「道」的法則隨時調整自身，這種觀念以兩個字予以概括，就是《易・蒙・彖傳》中之「時中」。「時中」可以說是中國文化中最為重要，因而最具代表性的概念。「時中」之所謂「時」，是指因時變化；而所謂「中」本當讀為去聲，指合乎大道。唯能合乎「道」之原則因時變化，故可事事亨通、時時亨通，此〈彖傳〉「蒙，亨。以亨行，時中也」之義。「時中」固當以明曉大道並勇於踐行為前提，但單純專注於理論而無視具體的時代與環境因素，則幾類於按圖索驥，必不可矣。聖人之所當為者，是以「道」為準繩，以當下所處之情境為依據，以具體問題具體分析為方法，以構建整體之和諧為選擇，以整體之「自然」為效法的對象，不唯名，不唯理，不唯師，不唯上，不唯經驗，不唯權威，這是老子之「時中」，也是中國傳統文化所一直把持的「實事求是」精神的濫觴。

第五十節

【題　解】本節文字，在通行本《老子》中為總第六章、《道經》之第六章。在帛書本中，為《道經》之第六節、《老子》全本之第五十節。此節帛書甲本殘損二字，乙本無殘損。

谷神❶不死，是謂玄牝❷，玄牝之門，是謂天地之根❸。緜緜呵若存❹，用之不堇❺。

【注釋】❶谷神　老子之所謂「一」的別稱。❷玄牝　生育天地萬物的門戶。玄，暗昧；深遠難測。牝，本義為雌性動物的生殖器官，這裡指萬物生成的母體。❸天地之根　天地萬物產生的基礎、根源。❹緜緜呵若存　綿綿不絕卻又似有實無。❺用之不堇　功用沒有窮盡。堇，通「殣」。窮盡。

【語譯】整體的「一」是長存不敗的，它是萬物產生的根基，是天地生成的原本。「一」綿綿不絕地化生出天地萬物，本身卻浩茫無涯，似無實有，雖然視之不可見、聽之不可聞，但功用卻不竭不枯、永無窮盡。

【研析】《老子》一書中，「谷」是非常重要的一個意象——本書第三節（通行本第四十一章）「上德如谷」，第七十二節（通行本第二十八章）「知其榮，守其辱，為天下谷。為天下谷，恆德乃足」，此節又曰「谷神不死，是謂玄牝，玄牝之門，是謂天地之根。緜緜呵若存，用之不堇」，皆可為證明。然而如何理解這個意象，如何解釋「谷」實際蘊含的意義，卻頗存意見分歧。有說「谷」當訓為「養」者，有曰「谷」只寓意空虛，還有乾脆把「谷」直接對應於「道」，各種說法不一而足。

《說文》曰：「泉出通川為谷。从水半見出於口。」《爾雅》曰：「水注川曰谿，注谿曰谷。」比附於今，所謂「谷」其實就是河道之謂。河道引水灌注，要在能容，所以空虛能容成為

「谷」的意象之一。其次，天下之水縱然逕流千里，亦必終歸於海，而水行之道路就是「谷」，所以「谷」又有道路之義。事實上，《老子》中使用「谷」這個意象之時確實存在不同側重，本書第五十九節（通行本第十五章）「曠呵其若谷」，是著眼於「谷」之能容；第二十九節（通行本第六十六章）「江海之所以能為百谷王者，以其善下之，是以能為百谷王」，是江海亦為「谷」，只不過是「谷」之大者，猶第七十二節（通行本第二十八章）之所謂「天下谷」，這些「谷」字都是著眼於能容。而第七十六節（通行本第三十二章）「譬道之在天下也，猶川谷之與江海也」，「谷」則側重於水行之道路的意思，其所顯現的意義，應當是「道」導引萬物而入於「一」（「江海」）之中，則「谷」其實類比於「道」，而與能容之義無涉。

在前面的「研析」文字裡我們提到，老子之「一」所指代的，是人類意識（表現為聖人）對「自然」的歸納和總結，它所側重的，是存在之全體中各個部分之間互為條件、互為補充、互相作用、互相成就的關係，以及由此種關係作用而形成的一體無分的存在整體，而整體的「一」所體現的部分之間的互為條件、互為補充、互相作用、互相成就，就是老子的「道」。無論是「一」還是「道」，所表現的都是世界的真實性狀，是客觀存在的現實。那麼，作為被「一」包容其中的具體存在物，應該把持一種什麼樣的策略，才能使自身存在在整體之中獲得相應的保障，因而使自身最大的利益——即老子之所謂「長生久視」得以實現呢？這就是老子的「德」所欲解答的問題。

「德」，《說文》从直从心作「悳」，許慎釋其義曰：「外得於人，內得於己也。」段注：「內得於己，謂身心所自得也；外得於人，謂惠澤使人得之也。」「德」的中心是「得」，典籍中以

「得」訓「德」的例證不勝枚舉，老子的「德」也不例外，亦可以「得」訓之——所謂「德」者，得「道」者也，即能夠按照「道」的指引躬行實踐，以達於老子之所謂「長生久視」者也。然而何為得「道」，以何種策略予以實踐，如何保障自身的「長生久視」——一句話，有「德」的具體表現是怎樣的，「德」又含蘊了哪些實際的內容，諸如此類的問題，單純依靠理論推演與邏輯就無法解答了，必須通過對具體存在的各種事物的觀察、分析和歸納，從經驗的角度予以證明，並由此給出答案。本書第二節（通行本第三十九章）：

昔之得一者，天得一以清，地得一以寧，神得一以靈，谷得一以盈，侯王得一而以為天下正。其至之也，謂天毋已清將恐裂，謂地毋已寧將恐廢，謂神毋已靈將恐歇，謂谷毋已盈將恐竭，謂侯王毋已貴以高將恐蹶。故必貴而以賤為本，必高矣而以下為基。

天、地、神、谷、侯王等等，皆為具體之存在。一切具體存在，只有當其自身融入「一」之整體系統，接受整個系統之規定時，自身的功用才能恰如其分地表現出來。脫離這個系統的約制，在一切方面只注重自我的感覺、欲望，只強調自我之所謂本質，則天地亦將崩壞，神鬼也難靈異。因此，有「德」者必須超越自我，必以整體的「一」為立場，亦必以系統的「一」為歸終，這是老子之「德」最為基本的規定。

本書第五十五節（通行本第十一章）：

卅輻同一轂，當其無，有車之用也。埏埴而為器，當其無，有埴器之用也。鑿戶牖，當其無，有室之用也。故有之以為利，無之以為用。

超越自身立場而融入系統的「一」，當求諸自身之能容。能容才能接納他物；接納他物才可以與他物結合為互為利用的整體；與他物乃至萬物結合為互為利用的整體，自身存在才能得到整體的保障——猶如車輪之於整車、器壁之於全器、戶牖之於全室，全體不廢，部分即存。有「德」在這裡表現為能容、利人——能容是手段，所欲達到的目的是成就自我；利人是方法，最終獲得的結果是自利。此所謂容物成己，此所謂自利利人。

本書第五十一節（通行本第七章）：

天長地久。天地之所以能長且久者，以其不自生也，故能長生。是以聖人退其身而身先，外其身而身存。不以其無私歟？故能成其私。

能容、利人、與萬物互為利用、和諧相處，老子之「德」的這些特徵，是老子之「道」的具體體現與落實，而為現實之「長生久視」者的生命存在所印證。因此欲求「天長地久」者，不獨要在理性上把握「道」，還要在實踐中積極地貫徹「德」。

如果說「道」是對萬物存在整體的理性把握，那麼「德」就是從具體存在方面，對事物何以能夠「長生久視」的經驗總結與概括。諸如上引各節那樣，通過觀察與總結萬物存在的現實而歸納出「德」這一範疇的規定，《老子》中還有很多，涉及的方面也很多，柔弱、處下、不爭、知足、知止，乃至於不欲、無為等等皆是。但最為中心的、可以以之為中心串聯起「德」之種種表現的基本是兩種意義，一是能容，二是與「道」為一──這兩種，都體現在「谷」這個詞的基本詞義之中。本書第三節（通行本第四十一章）「上德如谷」，「谷」實際兼有了接納萬有共循行於大道的含義；進而又推其名曰「谷神」，所指必為涵蓋並超越一切具體之「德」，而達於一種高度抽象的程度的「德」之根本──老子或亦稱之為「玄德」。它是對唯一之「道」的順應，所以為「玄牝」；它是以天地為代表的一切萬物存在的法則，所以為「天地之根」；它歷久常然、永恆不變，所以「緜緜呵若存」；無論過去、現在還是未來，萬物存在皆以之為法則、為依據，所以「用之不墐」。

第五十一節

【題　解】本節文字，在通行本《老子》中為總第七章、《道經》之第七章。在帛書本中，為《道經》之第七節、《老子》全本之第五十一節。此節帛書甲本殘損二字，乙本無殘損。

天長地久。天地之所以能長且久者，以其不自生也，故能長生❶。是以聖人退其身而身先❷，外其身而身存❸。不以其無私輿❹？故能成其私❺。

【注釋】❶以其不自生也二句　因為天地不為自己而長養萬物，也不以自己的意志去支配萬物的生成演化，所以天地才能夠長久存在。❷退其身而身先　把自身置於萬物之後，自身反而能居於天下之先。退，置於……之後。按「退」，帛書甲本作「芮」，與「退」通。❸外其身而身存　把自己置於考量的範圍之外，自身反而能得到保全。外，置於……之外。按此句之上，帛書乙本衍「外其身而身先」六字。❹不以其無私輿　不正是因為他的無私嗎。輿，通「歟」。疑問語氣詞。❺成其私　成就個人的追求。

【語　譯】天地長久地存在。天地之所以能夠長久地存在，是因為它們並不為自己而生成長養萬物，也不以自己的意志支配萬物，而是任由萬物自然生成、自然發展，所以天地才能夠長久地存在。因此聖人效法天地之德，把自己的私利置之度外，不受私欲私心的支配，正因為如此，他們才能先於萬民而為君，居於世間而得保全。因為他們不受私心私欲的支配，所以聖人才會得到道的保障，而成就並且長久地保有自己的功業。

【研　析】老子的思想，區別於其他學派之學說思想的一個重要的特徵，就是對生命之長久的強調。可以說，在人類生活所能涉及的一切價值標準之中，老子最為看重的，就是「長生久視」，老子的整個學說體系構成，也是緊緊圍繞著「長生久視」之如何可能而展開的。後世的道教以羽化飛升、長生不老為追求，或以丹汞求之，或以導引求之，形式上接續的雖是老子的思路，但是本質上卻與老子大為不同。老子的「長生久視」，其實指的是人達於自身的自然壽限，而不因內外的禍亂而夭折，因此成就此一目的，不單是個人的問題，還牽涉到社會以及自然的方方面面，所以客觀存在的現實、人的認識能力，以及自然與人類社會的歷史和現狀，演化的規律，道德、倫理、制度、法律、政治、軍事等等，都在老子思考的範圍之內。而據此構建起來的老子學說，也因其豐厚的歷史內涵以及對現實的深刻洞見而顯得極其博大厚重。老子「長生久視」的生命學說建立在這樣一個基礎之上，也就使今天的我們，不能以單純的「活命哲學」視之了——生命作為永恆的主題，古今中外一切成熟的思想和哲學都無法迴避。「長生久視」根源於人類最初的欲望，和人的生命本能緊密相連。尤其是在災禍連綿、戰亂頻仍的時代，這種欲望無疑更應得到更為顯著的表達——老子所處身的，就是這樣一個時代，因而老子的表達，其實代表了一個時代的聲音。

自然所賦予人的壽限對所有人而言大致相同，但結果卻並不一樣。究其原因，天災和人禍，是對人的生命最大的威脅。天災從某種意義上，確實屬於不可抗力，當時社會也確實缺乏真正有效地組織民眾抵禦大的天災的能力。人禍就不一樣了，純屬人為的造作——尤其是居於統治地位的「侯王」施政無方或者濫用威權所導致。所以老子「長生久視」學說的展開，是從規勸統治天下的「侯王」開始的。本書第二十二節（通行本第五十九章）：

治人事天莫若嗇，夫唯嗇，是以早服，早服是謂重積德。重積德則無不克，無不克則莫知其極。莫知其極，可以有國。有國之母，可以長久。是謂深根固柢，長生久視之道也。

但老子立論，絕非如後世韓非之流，是在「侯王」的立場上，滿腦子想的都是如何為「侯王」們謀求更大的利益。老子明白，一個彼此對抗、互相欺陵的社會，每個人都不可能獲得「長生久視」的真實保障。「侯王」的「長生久視」，必當以整個社會成員的生存權利能夠普遍得到保障為基礎和前提。本書第二十三節（通行本第六十章）：

> 治大國若亨小鮮。以道蒞天下，其鬼不神。非其鬼不神也，其神不傷人也；非其神不傷人也，聖人亦弗傷也。夫兩不相傷，故德交歸焉。

因此「侯王」必須按照「道」的要求，與天下百姓結成互為利益的整體，並在這樣一個整體之中「法自然」而理天下，發揮自己獨特的作用，維護百姓生命的權益，維護整個社會的和諧安定，而「侯王」自身的利益也會因此得到「道」長久的保障。本書第六十節（通行本第十六章）：

> 至虛，極也；守靜，篤也。萬物滂作，吾以觀其復也。夫物芸芸，各復歸於其根曰靜，靜是謂復命。復命常也，知常明也；不知常，妄；妄作，凶。知常容，容乃公，公乃王，王乃天，天乃道，道乃久，沒身不殆。

對於百姓而言，生存能夠有所保障，能夠免除一切人為的損害，能夠自然而然地生活，就是「長生久視」。而對於「侯王」而言，「長生久視」則首先表現在能夠長久地保有自己的統治地位

——如果統治傾覆，「侯王」作為統治者的功能喪失，「侯王」也就成了老子之所謂「餘食贅形」，就會被「道」所排斥，甚至生命也會因此而喪失。本書第五十七節（通行本第十三章）：

吾所以有大患者，為吾有身也；及吾無身，有何患？故貴為身於為天下，若可以託天下矣；愛己身，為天下，汝可以寄天下矣。

「侯王」而欲長久保有自己的地位，就要效法天地之「不自生」——這是本節文字論述的重點。「天地」在中國古代，一直是被作為最為崇高、至上之物看待，同時也經常用以指代永恆不變之事實。此節老子之所謂「天長地久」，實兼此二者而言，意謂「天地」非獨能為萬物之長，而且能長久地保有自身作為萬物之長的位置，而這恰恰是人間現實中的「侯王」所留意處，於是取法「天地」就成為老子撬動現實之「侯王」的最易著力處。

「天地之所以能長且久者，以其不自生也，故能長生」。所謂「不自生」的意義，可以概括為兩點：一是不獨生，二是為「官長」而不主宰。

所謂不獨生，就是老子所謂「無欲」，就是超越自身的私欲立場，拋棄自身之所謂本質訴求，而與百姓萬民結為互利互助、互相成就的一體。作為「侯王」，就是不高居於萬民之上，不把天下萬民僅僅看作自己治下的臣民與附庸，看作滿足自己私欲的工具，而應盡一個「侯王」的責任，引導整個社會順應「道」的法則和諧穩定地發展，因此，「侯王」應當謙卑處下，克己成人，不與百姓爭利，不與天道爭功。這是老子之「無私」的表現之一，即無私欲。

所謂為「官長」而不主宰，就是老子之所謂「無為」，就是超越個人的知性立場與情感立場，不以個人的意志為天下的意志，而純然以「道」為歸終、為主宰，順應並維護「道」的決定。作為「侯王」，就是不嘗試以君王的權勢左右萬物，而是以「道」為決定者，「侯王」則順應並保障萬物在「道」的決定下自然生成、自然演化。這是老子之「無私」的表現之二，即無（勿）私為。「侯王」的無私欲，即所謂「退其身」；無私為，即所謂「外其身」。兩者所體現於「侯王」者，就在於能明曉並把持一己之於社會乃至整個自然全體之正當關係，以利益百姓的方式顯現自身存在之必要與合理。正是因為「侯王」能夠做到這兩點，所以「天下樂推而不厭」，「侯王」的「長生久視」的私願也就會真實實現。本書第二十九節（通行本第六十六章）：

江海之所以能為百谷王者，以其善下之，是以能為百谷王。是以聖人之欲上民也，必以其言下之；其欲先民也，必以其身後之。故居前而民弗害也，居上而民弗重也。天下皆樂推而弗厭也。非以其無爭歟，故天下莫能與爭。

第五十二節

【題解】本節文字，在通行本《老子》中為總第八章、《道經》之第八章。在帛書本中，為《道經》之第八節、《老子》全本之第五十二節。此節帛書甲、乙本皆無殘損。

上善如水❶。水善利萬物而有靜❷，居眾之所惡❸，故幾於道矣❹。居善地❺，心善淵❻，予善信❼，正善治❽，事善能❾，動善時❿。夫唯不靜，故無尤⓫。

【注釋】❶上善如水　最高的善就像水一樣。按帛書甲本此句作「上善治水」，「治」通「似」，文義與「上善如水」同。此從乙本。❷水善利萬物而有靜　水善於利益萬物，又能靜處卑下。有，通「又」。靜，靜處卑下，而不與萬物相爭。按此從帛書甲本。帛書乙本句作「水善利萬物而有爭」，通行本句作「水善利萬物而不爭」，一說謂甲本之「靜」與「爭」通，而帛書兩本之「有」字皆誤，句當以通行本為是。❸居眾之所惡　處身於萬物不願處身之處。居，處身。眾，指萬物。惡，厭惡（之處）。❹幾於道矣　接近於道。幾，接近。❺居善地　指有道之人善於像水一樣處身於低下的地位。❻心善淵　心志像水一樣深沉淵靜。淵，深沉寧靜。❼予善信　施與像水一樣普利萬物而不求取回報。予，施與。按「信」，帛書乙本作「天」，下並多「言善信」三字。❽正善治　治國能夠使天下安寧、紛爭不起。正，通「政」。治理（國家）。❾事善能　指做事能夠像水一樣隨方就圓。❿動善時　行為能夠順附自然節律、不悖天時。時，時機。⓫夫唯不靜二句　正是因為有道之人不與萬物相爭，所以他們不會有什麼過失。靜，通「爭」。尤，過失。

【語　譯】最高的善就像水一樣。水能給萬物以最大的益處，卻不與萬物相爭，處身於萬物不願處身的卑下之處，所以水非常接近於道。最好的處身之處是卑下之地，最高明的心深沉淵靜猶如深潭，最好的施與是像水一樣普利萬物而不求取回報，最好的治國之道是能夠使天下不爭的治國之道，最好的行事原則就是能夠像水一樣隨方就圓。最好的行為是順附自然、不悖天時的行為。正是因為聖人不與萬物相爭，所以聖人不會有什麼過失。

【研　析】水在中國傳統思想中，一直占據著相當重要的地位，《管子・水地》說，水是大地的血脈，具有一切美好的本質，是萬物之準，一切生命的根據，以至於篇末曰：「水者何也？萬物之本原也，諸生之宗室也，美惡、賢不肖、愚俊之所產也。」其對水的推崇一至於此。上世紀九十年代，湖北荊門郭店出土的楚簡，有〈太一生水〉一篇，文曰：「太一生水。水反輔太一，是以成天。天反輔太一，是以成地。天地復相輔也，是以成神明。神明復相輔也，是以成陰陽。陰陽復相輔也，是以成四時。四時復相輔也，是以成滄熱。滄熱復相輔也，是以成濕燥。濕燥復相輔也，成歲而止。」太一之始生為水，此後的天地、神明、陰陽、四時等等，皆成於水生之後，則水之地位之尊顯可見一斑。所以，水在中國古人的思維之中，一直是一個很重要的觀照對象。《荀子・宥坐》記載：

孔子觀於東流之水，子貢問於孔子曰：「君子之所以見大水必觀焉者，是何？」孔子曰：「夫水遍與諸生而無為也，似德。其流也埤下，裾拘必循其理，似義。其洸洸乎不淈盡，似道。若有決行之，其應佚若聲響，其赴百仞之谷不懼，似勇。主量必平，似法。盈不求概，似正。淖約微達，似察。以出以入，以就鮮潔，似善化。其萬折也必東，似志。是故君子見大水必觀焉。」

「君子見大水必觀」，不是觀賞美景，而是觀照水之中所蘊含的道理，或借水來說明行事的原則，如《孫子．虛實》之所言：

夫兵形象水，水之形，避高而趨下；兵之形，避實而擊虛；水因地而制流，兵因敵而制勝。故兵無常勢，水無常形。能因敵變化而取勝，謂之神。故五行無常勝，四時無常位，日有短長，月有死生。

用兵是以攻擊別人而取勝為能，所謂「兵形象水」，就是抓住時機善於利用，避開設防嚴密實力強大的敵人，而攻擊其薄弱環節——用兵作戰沒有一成不變的態勢，正如流水隨形婉轉，沒有固定的形狀和去向。能夠根據敵情的變化，尋找對方的最弱之處，集中己方全部的力量，在某一點一擊致命，就叫做「以奇用兵」，就叫做用兵如神。所以孫子說「故勝兵若以鎰稱銖，敗兵若以銖稱鎰。勝者之戰，若決積水于千仞之谿，形也」（《孫子．軍形》）。

老子也推崇水，而且老子推崇水，非常接近於孫子之所論——其實兩者真正的區別或許只有一點，就是孫子推崇水，是取其相害（「以奇用兵」），而老子推崇水，則是取其相利（「善利萬物」）。取其相害，是尋找對方弱點予以打擊，從而導致對方的全面崩潰；取其相利，是尋找對方不足之處，而以我之所能予以補足，從而與對方結為互相利益、互相保障、和諧共存的穩定關係——猶水之流下，豐潤其根，則萬物散枝開葉、花果粲然而終不凋弊，這是水之「善利萬物」的一個方面。

另一方面，就是靜處卑下、「居眾之所惡」。我之利益萬物，不是上對下的賜予，不是侯王對百姓的恩惠——出於慈悲和憐憫的恩賜，對施與和接受雙方都是負擔，因而不可能成為恒常關係的基礎。建立在各自根本利益需要之上，關係雙方才可能各自斟酌取捨、保持克制，平等對待、全面協調，而這才是全方位的、穩固的、恆久的和諧關係的基礎。和諧意味著互相利益與互為補充的關係之中，誰也無法捨棄對方而存在，大家只有共同的利益，沒有互相的爭鬥和傷害，彼此真正形成不可分割的一個整體——此之謂「得一」。本書第二節（通行本第三十九章）：

> 昔之得一者，天得一以清，地得一以寧，神得一以靈，谷得一以盈，侯王得一而以為天下正。其至之也，謂天毋已清將恐裂，謂地毋已寧將恐廢，謂神毋已靈將恐歇，謂谷毋已盈將恐竭，謂侯王毋已貴以高將恐蹶。故必貴而以賤為本，必高矣而以下為基。夫是以侯王自謂孤寡不穀，此其賤之本歟，非也？故致數譽無與，是故不欲祿祿若玉，硌硌若石。

萬物皆在此「一」之中，萬物皆得其「一」而與他物互利共存，沒有實際的高下尊卑之別，也沒有壓迫、掠奪與爭鬥之事，此之謂萬物之各得其「一」，也是存在全體之整體為「一」。人與人如此，聖人和百姓如此，人類社會與自然也如此，舉凡一切關係，皆當如此，這才是符合道的關係。所以靜處卑下、「居眾之所惡」，於水則為順應自身下流之性，陷溝填壑、藏汙納垢，於侯王則為雖貴高而以孤寡不穀自稱，「受邦之垢」，「受邦之不祥」，唯其能如此，才能為「社稷之主」，「為天下之王」（本書第四十三節，通行本第七十八章）。

第五十三節

【題　解】本節文字，在通行本《老子》中為總第九章、《道經》之第九章。在帛書本中，為《道經》之第九節、《老子》全本之第五十三節。此節帛書甲本殘損十一字，乙本無殘損。

植而盈之，不若其已❶。掬而允之，不可長葆也❷。金玉盈室，莫之守也❸。貴富而驕，自遺咎也❹。功遂身退，天之道也❺。

【注　釋】❶植而盈之二句　聚斂起滿屋子的財物，不如趁早休歇。植，通「殖」。貨殖，這裡指聚斂財物。盈，盈滿。已，停止。❷掬而允之二句　擁有財富而自誇自耀，必不可長久地保有。掬，通「揣」。藏，這裡指占有（財物）。允，自誇，類於下文「貴富而驕」之「驕」。葆，保有。❸金玉盈室二句　金玉滿堂，沒有人能夠守得住不散失。盈，滿。按帛書乙本「守」上有「能」字，甲本無。❹貴富而驕二句　富貴而驕橫跋扈，那是自己給自己留下災禍。遺，留下。咎，禍患。❺功遂身退二句　功業成就然後退身處下，是符合天道的明智之舉。遂，完成。身退，指不居其功。按「遂」，帛書甲本作「述」；「退」，作「芮」，此從乙本。

【語譯】積聚財物盈室累屋，不如趁早休歇；擁有財富而沾沾自喜自誇自耀，財富必不可長久地保有；金玉滿堂，沒有人能夠守得住不散失；富貴而驕橫跋扈，那是自己給自己留下災禍。事業成就，然後退身處下，不居功自傲，是符合天道的明智之舉。

【研析】本節所涉及的，主要是社會財富的積累和分配問題。社會財富是整個社會所有成員勞動創造的結果，分配財富也應該按照社會成員在財富創造過程中貢獻的大小公平決定，這應該是人類社會組織發展到一定階段時自然而然產生的觀念。但是很不幸，國家產生、階級對立出現以後，統治者出於人性本然的貪婪和占有的欲望，往往會借助於社會所賦予自己的權力，對一般社會成員展開越來越肆無忌憚的掠奪，於是社會本就有限的財富，越來越集中到少數威權人物手中，而大多數的民眾，由於生活資料的缺乏，生存的壓力也就越來越大，起而反抗壓迫、爭取生存權利的鬥爭也就會愈演愈烈，終至於天翻地覆，統治垮臺——對於統治者來說，最大的災難降臨了。

對於崇尚鬥爭與進步的學說理論而言，以上結果是人類社會的存在與發展所必須付出的代價。每一次改朝換代的「革命」，都會催生出新體制因素的出現，直至有一天舊體制整體崩潰，新的體制建立。人類社會就在這種不斷的自我否定中逐步前行、逐步完善，一步步趨近於最終的公平與正義。而對於崇尚「和」的中國傳統思維而言，人類社會所存在的對立和爭鬥，其實並不具有必然性，完全可以通過人們自身的努力予以化解。老子學說，在社會政治層面的著力之處，就是如何化解這種看似必然的對立與鬥爭，而使人類社會恆常地處於和諧穩定的狀態之中。

在本書第三十節（通行本第八十章）的「研析」裡我們指出過，老子的社會政治學說，以及根據此種學說而構建起來的「小邦寡民」的社會模式，特徵上很符合現代人類學稱之為前國家形態的氏族社會晚期的生活景象。依照西方歷史學的一般理論，人類社會的發展普遍遵循的規律，是從原始社會到奴隸社會，再到封建社會、資本主義社會等等，這是人類社會進化的必然，也是所有人類社會發展的必由之路。依照此種理論，從老子的「小邦寡民」所反映的時代（原始社會）進至於老子所生活的春秋末期，不單是已經從無階級的社會進入到了階級社會，而且社會形態已經跨越了階級社會之中的整個奴隸制階段，進入到了封建制產生的前夜。在這樣一個時代轉而提倡「小邦寡民」的政治主張，歷史觀肯定是倒退的，政治觀念肯定是腐朽落後的——對老子的這種評價，很長一段時間充斥在幾乎是每一本研究老子的專著和每一篇研究老子的文章之中。

我們無暇研究西方這種單一線索的社會發展規律是否存在例外，也不想追究構成這一線索的社會發展的不同階段彼此之間究竟存在哪種起承轉合的關係——歷史學研究中，對諸如中國究竟是否存在奴隸社會、亞細亞生產方式的真實意義、如何處理中國歷史的分期等等一系列問題喋喋不休的爭論，很容易使人對上述問題的真正解決產生懷疑。甚而言之，老子的歷史觀是否真屬倒退，政治觀念是否確實腐朽落後，這些問題我們也將儘量避免談論——進步與倒退、先進與落後等等觀念，或直接或間接，其實多半都衍生於前面提到的西方所謂進化的人類社會發展觀。而在中國傳統的社會政治理論系統中，一個社會的和諧與穩定，其價值遠遠高於它創造出了多少供人享樂的物質財富——人們一旦組織為社會，隨著生產效益的大幅度提高，生存所必需的物質條件其實並不難以滿足；真正對普通民眾的生存、對社會的和諧與穩定造成威脅的，恰恰不是物質生產的匱乏，而是財富分配的不公。《論語・季氏》記孔子言曰：「丘也聞有國有家者，不患寡（當為貧）而患不均，不患貧（當為寡）而患不安。蓋均無貧，和無寡，安無傾。」可為上述觀點的證明。

社會的和諧與穩定，在孔子看來，要靠財富分配的「均」、社會成員的「和」，以及人心的「安」來獲得。「均」體現著社會的公平原則，「和」體現著社會正義——此兩者側重的是社會中人際關係（包括等級關係）的和諧，而以「禮」為具體表現；「安」則側重於人心的安寧與社會的穩定。由「均」而「和」而「安」，皆非自私為己的現實人性所能提供，因此孔子所追求的社會和諧與穩定，必須從禮樂教化中求取。老子則不然。老子的社會政治學說，中心是依照「道」的法則，建立起一個整體關聯的社會組織形式。所謂整體關聯，是指整體中的每一個部分都以其他部分為依託，在整體中各自顯現意義；而整體作為系統，規定著各個部分之間互為條件、互為補充、互相作用、互相成就的關係，以及由此種關係作用而形成的一體無分——簡單說，老子所推舉的理想的人類社會模式，就是以其學說體系中「一」這個理念為藍本而設計出來的；或者說老子「小邦寡民」的社會主張，其實是「一」這個萬物存在的終極範式在人類社會組織形式中的具體落實。

老子的「一」，並非如大多數人理解的那樣，是「道」的別名；甚至「一」所指示的也不是如今人之所謂自然（客觀存在之全體），而是經過人的思維（理性）整理過的自然，是人類意識對自然之存在的歸納和總結。它所指示的，是存在之全體中各個部分之間互為條件、互為補充、互相作用、互相成就的關係，以及由此種關係作用而形成的存在整體的一體無分。而「一」之中所體現的互為條件、互為補充、互相作用、互相成就的存在法則，就是老子之所謂「道」——它為整體的「一」所實際顯現，也是「一」之中每個具體存在物存在下去必須遵循的道路。「一」之中蘊含了「道」，或者說「道」促成了「一」之所以為「一」，所以「道生一」（本書第五節，通行本第四十二章）和「道立於一」（《說文・一部》）的說法其實並不矛盾。在這種意義上，可以說以「道」為核心的中國傳統思想所關注的中心，就是萬物存在現實所體現出的關係，以及關係對萬物存在的決定作用——存在是關係之中的存在，甚至是關係決定存在；關係的調整和改變，直接決定著存在者的存在狀態與存在的可能性。

「道」是對萬物存在之關係的最為集中的概括，它所表達的，是一種最為合宜於萬物存在的法則性的關係構成。「道」之於萬物「生之、畜之、長之、育之、亭之、毒之、養之、覆之」（本書第十四節，通行本第五十一章），決定作用貫穿於萬物存在的整個過程；這種決定作用，又是通過對萬物的「塞其兌，閉其門，和其光，同其塵，挫其銳，解其紛」（本書第十九節，通行本第五十六章）而實現。所謂「塞其兌，閉其門，和其光，同其塵，挫其銳，解其紛」，其實就是「道」對萬物存在的關係調整，使具體事物於其存在的整體之中獲得一種最為合宜的關係構成，而最為合宜的關係構成，就表現在對「度」的把握之上——合宜的關係，其實就是有度的關係，就是符合「道」的關係。萬物存在各有其度，就是萬物存在各得其道；萬物存在各得其道，作為整體的

「一」的內在和諧才得以實現，才能反過來保障萬物存在的「自然」。

人類社會也是如此。作為存在整體之中的一個小的系統，人類社會被自然全體所籠罩，也被自然全體這個最大的系統所決定。因此人類社會想要獲得自然全體的保障，必須將自己置身於自然全體之下、萬物存在之中，與天地萬物共同接受「道」的決定，與自然的整體演化保持同一種節律，所以老子主張「人法地，地法天，天法道，道法自然」（本書第六十九節，通行本第二十五章）——這是從人類社會整體與自然萬物的關係而言的。從人類社會自身說，要保障人類社會與自然全體的節律相一致，必須在自身的組織形式中引入自然全體的關係法則，因此社會組織形態也被老子按照「一」這個範式建構起來了——社會中的每個成員，在社會整體之中各自占據相應的位置，發揮各自的功能，盡自己相應的義務，同時享有相應的權利，整個社會因此而形成類似於後世之分工合作的互相依託、互為補充、彼此成就的關係。而傳統之所看重的，諸如貴賤貧富、等級特權之類，在老子的政治設計中幾乎沒有反映，即使貴如侯王，亦不過能以自身之智慧修養，循道遵德治理天下，盡自己的職責本分而已。反而是或許因為侯王之類獨有的權力極易導致自身的腐敗與驕橫，所以老子一而再再而三地正告他們，生活上要檢點，行為上要有度，財富上要知足，態度上要謙卑——總而言之，要遵循「天道」的法則，與百姓萬民建立和諧的關係。本書第四十二節（通行本第七十七章）：

天之道，猶張弓者也。高者抑之，下者舉之；有餘者損之，不足者補之。故天之道，損有餘而益不足。人之道則不然，損不足而奉有餘。孰能有餘而有以取奉於天者乎？唯有道者乎。是以聖人為而弗有，成功而弗居也，若此其不欲見賢也。

本書第二十九節（通行本第六十六章）：

江海之所以能為百谷王者，以其善下之，是以能為百谷王。是以聖人之欲上民也，必以其言下之；其欲先民也，必以其身後之。故居前而民弗害也，居上而民弗重也。天下皆樂推而弗厭也。非以其無爭歟，故天下莫能與爭。

侯王生活要檢點，享樂要有度，財富要知足，態度要謙卑，所有這些都是為了使自己能夠得到「道」的保障，獲得「長生久視」的人生最大利益。反於此，即為本節之所謂「殖而盈之」、「揣而允之」，雖至於「金玉盈室」、「貴富而驕」，則「道」必「挫其銳，解其紛，和其光，同其塵」。與其消極地接受「道」的制衡，不如積極主動地按照「道」的法則預為調整，使得自身與百姓萬民、與整個社會和諧一致，而能無銳無紛、和光同塵、功遂身退、合於大道，這應當就是老子所謂「聖人」之所以為「聖」者。

第五十四節

【題解】本節文字，在通行本《老子》中為總第十章、《道經》之第十節、《老子》全本之第五十四節。此節帛書甲本殘損四十六字，乙本無殘損。

戴營袙抱一❶，能毋離乎❷？槫氣至柔❸，能嬰兒乎❹？脩除玄監❺，能毋有疵乎❻？愛民栝國❼，能毋以知❽乎？天門啟闔❾，能為雌❿乎？明白四達⓫，能毋以知⓬乎？生之畜之⓭，生而弗有⓮，長而弗宰也⓯，是謂玄德⓰。

【注釋】❶戴營袙抱一　精神和軀體和合為一。戴，通「載」。發語詞。營，魂，這裡指精神。袙，通「魄」。形魄，這裡指軀體。抱一，和合為一。❷能毋離乎　能夠不使它們相互離失嗎。毋，不。離，分離。❸槫氣至柔　收縮志意而至於綿密柔和。槫，通「摶」。結聚；收縮。❹能嬰兒乎　能夠恢復至嬰兒時狀態嗎。嬰兒，使用如動詞，像嬰兒一樣。❺脩除玄監　掃除內心所受到的薰染，恢復到清淨自然的人之本心。脩，通「滌」。除，打掃。玄，幽深。監，通「鑒」。鏡子。玄鑒，指清淨自然的人之本心。❻能毋有疵乎　能夠恢復到沒有瑕疵的狀態嗎。疵，瑕疵，此指私欲干擾。❼愛民栝國　愛護百姓、治理國家。栝，通「治」。❽毋以知　不借助於聖人侯王自己的所謂智慧。知，通「智」。❾天門啟闔　指萬物流轉生滅的自然運動。天門，指生成萬物之源。啟，開。闔，閉。❿為雌　處於柔弱順應的地位。⓫明白四達　通曉萬物演化之理。⓬毋以知　不憑藉知性作用。⓭畜之　蓄養萬物。畜，通「蓄」。⓮生而弗有　萬物生成而不謀求占有。有，占有。

⑮長而弗宰也　萬物生長而不企圖控制、主宰它們。宰，控制；主宰。⑯玄德　幽深玄遠的德行。

【語譯】讓精神和軀體和合為一，保持生命自然本初的狀態，不使它們相互離失，能夠做到嗎？收縮志意，讓自己的心氣恢復至嬰兒時的綿密柔和，能夠做到嗎？掃除內心所受到的薰染，讓本心回歸清淨無瑕的狀態，能夠做到嗎？愛護百姓、治理國家，不以一己之私欲以及所謂智慧支配自己的行為，而是順應自然、輔助自然的演化，能夠做到嗎？面對自然萬物生生不息的流轉遷徙，始終把持順守無為的態度，不強制改變自然的歷程，能夠做到嗎？通曉萬物演化之理，卻不糾纏一般所謂的知識智慧，能夠做到嗎？任憑自然去生育萬物、長養萬物，不把萬物當作自己的私有去支配，保障萬物自然而不自居有功，面對萬物存在不企圖控制、主宰它們，這才是高深的德行。

【研析】此節包含了老子人生修養論以及社會政治論的幾乎所有方面，不妨作為老子學說的綱領來看待。

所謂「營魄抱一」，指的是精神與軀體、靈與肉的和諧一致。精神與軀體、靈與肉不相分離，指的是精神作為生命的內在形式，表現為最為自然純粹的喜怒哀樂；軀體作為生命的外在形式，一方面制約著精神的擴張，一方面滿足著精神的欲求：兩者互為表裡、密合無間。

「摶氣致柔」指的是收縮個人的意志心神，使得人的精神欲求回歸人之初的狀態，而不被外物所牽引，眩於五色、五味、五音等等，以致於心神動搖，不能安於自然之狀態。

「滌除玄鑒」與前二者相聯繫，側重在人的認識方面，意思是保持質樸自然的真知，不為後世啟人私欲的偽智所迷惑。

以上三句，都是關乎個人修養尤其是統治者的個人修養問題。三者之中，「營魄抱一」是根本，也是老子整套修身理論展開的基礎。而「一」字在這裡的用法，在某種意義上可以為我們更進一步地理解老子「一」這個範疇提供啟示。

「一」為數之始，也為物之極，因此整體、全部的現實存在，在老子這裡被稱為「一」，而與此種「一」相對應的範疇則為「道」。與西方近代哲學相比較，它是現實存在的世界整體（老子亦稱之為「自然」）在人的觀念世界裡的真實映照。本書第五節（通行本第四十二章）之「道生一」，「一」就是作為指代萬物整體與全部、一切存在之大全的概念而使用，而正是由於人的意識的介入，這個觀念中的「一」，較之存在世界的「自然」，多出了「道」這樣一個範疇，用以指示此「一」所包蘊的萬物存在共同體現的法則或規律——兩者所表達的，皆為人類意識中存在之無限與唯一的辯證統一，所以在這種意義上，「一」是絕對的「一」，而「道」也是絕對的「道」。

人類認識和把握無限的時空世界，皆是從當下與具體的事物開始。西方哲學的「還原論」，認為通過對某一系統、事物或現象的各個部分的組合可以還原出此一系統、事物或現象的整體與全貌，這種思維方式離不開具體；東方哲學的「整體論」，以天、道等等為論說的依據，形式上似乎超越了具體存在的局限，但從認識論上講，對天、道等等的把握，同樣離不開具體。前面的「研析」文字裡我們談到過，老子的認識論，所謂「一」與「道」，都是建立在「有名」基礎之上，通過對「有名」的逐層否定（「無名」）而獲得的——「有名」就是具體，就是相對獨立的層次，就是相對完整的系統。將這樣相對獨立、相對完整的層次與系統強調出來、推演出去，使其成為絕對化的標準與普適化的真理固然是緣木求魚，但如果因為其不免相對而一律禁絕，那麼非獨「一」

與「道」會喪失依據，人的認識能力也將徹底被否定，這顯然與老子的說法徹底悖離。

這就是說，「一」與「道」其實也是有層次的。本書第六十九節（通行本第二十五章）「道大，天大，地大，王亦大」，域中四大，「王」居其一，四大就是四個系統、四個層次，而「王」就是人類社會這個層次或系統的代表。本書第一節（通行本第三十八章）「道」、「德」、「仁」、「義」的排列順序，反過來就應當是「道」之由相對而至於絕對的次序，而「禮」則終因其所依靠的完全是外力的束縛與壓迫，所謀求的完全是私利滿足，所表現的完全是彼此的對抗，故老子謂其為「失道」之始。「一」這個範疇也是一樣，以一身統攝「營魄」（「以身觀身」），此為身之「一」；以一家統攝人我（「以家觀家」），此為家之「一」；以一鄉統攝親疏（「以鄉觀鄉」），此為鄉之「一」；以一國統攝尊卑貴賤（「以邦觀邦」），此為國之「一」；以整個天下統攝是非善惡（「以天下觀天下」），此為天下之「一」；以自然統攝天地萬物，此為老子最終的、絕對的「一」。本書第五十八節（通行本第十四章）：

> 視之而弗見，名之曰微。聽之而弗聞，名之曰希。捪之而弗得，名之曰夷。三者不可致詰，故混而為一。一者，其上不皦，其下不昧。繩繩呵不可名也，復歸於無物。是謂無狀之狀，無物之象，是謂惚恍。隨而不見其後，迎而不見其首。

作為整體中的部分，個人的精神不能出離於人（身）這個「一」，就像「三十輻」不可以出離於「輪」這個「一」、聖人不可以出離於人類社會這個「一」、萬物存在不可以出離於自然這個

「一」一樣。本節起首，老子便以反問的形式強調出這一點，「載營魄抱一，能毋離乎？」所謂「抱一」就是「得一」，亦即是老子之所謂「德」的基本規定。本書第二節（通行本第三十九章）：

> 昔之得一者，天得一以清，地得一以寧，神得一以靈，谷得一以盈，侯王得一而以為天下正。其至之也，謂天毋已清將恐裂，謂地毋已寧將恐廢，謂神毋已靈將恐歇，謂谷毋已盈將恐竭，謂侯王毋已貴以高將恐蹶。

繼續探討下去，其實還可以得出如下結論：存在論意義上的「一」，確實可以指示某個整體乃至全部存在整體的實際存在，但是老子建構這樣一個「一」，最為顯明的目的其實應該表現在人生修養論與社會政治論之中。「一」是「道」的存身之所，因此「一」本質地體現著整體對其所包涵的個體的領屬；而要實現這種領屬，就要消解個體自身之所謂本質，而歸順於整體所體現的關係法則——有「德」的表現就是順「道」，就是按照系統之中各種關係對自身的設定來改造自身，使自身適應系統、融入系統整體之中。本書第六十五節（通行本第二十一章）所謂「孔德之容，惟道是從」可為證明。在這種意義上，「一」不單作為整體與系統而顯現意義，它還引領具體事物進入系統整體，並通過約制與規定，使其與系統之中的其他事物之間建立符合「道」的關係法則，形成彼此和諧的整體——類比於老子以「無名」鎮制「有名」的「名論」，老子的整體和諧論，就是以「一」鎮制「多」、以整體鎮制部分。這兩者雖一為認識論，一為實踐論，但結構框架相同，邏輯上亦相互銜接。通過這種類比也可以看出，在某種意義上，其實「一」就等同於老子之所謂「無」——「一」之所一，不是各種具體存在質料或屬性上的單一，而是關係上的純一，是不同事物遵從同一個「道」而結成的圓融一體；「無」之所無，不是個體之間彼此差異的徹底泯滅，而是對系統之中易於引發彼此衝突的個體自身之所謂本質的抹殺。「一」或者「無」，所立足的都是整體立場，所強調的都是萬物和諧，所追求的都是互為利益、互相成就的關係建立，所遵循的都是「不爭而善勝」的「天之道」。老子的這些觀念，以及表現這些觀念的範疇，對後世中國古代思想的演化影響至鉅，後世的儒學、道學、法家乃至今天談到類似的問題，都自覺或不自覺地循行著同樣一種思路，把整體的觀念放置在首要的位置，以致有人乾脆以「還原論」和「整體論」來表徵中西學術的區別。因此在本書第四十五節（通行本第一章）的「研析」裡，我們才會說中國的傳統思想——或者也可稱之為「道學」或「中國哲學」，本質上是關係學說。「道」作為最高範疇，所體現的是整體關係的和諧；「道」對萬物之「挫其銳，解其紛，和其光，同其塵」（本書第四十八節，通行本第四章），體現的就是整體之中的關係決定具體事物的存在屬性；遵從「道」的指引，就是與萬物構建彼此和諧的關係，而與萬物構建起彼此和諧的關係，才是一切萬物的自存之道。

談完了修身，老子接著談論治國，而關於治國的三問，實際與前面所談的三條存在相互對應的關係。

「愛民治國，能毋以知乎」，所對應的是「營魄抱一，能毋離乎」，治國猶如修身，國猶其「魄」，聖人治國之道術即是其「營」。聖人以「法自然」治天下而區別於百姓萬民，「法自然」即是聖人治國之術，「魚不可脫於淵，邦利器不可以示人」（本書第八十節，通行本第三十六章），治國之術只可由聖人掌握，如此才可以保障百姓沿著自然的道路走下去。一旦出而示人，甚而至於私欲發動，妄逞智謀，則不獨亂其君，亦亂其民。聖人只有上不脫離於「道」，下不以「邦利器」示人，與百姓各循其道、各盡其能，國家才能治理得好。

「天門啟闔，能為雌乎」，對應於「摶氣至柔，能嬰兒乎」一句。「天門啟闔」是「道」的作用，老子稱之為「雄」，聖人治國，只需順應「道」的決定而為「雌」就可以了。本書第七十二節（通行本第二十八章）「知其雄，守其雌，為天下溪。為天下溪，恆德不離。恆德不離，復歸嬰兒」，正可為此句作注，亦可見老子所謂「柔弱」的本義。

「明白四達，能毋以知乎」，對應的是「滌除玄鑒，能毋有疵乎」。老子說「不出於戶，以知天下。不窺於牖，以知天道。其出也彌遠，其知彌少。是以聖人不行而知，不見而明，弗為而成」（本書第十節，通行本第四十七章），認為知識並不能等同於智慧，向外求取所謂知識，非獨無益於智慧，反而爚亂了人之耳目，傷害了人們對大道的認知——「滌除玄鑒，能毋有疵乎」，所謂「疵」很大程度上就是指一般所謂知識的玷染。所以聖人治理天下萬物，應該脫離一般所謂知識的桎梏，擺脫私欲的糾纏，潔淨心性，直鑒大道，如此方能「明白四達」，曉明一切。

老子學說其實和稍後的儒家學派一樣，走的都是內聖外王的道路。雖然在「聖」的規定與理解上儒道有所差異，但是在先自修後濟世這一點上，儒道其實無大別。內不修而外炫其道，在儒家是仁之蟊賊，在老子是欺世盜竽。老子之學後世一變而為韓非，再變而為漢初黃老，三變而為機詐權謀，都是因為捨其內而競逐其外所致。

第五十五節

【題解】本節文字，在通行本《老子》中為總第十一章、《道經》之第十一章。在帛書本中，為《道經》之第十一節、《老子》全本之第五十五節。此節帛書甲本殘損十五字，乙本無殘損。

卅楅同一轂❶，當其無❷，有車之用也❸。埏埴而為器❹，當其無❺，
有埴器之用也❻。鑿戶牖❼，當其無❽，有室之用也❾。故有之以為利，
無之以為用❿。

【注釋】❶卅楅同一轂　三十根輻條集中於一個車轂（構成車輪）。楅，通「輻」。車輪上的輻條，古代車輪取法日月，一個輪子有三十根輻條。轂，車輪中心的器件，外承輻條，內空以穿車軸。❷當其無　正是因為車轂之中空缺（可以容納車軸穿過）。無，此指轂中可以容納車軸的空缺之處。❸有車之用也　車輪才能與整部車子連為一體（車輪也才有存在的價值）。❹埏埴而為器　摶弄黏土製造器皿。埏，通「挻」。摶弄。埴，黏土。器，容器；器皿。❺當其無　正是因為容器中空（可以盛物）。無，指容器中空之處。❻有埴器之用也

容器才有存在的價值。❼鑿戶牖　鑿出門窗（成為可以住人的房屋）。戶，門。牖，窗戶。按古代造屋或先夯築四面土牆，然後再鑿出門窗。❽當其無　正是因為門窗以及牆體所圍出的空間的存在。❾有室之用也　房屋才可以住人。室，居室。❿故有之以為利二句　像車輪、器皿、房屋這些具體的事物，之所以能夠得自身存在之利，是因為它們自身蘊含能夠容物利他的功能。

【語　譯】三十根輻條集中於一個車轂構成車輪，正是因為車轂之中存在空缺，可以容納車軸穿過，所以車輪才能與整部車子聯繫在一起，在整部車之中發揮自己的作用。摶弄黏土製成器皿，正是因為容器中空可以盛物，所以容器才有存在的價值。鑿開門窗成為可以住人的房屋，正是因為門窗以及居住空間的存在，房屋才能有用途。「一」與「道」賦予萬物以存在的現實，不是以事物形體的存在為依據的，而是以事物所具備的能夠利益他物的功能實現為依據的。

【研　析】此節文字的前半部分，其實本沒有什麼難以理解的地方。老子以車輪、陶器和房屋作喻，無非是想說明，部分只有依附於整體或系統，並在整體或系統之中與他物構成互為利用的關係，其自身的存在才可以是有保障的——車輪如果不在車上，要你車輪何用？早已斫破焚燒，薪柴用之了。同樣的道理，陶器不能容，人必掊之；房屋不能容，人必毀之。這裡的譬物設辭，意欲證成的其實就是老子之「得一」之論。什麼是老子的「得一」，在本書第二節（通行本第三十九章）的「研析」中我們已經作出解釋，可以參看。而此一節中的重重設喻，只不過是對老子之「得一」作出了更進一步或者說更形象化的說明，文字所表達的意義總體上也並不特別難懂。但就是這樣一節文字，卻受到很多老子研究者的特別重視，各種不同的說法也就紛至沓來。究其原因，大約總與此節中多次出現的「有」與「無」這兩個字眼相關——尤其是最後「故有之以為利，無之以為用」一句，句中的「有」、「無」當作何解？與此節文字前半截中的三對「有」、「無」意義是否一致？與《老子》中他處出現的「有」、「無」存在什麼樣的關聯？全句所表達的真實意義是什麼？類似的問題，粗粗一看，似是小題大做，但如果深究起來，確實會令人感到困惑。

「有」、「無」二字，作為現代辭彙意義相對來說比較簡單，但如果刨根問底地追究到古代，它們的意義三言兩語還真不容易說清楚。我們先來看「無」。今天表示沒有的「無」，在《說文》裡作「𣞤」，从亡，無聲。而作聲旁使用的「無」，本為豐茂之義。《說文》：「無，豐也。」《尚書・洪範》「庶草繁無」，使用的就是「無」的本義——這種意義的「無」字，後來寫作「蕪」。「𣞤」以「無」為聲，段玉裁注以為是「形聲中有會意，凡物必自多而少而無。」如此說來，所謂「無」，其實自身就蘊含著事物從繁盛逐漸衰滅以至於消亡這樣一個過程，這是它的本義；而今天表示沒有、不存在的義項，反倒是它本義的引申。

「有」的問題也不簡單。《說文》曰：「有，不宜有也。」段注：「謂本是不當有而有之偁。引伸遂為凡有之偁。凡《春秋》書『有』者，皆『有』字之本義也。」依據《說文》以及段注，「有」的本義是「不當有而有」，而表示存有、持有、擁有，則是從本義引申而來。這和我們今天的認識不同——從古文字看，「有」字从又（手）持肉，本義即當為持有、領有；《說文》謂「有」从月又聲，恐怕是錯了。但段注說凡《春秋》書「有」者，都使用如「不宜有」而有之義，卻是有訓詁學的證明的。「有」的兩種意義，哪種是本義，何者為引申可以暫時不論，但一為結果上的持有或存有，一為兼有過程的「不宜有」而有，兩種義項同時存在這一現實我們必須接受下來。

僅僅作為語詞來看待，「有」與「無」兩者的意義以及彼此的關係就很有些辯證的意味。把「有」、「無」拆分開來，不論是「有」還是「無」，都不單純指示結果，過程也被包容於詞義之中——「有」之「本不當有而有」，「無」之「自多而少而無」，都是對過程的描述。而當把「有」、「無」組合起來就會發現，兩者在表現結果的意義上雖然彼此對立——「有」為存有或擁有，「無」為沒有或不存在；但在過程本身，兩者又通過互相否定而彼此包容——「有」之「本不當有而有」，實際地包含了「無」，而「無」之「自多而少而無」，又本質地包含著「有」。這樣的一對語詞，太適合提升一下，用為思辨的概念或範疇了。但事實卻是《老子》中大量使用的「有」、「無」字，作為獨立的概念或範疇使用的情況不多，僅如本書第四節（通行本第四十章）之「天下之物生於有，有生於無」，以及本書第四十六節（通行本第二章）「有無之相生……恆也」等有限的幾例——而且，對這有限幾處的「有」和「無」當作何解釋，不同的意見也還存在。絕大多數情況下，「有」、「無」都是附著在諸如「名」、「為」、「欲」等之上，構成「有（無）名」、「有（無）為」等等概念或範疇——需要特別指出的是，這種用法的「有」、「無」以及與之組合而成的概念或範疇表達，並非是說所指代的實體的存在或者不存在——「無欲」不是一切欲望皆不存在，「無為」也不是什麼都不作為。此之所謂「有」、「無」，是相對於老子之所謂「一」，即內在和諧的整體或系統而言的，也是相對於決定著整體或系統和諧的根本法則，亦即老子之「道」而言的：出離於「一」者為「有」，歸根於「一」者為「無」；出離於「道」者為「有」，歸根於「道」者為「無」。依此類推，老子之「無名」，並非一切名言不存在，而是表現如「有名知止」的隨應與不固執；老子的「為無為」，真義就是「無為」；「欲不欲」，本來就是「無欲」——正確地把握上述內容，對準確地理解和解釋老子思想至為重要。

轉回頭來，看看本節文字中的「有」、「無」。文中的三個「當其無」之「無」字，作為名詞使用意義比較顯明，指的是器物中的空缺或空虛之處，其詞義當由「無」之表示沒有的義項引申而來；如果有個與之對應的「有」存在，則彼「有」應當指形體的實在，本書第四十六節（通行本第二章）之「有無之相生」，應當可以在這種意義上得到解釋。但是本節中的三個「有」字卻不然，它們是作為動詞使用的，表示器物（車、埴器、室）功能（用）的實現，而與三個「當其無」的「無」並無對應關係。這就表明，此節中的前三組「有」、「無」，與《老子》中絕大多數「有」、「無」的使用情況基本相同，只是在一般語詞義基礎上的引申而已，意義或者並不那麼哲學——典籍中字面雖然相同但意義卻大不相同的情況在在皆有，遇到這種情況，就要仔細區別哪個是語詞，哪個是範疇。強作解人的故弄玄虛與過度闡釋其實是病，其所造成的惡果，很容易引人入於歧途。

最後一句，「故有之以為利，無之以為用」，句前的一個「故」字，說明這句話是對前面所舉例證的總結與歸納。而「有之」、「無之」作為動賓結構，前面實際省略了一個主語，即作為存在之整體與系統的「一」，或「一」所體現的「道」。因此所謂「有之以為利」一句中，「有之」者，「道生之」者也，即具體事物存在之謂也；「一」與「道」生成何種事物存在，皆以整體與系統的需要為考量，以利益整體與系統的和諧為目標，「以為利」者，「利」於此也。所謂「無之以為用」，則是基於事物存在這一事實，給出了達成這一事實的充分必要條件——「無之」的「無」，承接前文指示空虛的用法，而使用為動詞，「無之」，即賦予事物能夠接應他物的空虛之處，而從老子在本節前面的敘述可以看出，這種被存在的實體內在包蘊的「無」，尤其指代具體事物能夠利益他物的獨特的功能規定，「以為用」者，「用」在此也。將兩句合在一起，譯為現代白話，就是：「一」與「道」賦予萬物以存在的現實，不是以事物形體的存在為依據的，而是以事物所具備的能夠利益他物的功能實現為依據的。由此引申，任何存在，其自身存在的現實性和合理性，就體現在其於整體和系統之中的功用發揮之上；欲使自身存在長久，必須始終不脫離整體與系統，始終在整體與系統之中秉持容物利他的原則，才會真正得到「一」與「道」的切實保障。

老子舉車輪、埴器以及房屋為例，說明空缺或空虛能容的「無」對於萬物存在是何等的重要，是因為這樣的「無」，為車輪、埴器以及房屋所固有。然而並非一切存在物皆如車輪、埴器以及房屋那樣，將「無」內在地包蘊於自身——起碼老子所厭惡的「餘食贅形」就肯定不是這樣。「道」之所以排斥「餘食贅形」，老子之所以反對「物壯而老」，恐怕都是因為它們自為系統、自滿自足而不能容物。不能容物則無法與他物結合為互利互惠、互相成就的關係，也就不能進入整體與系統的「一」之中，「道」也就無法保障它們的長久存在。將「無」內在地包蘊於自身，以自身之「無」接納萬物，以自身功能之實現利益萬物，與萬物結為符合於「道」的關係，具體存在才能被系統所接納，成為整體中的有機組成部分——此之謂物之「得一」（本書第二節，通行本第三十九章）。天下萬物，循著此種方式進入「一」這個整體之中，自身就會受到「道」的保障，存在就會長久地延續下去——自身存在能夠長久地延續，對於天下萬物而言，正是最大的利益所在。

老子學說，無論怎樣推崇自然萬物，其所關注的中心也還是人。把上述理念具體落實於社會與人生，就構成了老子的人生修養論。柔弱、處下、不爭等等品格因素之所以會被老子著意強調，就是因為這些品格因素，實質地屬於上述理念的展開。從這個角度，我們幾乎可以把整本《老子》中關於人生修養的內容，全部繫連在「無之以為用」一句之下，但這並不表示老子學說是「利他主義」的。在老子看來，自身存在的長久才是人的根本利益之所在——換句話說，自愛才是老子一切理論的出發點，所以老子講「攝生」、講「貴生」、講「長生久視」；但老子同時又認為，人之欲「長生久視」，必須融入社會之中、融入自然之中、融入存在的整體和諧之中，與自然、社會、他人構成彼此相容相利的關係。而要構建起這樣的關係，作為存在主體的人自身必須具備容物利他的因素，也必須要有容物利他的能力與實際的作為——自愛雖是目的，愛人卻是手段；自利雖是動機，利人卻是方法。自愛而愛人、自利而利人，這是老子區別於其他思想體系（譬如孔子、墨子）的重要特徵之一。

第五十六節

【題　解】本節文字，在通行本《老子》中為總第十二章、《道經》之第十二章。在帛書本中，為《道經》之第十二節、《老子》全本之第五十六節。此節帛書甲本殘損五字，乙本殘損一字。兩本殘損之處可互為補足。

五色使人目盲❶，馳騁田獵使人心發狂❷，難得之貨使人之行方❸，五味使人之口爽❹，五音使人之耳聾❺。是以聖人之治也，為腹而不為目❻，故去彼而取此❼。

【注　釋】❶五色使人目盲　斑斕的色彩容易讓人喪失視覺能力。五色，青、黃、赤、白、黑，這裡泛指各種色彩。目盲，意思是喪失自然賦予人的鑒別能力。按「盲」，帛書甲本作「明」。❷馳騁田獵使人心發狂　跑馬打獵，容易讓人的神志放逸，迷失本心。❸難得之貨使人之行方　難得的寶物，使人的品德喪失行為失常。難得之貨，指稀有的寶物。方，通「妨」。不正常；失常。按「方」，帛書乙本作「仿」，亦與「妨」通。❹五味使人之口爽　豐美的食物，容易讓人清純的味覺受到傷害。五味，酸、苦、甘、辛、鹹，這裡泛指百味。爽，傷害。按「爽」，帛書甲本作「啁」。❺五音使人之耳聾　華麗的音樂，容易讓人失落聞聽天籟的能力。五音，宮、商、角、徵、羽，泛指音樂。耳聾，指傾聽自然的能力喪失。❻為腹而不為目　只圖百姓能夠吃飽，而不以浮華來炫耀世人的眼目。❼去彼而取此　捨棄虛榮繁華，而取用質樸的自然狀態。去，捨棄。按「彼」，帛書甲本作「罷」。

【語　譯】繽紛斑斕的色彩，讓人目眩神迷，看不到自然的真實境象；跑馬打獵，讓人的神志放逸，意識不到本心的清淨；難得的寶物，使人的品行惡劣，讓人喪失質樸的本性；豐美的食物，讓人貪戀回味，意識不到饕餮之時自然清純的味覺已經遭受傷害；繁複華麗的音樂，讓人傾心悅慕，使人不知不覺之中失落了聞聽天籟的能力。所以聖人治理國家，只圖百姓能夠吃飽穿暖，不以虛榮浮華的東西來炫耀世人的眼目，因此聖人遠離那些能夠傷害人之自然本性的誘惑，而取用那些有益於自然人生的東西。

【研　析】老子主張人的精神和軀體要和合為一，不能分離，這就是老子之所謂「營魄抱一」，它指的是人的精神與軀體的和諧一致，靈與肉的不相分離。而把這一點作為自己人生修養論的基礎特別強調出來（參見本書第五十四節，通行本第十章「研析」），說明在老子看來，現實社會中，人們靈與肉相互分離的情況已然成為普遍的問題。浮華墮落的世界裡，人人都在忙於追逐和攫取功名與財富，忙於享用功名與財富所帶來的快樂。在他們看來，個人生命的存在與延續，全部的意義即在於此；人類社會的存在以及所謂進步與發展，全部的意義也在於此。可現實的情況是，即使人們的欲望其實說來有限，自然所能提供的資源也無法對其給予全部滿足，更何況在尋尋覓覓的偽知鼓動之下，在比附攀援的私心作用之下，人的欲望是以幾何級數增長——不過那有什麼關係，去自然中劫掠、去他人那裡搶奪就可以了，於是人類整體地成為劫掠自然的強盜團夥，而這個強盜團夥的頭子就是統治著人類社會的侯王。本書第十六節（通行本第五十三章）：

> 使我挈有知也，行於大道，唯池是畏。大道甚夷，民甚好徑。朝甚塗，田甚蕪，倉甚虛，服文采，帶利劍，厭食而資財有餘，是為盜杇，非道也哉！

既屬搶奪而來，那麼坐地分贓就只能憑實力，按照拳頭的大小進行，於是人類社會也就不可避免地陷入持續的爭鬥之中，而個人生命的存在與延續，就成為全無保障的事情了。即使人們普遍意識到了這一點，建立了各種各樣的制度，制定出各種各樣的規則，用以防止爭鬥危及到人類生存的底線，但要從根本上杜絕爭鬥，這些制度或規則也遠遠不夠，反而在很多時候，就是這些制度和規則，在策劃和鼓動著這種爭鬥的進一步加劇。本書第二十節（通行本第五十七章）：

> 夫天下多忌諱，而民彌貧。民多利器，而邦家滋昏。人多智，而奇物滋起。法物滋彰，而盜賊多有。

造成這一切的原因，在老子看來，都是因為人們對於生命的意義理解有誤。生命的意義是什麼？其實就是生命形式的延續，就是生存本身。而把諸如人生享樂、功名成就等等強行代入對生命意義的規定之中，甚而完全取代後者，那麼最終受到傷害的一定是生命本身。老子所謂「營魄抱一」，是警醒人們不要使得身心兩歧，而要謀求身心一致。但是身心的一致，當以何者為基礎？本節中「是以聖人之治也，為腹而不為目」一句，實際給出了形象的答案。所謂「腹」代表著內在於個體生命的現實的、當下的因而是具體的、特殊的生存需要，而「目」則剛好相反，它意味著外部世界真實的誘惑，以及受到這種誘惑而急欲求得滿足的焦躁的內心，意味著對生存這個根本問題的忽略，和對暫時的人生享樂的汲汲以求。說白了，「營魄抱一」就是要求人們能夠以身之存在為基礎，而將飄忽散亂、易受誘惑的心收攝澄定，構建起軀體與精神、靈與肉彼此和諧的關係——在這種關係中，精神作為生命的內在形式，表現為最為自然純粹的喜怒哀樂；軀體作為生命的外在形式，一方面制約著精神的擴張，一方面滿足著精神的欲求：兩者互為表裡、密合無間。

就是從這種意義上，老子反對人們單純的感官享樂，「五色使人目盲，馳騁田獵使人心發狂，難得之貨使人之行妨，五味使人之口爽，五音使人之耳聾」。眼、耳、鼻、舌、身、意，自然的「六根」（佛家語）作用會因為這種享樂和刺激而喪失感知真實存在的能力，而這對於人的生存是致命的。真正有益於生存的是身心之「和」，順應這種「和」才能達於生命的本真。本書第十八節（通行本第五十五章）：

含德之厚者，比於赤子。蜂蠆虺蛇弗螫，攫鳥猛獸弗搏。骨弱筋柔而握固，未知牝牡之會而朘怒，精之至也。終日號而不嚘，和之至也。和曰常，知常曰明，益生曰祥，心使氣曰強。物壯即老，謂之不道，不道早已。

「益生曰祥」可謂一語道破。一切有益於生存的才是吉祥的，而馳騖於身外的心，只能引人入於「強梁」——「強梁者不得死」（本書第五節，通行本第四十二章），這是老子學說的第一條教訓。

自然表現於人，就是老子所謂的「營魄抱一」，就是精神與軀體的高度和諧一致。質樸原初的人類自然狀態是「自然」的一種，但是老子卻並非是因為這種狀態的原始而推崇它。老子真正崇尚的自然，其實是以和諧為最終目的的——人類原初的自然狀態當然是一種和諧的形式，但是一旦人類進入文明時代，人的思想意志開始借助於歷史敘述獨立表達出來，混沌無分的自然就永遠遠離於人類社會了。所以老子所提倡的自然，從它的本質規定上看，不是原初的自然，而是和諧的自然。

與質樸原初的人類自然狀態相對的是人為，是人的偽智所開啟的物欲橫流紛爭不斷的世界。這種世界不是物質文明發展的必然結果，而是由於一部分人借助於自己的權勢、地位或者聰明才智干涉了人類社會的自然演化，使它順應自己的私欲而畸形發展，在這種世界裡，人的精神脫離了軀體的制約，開始追求非分的滿足，身心兩歧導致了身心兩傷，人類社會由此而陷入了萬劫不復的災難之中。

這樣產生的所謂物質文明，其實是少數人的文明，是「有為」的結果，是違背自然的創造，不為絕大多數人所擁有。老子一力絕去的是這樣的文明。至於與人的精神生活和諧俱進的物質文明、可以為社會絕大多數人擁有的物質文明，老子其實並不主張廢除。世之所欲與自然之所能滿足如果相互協調，供求關係趨近平衡，社會分配體現公平，物質文明未嘗不可以順應「道」之化育而進步和發展。老子主張「實其腹」，主張「甘其食，美其服，樂其俗，安其居」然後國可治、天下可安，固然有導萬民使「無知無欲」的意思，同時也有使萬民「甘」、「美」、「樂」、「安」的成分於其中。老子反對的主要是人的私欲引發的爭奪，本書第八十一節（通行本第三十七章）：「道恆無名，侯王若守之，萬物將自化。化而欲作，吾將鎮之以無名之樸」——鎮之以「無名之樸」，蓋因「欲作」，鎮制的對象是私欲，不是自化的萬物。因而據此節文字，說老子一定是反對物質文明進步的，恐怕還是不免於皮相。

第五十七節

【題解】本節文字，在通行本《老子》中為總第十三章、《道經》之第十三章。在帛書本中，為《道經》之第十三節、《老子》全本之第五十七節。此節帛書甲、乙本各殘損一字。

龍辱若驚❶，貴大患若身❷。何謂龍辱若驚？龍之為下❸，得之若驚，失之若驚❹，是謂龍辱若驚。何謂貴大患若身？吾所以有大患者，為吾有身也❺；及吾無身，有何患❻？故貴為身於為天下❼，若可以橐天下矣❽；愛以身，為天下❾，女可以寄天下矣❿。

【注釋】❶龍辱若驚　無論是受到世人的尊崇還是侮辱，（聖人都會）驚懼不安。龍，通「寵」。下同。寵辱，指受到世人的尊崇或侮辱。驚，驚懼。按「龍」，帛書乙本作「弄」，下同。❷貴大患若身　意思是聖人像看重自己的生命一樣對天下抱有深切的憂患。貴，看重。大患，對天下的憂患。若身，像（看重）自己的生命一樣。按「患」，帛書甲本作「梡」，與「患」通，下同。❸寵之為下　老子認為，最好的國君在位，老百姓只是知道有個國君在那裡而已；次一等的國君，百姓才去親附他、讚譽他、寵愛他，所以這裡說「寵之為下」。❹得之若驚二句　無論得到讚譽受到尊崇，還是失去尊崇受到侮辱，聖人都會驚懼不安、努力逃避。得之，得到百姓的尊崇。失之，失去百姓的尊崇（而受到百姓的侮辱）。❺吾所以有大患者二句　我（聖人自謂，下同）之所以有這種憂患存在，是因為我自己就處身在這個天下之中。身，指自己的生命存在。❻及吾無身二句　假如我並不存身於天下，那我還有什麼憂患呢。及，假如。❼貴為身於為天下　把養護自己的生命看得比治理天下還重的人。為身，養護自己的生命。為天下，治理天下。❽若可以橐天下矣　天下可以交付給你。若，人稱代詞，你（指聖人，下同）。橐，通「託」。託付。按「橐」，帛書甲本作「迈」，亦與「託」通。❾愛以身二句　愛護自己的生命甚於愛護整個天下。以，當作「已」，形近而訛。❿女可以寄天下矣　天下可以委託給你。女，通「汝」。寄，委託。

【語　譯】無論是受到世人的尊崇還是侮辱，都會使聖人怵然心驚、一力逃避。對於整個天下，聖人則並非無動於衷，而是抱有深切的憂患的，聖人像憂患自己的生命一樣憂患天下。為什麼聖人要逃避世人的尊崇或侮辱呢？因為被人尊崇，本來就是次一等的事情，所以無論得到讚譽受到尊崇，還是失去尊崇受到侮辱，都不是最好的、合乎天道的，所以聖人才會驚懼不安、努力逃避。為什麼聖人要像憂患自己的生命一樣憂患天下呢？聖人之所以有這種憂患存在，是因為他們自己就存身於這個天下之中；如果他們並未存身於這個天下，他們有何必要生出這種憂患來呢？因此把養護自己的生命看得比治理天下還重的人，這樣的人才可以把天下交付給他，看重自己的生命甚於看重天下，這樣的人才可以把天下委託給他。

【研　析】從人類文明誕生的那一天起，對人類社會究當以何種形式組織起來的探討也就開始了。各種意見和建議藉由不同的利益集團或利益個體被提出，社會也在不斷的顛簸前行中，接納著來自於歷史的各種成功的經驗與慘痛的教訓。而所有這一切匯聚到一點，就是如何理解和處理個體與社會的關係問題。個體依附於社會，社會保障個體，這是兩者相互一致的地方。另一方面，社會作為整體和系統，為調節內部成員之間的關係，必須制定相應的規範，以約束和限制個人的自由，而個體追求自我滿足與自我實現的無限衝動，也必定會與社會的規範發生衝突，這是兩者彼此矛盾的地方。

如何協調矛盾與衝突，使個體與社會最大程度地整合起來，邏輯上可以有兩種選擇：第一種選擇，是將個體作為目的而以社會為手段，通過對政治理念的不斷更新以及政治技術的不斷改良，使社會中的每一個人獲得越來越多的機會展現自我、實現自我；第二種選擇，是以社會或者說人類整體的生存與繁衍為宗旨，而以個人為實現這一宗旨的行為全體中之一員，因此社會對個體的改造成為必然，倫理與道德講求成為必須。相對於今天的學科分類，前者更多地與政治學相關，而後者則與倫理學或道德哲學關係更為緊密。當然這並不意味著政治可以不關心道德，或者道德倫理可以遠離政治。事實上對於傳統的中國思想而言，這兩者的互相糾纏、互相發明、互為表裡、互為因果，才是存在的真實——其表現形式，就是百家之學總是以理想的社會統治者（即百家共稱之「聖人」）應該具備什麼樣的道德，以及一種符合「道」的倫理規範和道德規範如何才能在社會政治之中充分體現為討論的中心。這種合二為一的思想特徵，為中國的傳統思想招致了不少現代批評，譬如說以道德鼓吹取代政治探索，譬如政治技術缺乏、法制理論落後，譬如道德至上導致社會體制革新停滯、封建結構「超穩定」等等。殊不知對於古代中國，就像「禮」包括了「法」於自身一樣，道德內在地蘊含著政治，而所謂政治理念或者政治技術等等，只有在道德這個更大的整體構成之中顯現，它們的存在才是有效驗的。

另一方面，合二為一的表現形式，並不意味著本質上的無所側重。譬如原始儒家的社會政治學說，就是偏重於前面所說的第二種選擇立場建立起來的，《禮記》的「大同社會」、「天下為公」無可置疑地證明著這一點。正因如此，原始儒家才會把個體在道德上的完善和倫理上的無虧，定義為人生當中真真正正的成功——為了追求這種成功，甚至連生命本身都可以而且應該捨棄。這表明，作為社會成員的個體，其存在之屬性，如果不是全部，也主要是從社會道德和倫理方面獲得規定，而不是從生命或者生活的事實本身獲得規定。這一思路，一直延續到別出於孔子學派的墨子那裡。墨子思想的基本觀念雖與孔子等原始儒家有異，然而解決問題的思路卻一仍孔子的舊慣，而得出的結論，更是出於孔子時或表現的「中庸」之外，走向了人性完全屈服於社會倫理與道德的極端——個體成為附庸於社會整體的存在。墨子之所謂「兼愛」，是說人應當遵從上天的意志，無論親疏，給予所有人以等值的愛；所謂「交相利」，是指不能以個人的好惡為施與的基礎，無論貴賤，要平等地利益所有的人。說白了，所謂「兼愛」就是誰也不愛，甚至連自己也不愛，這實質上否定了一切人類的情感作用；不愛卻又必須親身「利之」，則除卻以「天志」為形式所表現出的社會整體的利益需要，一切個人的識見思維、意志願望皆當泯滅。這種學說雖然立義甚高，但掩蓋不了它本身具有的反人性的性質。《莊子・人間世》曰：

天下有大戒二：其一，命也；其一，義也。子之愛親，命也，不可解於心；臣之君，義也，無適而非君也，無所逃於天地之間。

「子之愛親，命也，不可解於心」，這是人性之常；順應人性之常，而至於親疏有別、愛分差等，這是所謂天下之「大戒」，是人無可逃避的「命」。無可逃避卻一定要逃避，甚而主張徹底否定、根本改變，這就是反人性。《孟子．滕文公下》將楊朱與墨子羅列在一起批評，謂「楊氏為我，是無君也；墨氏兼愛，是無父也。無父無君，是禽獸也」。稱墨子為「禽獸」，或許並非出言詬罵，只是標示出其學說反人性的特徵而已。

與墨子同在一列的楊朱，其為「禽獸」的原因，大約正好與墨子相反。一個社會倫理道德的建構，如果過於強調個體對社會乃至人類整體利益的服從，確實會對個體的生存造成壓迫。而以個體生存的名義要求社會進行結構性調整以減輕甚至取消這種壓迫，就是我們在前文中談到的第一種選擇——在思路上，它本質地區別於孔子、墨子所代表的第二種選擇。《列子．楊朱》記載了兩段對話：

禽子問楊朱曰：「去子體之一毛，以濟一世，汝為之乎？」楊子曰：「世固非一毛之所濟。」禽子曰：「假濟，為之乎？」楊子弗應。禽子出語孟孫陽。孟孫陽曰：「子不達夫子之心，吾請言之。有侵若肌膚獲萬金者，若為之乎？」曰：「為之。」孟孫陽曰：「有斷若一節得一國，子為之乎？」禽子默然有間。孟孫陽曰：「一毛微於肌膚，肌膚微於一節，省矣。然則積一毛以成肌膚，積肌膚以成一節。一毛固一體萬分中之一物，奈何輕之乎？」禽子曰：「吾不能所以答子。然則以子之言問老聃關尹，則子言當矣。以吾言問大禹墨翟，則吾言當矣。」

同篇的另一處，還記載了楊朱的一段話：「古之人，損一毫利天下，不與也；悉天下奉一身，不取也。人人不損一毫，人人不利天下，天下治矣。」呂思勉先生評論這段話說：「夫人人不損一毫，則無堯舜；人人不利天下，則無桀紂；無桀紂，則無當時之亂；無堯舜，則無將來之弊矣。故曰天下治也。楊子為我說如此，以哲學論，亦可謂甚深微妙；或以自私自利目之，則淺之乎測楊子矣。」楊朱學說固然不能單純「以自私自利目之」，但「無堯舜」，也非只單純「無將來之弊」，並堯舜之治，也一起沒有了，自然連桀紂並「當時之亂」也一體皆無——「人人不損一毫，人人不利天下」，以隔絕社會中人與人之間利益關係的方式，將人類的社會組織形式從根本上消解掉，這才是楊朱「天下治矣」的方式。這種設想，顯然性質上屬於反社會。莊子所謂「臣之（於）君，義也，無適而非君也，無所逃於天地之間」，就是在說個體無法真正逃脫社會的控制，也不能真正脫離社會的庇護——「普天之下，莫非王土，率土之濱，莫非王臣」，作為個體「無適而非君」，這是無所逃；今天的終南山還有六千隱士，穴居岩處，嘯吟避世，仔細一查，生計存活卻皆賴供養，這是沒法逃。既無所逃又沒法逃，而欲拆解人類社會，使人類賴以生存繁衍的基礎消弭於無形，當然是要被孟子比類於「禽獸」的。

老子對人類社會作出的設計，思路上明顯區別於孔子、墨子的選擇。如果說孔子、墨子是「道德至上」論者，那麼老子學說所表現的就是「生命至上」論。在老子看來，一個理想的社會，首先是有能力保障全體成員都可以按照自己的方式自由生活的社會，而按照自己的方式自由地生活，才是老子之「自然」的本意，它意味著每個人都可以自主把握命運，無論壽夭，皆為天年，同時也意味著一切道德的或倫理的規範，都與具體的人群和環境相適應，都在「自然」的過程中形成，也在「自然」的演化中變遷，因而都屬相對、都為具體——只有體現並保障這一切得以實現的「道」才是絕對與唯一，而順應並維護「道」的這種作用，就是「聖人」所把持的「無為」。「無為」相對於「自然」而言，只是順應與維護，不擾動、不干涉、不揀擇、不提倡、不專斷。唯其如此，「聖人」才能與「道」同功為「大」，與天地萬物同體為「一」，才能大位不替，天年無失，「長生久視」、「子孫以祭祀不絕」。

以保障個體生命為終極之目的，而以社會為附屬、為保障，就此一點而言，老子與楊朱同調——前引禽子所曰之「以子之言問老聃關尹，則子言當矣」，可謂不失其指。但達此目的的方法，老子、楊朱卻是大相區別。前面提到，楊朱主張以隔絕人我利益關係的方式以達到「天下治矣」的目的，此大略等同於以減損或取消人類社會組織，來謀求個體生命的不受約制。這種設想現實中既屬不能，邏輯上也屬不可——「天下」都無，何來「治矣」？與之相較，老子所設計的路徑，就顯得既有現實的可操作性，又有邏輯的前後一貫，因而對現實有很強的指導意義。

「吾所以有大患者，為吾有身也；及吾無身，有何患」，我（聖人自謂）之所以對天下存有這種深深的憂患，是因為我自己就存身於這個天下之中；如果我並未存身於這個天下，我根本沒必要生出這種憂患。這表明，老子很深切地明瞭，個體生命的存在，是以整個天下為背景的，個人是天下這個整體系統的一個部分，天下的興衰治亂，與個體生存密切相關。從這個結論可以非常邏輯地推論出，獨善其身即使是一個可供選擇的選項，但一定不能從根本上解決問題；要謀求個體生存的絕對保障，必須從整個天下，即人類社會整體的、恆久的和諧穩定著眼。於是個人的長生久視，就邏輯地延伸出了「聖人」之「取天下」與「治天下」的問題。《老子》中，「取天下」一語四見，而皆與「無事」、「無為」相關聯。本書第七十九節（通行本第三十五章）：

執大象，天下往。往而不害，焉平泰。樂與餌，過客止。故道之出言也，曰淡呵其無味也。視之不足見也，聽之不足聞也，用之不可既也。

「執大象，天下往」，即老子之「取天下」者，謂聖人順「道」無為，則萬民各得其自然，遂使天下來歸矣；「往而不害，焉平泰」，即老子之「治天下」者，既得天下而為侯王，更應盡到作為侯王的責任，以「無為」利益萬民，以「為無為」維護萬民的自然，不使受到干擾和破壞，這就是「聖人」之「法自然」；天下由「聖人」之「法自然」而得治，這就是「聖人」的「成功遂事」——天下治則治矣，然而並非「聖人」之初衷。「聖人」的初衷，只在保障自身之「長生久視」，而治理天下，不過是貴身愛己之餘緒，是手段不是目的，所以老子說「貴為身於為天下，若可以託天下矣；愛己身，為天下，汝可以寄天下矣。」

對於老子來說，人間的侯王，不過是一個職位而已。履職盡責，則功在百姓，則侯王之位不失，則「長生久視」可期；不能盡職盡責，於「道」即為「餘食贅形」，那身死國滅就是必然。但侯王畢竟是人，也有人的虛榮、人的愚蠢，而這個世界，又從來不缺阿諛迎奉的奸邪、陰謀算計的小人。老子說，侯王應該清楚自己的目的是什麼，而外界對自己如何看待，是尊崇還是羞辱、褒揚還是批評，不應該干擾到自己達成目的的決心和努力——這些說到底，只是對自己作為侯王的評價，並沒照見自己作為人的內心。而如果單純從侯王的角度，那麼無論是世人的褒獎還是批評，只要一成為世人關注的對象，就等於有所虧缺，就要謀求改進了。因為最好的侯王在位，老百姓只是知道有個他在那裡而已，感受不到他的作用；次一等的，百姓才去親附他、讚譽他、寵愛他；再次一等的，百姓會畏懼他；再次一等的，百姓就會侮辱他。「聖人」在位，不獨逃避百姓的侮辱，而且也逃避百姓的寵愛，這才是「寵辱若驚」這句話所表達的真切含義。

第五十八節

【題　解】本節文字，在通行本《老子》中為總第十四章、《道經》之第十四章。在帛書本中，為《道經》之第十四節、《老子》全本之第五十八節。此節帛書甲本殘損十七字，乙本殘損一字。兩本殘損之處可互為補足。

視之而弗見，名之曰微❶。聽之而弗聞，名之曰希❷。搰之而弗得，名之曰夷❸。三者不可至計❹，故圂而為一❺。一者，其上不謬❻，其下不忽❼。尋尋呵不可名也❽，復歸於無物。是謂無狀之狀，無物之象❾，是謂忽望❿。隨而不見其後，迎而不見其首⓫。執今之道，以御今之有，以知古始，是謂道紀⓬。

【注釋】❶微　細小；細碎。❷希　本義為少，這裡借為「稀」，指餘音。❸搰之而弗得二句　用手觸摸也只能觸摸到它的邊角，於是稱它為「夷」。搰，撫摸；摸索。夷，通「裔」。流裔，指主體延伸出的餘脈。按本節中之「名」字，帛書乙本皆作「命」，此從甲本。❹不可至計　無法憑藉感覺經驗或運用理智深入追究。至，通「致」。表示細密、精微。計，通「詰」。窮理追究。❺故圂而為一　所以只能混同三者把它稱之為「一」。圂，通「混」。混同。一，指整體與系統的存在大全。按「圂」，帛書乙本作「緒」，亦與「混」通。❻其上不謬　「一」之上窈冥不可識。謬，通「皦」。皎潔；光明，引申為清晰。按「謬」，帛書甲本作「攸」，亦與「皦」通。❼其下不忽　「一」之下可見可聞，紛然雜陳。忽，通「昧」。幽暗深遠。❽尋尋呵不可名也　意思是「一」恆常地處於運動變化之中，因而不可命名。尋，通「繩」。繩繩，運動之貌。❾是謂無狀之狀二句　即老子所說的「大象」，謂存在整體即「一」的性狀。❿忽望　即「惚恍」，恍惚不定。⓫隨而不見其後二句　跟隨它見不到它的尾巴，迎著它看不到它的頭。這是說「一」的無始無終、含蘊萬有。⓬執今之道四句　把握住今天的道，統御今天的萬有，可以推演而至於萬物初始的狀態，這是因為道作為萬物演化的綱紀，亘古未變。

執，把持。御，駕御；統御。有，指現實存在。古始，萬物的初始。道紀，道是（萬物演化的）綱紀。

【語　譯】眼睛看不到它的全體，只能看到它很小的一部分；耳朵聽不到它的旋律，只能聽到它的餘音；手也觸摸不到它的主體，只能摸索到它的邊邊角角。不能憑藉眼睛、耳朵、手這些感覺器官感知到它，也不可通過對感覺的描述揭示它的性狀，所以只能含混地把它稱之為「一」。「一」之上窈冥不可識，沒有具體的物存在；「一」之下可見可聞，萬物紛然雜陳。它不以任何一種具體的形態而是以萬物運動變化的全過程顯現自身的存在，不由任何一個具體的物象而是以萬物存在的整體顯現自身的性狀。「一」的性狀恍惚不定，然而什麼也不能躡足其後或者迎取其前，都要被它所含蘊。要想取得對它的認識，必須首先把握貫通萬物運動變化的道，並以道統攝現存的一切事物，按照道的法則推演，這樣就可把「一」的意義揭示出來，這是因為道聯繫著「一」與萬物、「古始」與當今。

【研　析】老子之所謂「有名」的過程，是人類意識對世界進行整理的過程，是在人們的意識中重新搭建世界圖像的過程——這種世界圖像以人們對具體事物的感知為基礎，以對事物進行不同層級上的類屬劃分為手段，以概念（名）的表達和概念系統的建立為實現，從無到有、從簡到繁、從具體到抽象逐漸建立起來。它體現著一種秩序，或者說經過思維的整理，現實世界在人的思維世界裡體現出一種秩序感，而這種秩序感，對於孤獨面對浩渺無邊之宇宙的人類，意義巨大——陳子昂的一首〈登幽州臺歌〉，「前不見古人，後不見來者，念天地之悠悠，獨愴然而涕下」，之所以撼動人心，成為千古絕唱，就是因為它非常準確地把握住了一種情緒基調，相對於無限的宇宙，人的存在何等渺小、生命何其短暫。但是如果世界存在著一種秩序因而變得可以理解，那麼人對整個世界的恐懼就可以大大化解，也就有了繼續生存下去的勇氣——即使這種秩序根本就是出於臆造，只要能對世間萬物的存在和變化提供哪怕暫時有效的解釋，它也就有存在的合理性。

客觀世界只有一個，但是對於這個世界的解釋可以有多種多樣。於是各種各樣的秩序規則被創造出來，並通常一定會被冠以真理的名義——尤其當這些創造與權力以及掌握這些權力的利益階層相結合，就更顯得無庸置疑了。而老子卻說，「有名」在揭示客觀世界的真實性方面，根本就是不可靠的。「視之而弗見，名之曰微。聽之而弗聞，名之曰希。捪之而弗得，名之曰夷。三者不可致詰，故混而為一」。「有名」起源於人的感知能力，視、聽、捪是人感覺世界的方式，三者總為一體，是指人以感官為基礎對世界進行的認知。而微、希、夷則是通過這種方式感知世界的結果——相對於廣大無邊而且無始無終的客觀世界，人的感覺能力微不足道，只能是一時一地的所得，而且不論怎樣擴張，所能得到的結果，始終只是可憐的一點點，視之只能得其「微」（細碎），聽之只能得其「希」（餘音），捪之只能得其「夷」（流裔、餘脈）。以此作為「有名」的基礎，不可能真實的反映世界，只能是基於特定立場的、有限的、相對的表達。此其一。

其二，「有名」作為認識世界的結果，方法上是以「分」為特質的。當人們憑藉感知把具體事物從存在整體當中獨立出來的時候，並沒看到事情的另一面。本書第五十五節（通行本第十一章）：

卅輻同一轂，當其無，有車之用也。挻埴而為器，當其無，有埴器之用也。鑿戶牖，當其無，有室之用也。故有之以為利，無之以為用。

萬物存在，皆為整體之中的一個部分。整體不可分，所以整體之中的各個部分（萬物）誰都不完整，這是存在的現實。整體之中的各個部分（萬物）誰都不完整，都要依賴他物的存在而存在，某種意義上，他就是我，因而都受決定於關係；誰都在我與他者的關係之中通過溝通和互利彼此共同實現，在整體變化所導致的我與他者的關係變化之中改變自身的功用、地位、屬性等等，所以誰都是具體的而非抽象的存在，都無所謂本質。這是老子所揭示的萬物存在的真實性狀，而「有名」之分別萬物，視存在為各具本質、各自獨立的「萬物」的疊加，這顯然違背了這種真實。

老子的「無名」，是對基於人的感知能力而產生的「有名」的矯正。把本屬於部分的存在從整體中強行拉扯出來、孤立起來，人為地賦予此一事物某種所謂本質，並以「名」作為標識和概括，這就是「有名」。「有名」在根本上是虛幻的，不符合事物存在之真實，這是老子「無名」理論的一個方面。另一方面，「無名」並非以徹底抹煞「名」為實現，因為「名」在某種意義上也的確表現著事物本身的某些特質，但「名」終究不過是相對的，因而是有局限的——這種局限，是「名」自身無法擺脫的。而老子的「無名」，則是通過對「名」的否定，彰顯「有名」的局限，消弭對「有名」的執著，而使分別而生的具體（有名）返回整體存在的系統之中，由此而使得「名」能夠更為真切地與所表達的「實」相對應——如果引入三段論做個類比，那麼「有名」是「正」，「無名」是「反」，而由此達到的「恆名」，就是正反之「合」。老子之「大象無形」、「大音希聲」，所謂「大象」、「大音」，即當為「恆名」。

以「無名」否定「有名」進而達到「恆名」，這樣一個過程意味著，任何一個「名」所指代的存在，都是系統之中的存在，受系統整體規定。所以「無名」不是要取消「名」，或者拆散由「名」搭建起的世界圖像，或者取消由此而表現出的秩序感。恰恰相反，老子認為世間之所以有這麼多秩序設定，所謂仁義禮智等等，它們的出現，就是因為構成人們意識之中的世界圖像，各個部分彼此之間缺乏內在的關聯，沒有充分揭示出現實世界存在的真實。而當老子以「無名」否定「有名」，逐層上升最終建立起「一」這個整體之時，它顯現的意義是，存在作為整體，本質上是細密緊緻不可分的系統，我們所關注的每一個具體的存在，經過這樣的層層推演，最終都會從「一」中尋求到依據。而任何一種事物存在，都必須在自身體現這個「一」，存在才是可能的和現實的。還是以仁義禮智為例，作為人類精神生活演化的某一特定時空狀態之中的產物（名），它們所指示的「實」確乎曾經存在，也確乎曾經或者仍然實際地在人類社會生活中發揮著作用。但如果將它們從產生和作用的具體的時空中抽取出來，推為一切人類社會普遍的法則或者規範，這不但背離了它們所指示的存在的真實，也實際消除了它們作為「名」而存在的價值。老子說「絕仁棄義，而民復孝慈」（本書第六十三節，通行本第十九章），只有絕棄掉諸如仁義等等的提倡，它們實際體現的孝慈等等才會真實顯露出來——「絕仁棄義」就是「無名」，「民復孝慈」就是借由「無名」之否定而實際顯露出來的仁義等等所指代的情感真實。而經過「無名」的這番淘漉，一切「有名」作為對客觀世界相對的與有限的表達，得以回歸於其所產生的相對的具體情景和意義之中。於是老子最終的結論就出現了：作為萬物存在的真實與絕對只有一個，那就是「一」；而作為萬物存在真正的秩序基礎也只有一個，那就是「道」；而以仁義禮智等等作為秩序和法則的規定，皆來源於對存在之「一」與「道」的真實性狀的不明了，皆出於人類的無知。

在老子學說體系中，「一」是個包含了天地萬物一切現實存在的「至大無外」的整體（惠施曰：至大無外，謂之大一。見《莊子·天下》引），是關係上彼此關聯、性質上相互規定的所有存在物，在「道」的原則基礎上集成的、不斷運動變化的系統。「一」不同於混沌，這需要特別提出。兩者的區別在於，混沌是人智未開、萬物未加分別之下的渾然一體——這對應於本書第四十五節（通行本第一章）老子之所謂「無名萬物之始」；萬物也都被動地接受著這個全體與大全的決定——這對應於老子之所謂「自然」。而「一」則並非如此，它是人類理性的產物，是理性主導的「無名」通過對具體的「名」的否定，層層提升萬物存在而獲得的，所以它既為渾然的自然全體，內中萬物卻又歷歷在目、層次分明、秩序井然；既為所謂客觀存在之真實，又為人之意識的創造物。老子描述其性狀，謂「一者，其上不皦，其下不昧。繩繩呵不可名也，復歸於無物。是謂無狀之狀，無物之象，是謂惚恍。隨而不見其後，迎而不見其首」，謂「天得一以清，地得一以寧，神得一以靈，谷得一以盈，侯王得一而以為天下正」（本書第二節，通行本第三十九章）——「一」既是萬物存在的結果，也是萬物存在的原因，萬物只有入於其中，與他者一體而共存，萬物存在才是現實的與可能的，否則「謂天毋已清將恐裂，謂地毋已寧將恐廢，謂神毋已靈將恐歇，謂谷毋已盈將恐竭，謂侯王毋已貴以高將恐蹶」（同上）。種種說法，雖語涉玄虛，而所表達的意義，其實並不很難理解。

第五十九節

【題解】本節文字，在通行本《老子》中為總第十五章、《道經》之第十五章。在帛書本中，為《道經》之第十五節、《老子》全本之第五十九節。此節帛書甲本殘損三十一字，乙本殘損二字。兩本殘損之處可互為補足。

古之善為道者，微眇玄達❶，深不可志❷。夫唯不可志，故強為之容❸。曰：與呵其若冬涉水❹。猶呵其若畏四吝❺。嚴呵其若客❻。渙呵其若凌澤❼。沌呵其若樸❽。湷呵其若濁❾。瀇呵其若谷❿。濁而靜之徐清⓫，女以重之徐生⓬。葆此道不欲盈⓭，夫唯不欲盈，是以能敝而不成⓮。

【注釋】❶微眇玄達　精微神妙，達於幽深玄遠。眇，通「妙」。神奇；神妙。❷深不可志　思慮深遠，常人難以理解。志，通「識」。認識；理解。❸強為之容　勉強地描述一下。強，勉強。容，形貌。❹與呵其若冬涉水　行為謹慎呵，像是冬天裡踩著薄冰渡河一樣。與，通「豫」。與下句之「猶」義相連屬，為遲疑之貌。若，像。涉水，渡河。❺猶呵其若畏四叟　心中戒懼呵，像是時時憂懼四鄰之國侵擾的國君一樣。畏，戒懼。叟，通「鄰」。四鄰，指四鄰之國。❻嚴呵其若客　對人恭敬嚴整呵，像是在外作客的客人。嚴，端莊嚴謹之貌。客，賓客。❼渙呵其若凌澤　化威嚴為利益百姓的慈心，像春日裡融解的河冰。渙，消散。凌，冰凌。澤，通「釋」。融化；融解。❽沌呵其若樸　敦厚淳樸呵，像未經雕飾的原木。沌，通「敦」。樸實無華。樸，未經雕飾的原木。按「樸」，帛書甲本作「楃」，與「樸」通。❾湷呵其若濁　含蘊一切，像混濁的江河。湷，通「混」。含蘊；包容。濁，混濁。❿湴呵其若谷　曠達能容，像空闊的川谷。湴，通「曠」。空闊。⓫濁而靜之徐清　混濁的世界會因為他們的虛靜守柔而漸漸澄清。徐，逐漸；漸漸。按「靜」，帛書甲本作「情」；「徐」，作「餘」，皆為通假。⓬女以重之徐生　安靜的世界也會因為他們的順道而為漸漸孳乳繁衍。女，當作「安」，安寧；安靜。重，通「動」。指聖人之順道而為。⓭葆此道不欲盈　保有道的聖人不要求事事圓滿。葆，通「保」。保有。盈，滿。⓮敝而不成　總像是有所欠缺，不那麼盡善盡美。敝，與「成」相對，本指破敗，引申為有缺失。

【語　譯】古時深通大道的人，精微玄妙，豁達無礙，很不容易被一般人所認識。正是因為一般人不容易認識他們，所以有必要再勉強描述一下他們的形象：他們行為謹慎小心，像冬天裡踩著薄冰渡河一樣；他們對待外界惶恐戒懼，像時時憂懼四鄰之國侵擾的國君；他們對人恭敬嚴整，像是在外作客的客人；他們化自己的威嚴為善利百姓的慈心，像春日融解的河冰；他們敦厚淳樸，像未經雕飾的原木；他們接納萬物，含蘊混濁，像長江大河之融匯百川；他們曠達能容，像空闊的川谷。世事雖然混濁，但只要統治者處靜守柔，天下就會漸漸澄清；天下澄清，事物各依自然，就會在道的作用下孳乳繁衍，綿綿不絕，以至於庶物咸備。保有道的人從來都是適可而止，不要求圓滿無缺，正是因為他們不要求圓滿無缺，所以他們總像是有所欠缺，而不像一般人那樣把自己裝扮得盡善盡美。

【研　析】我們的頭腦中所反映的客觀世界，究竟是否是客觀世界本身，或者作為客觀存在的物質世界，究竟能否為人的意識真實把握，這個問題，康德以前似乎沒有人懷疑。絕大多數的人相信，即使在某些結果上有時會出現偏差，但隨著認識能力的提高和認識方法的不斷更新，人類最終還是能夠從根本上把握——起碼是無限接近這個客觀存在的世界的真實。但是康德以四個「二律背反」徹底打碎了人們的這種幻想，於是近代以來整個西方哲學逐漸轉向，類似於「世界是什麼」這樣的問題開始萎縮，而認識主體的「說什麼」（認識結果）或「怎麼說」（敘述方式）開始成為哲學所關注的焦點。

說句僭越的話，其實哲學家和普通人沒什麼本質上的區別。真實世界的大門雖然從來都是敞開的，可整個世界卻高居雲端，人們只能匍匐於塵埃之中，以仰望的姿勢在自己心裡描摹勾畫這個世界的樣貌，於是每個人的心裡都有一個世界，或完整，或支離，每個人心裡也都有一個關於世界的法則，或顯明，或隱晦。無論怎樣的勾畫，都無傷於這個世界的真實，卻也無法重現這個世界的真實。但是如果每個人都堅稱自己勾畫的世界才是唯一的真實，那麼每個人的世界相互疊加，卻會使人類陷入幻影重重的認識迷宮之中，而由此引發的爭執、爭鬥、爭奪，又將導致整個人類世界混濁一片，於是掙扎求生便成為每個人生活的常態。

這種生活狀態，絕對不是任何人所願意看到的，卻又是現實中人們必須實際面對的。如果完全沉淪其中日日不覺，人們或許就會習以為常，認為這才是生活的真實。但是或早或遲，總有一些人會意識到，生活本來不應該是這樣的，於是他們召喚「聖人」，希望「聖人」能夠幫助他們澄清這個混濁的世界，引領他們走出困惑和迷惘，拯救他們陷溺於無休止的爭鬥中的人生——老子學說，正是順應了這種需要而出現，其學說的理論思路與基本主張都有著很強的針對性，都是圍繞著上述問題而展開的。

既然社會的混亂導源於人們認識的混亂，那麼澄清這個世界的根本，就是引導人們的認識重新發現真實。真實是什麼？真實就是人們的認識根本無法真實地把握世界。人們從真實的世界所獲得的任何認識結果，都是具體的、相對的因而是有限的。這表現在人們所使用的概念上，就是一切「有名」都屬相對；表現在人們由概念的相互連屬而形成的觀念世界中，就是一切分別和對立、矛盾和鬥爭都是人為確立的。世界統一於現實的存在，而現實的存在由互為條件、互為補充、互相作用、互相成就的各個部分（所謂「萬物」）共同顯現，因此世界是一個和諧的整體，是一個有機的系統——這就是老子的「一」；而整體與系統中的各個部分以彼此之間的互為條件、互為補充、互相作用、互相成就為法則，在關係之中顯現各自存在的意義——這就是老子的「道」。

「一」與「道」就是老子所展示的真實世界，它們形成了對混濁的現實中人們紛亂複雜的意識世界的否定。但是單純的否定並不構成拯救，「聖人」必須鋪設一條由此及彼的道路，才能使混濁的世界得以澄清，使無望的人生獲得新的希望，於是老子的「無名」理論出現了。「聖人」所把持的「無名」，是在認識領域掃清荊棘的利器，其功用效驗都堪比西方著名的「奧卡姆剃刀」。本書第八十一節（通行本第三十七章）：

道恆無名，侯王若守之，萬物將自化。化而欲作，吾將鎮之以無名之樸。鎮之以無名之樸，夫將不辱。不辱以靜，天地將自正。

現實世界中層層疊疊的概念、法則與真理，一旦經過「無名」的掃視與破除，就一律止於其所當止（「有名知止」），因而一律回歸於相對與具體之域，這使得人世間數不清的權威因之而倒塌，也使得萬物「自然」的概念因之而得以成立——這是「聖人」對人們的認識世界的澄清。人們的認識世界得以澄清，百姓各得其得（德）、各行其是，沸翻盈天的爭論與互相的詰難自然就會止息，人世間的爭執、爭鬥與爭奪也就自然消解，人類社會也就會「濁而靜之徐清」了——「靜」指的是「聖人」把持「無名」，不固執、不提倡、無私為；「清」則是人類回歸於社會與人生的真實，安定祥和，整體和諧。而整個世界——包括人類社會一旦恢復到老子的「一」所指示的狀態，按照「道」的原則開始運行，「聖人」就要「守雌」了，本書第七十二節（通行本第二十八章）：

知其雄，守其雌，為天下溪。為天下溪，恆德不離。恆德不離，復歸嬰兒。知其榮，守其辱，為天下谷。為天下谷，恆德乃足。恆德乃足，復歸於樸。知其白，守其黑，為天下式。為天下式，恆德不忒。恆德不忒，復歸於無極。樸散則為器，聖人用則為官長。夫大制無割。

「知雄」就是明瞭「道」對萬物存在的決定作用；「守雌」就是順應「道」對萬物存在的決定，而不自生善惡、自為法度、自作主張，這也就是老子所說的「無為」。天下既「濁而靜之徐清」了，則必繼之以「安以動之徐生」——所謂「安」者，「聖人」之「守雌」也；所謂「動之徐生」者，「道」之作用也。「聖人」能把持「無為」，則「道」之於萬物「生之、畜之、長之、育之、亭之、毒之、養之、覆之」（本書第十四節，通行本第五十一章）才為恆常，世界才能永恆存在、永遠和諧。

作為人間侯王的「聖人」，必須是一個理性覺醒的人，必須先知先覺於一般百姓，對於「道」有獨特、深刻的理解和把握，並從內心裡服膺「道」的決定——但是即便如此，他也還是一個人，是人就會有人的欲望衝動、情感偏好以及各種人性局限，理性雖然覺醒了，情感未必時時事事都能得到有效的控制。老子學說，較之孔子以及儒家學說，人生修養論方面會顯得較為薄弱。這或許是因為儒家所宣導的「仁義」無論怎麼解釋，總還是具有人類情感基礎的，這使得儒家的人生修養論與社會政治論非常自然地關聯在了一起；而老子的人生修養論，則更多地表現為理性對情感的壓迫——欲望的即時滿足與生命的長生久視，前者更符合情感原則，後者則更符合理性原則；但是兩者只能二選一，所以必須為了後者捨棄前者：這雖然是理性事實，但情感總不會很容易就接受下來。

這種通常所謂的情感與理性的衝突，恐怕「聖人」也不能徹底免除。所謂「無欲」不是一個空洞的概念，它實際地表現於時時的選擇、事事的選擇之中。「聖人」固然是「理性至上」，但有時大約還是不免受到情感的拖累，所以老子描述的「聖人」遇事遲緩，猶豫不決，「豫呵其若冬涉水。猶呵其若畏四鄰」；他們選擇艱難，但態度嚴肅，「嚴呵其若客」；而一旦做出選擇，則一切釋然，全力投入，「渙呵其若凌釋」；他們敦厚純樸，「敦呵其若樸」；如水之利物處下、含汙納垢，「混呵其若濁」；他們曠達能容，「曠呵其若谷」；他們一切的行為皆以「道」為原則，不以世俗所謂的成功為標準，始終以利益天下為宗旨，「保此道不欲盈」，所以表現雖然似有不足，但實際上卻真正符合「道」的精神，「夫唯不欲盈，是以能敝而不成」。

第六十節

【題解】本節文字，在通行本《老子》中為總第十六章、《道經》之第十六章。在帛書本中，為《道經》之第十六節、《老子》全本之第六十節。此節帛書甲本殘損六字，乙本殘損二字。兩本殘損之處可互為補足。

至虛，極也❶；守靜，督也❷。萬物旁作❸，吾以觀其復也❹。天物雲雲❺，各復歸於其根曰靜❻，靜是謂復命❼。復命常也❽，知常明也❾；

不知常，⿱亡巾⑩；⿱亡巾作，凶⑪。知常容⑫，容乃公⑬，公乃王⑭，王乃天⑮，天乃道⑯，道乃久⑰，沒身不殆⑱。

【注　釋】❶至虛二句　達於至虛（方能相容萬物），這是聖人之德的極致。虛，空虛無物。極，極致。❷守靜二句　靜順自然，是此德的真實表現。督，通「篤」。真實。按「督」，帛書甲本作「表」，此從乙本。❸萬物旁作　萬物蓬勃而興。旁，通「滂」。本指水勢浩大，這裡指萬物蓬勃興起之勢。作，興起。❹吾以觀其復也　我看的卻是萬物的衰亡。復，指萬物的衰亡。❺天物雲雲　萬物紛繁複雜。天，當為「夫」之誤，發語詞。雲雲，即「芸芸」，眾多之貌。按「雲雲」，帛書乙本作「⿰礻云⿰礻云」。❻各復歸於其根曰靜　各自回歸到它們所從出之中而沉靜消亡。根，指萬物之所從出。❼靜是謂復命　沉靜消亡是它們最終的歸宿。復，返。命，歸宿。❽復命常也　萬物的歸於消亡的命運是不可變更的。常，恆常不變。❾知常明也　認識到命運不可變更（從而採取順應的態度），就是明智的舉動。明，明智。❿⿱亡巾　通「妄」。虛妄，與「明」相對。按帛書乙本作「芒」，亦與「妄」通。⓫⿱亡巾作二句　虛妄導致任性妄為，結果兇險之事就會降臨。⓬容　指沒有私心偏見。⓭公　相容萬物。⓮王　天下稱王。⓯天　意思是與天相應。⓰道　這裡指與道相合。⓱道乃久　與道相合就會長久地保有自身的利益。⓲沒身不殆　一直到老死也不會遇到兇險之事。沒，同「歿」。歿身，終生。殆，危險。按「殆」，帛書甲本作「怠」，與「殆」通。

【語　譯】包容萬物而無所遺失，是聖人之德的極致；處靜守柔順應自然，則是此德的真實表現。萬物蓬勃而興，我更注重的卻是萬物的衰亡過程。萬事萬物運動不息，各自按照道的規定回歸到它們所從出之中。回歸到它們所從出之中，它們自身便沉靜消亡，這是道所賦予它們的命運。道所賦予它們的命運是不可變更的。認識到這種命運不可變更從而採取順應的態度，就是明智的舉動；認識不到，就會任性妄為；任性妄為的結果，就是兇險之事的降臨。認識到道所賦予的命運不可變更，就會容物利他而不自求盈滿；容物利他而不自求盈滿，就會含蘊一切而泛利天下；含蘊一切而泛利天下，天下就會歸附；天下歸附就會與天相應，與天相應就會與道相應，與道相應就會長久地保有自身的利益，一直到老死也不會遇到兇險之事。

【研析】老子的「一」，指示的是萬物存在的整體與系統，與之對立的範疇是「物」。整體如果以一種不加區別的方式，完全包蘊所有存在，那麼任何具體的「有」其實都是不存在的；任何具體的「有」都不存在，那麼與之相對應的整體的概念即老子之所謂「一」也就不存在了，整個世界處於一種無分別之中，處於一種絕對的和諧之中。這樣的世界中沒有「道」，也沒有「德」；因為沒有分別，所以也沒有言說，這或許就是老子之所謂「恆道」與「自然」想要嘗試表達的——「道可道，非恆道」，「恆道」之所以不可言說，就是因為萬物之間分別的不存在，因而「名」也不存在。這樣的一個時期，以存在之狀態而論，是「自然」；以人類之認識而論，是「無名」；以表現的時代而論，是人類認識發生之前之所謂混沌與蒙昧。既屬「無名」，所以對這個時期老子談論不多，偶有所及，也多是借助比喻、象徵等修辭手法含混帶過——而後世的莊子，卻頗有對它進行理性闡述的興趣，《莊子・齊物論》：

有始也者，有未始有始也者，有未始有夫未始有始也者。有有也者，有無也者，有未始有

無也者，有未始有夫未始有無也者。俄而有無矣，而未知有無之果孰有孰無也。

之所以最終也不知「有無之果孰有孰無」，是因為從邏輯上，此一階段「有」、「無」尚未「相生」，語言本來就不當涉入；不當涉入而強行涉入，所以莊子談論起類似問題，總讓人有虛玄難懂之感。

接下來就是老子之所謂「有無相生」（本書第四十六節，通行本第二章）的階段了。「有」、「無」等概念的存在，標誌著老子之「有名」的出現，標誌著人類混沌與蒙昧時期的結束，也標誌著人類認識對客觀世界的系統把握成為可能。「有無」既已「相生」，名言既可借助，老子對存在整體以及部分的關係，敘述和表達的線索就非常清晰了。本書第七十六節（通行本第三十二章）：

道恆無名，樸雖小，而天下弗敢臣。侯王若能守之，萬物將自賓。天地相合，以雨甘露，民莫之令而自均焉。始制有名，名亦既有，夫亦將知止，知止所以不殆。譬道之在天下也，猶川谷之與江海也。

萬物存在與否，並非是由人們的認識，即所謂「有名」所決定的，「有名」僅僅反映萬物存在的事實，不是萬物存在的根據——作為整體與系統的「一」，才是萬物存在的根據。一切存在物皆非出於自身的意願而生成，它們從一開始就從屬於系統，都是系統基於整體的需求而生成的。所謂「存在的就是合理的」，這個「理」，是系統的「理」，在老子就是「道」。老子一再提及的「道」生萬物，絕對應當從這種意義上予以解釋，「天地相合，以雨甘露，民莫之令而自均焉」，所表現的也是這種意義。正因如此，所以萬物之始生，其狀態一定符合系統之需要，一定是老子之所謂「自然」的狀態——如人之初生的「赤子」、「嬰兒」狀態。本書第十八節（通行本第五十五章）：

含德之厚者，比於赤子。蜂蠆虺蛇弗螫，攫鳥猛獸弗搏。骨弱筋柔而握固，未知牝牡之會而朘怒，精之至也。終日號而不嚘，和之至也。

系統生成萬物存在，萬物從「無」到「有」，類比於老子的相關敘述，應該稱之為「正」的過程。與之對應，萬物從初生一直到消亡的過程，則為「反」的過程，也即本節「萬物滂作，吾以觀其復也」中「復」的過程。「反」與「復」是「有」否定自身而重新「返」於整體的「無」之中，是萬物從整體中顯現而復歸於沉寂。老子說「反也者，道之動也」（本書第四節，通行本第四十章），意義如此；說「出生入死」（本書第十三節，通行本第五十章），人一旦出生就踏上了死亡之途，意義也是如此。簡言之，存在既已成為現實（「有」），則一切事物的自身演化，就只能是從「有」到「無」的過程，這個過程，老子規定其為「反」，今天則稱之為「死」與「消亡」。

按照老子的理論，萬物之生是整體所決定的，萬物之「反」即「消亡」也是整體所決定的，只是由萬物的生死來顯現而已。整體以自身之需用決定萬物的生死，所謂有用還是無用，是從系統整體說的，因此萬物生死，決定者不是萬物自身，而是整體。整體或系統不會生成無用之物，同樣也不會保障無用之物——系統之於萬物，得其用則滋養之、維護之、成就之；萬物在系統之中，得系統之滋養、維護與成就，於是得以生存。系統之於萬物，不得其用則摧折之、毀滅之、棄置之；萬物在系統之外為「餘食贅形」，得不到系統的保障，於是不得生存。這是問題的一個方面。另一方面，整體之於萬物，是保障之還是棄絕之，並非恆常不變，整體演化刻刻相續綿綿不絕，對於萬物則時用時息，皆以當時之需要為度，這就是老子之所謂「天地不仁，以萬物為芻狗」（本書第四十九節，通行本第五章），而萬物則在整體的操控之下，生死不能自已，只能消極順應整體的、同時也是「道」的決定，老子說，這就是萬物的自然——自然而生、自然而死。「譬道之在天下也，猶川谷之與江海也」，「道」為川谷，萬物如雨露凝聚在地而形成的水流，只能循川谷而「反」（返歸）於「江海」所象徵的整體的「無」之中，以此種結局終了一生，也同時開啟了新的循環。世界就是在這種生生不息的循環之中顯現，這是整體與系統的世界之真實；萬物生死都未脫離整體，都被緊緊地結合在整體之中，這是萬物的自然，也是萬物的必然——但人卻是例外。

貪生怕死是一切生物的本性，人也是如此。如果完全依從於「道」，把自身的生死徹底委託於整體與系統的決定，就與人性中求生的意願互相衝突了；如果抗拒「道」，不服從整體與系統的決定，結果又擺在那裡，人是註定要失敗的。人生是否一定會因此而陷入兩難？有沒有別的路徑可供選擇？這是老子最為關心的問題，對這個問題的解答，也是老子學說最具特色之處。

原始蒙昧的自然狀態之中，是沒有「名」的存在的；「始制有名」打破了這種狀態，人類從此進入理性把握現實世界的時代；但是進入這個時代以來，現實卻總是不如人意。人類社會的公平與正義日漸喪失，道德嚴重下滑，人剝削人人壓迫人的局面愈演愈烈，戰亂爭鬥無日無之，人們的生存環境越來越嚴酷——總而言之，人類社會並沒有因為理性的介入而顯得有所改善，相反卻更加的危機重重。這一切究竟是什麼造成的？老子的回答是，作為認識結果的「有名」，其實並不能真切地反映客觀存在的真實，因而建築於「有名」基礎之上的理念世界，與真實的客觀世界也無法完全一致；但是人們認識不到這一點，總是用對理念的執拗來替代客觀的真實，結果使得現實的人類社會時時處處矛盾叢生。

因此，首要的問題就是矯正人類的認識，使認識的結果能與真實存在的現實世界密合無間。因此老子的「無名」理論出現了。真實世界與老子「無名」理論的關係，在上一節（本書第五十九節，通行本第十五章）的「研析」裡我們已經講過，此不贅述。這裡只強調一點，就是很多對老子的研究，實際地把老子描述為一個反智主義者，這是一種極大的誤解。與其說老子反對知識與智慧，毋寧說他所反對的是虛假的知識與智慧，以及對這種知識與智慧的濫用。與那些虛假的知識與所謂智慧相對立，真正的知識，表現於老子對世界真實的把握，就是指代存在整體與系統的「一」，以及對「一」整體所體現出來的關於存在之根本性法則的「道」；而真正的智慧，表現於老子之所主張，就是聖人侯王應該在生命的歷程中切身認識、體驗、實踐和運用「道」，以達於與天地萬物一切存在的彼此相「一」，並借助於整體與系統的「一」來保障自身的「長生久視」。如果這都不算知識，那哪個算？這要不是智慧，那什麼是？

整體與系統的「一」，才是真實的世界在人們意識之中的正確映現。而「一」需要「有名」與「無名」相互作用方能確立。「一」不同於蒙昧的混沌，它「其上不皦，其下不昧」（本書第五十八節，通行本第十四章），是一切萬物的歸終，此之謂「夫物芸芸，各復歸於其根」；萬物各以其獨特的方式融入整體的「一」，既相互區別又互相含蘊，既個性鮮明又一體混成，既各個自為又彼此成就——皆以「道」為自身生存的法則，此之謂「靜」與「復命」，亦是萬物存在之「常」。反過來，如果不接受「道」的決定，只是遵從自身之所謂「本質」的鼓動一味地凸顯自身，那麼它就會越來越偏離整體的立場，而「道」也會作用於它使之衰敗——「有名」一旦出現，或多或少總是意味著萬物開始脫離整體系統而發展出自身來了，如果是暫時或部分地脫離，或許還可以通過調整自身以與整體相協調，「道」作用於它的力量也就較小；如果不僅僅是暫時或部分地脫離，而竟至於與整體和系統形成對立，那就是「不知常」的「妄作」了，此即老子之所謂「心使氣」的「強梁」；而「強梁者不得死」（本書第五節，通行本第四十二章），「道」必作用之，使其不得善終，此即老子之所謂「凶」。

遵從「道」的決定，意味著對「道」的法則的理性歸依。但是理性上的歸依，遠非事情的全部。整體或系統的「一」雖然體現著永恆不變的「道」，但是作為體現者，它始終是與萬物的實際存在相聯繫，始終與萬物的演化相聯繫，就是說，「一」本身始終地處於不斷的變化之中，不斷地捨棄舊的，生成新的。人如果想一直生存下去，免於只能被動接受的「芻狗」般的命運，就要跟上這種變化，時時事事與「一」保持一致。而這在理論上有兩條路可以走。

第一條路，是主動調整自己的認識立場，實現對自身的超越而歸於整體與系統的立場，時時更新自我的認知，事事檢點自我的行為，以適應「一」的不斷變化和需求。但是現實中這條路不可能完全走得通，因為人畢竟難以徹底擺脫認識立場的局限與認識能力的匱乏，所以即使再怎麼努力，結果也不可能完滿。《莊子・大宗師》：

知人之所為者，以其知之所知以養其知之所不知，終其天年而不中道夭者，是知之盛也。雖然，有患。夫知有所待而後當，其所待者特未定也，庸詎知吾所謂天之非人乎？所謂人之非天乎？

本書第一節（通行本第三十八章）之說「上德」、「上仁」、「上義」，依據帛書本，老子並不以為就是完全「失道」——完全的「失道」其實是在「上禮」之後，根據大約就在這裡。「德」、「仁」、「義」三者雖曰「有名」，宗旨也還是在整合人類社會各個部分的利益不使對立發生，按老子的說法，是「忠信」並不全無，所以雖然「有患」，卻也時或有效，這已為歷史所證明。至於「上禮」，則純粹依靠制度力量對百姓進行束縛與壓迫，以謀求統治者這個特殊利益集團的私利滿足，而由此引發的對抗與爭鬥，最終使得人類社會陷入了一片混亂，所以老子說「夫禮者，忠信之薄也，而亂之首也」，對「禮」本身予以徹底否定。而對於「德」、「仁」、「義」等等，雖然老子也曾提出批評，但是批評的出發點或許與「禮」並不相同。老子說「上德不德」、「絕仁棄義」等，似乎並不全是對「德」、「仁」、「義」本身有什麼成見，而是對「上」（尚）此等等的做法表示反對——「絕仁棄義」的結果，是「民復孝慈」，「孝慈」本身，也還是「仁義」，只是「上仁」、「上義」是政治策略，而「民復孝慈」是歸於本原而已。推而廣之，「有名」本身或許沒有問題，有問題的應該是對「有名」的執著，而這種執著，所表現的恰恰是人們對整體與系統的「一」之變化的難以把握與順應。

那麼就走另外一條道路，就是減損自己的成見，消除自己的固執，通過容納不同的識見與主張，使「有名」所引發的爭執消弭在聖人侯王的無所提倡與無所批評之中。如此則天下百姓各是其是、各非其非而不互相擾動，各以其自然而共存於人類社會這個「一」之中，共同接受「道」的支配。這就是「至虛，極也；守靜，篤也」的意義。聖人侯王也是人，而欲其長生久視，就不能單純被動地承受「不仁」之「天地」的支配，消極地接受「芻狗」的命運，而應使人類社會與整個天地自然協調一致，共存於存在之大全這個最大的「一」之中，於是聖人也應「不仁，以百姓為芻狗」（本書第四十九節，通行本第五章），對百姓也要時用時息，以順應天地之所需，這也要求聖人侯王之能「容」，即不但能容百姓之各是其是、各非其非，也要能容百姓之各展其能、各盡其材。每一個人都被整合在按照「道」的法則建立的人類社會組織之中，人類社會也被整合在按照「道」的法則運行的現實世界的系統之中，聖人侯王作為社會的管理者的功能由此得以顯現，其自身的生存、地位、利益也由此得到長久的保障，這一切都可以回溯到老子的「容」那裡。所以老子說「知常容，容乃公，公乃王，王乃天，天乃道，道乃久，沒身不殆」——這明顯地區別於百姓的「自然」，而清楚地體現著聖人侯王之「法自然」的特色。

第六十一節

【題解】本節文字，在通行本《老子》中為總第十七章、《道經》之第十七章。在帛書本中，為

《道經》之第十七節、《老子》全本之第六十一節。此節帛書甲本殘損二字，乙本殘損二字。兩本殘損之處可互為補足。

太上，下知有之❶。其次，親譽之❷。其次，畏之❸。其下，母之❹。信不足，案有不信❺。猶呵，其貴言也❻。成功遂事❼，而百姓謂我自然。

【注釋】❶太上二句　最好的統治者在位，百姓只是知道他存在而已。太上，指最好的統治者。下，在下面的老百姓。❷其次二句　次一等的，百姓才會親附他、讚譽他。親，親附。譽，讚譽；歌頌。❸其次二句　再次一等的，百姓就會畏懼他。畏，懼怕。❹其下二句　最下等的，百姓會侮辱他。母，通「侮」。輕慢；侮辱。❺信不足二句　統治者作出的許諾實現不了（沒有誠信），於是百姓就不會再相信他。案，通「焉」。於是。❻猶呵二句　意思是統治者說話要謹慎。猶，出言遲緩、遲疑、謹慎。貴言，指對百姓實施沒有言辭說教的教化。❼成功遂事　大功告成。遂，成功；完成。

【語譯】最好的統治者在位，百姓只是知道他存在而已，感覺不到他的存在有什麼作用；次一等的，百姓才會親附他、讚譽他的功業；再次一等的，百姓就會畏懼他；最下等的，百姓會侮辱他、咒罵他。統治者作出的許諾實現不了，百姓就不會再相信他。所以作為統治者，一定要出言謹慎，要對百姓實施沒有言辭說教的教化，這樣等到統治者教化成功，百姓也不會意識到他們其實是處於被動接受的地位，而認為他們是自然而然、本來如此的。

【研　析】一九九三年十月，湖北省沙洋區四方鄉郭店楚墓出土了一批戰國中期的竹簡，其中有一篇（九枚竹簡）被整理者命名為〈忠信之道〉，文曰：

> 不訛不孚，忠之至也。不欺弗知，信之至也。忠集則可親也，信集則可惡也。忠信集而民弗親信者，未之有也。至忠如土，化物而不伐；至信如時，畢至而不結。忠人無訛，信人不負。君子如此，故不誑生，不負死也。
>
> 太久而不渝，忠之至也。陶（效）而（天）睹（諸）常，信之至也。至忠無訛，至信不負，夫此之謂此。大忠不說，大信不期。不說而足養者，地也。不期而可遇者，天也。似天地也者，忠信之謂此。
>
> 口惠而實弗從，君子弗言爾；心〔疏而貌〕親，君子弗申爾。故行而爭悅民，君子弗由也。三者，忠人弗作，信人弗為也。
>
> 忠之為道也，百工不楛，而人養皆足。信之為道也，群物皆成，而百善皆立。君子其施也忠，故蠻親附也；其言爾信，故亶而可受也。忠，仁之實也。信，義之期也。是故古之所以行乎蠻貊者，如此也。

關於此文思想的歸屬，學界一直是爭論不斷。有人基於文章中「忠信」、「仁義」等提法，主張將此文歸屬於儒家學派；有人則根據文中「大忠不說」、「大信不期」等提法，認為與老子的「大象無形」、「大羸如肭」等等句法一律、意旨相近，主張此篇應歸於道家學派。其實所謂儒道之別，甚而至於百家之分，大約總是後起的事情，按照《莊子・天下》篇的說法，百家之前，還有一個天下學術整體為「一」、未加區別的時代。「一」之「其明而在數度者，舊法世傳之，史尚多有之。其在於《詩》、《書》、《禮》、《樂》者，鄒魯之士、縉紳先生多能明之。《詩》以道志，《書》以道事，《禮》以道行，《樂》以道和，《易》以道陰陽，《春秋》以道名分」。然後是「天下大亂，賢聖不明，道德不一。天下多得一察焉以自好，譬如耳目鼻口，皆有所明，不能相通。猶百家眾技也，皆有所長，時有所用。雖然，不該不遍，一曲之士也」。《漢書・藝文志・諸子略》也說，諸子百家「皆起於王道既微，諸侯力政，時君世主，好惡殊方，是以九家之術蠭出並作，各引一端，崇其所善，以此馳說，取合諸侯」，「今異家者各推所長，窮知（智）究慮，以明其指（旨），雖有蔽短，合其要歸，亦《六經》之支與流裔」。《莊子・天下》篇和《漢書・藝文志・諸子略》的兩種說法，其實本質一律，都在說明百家之學本就有一個共同的學術背景，有一套先在的觀念系統和價值尺度——《忠信之道》中的所謂「忠」、「信」，應該就是這種觀念系統和價值尺度的具體體現之一。它們不獨為儒家所尊崇，也同時為包括老子在內的百家之學共同提倡——老子謂「禮」是「忠信之薄而亂之首」（本書第一節，通行本第三十八章），謂百姓對侯王自「親譽之」而至於「畏之」、「侮之」，是因為侯王「信不足，焉有不信」，並警戒侯王「輕諾必寡信」（本書第二十六節，通行本第六十三章），這是對統治者失其「忠信」的批評；而曰「信者信之，不信者亦信之，德信也」（本書第十二節，通行本第四十九章），狀有道者之「居善地，心善淵，予善信，政善治，事善能，動善時」（本書第五十二節，通行本第八章），並謂「道」中有「信」（本書第六十五節，通行本第二十一章），「信言不美，美言不信」（本書第三十一節，通行本第八十一章），則是對「信」的積極提倡。可見老子之於「忠信」，也是明確肯定的。

但是概念形式的相同並不等於認識結果的相同，老子的「忠信」和儒家的「忠信」本質上其實差別很大。〈忠信之道〉中的「忠信」觀念，雖然最後連結的是「仁義」，所謂「忠，仁之實也。信，義之期也」，很容易就使得人們把這篇文獻歸旨於儒家，但從文章前面對「忠信」的界定看，所謂「忠」，更為強調的是法則的恆定性，而所謂「信」，強調的則是法則的有效性。「大忠不說，大信不期。不說而足養者，地也。不期而可遇者，天也。似天地也者，忠信之謂此」，「忠信」本乎天地，是恆常不變而必有效驗者，這種立意，遠高於儒家事君之「忠」、交友之「信」的諸般規定，而表現為對天地精神的總體把握——老子的「忠信」，應該就是在這種層次上顯現意義。本書第六十五節（通行本第二十一章）：

> 道之物，唯恍唯惚。惚呵恍呵，中有象呵。恍呵惚呵，中有物呵。窈呵冥呵，中有誠呵；其誠甚真，其中有信。自今及古，其名不去，以順眾父。吾何以知眾父之然也？以此。

從這種意義上，「忠信」所表現的，就是老子之「道」的普遍性與唯一性，萬物存在因為這種普遍與唯一法則的確立而顯現為一個整體，即老子的「一」。這個「一」，既是存在的整體，也是人類認識的整體，「百家眾技」存身於此時有所用，「異家所長」合其要歸併在其中，「忠信」不失，「仁義」宛在，只是各適其適、各存其時而已。這是老子之「有名」而「無名」的時代——所謂「有名」，是名當其實；所謂「無名」，是聖人侯王的無所提倡、各任自然，是老子之「猶呵，其貴言也」；而兩者相加，就是老子之「有名知止」的真實含義。

「有名」之所以必須「知止」，是因為從根本上講，人的認識能力是有限的，不可能把握具體事物的真實並通過「名」表現出來。因此只要不是立足於「道」的立場隨順百姓的自然，那麼無論提倡什麼、無論做出怎樣的允諾，最終的結果一定是侯王的失信於民——只要離開大道，一定會「信不足，焉有不信」。這不是君主的個人品格問題，而是人類認識能力實際的無法支撐。本書第一節（通行本第三十八章）所謂「上仁」、「上義」之屬，以仁義與百姓相期，而仁義只不過已陳之芻狗、先王之糟粕，必有不洽於世、不合於時者，則百姓雖或親之譽之，亦必有畏之侮之者——治道愈密，反作用愈大；法網愈結，吞舟之魚愈失。唯有統治者「貴言」、「無為」，一切委諸「道」的決定，萬民才能各適自然，天下才能平而無故，統治者的功業才能最終成就，利益才能最終得到保障。本書第十九節（通行本第五十六章）：

> 知者弗言，言者弗知。塞其兌，閉其門，和其光，同其塵，挫其銳，解其紛，是謂玄同。故不可得而親也，亦不可得而疏；不可得而利，亦不可得而害；不可得而貴，亦不可得而賤；故為天下貴。

第六十二節

【題解】本節文字，在通行本《老子》中為總第十八章、《道經》之第十八章。在帛書本中，為《道經》之第十八節、《老子》全本之第六十二節。此節帛書甲本無殘損，乙本殘損二字。

故大道廢❶，案有仁義❷。知慧出，案有大偽❸。六親不和，案有孝茲❹。邦家閽亂，案有貞臣❺。

【注釋】❶廢　廢黜；廢棄。❷案有仁義　於是才有仁義的提倡。案，帛書甲本作「案」，乙本作「安」，並通「焉」，於是。下文三個「案」字同此。❸知慧出二句　智慧出現了，大奸大惡的行為才會得逞。知，通「智」。智慧。偽，虛偽；詭詐。❹六親不和二句　六親不和睦，父慈子孝的倫理規範才會有講求的必要。六親，六種親屬關係，即父、子、兄、弟、夫、婦。孝，尊敬和贍養長輩。茲，通「慈」。愛護和教養晚輩。按「孝」，帛書甲本作「畜」，此從乙本。❺邦家閽亂二句　國家昏亂，忠貞之臣才會受到獎勵。邦，國。閽，通「昏」。貞臣，忠正之臣。

【語　譯】大道廢除了，仁義之說才會被提倡；智慧出現了，大奸大惡之徒才會陰謀得逞；六親不和睦，父慈子孝的倫理規範才會有講求的必要；國家昏亂，忠貞之臣才會受到獎勵。

【研　析】在本書第二十九節（通行本第六十六章）的「研析」中，我們介紹了先秦時期荀子的觀點。荀子說，「群而能分」是人類社會存在的現實，也是人類社會存在合理性的具體體現，否則人類能否存在下去就會成為問題。萬物存在，各以其存在的現實展現其存在的合理，而萬物存在的方式卻各不相同。具體到人類而言，社會組織形式的存在，既是現實的，也是合理的。按照這種觀點推演，老子的「小邦寡民」，以及與之相配套的諸種觀念形態、組織結構等等，都應該認識為人類之存在的合理，而歸於老子之所謂人之「自然」。此種「自然」，是與存在整體之「自然」相適應者，體現著整體和諧的「道」的精神。這就是說，人類之存在，並非一直要回歸於蠻荒蒙昧的時代才算是「自然」，「小邦寡民」同樣也是「自然」，在這一點上，老子的看法應當與後世之莊子大為不同。《莊子・馬蹄》篇給我們勾畫出了一個莊子心目中的理想社會：

> 故至德之世，其行填填，其視顛顛。當是時也，山無蹊隧，澤無舟梁；萬物群生，連屬其鄉；禽獸成群，草木遂長。是故禽獸可係羈而遊，烏鵲之巢可攀援而窺。夫至德之世，同與禽獸居，族與萬物並，惡乎知君子小人哉！同乎無知，其德不離；同乎無欲，是謂素樸；素樸而民性得矣。

人類社會被取消，人類的物質文化創造也一概被否定，甚至人作為類的存在也被消解，「同與禽獸居，族與萬物並」，純然地等同於禽獸，「臥則居居，起則于于，民知其母，不知其父，與麋鹿共處，耕而食，織而衣，無有相害之心。此至德之隆也」（〈盜跖〉）——人類道德上的高度完善，要靠人的徹底泯滅來獲得，這既違背邏輯，也不符合歷史。相比較而言，儘管老子的「小邦寡民」的政治主張同樣也太過理想化，但依稀彷彿，總還有現實的影子在。

老子的「自然」表現於人類社會，並不必然地排斥權力與社會制度構造等等，這些是人類社會得以延續的手段，所以應當被認識為人類之「自然」的有機組成部分。這意味著，人類整體只有超越了單純的生物性的狀態而至於群體狀態，存在才成為可能，人類的「自然」本身就包含了對個體自身的超越。落實到個人，則只有超越原始的生命衝動，而至於理性掌控下的人生，才能達於人之「自然」。正是在這種意義上，老子的「無欲」、「無為」，乃至「無名」等等才是可以解釋的。老子與先秦時期其他諸子的區別，不是在諸如社會分層、權力分配、制度形態等等是否應當存在這樣的問題上，而是如何認識這些東西的功用，以及如何在現實的社會中掌控它們，使之充分體現「利而不害」的「天之道」，以更好地保障人類的「自然」這樣的問題之上。

既然社會本質地屬於人類的「自然」，那麼創建人類社會組織形式等等的聖人或者智者，以及他們從實際生活中所提煉或總結的仁義等等「有名」，也應當被歸入人類「自然」的衍生之中，為什麼老子還要反對它們呢？本書第六十三節（通行本第十九章）：

絕聖棄智，而民利百倍。絕仁棄義，而民復孝慈。絕巧棄利，盜賊無有。此三言也，以為文未足，故令之有所屬：見素抱樸，少私而寡欲，絕學無憂。

一種事物，其存在的形態是否屬於「自然」，並非取決於事物自身，而是取決於它所存身其中的整體（「一」）以及體現著整體和諧的「道」。天下紛爭的社會，儘管也是人類社會存在的現實，但因其背離了「道」的原則，所以站到了「自然」的對立面去了，這種現實儘管暫時存在，卻並不屬於「自然」的範疇，並且終究要被「道」所否定。聖智仁義等等，當它們自身被整體的「一」所接納、被「道」所包容之時，雖屬「有名」，然而並不與所表達的事物存在相抵牾，各有其有，亦各止於其所當止；各在其位發揮作用，亦各為其所存在的系統本身所充實、界定乃至應用，這是「名」之「自然」，也是人類社會之「自然」。但是「天地不仁」，大化流行之中，萬物興替不可阻止，時過境遷，則聖智仁義或為已陳之芻狗，而與整體之「一」不再協調，也就不再被「道」所包容了。芻狗已陳，而必欲舉而上之，提倡所謂聖智仁義，是欲以人力繼「道」而為治者也。以人力繼「道」而為治，是把本為整體之部分的聖智仁義分離出系統，固化為理念，另為鋪墊敷陳，這就是「人之道」之所以形成的開端。在老子而言，猶人之「老而不死是為賊」，聖智仁義老而不死，也是賊，是賊大道者。芻狗已陳，就應當爨之踐之，棄如敝履，而固守聖智仁義，以之為萬世不變之極則，若非出自愚蠢，就一定是別有用心，是為謀取私利而進行的策略選擇，這就與老子所倡言的整體立場、「自然」觀念分道揚鑣了——這才是「有名」之為禍天下的根本原因，它所反映的是人欲，所落實的是人為。

「大道廢，焉有仁義」，大道被廢置了，無法落實於人類社會了，所謂「仁義」才被凸顯出來。如果「大道」不廢，則「仁義」雖存而不彰，這是「仁義」的「自然」，也是一切「有名」之「自然」。「智慧出，焉有大偽。六親不和，焉有孝慈。邦家昏亂，焉有貞臣」，皆是「大道」廢置之後的必然——認知之道廢置，大偽乃生；親親之道廢置，孝慈方倡；君臣之道廢置，忠貞始現。所有這些，都是反於「自然」的「有為」。「有為」的癥結所在，不是「有名」的存在，而是對「有名」的人為提倡。老子對治「有為」，之所以首先表現為以「無名」鎮制「有名」，消除天下對「有名」的執著，而使天下知「有名」之有所局限，其原因即在於此。

第六十三節

【題　解】本節文字，在通行本《老子》中為總第十九章、《道經》之第十九章。在帛書本中，為《道經》之第十九節、《老子》全本之第六十三節。此節帛書甲本殘損九字，乙本殘損一字。兩本殘損之處可互為補足。

絕聖棄知❶，而民利百倍❷。絕仁棄義，而民復孝茲❸。絕巧棄利❹，盜賊無有❺。此三言也，以為文未足❻，故令之有所屬❼：見素抱樸❽，少私而寡欲❾，絕學無憂❿。

【注　釋】❶絕聖棄知　絕除聰明、拋棄才智。絕，絕棄。聖，這裡指聰明。知，通「智」。才智。按「聖」，帛書甲本作「聲」，與「聖」通。❷民利百倍　人民會得到百倍的利益。按「倍」，帛書甲本作「負」，與「倍」通。❸民復孝茲　百姓才會回歸到父慈子孝的自然親情。茲，通「慈」。慈愛。按「孝茲」，帛書甲本作「畜茲」，此從乙本。❹絕巧棄利　絕除工巧、拋棄私欲。巧，精妙的技藝。利，私欲滿足。❺無有　沒有。❻此三言也二句　這三句話概括聖人治國的特徵尚有所不足。文，本義是花紋，引申指特色、特徵。❼有所屬　有所歸屬、依從。❽見素抱樸　保持質樸無華的精神狀態。見，通「現」。顯現。素，沒染色的生絲，此處指質樸自然的狀態。抱，把持。樸，原木，引申指自然原始的狀態。❾少私而寡欲　減損私見和私欲。少，減損。寡，減少。❿絕學無憂　絕去各種淆亂心志的邪說，就可免於憂患。學，指擾亂人的自然心性的各種邪說。按「絕學無憂」四字通行本皆屬下章，據馬敘倫說，當在此節之末，今從之。

【語　譯】絕除聰明、拋棄才智，人民就會得到百倍的利益。絕除仁愛、拋棄信義，老百姓才會真正享有父慈子孝的自然親情。絕除工巧、拋棄私欲，就不會再有小偷和強盜。這三條作為聖人治國的特徵尚有所不足，所以要再說明一下，使統治者有所依從：保持質樸無華的精神狀態，減損虛妄的認識和蓬勃的私欲，絕去各種淆亂心志的邪說，就可以免於憂患。

【研　析】在本書第四十四節（通行本第七十九章）的「研析」中，我們談到了老子之所謂「和」的意義，以及老子之「和」與儒家之「和」由於把持的立場不同而導致的相互區別。這裡我們嘗試引入與「和」相對的「同」，再對「和而不同」這一中國傳統思想的重要命題進行更深一層的剖析，並以此為基礎，解釋老子「絕聖棄智」、「絕仁棄義」的真實含義。

「和」與「同」兩者，雖然都牽涉到了事物存在的屬性問題，但其中心，還是偏重於事物之間的關係，《國語・鄭語》所記史伯以「以他平他」與「以同裨同」分別定義「和」與「同」兩者，以「和實生物，同則不繼」作為結論，所強調的就是同質的和不同質的事物之間彼此作用所必然導致的兩種結果。而推演其說，大致可以分別「和」與「同」兩者如下：

「和」的基礎是事物之間彼此平等的關係的存在。這裡所謂平等，並非是指君臣上下之類的區別不存在，而是指存在的屬性、作用等等的相對於整體而言功能上的平等。不同事物存在於一個系統之中，各因其不同而顯現意義，形成互相容納、互相補充，乃至互相成就的共存關係。「同」則不然，它不是以事物之間的相互區別為成立的基礎，而是以某個個體為中心，以附屬於中心的他物向其求取認同、順應、屈服，乃至泯滅差異、消解自我的曲意應承為特徵的，中心與附屬之間構成上下關係、主從關係，而這種關係隨著整體的演變也會翻轉變化，而這正是一切社會矛盾的淵藪，一切混亂和更替的動因。

「和」與「同」，是從整體之中的各個部分構成整體的方法而言的。從結果上，兩者之間則很難區別。這是因為，「同」所結構的整體，有時也以形式上的「和」為表徵，譬如以等級名分為特徵的「禮」，所體現的意志、維護的利益本質上屬於當時社會的統治者，卻借助於國家機器以及意識形態宣傳等等，推廣為整個社會所必須遵守的制度體系，則所謂「禮」只有「和」之表象，而其本質實為「同」——《論語》載有子曰「禮之用，和為貴。先王之道斯為美，小大由之」，是拘泥於現象的「和」而迴避了本質的「同」，這是以「同」為「和」的例子。相反的例子也有，事實上在《國語・鄭語》中，史伯把上述兩種整體構成都稱之為「同」，只是將以「和」構成者稱為「和同」，而把以「同」構成者稱為「剸同」——所謂「剸」者，專擅、獨斷之義。而「聲一無聽，物一無文，味一無果，物一不講」，則在於昭示「剸同」之無法延續，其意義等同於史伯之所謂「同則不繼」。這是以「和」為「同」的例證。

返回頭來，我們再來看老子在本書第一節（通行本第三十八章）的論述，或許就能獲得更為深切的領會：

> 上德不德，是以有德。下德不失德，是以無德。上德，無為而無以為也。上仁，為之而無以為也。上義，為之而有以為也。上禮，為之而莫之應也，則攘臂而扔之，故失道矣。失道矣而後德，失德而後仁，失仁而後義，失義而後禮。夫禮者，忠信之薄也，而亂之首也。前識者，道之華也，而愚之首也。是以大丈夫居其厚而不居其薄，居其實不居其華，故去彼取此。

「上德」與「上仁」、「上義」、「上禮」最為重要的區別，就是前者是「無為」，而後三者則是「為之」（「有為」）。類比於前面我們對「和」與「同」的分析，可以說只有「上德」才是真正的達於「和同」的策略——「上德」以現實存在之全體的「自然」為典範，以兼包天下的氣量為胸懷，以隨順萬物的無所提倡為作為，以人我的相容相利、互相成就為法則，所有這一切，構成了老子之所謂「無為」的規定性。而「上仁」、「上義」或多或少總是與「剸同」脫不了干係，兩者雖然存在「無以為」和「有以為」的區別，但「為之」則為一律，套用老子的說法，就是不是以「無」消解「有」而達於物物之自然，而是以「有」來反對「有」而謀求矛盾之化解──「為之」意味著有所提倡，有所提倡就意味著形成對立；對立而不能化解，則意味著鬥爭；對立而能化解，則新的對立隨即生成──以「有」化解「有」，結果必至於暴，終於矛盾激化。而一旦矛盾激化，則人之死生無定，長久不可保矣。

老子排列「上德」而至於「上仁」，再至於「上義」，更至於「上禮」，所要表現的大約總是由「和」而漸至於「同」的演變過程，也是人類社會由自然法則漸至於人類法則──即由「小邦寡民」而漸至於大一統的演變過程。而「上禮」作為整個過程的轉捩點，從人類社會的體制構成上確立了君主的權威與意志的至高無上，這一點的確立，使得所謂「和」就只具有形式意義了──君主以制度強迫的方式，使人「和」於己，而欲「令海內之勢如身之使臂，臂之使指，莫不制從」（《漢書‧賈誼傳》），這是本質上的「同」，於是「大道」便蕩然無存了。從這種意義上可以說，老子所描繪的由「道」而至於「失道」的整個歷史，就是「和」之本質逐步衰減，而最終歸於「同」的歷史。以「有」化解「有」，縱有前瞻之智慧，也不過「道之華」；而真正的智慧，則體現在以「無」來消解各種「有」之間的矛盾，「大丈夫居其厚而不居其薄，居其實不居其華，故去彼取此。」

從前所引的本書第一節（通行本第三十八章）內容可知，所謂「上仁」、「上義」雖然是「居其薄」，但畢竟不同於完全「失道」的「上禮」，因此有理由揣測，老子所謂「絕聖棄智」、「絕仁棄義」，是意在督促社會政治回歸比仁義更為厚重的治道基礎。老子之所謂「道」與仁義等等，並非非此即彼互相不能相容的絕對對立。「道」立足於「無」，形成對一切「有」的否定，然而這種否定並非從根本上徹底抹殺，而是通過否定這種形式，把仁義禮智等包孕在大道之中並予以超越，仁義禮智也由此而得以展現自身的自然屬性，在特定的範圍、特定的環境中發揮作用。這種意義上的「絕聖棄智」、「絕仁棄義」等等，並非是要絕去聖智仁義之實，而是絕去人們對聖智仁義之名的迷戀和偏執。從根本上講，所謂「絕聖棄智」、「絕仁棄義」，更多地表現為一種政治策略，其所施行的主體，是聖人侯王；所作用的對象，是如後世百家之「各引一端，崇其所善」的「有為」提倡；所欲達到的目的，是使天下萬民各安其智而不相擾——性質猶如後世之罷黜百家。唯能罷黜百家之說，攘棄仁義禮智等一切說教，萬民之自然才可以顯現，百姓之各從其俗、甘食美服而不相競尚的局面才可以到來。聖人侯王之所以當「絕聖棄智」、「絕仁棄義」，不是要利用百姓的無知而對百姓行欺詐以自我獲利，而是勿使那些聳動視聽的所謂聖智仁義誘使百姓走上邪路——此即老子之所謂「輔萬物之自然」而不敢為。而所有這一切，與否定人類一切認識成果的虛無主義與不可知論有著本質上的區別。

第六十四節

【題解】本節文字，在通行本《老子》中為總第二十章、《道經》之第二十章。在帛書本中，為

《道經》之第二十節、《老子》全本之第六十四節。此節帛書甲本殘損三十六字，乙本無殘損。

唯與訶，其相去幾何❶？美與惡，其相去何若❷？人之所畏，亦不可以不畏人❸。望❹呵，其未央才❺！眾人熙熙❻，若鄉於大牢❼，而春登臺❽。我泊焉未佻❾，若嬰兒未咳❿。纍⓫呵，如無所歸⓬。眾人皆有餘⓭，我獨遺⓮。我愚人之心也⓯，惷惷呵⓰。鬻人昭昭⓱，我獨若悶呵⓲。鬻人察察⓳，我獨閩閩⓴呵。忽呵，其若海㉑。望呵，其若無所止㉒。眾人皆有以㉓，我獨⿵門元以鄙㉔。吾欲獨異於人㉕，而貴食母㉖。

【注釋】❶唯與訶二句　對待百姓是恭敬還是傲慢，對於統治者而言，差別並不太大（轉換一下態度而已）。唯，應諾之聲，引申為（統治者對待百姓）態度恭謹。訶，呵責之聲，引申為態度傲慢。按「訶」，帛書乙本作「呵」，同。❷美與惡二句　百姓是喜歡還是厭惡你（統治者），這之間的差別可就很大了。美，這裡是指（百姓）喜歡。惡，討厭；厭惡。❸人之所畏二句　統治者處在人人敬畏的地位上，也必須畏懼所統治的人民。人之所畏，指統治者處身百姓畏懼的權勢之位。❹望　通「荒」。廣闊；遼遠。❺其未央才　沒有盡頭呵。未央，沒有終結；無窮盡。才，通「哉」。語氣詞。❻熙熙　和順快樂之貌。❼若鄉於大牢　就像要出席盛大的宴會。鄉，通「饗」。享用。大，通「太」。太牢，古代最為豐盛的祭祀，牛、豬、羊三牲齊備稱太牢。❽而春登臺就像是要春日登臨遠眺。❾我泊焉未佻　只有我在事物未現衰兆之前已然淡泊。泊，淡泊。佻，通「兆」。徵兆；跡象。按「泊」，帛書乙本作「博」，與「泊」通；「佻」，作「垗」，與「兆」通。❿若嬰兒未咳　就像個只會哭不會笑的嬰孩。咳，小兒笑。⓫儽　疲勞懈怠。⓬如無所歸　像個無家可歸的旅人。按「如」，帛書乙本作「似」。⓭有餘　這裡指聰明才智很多。餘，剩餘。⓮我獨遺　單單只有我像個缺心眼的傻瓜。按帛書乙本此三字闕。⓯我愚人之心也　我像是有一顆愚蠢的心。⓰惷惷呵　愚蠢糊塗呵。惷惷，通「沌沌」。糊塗之貌。按「惷」，帛書乙本作「湷」，並與「沌」通。⓱鬻人昭昭　俗人們無所不知。鬻，通「俗」。昭昭，明白；無所不知。⓲我獨若悶呵　單單只有我糊裡糊塗。悶，通「昏」。混沌無知貌。按「悶」，帛書甲本作「閒」。⓳察察　（似乎很）明辨事理。按「察察」，帛書甲本作「蔡蔡」，通。⓴閩閩　通「悶悶」。暗昧無知。按帛書甲本作「閩閩」，此從乙本。㉑忽呵二句　深遠如同大海。忽，通「惚」。與下句「望（恍）」雙聲相疊，表幽深玄遠。按「忽」，帛書乙本作「沕」，與「忽」通。㉒望呵二句　飄忽如無止息。㉓有以　有所為。㉔閑以鄙　既笨拙又無知。閑，通「頑」。愚頑。鄙，鄙陋無知。按「鄙」，帛書甲本作「悝」，通「俚」，此從乙本。㉕吾欲獨異於人　我想做的與別人不一樣。㉖貴食母　重視養護我的根本。貴，看重；重視。食，養。母，根本。

【語　譯】是恭敬地對待百姓還是傲慢地對待萬民，對於統治者而言，其間的差別並不太大，但是實際導致的結果卻大有不同。我對百姓恭敬有加，百姓就喜歡我做他們的統治者；我傲慢地對待他們，百姓就厭惡我做他們的統治者，這其中的差異對我而言可就非常大了。作為統治者，處在人人敬畏的地位上，不可以態度傲慢，也必須畏懼所統治的人民，重視他們對待自己的態度，因為統治者畢竟還是希望自己的統治無終止地延續下去啊！大家熱熱鬧鬧，興高采烈，就像要出席盛大的宴會，就像是要春日登臨、遠眺怡懷，只有我在事物未現衰兆之前已然淡泊，就像個只會哭還不會笑的嬰孩，又像是疲憊不堪、無所歸終的旅人。大家都覺得自己的聰明才智很多，只有我像個智慧貧乏才能欠缺的廢物，讓人家覺得我所具備的是一顆愚蠢的心，整日裡混混沌沌。大家都那麼精明，我卻獨自渾渾噩噩。大家都是那麼眼光敏銳、明辨事理，我卻只是這樣昏天黑地不辨東西。深遠寬廣，像大海融匯百川；不休止於一處，像高風橫掠萬物。大家都為滿足自己而忙忙碌碌，只有我既笨拙又無能。我想的和做的與大家不一樣，而更看重養護我生命的根本。

【研　析】「唯」與「訶」是對具體事物的兩種反應態度。人有所秉受，而應之曰「唯唯」，表現的是一種謙和、柔順、自處卑下；應之以叱吒呵責，乃至申斥怒罵，表現的則是傲慢、剛強、自以為是。在老子看來，作為統治者的侯王，必須對自己統治之下的百姓有足夠的恭謹，對自己所從事的事業有相當的敬畏，猶古語之所謂「戰戰兢兢，如履薄冰」，才可能得到百姓的擁戴——「人之所畏，亦不可以不畏人」，侯王身處貴高之位，更應當謙卑自持、恭敬待人。

這種觀點，在《老子》中其實多有顯現。甚至會使我們生出一種感覺，就是在老子看來，侯王之作為侯王，實在不是什麼值得追求或者留戀的好事情。他們的位置雖在萬民之上，權力雖足以操控萬民，但明智的侯王絕不會藉此而為自己謀求實際的利益，因為他們明白，那樣做的結果，私欲雖然可以獲得一時的滿足，但對於自己根本的利益——即生命的長久（老子之所謂「長生久視」）終將造成莫大的傷害。而要保有自身根本的利益，只能謙卑待人，謹慎對事，克制物欲，無為弗爭，乃至於「受邦之垢」、「受邦之不祥」——不是為自己的私欲滿足一意妄行，而是為整個社會甘心付出，不為維持自身的高貴尊顯，而為維護整個社會的安定與和諧，侯王的「長生久視」才能最終得以保障。

這很容易讓我們聯想起傳說時代的堯舜禹禪讓。堯王天下七十年，生活簡樸，盡心天下。繼則摒丹朱而舉虞舜。舜在位四十年，躬自耕田、漁獵、製陶，晚年病死於蒼梧之野，而禹繼其位。《韓非子・五蠹》在討論到這個問題時說：

> 堯之王天下也，茅茨不翦，采椽不斲；糲粢之食，藜藿之羹；冬日麑裘，夏日葛衣；雖監門之服養，不虧於此矣。禹之王天下也，身執耒臿以為民先，股無胈，脛不生毛，雖臣虜之勞，不苦於此矣。以是言之，夫古之讓天子者，是去監門之養，而離臣虜之勞也，古傳天下而不足多也。今之縣令，一日身死，子孫累世絜駕，故人重之。是以人之於讓也，輕辭古之天子，難去今之縣令者，薄厚之實異也。

老子所設定的理想的侯王，或許正接近韓非子所謂類似「監門之養」、「臣虜之勞」的堯舜禹，這一點也可以從老子所推崇的「小邦寡民」社會之近於現代人類學稱之為前國家形態的氏族社會晚期的生活景象得到印證（參見本書第三十節，通行本第八十章「研析」）。而那些「朝甚塗，田甚蕪，倉甚虛，服文采，帶利劍，厭食而資財有餘」的傢伙，則是大道喪亡、人欲勃興之後的產物，這些人雖名為侯王，實不過強盜頭子（「盜竽」）而已（本書第十六節，通行本第五十三章），與道無涉。

對老子接下來所敘述的內容，後人的誤解就比較大了。或許是看到「眾人」、「俗人」這些詞與「我」（這裡代指老子所謂「聖人」、「侯王」）的相對，於是研究者紛紛以褒貶稱量之，謂眾人之熙熙昭昭，只應在不明至道的蒙昧；而俗人之有餘有以，不過是旁行斜上的妄為，唯有聖人方能鑒識天道，泊焉未兆、獨異於人——很是替老子興發了一通舉世皆濁我獨清、眾人皆醉我獨醒的感嘆。

其實不然。在前面的相關章節中我們多次提到，在老子的社會政治學說的結構形式中，聖人侯王和百姓雖然有層級上的分別，但是這種分別更多地表現為兩者之間的互為利益與互相成就，並不表現為上下、聖凡、智愚、善不善的相互對立與不可調和。本書第二十五節（通行本第六十二章）：

道者萬物之注也，善人之保也，不善人之所保也。美言可以市，搏行可以加人。人之不善也，何棄之有。

本書第七十一節（通行本第二十七章）亦曰：

聖人恆善救人，而無棄人，物無棄材，是謂襲明。故善人，善人之師；不善人，善人之資也。不貴其師，不愛其資，雖智乎大迷，是謂妙要。

正是因為有了「不善人」（這裡的「不善人」應該理解為不諳於「道」的普通人，即此節中之所謂「眾人」、「俗人」），「善人」（聖人侯王）的作用才得以顯現出來。「聖人」以大智慧治理天下，「眾人」以小智慧維繫生活，譬之老子的「名」論，猶「有名」與「無名」的相互成就。小智慧即所謂「有名」，由於這種認知形式本身的局限，決定了所有的「名」在反映客觀存在上都具有限性和相對性；但是有限性和相對性不能成為徹底否定一切「名」的依據——針對於某個具體的「名」，某種時間、區域、情景等等因素雖然使得它因而相對，卻也使得它在這一特定的時間、區域、情景之中又是有效驗的，因而是可以應用的——譬如某一些時代、一些特定的地域所產生的鄉規民俗等。從這種意義上看，那麼「有名」之於「眾人」，就是確實的知識和智慧，而「眾人」之昭昭、察察，其實就是「眾人」之本分，由此而生的快樂、滿足等等，也是「眾人」的「自然」。

說到底，聖人的大智慧所體現的「無名」，其否定「有名」本不具備的絕對性與普適性，就是在拒斥各個不同的認知環境與認知系統所產生的各種具體的認知結果之間的相互混淆，從而保障具體的「名」在有限與相對的意義上發揮作用——「無名」既是「有名」的否定者，也是「有名」的保護者。這實際上是確立了一種原則，即具體與特殊是存在的第一屬性，老子「名者實之賓」的理論由此得以落實，而「小邦寡民」的世界裡，民各「甘其食，美其服，樂其俗，安其居」，則標誌著這種理論在社會政治生活中的完美實現。而侯王聖人，由於把持「無名」，所以「泊焉未兆」、「若嬰兒未咳」、「纍呵，如無所歸」，乃至「我獨遺」、「我愚人之心」、「我獨若昏」、「我獨悶悶」——凡此等等，皆為聖人之「法自然」而「為無為」者。

聖人與俗人，就是如此互相利益、互為作用的。無聖人之「無名」，則智者興起而「有名」提倡現；「有名」提倡現則混亂起、私欲興；私欲興則爭鬥多端、戰禍頻生。無俗人之「有名」，則單純的「無名」其實就是蒙昧，聖人之作為聖人乃至作為侯王也就沒有依據了。所以老子於此節雖聖俗並列，本意卻並無褒貶。雖然老子時有不遇之嘆，但這裡卻不是，而是再一次刻劃出聖俗一體互相作用的方式——這種方式，就是「道」之體現於人類社會者。

第六十五節

【題解】本節文字，在通行本《老子》中為總第二十一章、《道經》之第二十一章。在帛書本中，為《道經》之第二十一節、《老子》全本之第六十五節。此節帛書甲本殘損五字，乙本無殘損。

孔德之容，惟道是從❶。道之物，唯望唯忽❷。忽呵望呵，中有象❸呵。望呵忽呵，中有物❹呵。幼呵冥呵，中有請呵❺；其請甚真，其中有信❻。自今及古，其名不去❼，以順眾父❽。吾何以知眾父之然也？以此❾。

【注　釋】❶孔德之容二句　具備最高德行的人，只依從於道的指引。孔，大。容，形貌。❷道之物二句　道這個東西，恍恍惚惚，難以把握。望，通「恍」。忽，通「惚」。唯恍唯惚，恍惚不定、不具備確定的形態。按「忽」，帛書乙本作「沕」，亦與「惚」通。❸象　指運動變化之象。❹物　指具體事物的形態。❺幼呵冥呵二句　暗昧不清，其中卻蘊藏著真實。幼，通「窈」。隱微不顯。冥，昏暗不明。請，通「誠」。誠實不虛。按「幼」，帛書甲本作「㵗」，與「幽」通。「冥」，帛書甲本作「鳴」，與「冥」通。此從乙本。❻信　徵信；驗證。❼去　離開；失去。❽眾父　指萬物的存在整體及其發展變化。❾以此　憑藉這種（方法）。

【語　譯】具備最高德行的人，只依從於「道」的指引。「道」這個東西，恍恍惚惚，難以把握。可是恍惚之中，又有象、有物；窈冥之際，又有誠、有信。從古到今，道的本質屬性沒發生過什麼變化，以此順應萬物存在整體的運動變化。我怎麼知道萬物存在其實是相互和合的整體呢？就是因為「道」對萬物演化的支配作用已為我所把握。

【研　析】老子的人生修養論，最集中地表現在人們的認識立場的變遷之上。本書第十七節（通行本第五十四章）：

善建者不拔，善抱者不脫，子孫以祭祀不絕。修之身，其德乃真。修之家，其德有餘。修之鄉，其德乃長。修之邦，其德乃豐。修之天下，其德乃溥。以身觀身，以家觀家，以鄉觀鄉，以邦觀邦，以天下觀天下。吾何以知天下之然哉？以此。

修身的過程，隨著處身的環境從「身」到「家」到「鄉」到「邦」，最終達於「天下」，認識事物的立場也隨之轉變，這就是「以身觀身，以家觀家，以鄉觀鄉，以邦觀邦，以天下觀天下」的意義所在。人們在家、鄉、邦、天下各個層面上皆須去掉各種私心的或成心的作用，採用一種無立場的或者說以整體為立場的視角去觀察，認識才可能達於相對意義上的客觀公正，而認識的客觀公正，是行為上能夠秉持無私，不做意、不偏袒的基礎。

認識立場的轉換，實際意味著主體對自身的認識局限的不斷超越，是認識層次的不斷上升。這種超越和上升，是伴隨著主體的欲望、情志的不斷昇華，以及認識習慣、方法等等的不斷改造而實現的。儒家所提到的小人、君子、哲人、聖人等等，道家如莊子所提到的世人、聖人、神人、至人等等，這些標示著人的不同品級或境界的稱謂，彼此的差異往往也首先是由此得以表現。老子「以身觀身，以家觀家，以鄉觀鄉，以邦觀邦，以天下觀天下」的說法，也應該實際蘊涵著這樣的差異，而統謂之「德」，則是「德」為認識上能立足於整體（家、鄉、邦、天下）立場、行為上能入於整體並能與整體達成和諧（此即為老子之「得一」）的證明。而家、鄉、邦、天下不同層次的存在，也證明著老子的「德」是有著層次上的差異的。就老子本身言，從其一再宣稱「知眾父之然」與「知天下之然」的自信，可以認為他實際地站上了「以天下觀天下」的最高認識立場，而「一」與「道」這兩個範疇的建立，也可以實際證明他確實占據了這樣的一個立場。

從整體的立場看待萬物存在之時，萬物存在是個什麼樣子呢？這是本節所要闡發的內容。首句所謂「孔德之容，惟道是從」，意思是最高的德行，就是接受「道」對其存在之現實的決定，而從老子的相關論述看，這樣說並不意味著存在之主體在「道」的面前完全被動。之所以我們強調「道」所決定的是存在之現實，是因為存在主體完全可以在自身生存的整個過程中，通過時時事事有意識地、主動地調節自身，以自身的變化來適應「道」的變化，從而獲得「道」對自身的整個生命歷程的維護和保障，這就是老子之所謂「法自然」而得「長生久視」——相較於無知的或者蒙昧的存在，「法自然」顯然為把持天道並能實行於人類社會的「聖人」所獨有，至於百姓，則隨順「道」之決定，「為芻狗」、稱「自然」而已。

「道」決定「物」，就是此節所說的「道之物」。通行本此句均作「道之為物」，解釋者也就礙於衍出來的一個「為」字，把下文的「唯恍唯惚」等等理解為老子對「道」之本體的描述。其實按照帛書本，這個「唯恍唯惚」的主語更有可能是「道」所控制下的、也即「一」之中所顯現的「物」，而不是「道」本身；所謂「惚呵恍呵，中有象呵。恍呵惚呵，中有物呵。窈呵冥呵，中有誠呵；其誠甚真，其中有信」，說的就是「道」之於萬物「生之、畜之、長之、育之、亭之、毒之、養之、覆之」（本書第十四節，通行本第五十一章）的全過程——萬物在「一」之中，恍惚不定，窈冥難測，人的認識難以確切把握；而窈冥恍惚之中又有誠有信，又給人類認識提供了一種確定性的依據。這與老子對「一」的描述若合符契。本書第五十八節（通行本第十四章）：

> 視之而弗見，名之曰微。聽之而弗聞，名之曰希。捪之而弗得，名之曰夷。三者不可致詰，故混而為一。一者，其上不皦，其下不昧。繩繩呵不可名也，復歸於無物。是謂無狀之狀，無物之象，是謂惚恍。隨而不見其後，迎而不見其首。

萬物皆存在於「一」之中，所以每個具體事物作為整體之中的部分，與系統中的其他事物相互作用的具體關係，在現實的存在系統中所表現出的功能、作用等等，才是立足於整體立場的人類認識所應關注的。但是系統的「一」時時處於變化之中，具體存在的屬性也因此而恍惚不定，難以確切地表達，因此老子說一切「有名」在反映存在之真實方面都是有限的；另一方面，窈冥恍惚的萬物存在卻又有誠有信，這又給人們真實地把握世界確立了一種可能，開闢出一條道路。而這條道路，就是老子以「無名」鎮制「有名」，從而接納對萬物存在的個別的、具體的、相對的認識而入於整體的、系統的認識框架之中，於是「一」與「道」作為人們對客觀存在的終極的認識結果得以成立。「一」所指稱的整體涵蓋了所有「有名」所表達的具體，所以老子稱「一」為「眾父」；但單純的「一」實際地排斥著萬物存在的多樣性，如果僅僅只有這個「一」，則存在之整體與各個部分（萬物）之間就缺乏必要的聯繫，萬物存在反映於人們的認識其實就是蒙昧，所以老子的「道」被創造出來，成為與「眾父」相配的「萬物之母」——通觀《老子》就會發現，「道」在老子的論述中，始終與具體存在相聯繫，與「有名」相聯繫，它所側重的是整體之中的部分如何順應整體的需要而存在。正是在這種意義上，老子的「德」作為具體存在所應把持的原則（老子之所謂「得一」）才得以呈現，「道」與「德」之間也才邏輯地形成意義的彼此關聯。老子說「譬道之在天下也，猶川谷之與江海也」（本書第七十六節，通行本第三十二章），「道」導引天下萬物而歸於「一」，並且在此「一」之中顯現自身存在的意義。正是因為「道」的介入，作為存在之整體的「一」才不復為混沌一團，而成為層次清楚、關係顯明的有機系統，萬物於其中各安其位、各盡其能，相容相利、彼此成就才成為可能，這才應該是老子之「道生萬物」的真實意蘊所在——「道」是萬物生存之道，本質地與萬物存在相聯繫，它區別萬物又相容萬物，如慈母之待子，平等地對待萬物，保障萬物的生存。而所有這一切，都建立在萬物遵從整體的「一」所實際體現的原則基礎之上。而「道」作為這一原則的體現者的同時，又作為原則的維護者，對一切破壞「一」之和諧的因素實施剪除，使其不得長久——「道」的這種功能，《老子》中言之甚詳，茲不贅述。

第六十六節

【題解】本節文字，在通行本《老子》中為總第二十四章、《道經》之第二十四章。在帛書本中，為《道經》之第二十二節、《老子》全本之第六十六節。此節帛書甲本殘損二字，乙本無殘損。

炊者不立❶，自視者不彰❷，自見者不明❸，自伐者無功❹，自矜者不長❺。其在道也，曰粽食贅行❻，物或惡之❼，故有欲者弗居❽。

【注釋】❶炊者不立　踮起腳跟站立，站立不了多久。炊，通「企」。踮起腳跟。不立，不能長久地站立。

❷自視者不彰　自我炫耀，聲名反而不會顯揚。視，通「是」。自是，自我炫耀。彰，聲名顯揚。❸自見者不明　自我表現的人，反而不會顯露出自己。見，通「現」。自現，自我表現。明，顯露。❹自伐者無功　自我誇耀的人，就不能功垂不朽。自伐，自我誇耀。❺自矜者不長　自驕自滿，就不能保有自己的地位。自矜，自以為有能耐。長，做（天下的）官長。❻粭食贅行　殘湯剩飯、附疽贅疣。粭，通「餘」。餘食，剩飯。行，通「形」。贅形，贅瘤。❼物或惡之　意思是誰都討厭它。❽有欲者弗居　心存大道的人不會如此作為。有欲者，這裡指心存大道（老子之所謂「欲不欲」）的人。

【語　譯】踮起腳跟站立，站立不了多久；自我炫耀的人，聲名反而不會顯揚；自我表現的人，反而不會顯露出自己；自我誇耀的人，就不能功垂不朽；自驕自滿，就不能長久地保有自己的統治地位。相對於大道而言，識見聰明、功名利祿這一切，就像是殘湯剩飯、附疽贅疣，誰都討厭它，所以志存大道的人不會如此作為。

【研　析】人們認識這個世界的立場、方式、角度、結果，實際地為人們自身的行為提供著指向和座標，同時它也約制和規定著人們自身行為的意義。

面對具體的客觀存在，人們的認識立場大致說來有兩類，即認識主體自身為立場，和認識主體以存身其中的整體或系統為立場。前一種立場，我們可以稱為「有」的立場。後一種立場，就是通過否定「有」而上升到的「無」的立場。「無」的立場，在前一節（本書第六十五節，通行本第二十一章）的「研析」裡，我們已有所說明，在此仍不妨稍加引申。所謂「無」的立場，是把萬物存在當作一個互為前提、互為保障、互相成就的整體與系統看待，而認識主體的人同樣也處身於這個整體與系統之中並接受系統的規定，因此作為認識對象的世界並不在於認識主體之外，或者說認識主體與對象之間並不構成主客對立，認識的方式也並非對象化的觀照，而是主客統一的反思——認識主體由此而超越自身情志欲望的束縛，拓展自我的立場而至於整體與系統的立場，成為整體之存在與系統之法則的發見者與宣諭者，成為「天地之心」；而隨著認識立場的改變，認識結果上的一切具體存在的性狀與意義也都發生了改變，它們不再是彼此孤立、互不相干的一個個個體，而是在「道」的原則支配下緊密地聯繫在一起的有機整體，缺少任何一個，對於世界來說都是缺憾，都是不完美的。

與「無」之立場相對，所謂「有」的立場，其實直到今天，仍支配著我們絕大多數人的認識。這種立場以認識主體自我的情志欲望等等為中心，而把客觀世界這一觀照的對象看作是滿足自身的條件，這是認識主體與客體的「惡性二分」；主客既已分離，那麼只有同時把作為認識對象的整個客觀世界看作是不同類的事物的疊加，把這些不同類的事物彼此區別開來，既不涉及事物內部的任何結構與關係，又不涉及事物之間的過渡和連接，才能在一定的時間、一定的方面為一定的事物規劃所謂類的本質與一般，並借助於概念予以表達，這就是「有名」——到此為止，仍然屬於老子之所謂「有名」之「自然」；但是更進一步的做法，即固化所謂本質與一般為事物的屬性，使本來相互聯繫的客觀世界離散為認識中碎片化的概念，使本屬相對與暫時的認識結果僵化為普遍與恆常，卻反而認為這才是客觀存在的真實，這就到了老子之所謂「有名」而不知止，需要以「無名之樸」予以鎮制的階段了。

兩種認識立場的不同，導致了建立在各自的認識結果之上的兩種行為表現彼此差異。將本節內容和下一節（本書第六十七節，通行本第二十二章）內容相互對照，就可以非常明顯地看出這種差異的存在。說到這裡，還需要對這兩節文字的排序做些說明。在通行本《老子》中，本節的排序是第二十四章，而下一節的排序則為第二十二章。帛書本出土後我們發現，內容上屬於一反一正的這兩段文字本來就排列在一起，通行本的排列順序使得文意隔斷、次序顛倒，應當按帛書本調整回來。而一旦調整回來就會發現，此節其實與前後兩節共同組織起了一個意義單元，而此節所述，就是占據錯誤的認識立場、在錯誤的認識結果支配之下，人們的行為所必然導致的惡果。

本書第十六節（通行本第五十三章）：

使我挈有知也，行於大道，唯迆是畏。大道甚夷，民甚好徑。朝甚塗，田甚蕪，倉甚虛，服文采，帶利劍，厭食而資財有餘，是謂盜杅，非道也哉！

人作為社會整體的一分子，社會就是人所存身的整體，必須立足於社會整體立場，接受人類社會這個現實的整體的制約，主動減損自身的情志欲望以適應社會的需要，這才是符合「道」的行為——對於侯王這種具有特殊身分的人，尤其如此。就任何存在於整體系統之中的事物而言，自我的所謂本質屬性越是凸顯，自身與系統之中的其他事物的關係屬性就越是弱化，或者說屬於具體存在自身的所謂本質屬性在系統之中不斷凸顯的過程（「有」的過程），正是此一存在從系統之中逐步喪失或脫離的過程（「無」的過程）。而按照老子的理論，任何具體存在，只要脫離整體系統，「道」就會作用於它，使之衰敗——暫時或部分脫離（這意味著部分與整體還可有彼此調諧的可能），「道」作用於它的力量小；對立越明顯，「道」對它的作用也就越大；而至於「不知常」

而「妄」、「妄作」而「凶」，成為老子之所謂「強梁」或「餘食贅形」，則必為「道」所摧折而「不得其死」矣。老子之「強梁」或「餘食贅形」，不是在關係中確定自身之存在，而是超越關係，突出自我之所謂本質存在，並以自身為立場來選擇或者界定關係。它最大的標誌，就是突出一個「自」字。「企者不立，自視者不彰，自見者不明，自伐者無功，自矜者不長。其在道也，曰餘食贅形，物或惡之，故有欲者弗居」，整段話應該從這種意義上獲得解釋——所謂「不立」、「不彰」、「不明」、「無功」、「不長」，非謂不能得逞於一時，而實在是說不能長久地得到「道」的保障。反於此種以「自」為立場的態度，則為「不自」，本書第六十七節（通行本第二十二章）：「不自是故彰，不自見故明，不自伐故有功，弗矜故能長」，正與上所引一一對應——所以帛書本中以通行本第二十二章接於本節（通行本第二十四章）之後，邏輯上更為合理。

人道求強於他人，天道求容於「得一」。求強者以勝人而求取私欲滿足，終於有患；求容者從天地萬物整個系統中求取對利益生命的長久保障，終於能得長生久視。老子之所謂「天之道」與「人之道」的對立，於此一點顯現尤著。

第六十七節

【題解】本節文字，在通行本《老子》中為總第二十二章、《道經》之第二十二章。在帛書本中，為《道經》之第二十三節、《老子》全本之第六十七節。此節帛書甲本殘損八字，乙本無殘損。

曲則全❶，枉則正❷，窪則盈❸，敝則新❹，少則得❺，多則惑❻。

是以聖人執一以為天下牧❼。不自視故章❽，不自見故明❾，不自伐故有功❿，弗矜故能長⓫。夫唯不爭，故莫能與之爭⓬。古之所謂曲全者，幾語才⓭？誠全歸之⓮。

【注釋】❶曲則全　適時彎曲才能保全。曲，彎曲。全，保全。按「全」，帛書甲本誤作「金」，此從乙本。❷枉則正　有時過頭才能保持中正。枉，歪斜。正，端正；中正。按「枉」，帛書乙本作「汪」，與「枉」通。「正」，帛書甲本作「定」，與「正」通。❸窪則盈　經常掏空自己才能保持充盈。窪，卑下；凹下。盈，充滿。❹敝則新　事事有所缺損才能時時更新。敝，通「弊」。破舊；缺損。新，更新。按「敝」，帛書乙本作「襒」，與「敝」通。❺少則得　清心寡欲才能處處有所得。少，指私欲減少。❻多則惑　物欲繁盛，就會整日被煩惱糾纏。多，指物欲繁盛。惑，疑慮；煩惱。❼執一以為天下牧　混同萬物，把持萬物統一的立場來治理天下。執一，把持萬物統一的立場。牧，這裡指天下的統治者。❽不自視故章　不自我炫耀，所以聲名顯揚。視，通「是」。自是，自我炫耀。章，通「彰」。聲名顯揚。按此句帛書甲本作「不自視故明」，此從乙本。❾不自見故明　不自我表現，所以功業彰顯。明，彰顯。按此句帛書甲本作「不自見故章」，此從乙本。❿不

自伐故有功　不誇耀自己的功業，所以能夠功垂天地。自伐，自我誇耀。⓫弗矜故能長　不自驕自滿，所以能夠長久地保有自己的統治地位。矜，自以為有能耐。長，做（天下的）官長。⓬夫唯不爭二句　正是因為他們不爭名奪利，所以天下沒有人能夠與他們爭。⓭古之所謂曲全者二句　古人所說的委曲求全，豈是一句空話。曲全，曲則全的省略。幾，通「豈」。語，這裡指虛言、空話。才，通「哉」。語氣詞。⓮誠全歸之　實在是只有這樣才能保全。誠，實在；確實。

【語　譯】適時彎曲才能保全自己，有時過頭才能保持中正，經常掏空自己才能保持充盈，事事有所缺損才能時時更新，清心寡欲才能處處有所得，如果物欲繁盛，就會整日被煩惱糾纏。所以聖人把持萬物統一的立場來治理天下。他們不炫耀自己，所以他們能聲名傳揚久遠；他們不自我表現，所以他們能功績留傳後世；他們不誇耀自己的功業，所以能夠功垂天地；他們不自驕自滿，所以能夠長久地保有自己的統治地位。正是因為他們不去爭名奪利，所以天下沒有人能夠與他們相爭。古人所說的委曲求全，豈是一句空話？實在是只有這樣才能得到保全自身的結果。

【研　析】在前兩節的「研析」中，我們分析了老子「有」與「無」兩種認識立場的不同，以及由此所導致的認識結果與行為表現上的差異。我們所強調的是，「有」、「無」作為兩種不同的認識立場，從兩者彼此對立的方面看，存在著非此即彼的矛盾關係，無論把持何者作為自身的認識立場，都會在結果上對另一方形成排斥。這意味著，事物的本質屬性越是凸顯，關係屬性越是被弱化，而具體事物本質屬性逐漸凸顯、關係屬性逐漸弱化的過程，就是事物從作為整體系統之中的一個有機部分逐漸變化而逸出系統之外的過程，也就是事物因失掉系統保障而逐漸趨向於滅亡的過程——如本書第六十六節（通行本第二十四章）之所言。

把這個過程反過來，結論同樣成立。具體事物的關係屬性越是強化，本質屬性越是減弱。老子之所謂「有」、所謂「有名」，就是基於某種具體的、固定的認識立場所獲得的對具體事物的認知，而「無名」則意味著逐次超越這樣的立場，以整體的與變化的視角去理解和界定具體存在——表現於《老子》之中，就是以一身為立場界定「營」與「魄」（「以身觀身」）、以一家為立場界定親與疏（「以家觀家」）、以一鄉為立場界定尊與卑（「以鄉觀鄉」）、以一國為立場界定貴與賤（「以邦觀邦」）、以整個天下為立場界定是與非、善與惡（「以天下觀天下」）。而隨著認識立場的遷徙，具體事物因其所處身的整體與系統的不同，因其與所處身的整體與系統之中的其他存在的關係構成不同，其存在屬性也顯現出不同的規定性——仁之施於一家、義之施於一鄉、禮之施於一國，或許在某個時期、某種具體的情境之中確有效驗，但將其作為永恆不變的法則推而施之於天下，就屬於老子之所謂「有名」而不知止了，就會導致天下的混亂與紛爭。聖人侯王以「無名之樸」鎮制這樣的「有名」，本質上就是要超越所有這些有限的認識立場，進而超越所有這些具體與相對的「有名」，而最終使自身的認識與無限廣袤、永恆變化的世界保持同一，使自身的功能在萬物存在這個整體與系統之中發揮作用。這就是本節之所謂「聖人執一以為天下牧」，也就是本書第二節（通行本第三十九章）之所謂「侯王得一而以為天下正」。

「得一」在某種意義上，與老子之所謂「德」是等值的，這點我們在前面的「研析」中已經提及。所謂「德」，訓詁學的意義就是「得」，得入於整體的「一」，並始終處身於整體之中，自覺為整體之一部分而發揮效用，即為老子之「德」。但是這裡有一點必須特別強調，就是聖人侯王「得一」之「德」，所指示的是聖人侯王存在之功能上的與整體之合一，而絕對不是存在本身的一體無分——如果是後者，那麼把持「德」之主體也將要被整體所湮沒，所謂「德」也就不復存在了。聯繫前面所說的認識立場的問題看，「德」所占據的，其實還是「有」的立場，而「一」與「道」才體現著「無」——「道」體現著整體的「一」之必然，而「德」則是基於具體存在自身立場上的對「道」的應用，「德」與「道」的相互糾纏，實際體現著「有」與「無」兩種認識立場以及由此產生的認識結果與行為表現上的相互依存、相互成就（老子之所謂「有無相生」），甚至互相包容、互相轉化（老子之所謂「有之以為利，無之以為用」）。據此我們有理由斷定，老子的「一」作為含蘊一切存在之整體，其實是對萬物存在的功能性的整合，而不是本體論意義上的幽冥玄虛混沌一片。所以「有名」不妨繼續「有名」，萬物存在不妨歷歷分明井然有序，仁義禮智也不妨各為其「道」——只是不能「不知止」，不能使得它們的屬性絕對化、價值普適化而已。明確這一點，對理解和解釋老子的「一」與萬物、「無名」與「有名」等等的關係，至為重要。

聖人侯王之「孔德」，以「惟道是從」為宗旨，其實是有私心存焉。他們雖擔負著治理天下的責任，但從本心上來說，恰恰不是整個社會的安定或發展，而是自身利益的「長生久視」，才是聖人侯王心所戚戚的目標。而達此目標的方式，就是使人類社會恆常地處於「自然」的狀態之中，隨順「道」的決定而起伏變化，聖人侯王則通過對萬物的包容來順應這種變化，以「無為而無以為」為策略，使自身之統治天下的功能時時事事都能得以彰顯，以此超脫出「不仁」之「天地」所賦予自己如「芻狗」一樣的命運，而由自己把握自己的未來。這是聖人侯王之「德」的真義所在，即由治理天下而保障一身。本書第五十七節（通行本第十三章）曰：

寵辱若驚，貴大患若身。何謂寵辱若驚？寵之為下，得之若驚，失之若驚，是謂寵辱若驚。何謂貴大患若身？吾所以有大患者，為吾有身也；及吾無身，有何患？故貴為身於為天下，若可以託天下矣；愛己身，為天下，汝可以寄天下矣。

如果由此推演，自然萬物之能入於「一」之中，而尋得自身之地位，把持自身之本分，發揮自身之作用，則當皆為有「德」。但是《老子》中「德」字四十五見，皆專屬於聖人侯王，而無一及於百姓和自然之物者。這應當是因為在老子看來，世間唯有聖人侯王，才真正有能力同時也有必要以「法自然」作用於整個人類社會乃至於所有存在之全體。自然界的無知之物既無能力也無必要，因為它們本身就處於自然的狀態之中。人類社會中的一般民眾即使有此能力也無必要，因為他們不承擔治理天下的義務，也不掌握左右天下的權力，只能被動地承受聖人侯王的統治，侯王以仁義禮智牢籠驅使之，則報之以親之譽之、畏之侮之；侯王以順道無為縱容放任之，則報之以「(百姓皆謂)我自然」——侯王之「法自然」，是整個天下達於「自然」的關鍵；而侯王自身，卻不能純任自身之「自然」，那樣人性之中無盡的貪欲將會引領侯王至於萬劫不復。「德」所強調的克制私念、超越自我、以「道」為行為的原則，客觀上可以促使整個人類社會向「自然」所體現的整體和諧回歸，主觀上可以使得聖人侯王的統治地位得以一直延續下去，生存利益的「長生久視」也會由此得到有效的保障。因此聖人侯王必須轉換認識的立場與行為的觀念，所謂「執一以為天下牧」，就是立場轉換的結果；而立場一旦轉換，則觀念也必須隨之更新，所謂「曲則全，枉則正，窪則盈，敝則新，少則得，多則惑」等等，就是觀念更新的結果——於己為「曲」者，於「道」正是「全」；於己為「枉」者，於「道」恰為「正」。聖人執此而為天下之尊長，就要能曲、能枉、能窪、能敝，不慚愧於自身的少，不眩目於別人的多，「不自是故彰，不自見故明，不自伐故有功，弗矜故能長」，既不爭名也不奪利，正因如此，所以天下沒有人能夠與他們相爭，聖人侯王「長生久視」的根本利益，因此而得以保全。

第六十八節

【題解】本節文字，在通行本《老子》中為總第二十三章、《道經》之第二十三章。在帛書本中，為《道經》之第二十四節、《老子》全本之第六十八節。此節帛書甲本殘損八字，乙本無殘損。

希言自然❶，飄風不冬朝❷，暴雨不冬日❸。孰為此❹？天地而弗能久❺，有兄於人乎❻！故從事而道者同於道❼，德者同於德❽，失者同於失❾。同於德者，道亦德之❿。同於失者，道亦失之⓫。

【注釋】❶希言自然　指不依靠言辭說教，而是使社會按照自然的方式運行。希，少。言，言語，這裡指政教典章法令等。❷飄風不冬朝　狂風刮不了一個早晨就要休歇。飄風，狂風。冬，通「終」。終朝，整個早晨。按「飄」，帛書乙本作「薊」，與「飄」通。❸暴雨不冬日　暴雨下不了一天就要停止。冬，通「終」。❹孰為此　誰主宰著狂風暴雨。❺天地而弗能久　天地尚且不能長久地延續（飄風驟雨之類的「有為」）。❻有兄於人乎　更何況是人呢。有，通「又」。兄，通「況」。❼從事而道者同於道　崇尚自然的人，所作所為一定是遵循自然的指引。從事，指治理國家。「道者」之「道」用如動詞，遵從道。同於道，接受自然的決定。❽德者同於德　崇尚德的人，所作所為一定是遵循德的指引。德，遵從自然之道的人所具備的品德。同於德，接受德的支配。❾失者同於失　喪失道德，就只能接受世俗法則的支配。失者，指喪失道和德的人。同於失，接受世俗法則的支配。❿同於德者二句　統治者有德，道就會保障他統治的長久。「德之」之「德」通「得」，使之得到。⓫失之　使之失去。

【語譯】聖人治理天下，不依靠言辭說教，而是使社會完全按照自然的方式，在道的決定下運行。狂風刮不了一個早晨就要休歇，暴雨下不了一天就要停止。誰主宰著狂風暴雨？是天地。天地尚且不能長久地延續自身的「有為」，更何況是人呢？所以崇尚自然的人，所作所為一定是遵循自然的指引。崇尚道德的人，所作所為一定是遵循道德的指引。如果喪失道德接受世俗法則的支配，那麼他就會面臨統治崩潰的危險。統治者有德，道就保障他統治的長久；統治者無德，道就促使他統治的滅亡。

【研析】在本書第二十一節（通行本第五十八章）的「研析」裡，我們簡要介紹過老子之所謂「自然」的意義。此處我們綜合《老子》中所有使用「自然」這一辭彙的地方，從另一個角度對

「自然」做進一步的申論，以求系統地揭示老子之「自然」的意蘊。

《老子》中，「自然」一詞五見，分別是：

> 道之尊，德之貴也，夫莫之爵，而恆自然也。（本書第十四節，通行本第五十一章）
>
> 是以聖人欲不欲，而不貴難得之貨；學不學，而復眾人之所過；能輔萬物之自然，而弗敢為。（本書第二十七節，通行本第六十四章）
>
> 成功遂事，而百姓謂我自然。（本書第六十一節，通行本第十七章）
>
> 希言自然。（本書第六十八節，通行本第二十三章）
>
> 人法地，地法天，天法道，道法自然。（本書第六十九節，通行本第二十五章）

在第二十一節（通行本第五十八章）的「研析」裡我們指出，所謂「自然」，從字面上的意義來說，就是「自己如此」。它表示的是「天之道」支配之下的萬物存在狀態。在「天之道」的支配之下，整個現實世界是一個存在的整體，而萬物存在皆由「道」來生成，並接受「道」的決定，這就是本書第十四節（通行本第五十一章）所謂「道生之、畜之、長之、育之、亭之、毒之、養之、覆之」。這裡有一點必須注意，就是老子一直在說的是「道」生成萬物，而並非萬物隨機自生，追原其意義，或許就在於老子其實是在強調，萬物之生，其實是出於整體或系統的「一」自身需要——如果「一」並不需要某物在整體或系統之中發揮作用或顯現功能，那麼即使此物存在，也會被作為「餘食贅形」排斥在整體或系統之外，則此物雖存而猶亡，雖在而必亡。因此「道」

生萬物、「一」容納或者保障萬物，都是從萬物各自的功能屬性著眼的。

在上一節（本書第六十七節，通行本第二十二章）的「研析」裡我們說過，老子的「一」作為含蘊一切現實存在之整體，其實是對萬物存在的功能屬性的整合，而不是本體論或存在論意義上的一體無分。因此「道」生成萬物，恰恰是為了用物利己，而不是對萬物本身有什麼偏私，這就是老子所謂「天地不仁」（本書第四十九節，通行本第五章），也是老子之所謂「有之以為利，無之以為用」（本書第五十五節，通行本第十一章）的真實意義。但是需要萬物各自發揮功能或者作用，必須首先賦予了萬物以形質上的存在，形質作為功能顯現的基礎，時間序列上是先於萬物的功能屬性而存在的，但是在邏輯序列上，它卻是被決定者。「道」生萬物，「一」之接納萬物，都是以整體與系統的立場和需要而不是萬物自身的立場和需要確立的。萬物服從整體的需要，在整體或系統之中得以發揮自己的功能，從而使得自身之存在也能夠隨應天地之變化獲得一時或長久的保障，這就是萬物之「自然」——所有這一切，都生發於一點，就是萬物自身顯現的功能屬性才是保障其存在屬性的基礎；不是存在決定功能，而是功能（「道」之所需、「一」之所用）決定存在；功能屬性喪失，存在屬性也就喪失了。

在此基礎上稍加引申，我們就可以總結出兩種看待世界的角度以及構建世界圖像的方式。第一種是老子的角度與方式，就是整體與系統的「一」，以及此「一」所實際體現的「道」，依據整體的需要來決定組成整體的各個部分的生成、存在以及屬性、變化；萬物存在也都從各自的功能與表現上體現著整體的需要和決定，自然或者自覺地作為整體與系統的有機組成部分顯現自身存在的意義。如此構成的世界，形式上由「一」與「道」衍生出來，結構上「一」而後能「分」，

「分」而後復能「和」而為「一」，本質上無比和諧、永恆和諧——這就是老子「自然」的世界，也是老子理想的世界。

第二種則是大多數人的認識所把持的角度，即基於萬物存在自身的立場，借助於人類有限的認識能力，通過對具體事物進行歸納和分類，將現實世界拆分成各個部分，再以此為基礎，用所謂還原論的方法，通過簡單疊加向上集聚，組合成世界的所謂整體圖像，這樣的一個本質上「分」而不能「和」或者「和」而不能「久」的世界，按照老子的說法，根本不能真實地反映存在的真實性狀，但卻是我們今天的認識所習慣面對的世界。

上述兩種認識上的區別，集中體現在對萬物的存在屬性與功能屬性的關係處理上相互歧離。於第一種認識而言，萬物的功能屬性決定著存在屬性，事物之能否存在，取決於它對於整體而言是否有用，而事物能否在整體之中顯現自身的功用，取決於此一事物與系統之中其他事物的關係——簡單說，就是關係決定功能，功能決定存在。老子的「道」與「一」與「德」，就是在這種意義上相互聯結為一個整體，遵從「道」的法則，與系統之中的其他事物存在構成互為前提、互為保障、互相利益、互相成就的關係，萬物存在才會為「一」這個整體所接納，事物才會在整體之中各自顯現自身的功用，事物自身的存在也才會因此而得以保障。從這種意義上，「一」並不等同於存在之全體，而是符合「道」的法則的存在之全體——所以本書第五節（通行本第四十二章）裡才會有「道生一」的說法。一切不符合「道」的因而不能見容於「一」的存在已經被淘汰或正在被淘汰，因而現實存在的世界無不體現著「一」與「道」的精神。因此「一」與「道」的世界，本身既是理想的世界的表徵，又是促使這一理想世界實現的動力，只要不人為地與之對抗而順應它的決定，則整個世界終究會達於無限和諧、永恆和諧。

與這種觀念相反，對第二種認識來說，萬物的存在屬性才是唯一的本質屬性，而所謂功能不過是存在的延伸，至於關係，就更是再次一等的問題了。現實世界中，只有人才有能力借由自身存在的屬性生發出認識，而這種認識又不可避免地存在局限，因此也只有人才不安於自然所賦予自身的功能規定，卻圍繞著自身存在的現實，圍繞著人的欲望、需求等等，展開對「人之道」的開拓。人基於自身的立場對現實世界所進行的拆分與組合根本缺乏真實的依據，人類社會根本不能在這種認識基礎之上和合為一，卻要強行合之，則為老子之所謂「有為」，今人之所謂倫理、政治、制度、法令、規則等等，皆因此而終於「無道矣」。對這種情況，好聽的說法，是人類超越了「自然」對人類自身的限制；難聽的說法，是人類墮落為自身欲望的工具。從此而始，人類開始反叛自然之「道」所賦予人的功能屬性，「天之道」在人類社會終於徹底喪失了。

世間萬物，唯有與「道」保持一致，才得以存在。聖人侯王治理人類社會也是一樣，順應「道」的自然，統治才可以持續下去，而單靠人類認識獲得的有限的知識或經驗作為支撐，如仁義禮智等等，則不能持久。所謂「飄風不終朝，暴雨不終日。孰為此？天地而弗能久，又況於人乎」，即使聖人侯王明見如天，廣大如地，也無法按照自己的意志持久地保持某種事物，更何況所憑藉的不過是仁義禮智這等已陳之芻狗，前聖之糟粕而已。仁義禮智之所以爚亂天下，不是後世聖人侯王理解不夠透徹、使用不夠得當、貫徹不夠徹底，而是本質上就不可取之為治天下之具的問題。

在老子看來，最好的侯王，就是這裡所謂「從事而道者同於道」的一類，他們「希言自然」，不提倡，無做作，甚至「道」亦不言、「德」亦不講，此所謂「道恆無名」（本書第八十一節，通行本第三十七章）、「上德不德」（本書第一節，通行本第三十八章），只向「自然」獲得保障，這是「太上」（本書第六十一節，通行本第十七章）。次一等級的，則為「（從事而）德者同於德」，他們「法自然」而尊「道」崇「德」，以天下而養一身，雖時有提倡，終不悖於「自然」，這是本書第六十一節（通行本第十七章）之所謂「其次」者。這兩類侯王雖有高下之別，一以「自然」為歸止，一以「無為」為治綱，但本質無二，皆不違於「道」，所以都會得到「道」的保障——以「自然」為歸止的「太上」，因一切無分，所以人我兩捐，也就根本無所謂得失了。以「無為」為治綱的「其次」，能志「道」據「德」，而欲其「長生久視」、「子孫以祭祀不絕」，則「道」必使之「德（得）」遂其願，此謂「同於德者，道亦德之」。至於「失者同於失」，則為無道無德之君主、肆意妄為之侯王；既悖逆於「道」，則「道」也無法保障其利益，只能任其「強梁」而至於「不得其死」了，此之謂「同於失者，道亦失之」——所謂「道亦失之」，並非「道」失其人（「道」失去對人的控制），而是人失其「道」（背離「道」的法則）；人失其「道」，則「道」必使之失去長生久視的利益，而入於橫夭敗亡的災禍之中。

【題解】本節文字，在通行本《老子》中為總第二十五章、《道經》之第二十五章。在帛書本中，為《道經》之第二十五節、《老子》全本之第六十九節。此節帛書甲本殘損十六字，乙本無殘損。

有物昆成❶，先天地生。繡呵繆呵❷，獨立而不玹❸，可以為天地母❹。吾未知其名，字之曰道❺，吾強為之名曰大❻。大曰筮，筮曰遠，遠曰反❼。道大，天大，地大，王亦大。國中有四大❽，而王居一焉❾。人法地，地法天，天法道，道法自然❿。

【注釋】❶昆成　昆，通「混」。混成，混然自成；渾然一體。❷繡呵繆呵　既無聲音，也無形象。繡，通「寂」。無聲。繆，通「寥」。無形。❸獨立而不玹　一體自存，永不改變。獨立，獨自存在。玹，通「改」。❹可以為天地母　可以稱之為天地萬物的母體。❺字之曰道　給它取個字叫道。按中國古代的男子，少兒之時父母為之命名，稱「名」；二十歲成年，行冠禮，賓客為之命名，稱「字」；「字」在「名」之後，一般是「名」的注解、補充和延伸。❻強為之名曰大　勉強用個「大」字來作為它的名。強，勉強。❼大曰筮三句　筮（逝）、遠、反三者，是老子對道作用於萬物的過程的描述，是說任何事物都在道的決定之中，都要經過從有到無的演化。筮，通「逝」。去。反，通「返」。回歸。❽國中有四大　世間有四種東西是必須尊崇的。國，通「域」。世間。四大，指四個系統（宇宙、天、地、人類社會）之法則。❾王居一焉　君王所確立的人類社會的法則占據其一。❿人法地四句　人效法地，地效法天，天效法道，道效法自然。法，取法；效法。

【語　譯】有那麼個東西混然自成，先於天地萬物而存在。它既無聲音也沒有具體的形態，卻又確定不易、永恆不變地存在在那兒，舉凡天地萬物一切具體的存在物都是受它支配而產生的，因此可以稱它為天地萬物的母體。我不知道它的名字是什麼，就給它起了個字叫「道」，勉強用個「大」來作為它的名。「大」涵蓋一切事物，可以用逝、遠、反三者來界定，即任何具體事物都由它生成，經過由此及彼、由近而遠的運動變化，最終自身消亡、返還於無。恆道、天道、地道以及君王所確立的人類社會之道。世間有四個系統的四種法則，而君王所確立的人類社會的法則占據其一。人效法地，地效法天，天效法道，道效法自然。

【研　析】從本節文字實際顯現的意義來看，老子很明確地把人們認識「道」的過程劃分為兩個階段。第一個是對「道」的感覺形成的階段，即所謂「有物混成，先天地生。寂呵寥呵，獨立而不改，可以為天地母」。關於這方面的內容，我們還可以引本書的第六十五節（通行本第二十一章）作為參考：

> 孔德之容，惟道是從。道之物，唯恍唯惚。惚呵恍呵，中有象呵。恍呵惚呵，中有物呵。窈呵冥呵，中有誠呵；其誠甚真，其中有信。自今及古，其名不去，以順眾父。吾何以知眾父之然也？以此。

從老子的敘述可以看出，所謂「道」，並非如一般研究者所說的那樣，是什麼「自古以固存」的世界本原、宇宙根基。老子明確指出，「道」是「有物」，是「生」出來的。所謂「有物」，是指「道」作為人們對紛繁複雜的萬物存在的法則性的總結和歸納，是人類的感覺、知覺與理性的創造物，它只存在於人們的思維之中，也只為人類的意識所把握。所謂「先天地生」，是指「道」超越所有具體與特殊，而為世間一切存在所遵循的普遍與唯一的法則——「先天地生」的「先」，不是指時間上的「先在」，而是指層次上的「高於」，即使是傳統意義上統攝萬物的「天地」，與「道」相較也屬具體，存在層次也在「道」之下，「道大，天大，地大，王亦大」可為證明。

「道」作為人類認識萬物存在與演化的結果，是對客觀存在的現實世界運動變化的反映，而客觀存在的現實世界的運動變化，並不依賴於人類的認識而存在。人類認識發生之前，或者說「道」作為人類認識結果出現之前，世界是以老子之所謂「自然」的方式存在的；人類憑藉感覺、知覺與理性對「自然」形成把握，「道」這個觀念才開始出現，此後的世界，則以「一」與「道」兩者相互結合而顯現。老子的「一」，表現的是萬物存在的整體與系統，它所強調的是內在的統一性以及對具體存在的超越性；而「道」則是共同構成整體與系統的萬物存在彼此之間所遵循的關係法則，它區別於「一」所強調的內在統一與對具體存在的超越，而更著眼於萬物存在彼此之間的差異與互補，因而更多地與各個不同的具體存在相互關聯——以表現人行道路意義的「道」作為對具體事物自身存在的路徑或法則的指稱，很好地表現出了老子之所謂「道」的這種特質。應該就是在這種意義上，老子把「一」稱為「眾父」，而將「道」定義為「萬物之母」、「天地母」。曾經有一段時間，研究《老子》的人們有鑒於人類學對母系氏族「民知其母而不知其父」這一社會現象的揭示，將老子所推崇的「萬物之母」的「道」與之比附，主張老子思想是母系氏族思想的孑遺，殊不知「不知其父」只是不明其父，並不等於沒有。老子說「道」之「自今及古，其名不去，以順眾父。吾何以知眾父之然也？以此」，正是詰「母」而知其「父」、循「道」而至於「一」者。

認識「道」的第二個階段，就是人類理性對關於「道」的感覺材料進行凝練、總結、提升，從而形成概念、予以命名的階段，即此節中之所謂「吾未知其名，字之曰道，吾強為之名曰大。大曰逝，逝曰遠，遠曰返」。這其中「吾未知其名，字之曰道，吾強為之名曰大」，其實透露出了很多資訊，卻經常被研究者忽略掉。所謂「未知其名」，並非是由於老子的孤陋寡聞，而是在老子看來，「道」本身就不可命名，本書第四十五節（通行本第一章）那句著名的「道可道，非恆道」就可證明。非獨「道」，世間的一切「有名」因為人們所固有的認識局限，都是不完整、不真實的，因而皆當以相對視之，皆當以「知止」約束之，所以老子接著會說「名可名，非恆名」。

既然「道」非恆道、「名」非恆名，那麼為什麼老子還要「字之曰道」、「強為之名曰大」呢？老子的「道」這個概念，是被「始制有名」而不「知止」（本書第七十六節，通行本第三十二章）的人類現實世界倒逼出來的。「自然」的狀態之下，「名」或許也不全無，否則人們之間的交流就無法實現，這是「始制有名」之所以出現的客觀原因。但是「自然」狀態之下的「有名」，更多地是人們一時一地的一種需要或者約定，能達於交流即可，態度變通，意義相對，沒有執著，這是「有名知止」，是「名」之「自然」。然而社會演化，交流加劇，越來越擴大的世界終於還是引動了人們非分的欲望興起，此即老子之所謂「化而欲作」（本書第八十一節，通行本第三十七章)，人們遂以各自的存在為立場，以所謂「知」與「智」為動力，以私欲滿足為目標，尋求自身之所謂本質實現，這就使得萬物存在尤其是人類社會的存在出現了問題——譬如德、仁、義、禮這些本屬相對因而意義有限的「名」，因不同的利益個體或集團的提倡推廣，搖身一變，成為所謂普世的價值或社會倫理的標準，而其本身所承載的利益考量，事實上又只是反映了一部分人的需要，於是人類社會的爭鬥就不可避免地出現並愈演愈烈。

「道」就是在這種情況下被倒逼出來的。人類社會如果每個人都立足於自我的立場看待世界，把世界看做是外在於自我、有待於自我取用以滿足私欲的資源，那麼對社會中的他人乃至對整個自然界的征服和掠奪就成為必然，人類社會就會人人自危、生存無法保障。而要改變這一現實，就必須轉換人們的認識立場，調整人們的認識結構和方法，從而建立起對這個世界的新的認識理論與解釋框架——老子的「道」就是適應這種需要而出現的。沒有「有名」或「有名」而「知止」，人們就會一直生活在「自然」的狀態之中，而「自然」的狀態既不需要「道」也不需要「德」，本書第六十二節(通行本第十八章)：「故大道廢，焉有仁義。智慧出，焉有大偽。六親不和，焉有孝慈。邦家昏亂，焉有貞臣。」說的就是這個道理。

「有名」固然也可以為「自然」，但是總還有「化而欲作」之時被借為提倡的危險，所以老子在建立「道」這個概念(範疇)時，那是戰戰兢兢，唯恐又蹈仁、義之類的覆轍，而重授人以漁獵天下之具。這體現在「吾強為之名曰大」一句中，就是在強調「無名」之「自然」才是根本，一切「有名」皆為便宜，強為之而已，不可執著。而「字之曰道」之所以不稱「強為」，是因為「字」為後出。古代的男子，少兒之時父母為之命名，稱「名」；二十歲成年，行冠禮，賓客為之命名，稱「字」。「道」為「字」，在「大」之「名」後，老子的這種設計，正對應著本書第四十五節（通行本第一章）之「無名，萬物之始也；有名，萬物之母也」，以及「恆無欲也，以觀其妙；恆有欲也，以觀其所徼」。則以「大」為「名」者，「萬物之始」之「無名」者也，「恆道」而不可名者也，「恆無欲」者也，「自然」者也；以「道」為「字」者，「萬物之母」之「有名」者也，「名」而「知止」者也，「恆有欲」者也，「法自然」者也——總括言之，前者無有人的理性作用於其中，為「自然」之本然，而「自然」本質地排斥一切「有名」，故曰「強為之名曰大」；後者容納了聖人的理性與選擇，為「法自然」之聖人的創造，因而必須借助於人的理性作用，故曰「字之曰道」而不著「強為」二字。

「道」作為與表示存在整體與系統的「一」相匹配的萬物存在的法則，是聖人從「自然」所表現的存在的全部事實中抽取出來的，是聖人理性作用的結果。而前於此的「自然」狀態之中，「一」與「道」兩者並不分離，也根本沒有這兩個「名」的存在，所以老子才「強為之名」；也正是因為兩者原本並不分離，所以老子「強為之名」的「大」，邏輯上就應該是包含了後此建立的「一」於其中——「一」與「道」的各有側重，或者在聖人「字之曰道」的理性作用充分展開之後；而在此之前，「大」應當既可表示存在之全體，又可表示全體之中的各個具體存在所秉持的原則。對於前者而言，「大」是一個系統；對於後者而言，「大」是此一系統之中的「道」。「道大，天大，地大，王亦大。域中有四大，而王居一焉」，此之所謂「大」，除表示崇高，使用為形容詞之外，亦當兼有分別存在之系統的功用於其中——「一」之全體，以「道」為尊；天之所覆，「天」為雄強；地之所載，「地」稱厚德；人類社會，「王」為官長，此所謂「道大，天大，地大，王亦大」的意義所在。從四者之間的關係看，則是逐層包蘊，而非平行並列——「王」為人類社會之首，是人類社會制度形式的制定者和維護者，在老子這裡，則是整個人類社會恢復並保持「自然」狀態（所以老子前面說「王亦大」，後面則說「人法地」）的關鍵，雖曰「王亦大」，仍不改「王」之屬於人類社會的事實，是人類社會這個系統之中的「大」。進而言之，人類社會只是地之所載的萬物之中的一部分，則地之所載當自為系統；地之所載連同大地本身又都為天之所覆，則天之所覆亦當自為系統；而覆蓋大地的蒼穹連同運轉不息的日月星辰，又都在「一」的籠罩之中，則「一」實為表示現實存在之整體與大全的最大的系統。這樣的系統結構，可引本書第十七節（通行本第五十四章）作為參照：

> 善建者不拔，善抱者不脫，子孫以祭祀不絕。修之身，其德乃真。修之家，其德有餘。修之鄉，其德乃長。修之邦，其德乃豐。修之天下，其德乃溥。以身觀身，以家觀家，以鄉觀鄉，以邦觀邦，以天下觀天下。吾何以知天下之然哉？以此。

身、家、鄉、邦（國）、天下，其實正好可以和本節之中的王、人、地、天、道彼此連結為一個層級序列，其中的每一層級都各為系統而又逐層包蘊，並最終指向唯一的「自然」——這是最終意義上的「大」。但有一點必須指出，所有這些層次的劃分，並非客觀存在的現實，而是隨著人們的認識立場的逐層轉化與認識能力的不斷提升而顯現於人們的意識思維之中的主觀產物。這就是說，人類所能開掘的關乎客觀存在的每一個層級（整體或者系統），都相對於主體的認識結果而建立，而且每一個層級也都有其「道」於其中。但是只要人類認識仍沒達到老子之所謂「以天下觀天下」的絕對的「恆道」的立場，則每一個層級與其所表現的「道」就都是相對的；人類認識只有上升為最高立場，也就是以老子之所謂「天下」為代表的無限的立場，「恆道」才會顯現，人對客觀存在的把握才會達於絕對的真實。

人類在最終意義上把握世界的真實，這一願景雖然美麗，但是很可惜，也只能作為願景存在，因為「自然」作為存在是無限的，所蘊含的變化的可能也是無限的，所以「自然」相對於人類認識只能是一個無限開放的範疇，而基於「自然」的「一」與「道」從最本質的意義上也就成為不可言說的了——這應該就是老子說「恆道」不可道，並一再強調「道恆無名」的原因。但這並不等於「自然」、「一」、「道」這些概念從此喪失存在的必要。在最根本的意義上，「自然」、「一」、「道」是在否定的立場上建立起來的，而建立的過程、表現的形式，就是以「無名」否定「有名」。正因為這種否定，使得萬物存在各自的「自然」（自己如此、自我決定）具備了最高原則的意義——既然一切都只能是相對，那麼相對就是絕對，並且唯有相對才是絕對，因此依從於自身的相對，就是對「自然」與「道」的依從。這種觀念反映在對於萬物存在的認識上，如柏拉圖的那種所謂「理念」就會被永遠安置於構建的路途之上，所謂先在的或者先天的本質就被徹底掃除——這在根本上反對於今之所謂形而上學的獨斷論。

「自然」與「道」以「無名」否定「有名」，並不單純意味著否定一切人類認識成果，而是通過否定的形式包蘊相對的「有名」於其身。就像「道法自然」這個命題中，「道」並不純然地就是「自然」一樣，「人法地」之中，「人」也並不純然地就是「地」，人們自然的情感作用也還會在其中顯現——猶如「道法自然」中人們的理性顯現一樣，因此作為自然而生的「仁」、「義」等等，不妨仍在其中。地勢之坤、天行之健，同樣也存在於「地」之「法天」、「天」之「法道」之中。由此可知，老子之所謂「法」，並非一切照搬，而是各依其所生之「自然」——萬物之「自然」就是萬物自身存在的法則，從這種意義上說，有多少存在形式就會有多少法則，但是各種法則都應當體現一個原則，就是萬物存在彼此之間的互為前提、互為利益、互相成就的關係呈現，就是老子之所謂「道」。萬物自身存在法則，只有在「道」的包蘊和規定之中顯現意義，萬物自身才是有存在之依據的——譬之人類社會，仁義禮智等等，其實初始之時也未必就不是出於人之自然，所以也不妨「有名」，但是它們必須接受「道」的規定，把自己的功用限制在相對的時空狀態之中；超出了這個限制，而欲闢為捷徑（老子之所謂「人之道」）以與「天之道」爭雄，則為邪途，應予絕去。

「自然」是老子對於理想的人類社會生活的概括，「自然」的社會理想如能實現，則實為聖人拯百姓於水火——但聖人卻並不入於「自然」之中。老子論聖人與「自然」的關係，一則曰「法」（本節之「人法地，地法天，天法道，道法自然」），再則曰「輔」（本書第二十七節，通行本第六十四章：「能輔萬物之自然，而弗敢為」），無論是「法」是「輔」，聖人皆處身於「自然」之外。百姓或可蒙昧，聖人不可不智；百姓可謂「我自然」，聖人卻只能「法自然」——聖人之所為，本當與百姓有別（參見本書第十節，通行本第四十七章「研析」），而聖人之功用，也體現在與百姓的彼此區別與互為利用上。從紛繁複雜、戰亂不息的現實世界向「自然」回歸，需要聖人的努力；回歸之後長久地保有「自然」狀態不使重新墮落，也需要聖人的維護。

第七十節

人與自然的歧離乃至對立，按照老子的說法，是始於「有名」的分別世界。「有名」使得作為系統的存在現實由整體和諧變而為支離破碎，而混雜了私欲滿足的權利運作，又使得本就支離破碎的世界各不相容，人們從此陷入永不停息的爭鬥之中。相比於這樣的一種社會現實，業已離我們遠去的那種混跡於萬物、胎息於自然的人類生活景象，倒更像是人類的天堂。老子之崇尚「自然」，正是基於當時人們的這種需要而提出的，而他所崇尚的「自然」，也正是那種人與人和諧相處、與天地萬物一體共存的生活場景。需要特別指出的是，取於此種「自然」，是人之理性選擇的結果，所以它不僅意味著「自己如此」，還意味著「應當如此」。而「自然」之於人，是懵然無知狀態之中的被動接受，還是理性作用之下的自主選擇，所表現的意義完全不同——對於前者，「自然」是桎梏、是牢籠；對於後者，「自然」是理想、是天堂。老子所選擇的「自然」，毫無疑問是後者。儘管這種選擇，或者並不必然代表社會全體的意願，只是聖人替天下人所做出的，但同時也可以肯定，聖人做出的這種選擇，也絕非自作多情、一廂情願——自老子而後兩千多年，多少人痴迷於他所勾畫的「小邦寡民」的理想社會，又有多少人終生把「自然」奉為生活的金科玉律，更遑論春秋末期的亂世之中，老子的「自然」肯定反映著一大批人對人類理想生活的憧憬。

【題解】本節文字，在通行本《老子》中為總第二十六章、《道經》之第二十六章。在帛書本中，為《道經》之第二十六節、《老子》全本之第七十節。此節帛書甲本殘損三字，乙本無殘損。

重為輕根❶，靜為趮君❷。是以君子冬日行，不離其甾重❸。雖有環官❹，燕處則昭若❺。若何萬乘之王，而以身輕於天下❻？輕則失本❼，趮則失君❽。

【注釋】❶重為輕根　重是輕的根本。根，基礎。按「輕」，帛書甲本作「巠」，與「輕」通。❷靜為趮君　靜是動的主宰。趮，躁動。君，主宰。按「靜」，帛書甲本作「清」，與「靜」通。❸是以君子冬日行二句　所以君子終日行路，從不遠離供應日常需求的輜重車。冬，通「終」。離，離開。甾，通「輜」。輜重，運送兵器、糧食等的物資供應車輛。按「冬」，帛書甲本作「眾」，與「終」通。「離」，帛書乙本作「遠」，義同。❹環官　環，通「營」。官，通「觀」。營觀，代指高大的宮殿、宮室。❺燕處則昭若　意思是只不過一宿而過。燕處，猶燕居，閒居之所。昭，通「超」。超若，猶超然，置身其外。❻若何萬乘之王二句　為什麼統治著萬乘之國的君王卻把自己看得比天下輕呢。輕於天下，看得比天下輕（捨棄自身的長生久視，反而去追逐功名利祿）。❼輕則失本　意思是說追逐功名利祿就會失掉長生久視這個人生的根本。❽趮則失君　輕舉妄動就會失掉自然這個主宰。

【語譯】重是輕的根本，靜是動的主宰。所以君子終日行路，從不遠離供應日常需求的輜重車。

即使有高屋廣廈，也只不過一宿而已，不會拋棄輜重而留戀其中。為什麼現在統治著萬乘之國的那些君王卻把自己的身體看得比自己的國家輕呢？追逐功名利祿就會失掉長生久視這個人生的根本，輕舉妄動就會失掉自然這個主宰。

【研析】我們在本書第六十八節（通行本第二十三章）的「研析」中指出，從老子的「道」、「一」與「萬物」的關係上，所謂「道」生萬物，是賦予萬物以形質的存在，而「一」之接納萬物，則是基於萬物相對於整體和系統所表現出來的功用。這兩者在老子之所謂「自然」的狀態之中，其實是彼此一致的——「道」不生無用之物，整體或系統的「一」需要什麼樣的功用，「道」就會為它生出具備此種功用的相應的存在物；而一旦「道」所生成的某種事物相對於「一」而言功能喪失或窮盡，則「道」也就會停止對此一事物的維護和保障，將它排除於整體或系統之外，使之成為「餘食贅形」而任其消亡。老子說「道」為「萬物之母」，而隱然以「一」為萬物之父（即老子之所謂「眾父」），就是對「道」、「一」與「萬物」之間此種關係的形象說明。從萬物的角度來說，萬物服從「一」的需要，在整體或系統之中發揮自己的功能，自身之存在就能夠獲得一時的或長久的保障，這就是萬物之「自然」，也就是說，在萬物的「自然」狀態之中，功能屬性才是其存在屬性的保障，功能屬性喪失，存在屬性也就隨之消亡了。

人是萬物的一分子，人的「自然」也實際地等同於萬物的「自然」，也是為「道」所生，為「一」所養，所以只當盡一己之本分，而將生死壽夭、富貴貧賤一律託於外在於己的「命」，此老子之所謂「各復歸於其根曰靜，靜是謂復命」（本書第六十節，通行本第十六章）。但是人的現實，卻是走上了與「自然」相背離的另一條道路。這條道路的起點，是以「有名」分別世界，人們借助於「有名」分別世界的同時，也逐步提升起對自身存在的感覺，因此立足於自我、滿足自我意願和欲望的種種要求日益增長，觀念設計、制度創造日漸繁複，老子之所謂「人之道」在人類社會之中大行其是，而結果則是人與人的矛盾、人類社會與自然界的矛盾越來越被激化，於是整個社會陷入了爭鬥不息、混亂不止的局面。

平心而論，人類社會走上這樣一條道路，起始並無可以厚非之處。生命作為存在，儘管為「道」之所生，但是一旦生成，就會接受生命自身的感覺與知覺支配，也就只能從自身的立場對行為進行規劃和選擇，而這就意味著貪生怕死、趨利避害的意願和行為，其實是符合於「自然」的。落實於人本身，就是一切行為皆以自身存在為立場、皆以有益於自身為準則，一定是每一個人的存在的現實與合理。人既不可能也沒必要從一開始就如老子所主張的那樣，還從自身的立場而至於「以天下觀天下」，自覺地以理性約束自身的行為而求得為「道」所容為「一」所用——天地尚且自為，而以萬物為芻狗，「道」生成萬物，也是為了用物利己，而不是對萬物本身有什麼偏私，人的自為又有什麼值得厚非的呢？如此說來，毋寧說自為之人才真正符合天地的精神，符合「道」的真實。所以儘管從「道」的立場上看，事物存在的功能屬性位置第一、存在屬性第二，但在人的立場上卻要倒過來，甚至是把自身存在作為唯一來看待，這是人性的現實，也是人性的「自然」。

以自身為立場，就是以自身的利益為考量、取捨一切的尺度。而自身利益表現多方，究竟如何排序，或者當以何者為權重，則是人言言殊、仁智各見。但是無論如何取捨、怎樣排列，人的利益總是基於人之存在為根本的，從這種意義上，老子之所以主張「長生久視」是人的所有利益當中最大者，也就可以理解了。一切事物包括人的生命，都是「天地」所代表的存在之整體與系統根據自身的需要而生成，本質上與人們自身的意願和期望無關，這叫「道」生萬物，而不是萬物「自生」——「自生」之物本就不會存在，縱或存在也不會長久，任何事物只有為「道」所生、為「一」所養，才能「長生久視」，本書第五十一節（通行本第七章）「天長地久。天地之所以能長且久者，以其不自生也，故能長生」，可為證明。萬物之「生」如此，萬物之「死」亦然。系統之於萬物，得其用則滋養之、維護之、成就之；萬物在系統之中，得系統之滋養、維護與成就，於是得以生存。系統之於萬物，不得其用則摧折之、棄置之、毀滅之；萬物在系統之外為「餘食贅形」，得不到系統的保障，於是不得生存。這是誰也改變不了的客觀現實，人們承認也好，否認也好，現實本身不以人的意志為轉移，這是客觀世界存在整體的「自然」。

人在客觀世界這樣的「自然」面前，其實有三種選擇。第一種選擇，徹底泯滅人的「自然」，而把一己之生死完全託付於「道」的作用，隨「道」遷化，生死由命，這是現在一般的老子研究者以為的老子所取的態度。然而如果仿照古人的口吻，這裡確實該說一句「綜其實不然」。因為談到選擇，就一定是理性作用的結果。蒙昧時期的人類，或許會以上所描述的現象為生活事實，但那是沒有選擇的選擇。而人類社會一旦衝破蒙昧，進入老子之所謂「欲不欲」的理性自覺階段，上述選擇所存在的問題就顯現出來了——它雖然順應了客觀世界整體的「自然」，卻實際違反了人性的現實，也就是說悖逆了人之「自然」。人之「自然」也是「自然」，甚至從老子學說整體判斷，人之「自然」所應有的地位，甚至還高於存在整體之「自然」，畢竟老子的學說，還是以人為本的。所以說老子的人生觀念是絕對地捐棄自我、認命服輸，並不符合老子學說的實際。而由此種觀念所決定的人生，謂之「自然」則可，謂之「長生久視」，則實不能借由「以萬物為芻狗」的「不仁」之「天地」所獲致，故為聖人所不取。

第二種選擇，或者可以成為快樂主義的，即完全以自身立場為立場，尤其表現為以當下的欲望滿足為追求，把人生享樂看作生活的全部意義之所在，視整日裡的勾心鬥角、爭鬥打拼為尋常，而全然罔顧「道」對自身的決定作用。《老子》中對這種的人生描述很多，對由此引發的後果推闡得也極其明白暢達──無視「道」的作用，「道」必將作用之，必使之橫夭敗亡、不得長久。這意味著，違背了客觀存在整體的「自然」，人的「自然」也終將喪失。

第三種選擇，就是老子的選擇，即利用萬物存在之「自然」以保全或成就人之「自然」，或者說利用「道」而達於使自身存在「長生久視」的目的。「自然」與「道」對萬物存亡、人之生死的決定作用既已無可更改，那麼選擇順從「道」而自然生滅，或者悖逆「道」而速死橫夭，或者利用「道」而「長生久視」，就是人的價值觀念在起作用了。在老子的人生學說中，前提是已經給定的，即「長生久視」是好的，這種價值標準一旦確定，那麼整個學說的展開，就是告訴人們如何才可以得到「長生久視」這一結果。老子所主張的利用萬物存在之「自然」以保全或成就人之「自然」，或者利用「道」而達於自身之「長生久視」，既區別於捨棄自我、全身投入整體「自然」之決定之中，也不同於離棄存在整體之「自然」，而全任自我的私心作用──換句話說，既不純為「自然」，也不背逆「自然」，而是「法自然」。

老子於本節文字所論，中心就是聖人侯王之「法自然」。所謂「重為輕根」，意思是聖人侯王，當以生命為重，而以他事為輕者——即使是如侯王這樣的貴高之位，與生命相較也是輕末之事，而且老子說，只有把持這種觀念的人，才真正適合擔負侯王之任，本書第五十七節（通行本第十三章）「故貴為身於為天下，若可以託天下矣；愛己身，為天下，汝可以寄天下矣」，可證。所謂「靜為趮君」，則專屬意於聖人侯王，強調「無為」（所謂「靜」）為本、「有為」（所謂「趮」）為末。「是以君子終日行，不離其輜重。雖有營觀，燕處則超若」，君子不失其輜重，比喻聖人侯王以天下為所養。聖人侯王欲成就一己「長生久視」之私，則必投身而入於天下之整體，在天下之整體之中發揮自身作為侯王之功用，在天下整體中自養，以天下而成就一身之養。「營觀」喻侯王之權勢享樂、名利富貴等等，雖一時可居，然終究得失無常、盛衰無定，所以侯王應該燕處超然，不做家園之想，不加留連盤桓。如果侯王沉溺於這一切，屈服於自身的欲望而罔顧自身存在這個最大的利益，則是實際上的「以身輕於天下」，後果很可能就是喪身辱命，這就是老子下文之所謂「輕則失本，趮則失君」——貪戀富貴權勢就會危及自身的存在，為獲得或保持富貴權勢而任意妄為，就會失卻「道」的保障，因而侯王之位也將不得保有。

「法自然」不同於純粹的「自然」，它需要人類的理性為基礎，因而只為人所擁有，甚至只為老子之所謂「聖人」所獨有。世間只有明曉大道的「聖人」，才有能力利用「道」而達於自身存在的「長生久視」。至於聖人侯王治下的百姓，遇此有道之明君，可以「自然」終了一生，則實為人生之福、社會之幸。本書第六十一節（通行本第十七章）：

> 太上，下知有之。……成功遂事，而百姓謂我自然。

第七十一節

【題解】本節文字，在通行本《老子》中為總第二十七章、《道經》之第二十七章。在帛書本中，為《道經》之第二十七節、《老子》全本之第七十一節。此節帛書甲本殘損六字，乙本無殘損。

善行者無勶跡❶；善言者無瑕適❷；善數者不以檮箖❸；善閉者無關籥而不可啟也❹；善結者無纆約而不可解也❺。是以聖人恆善㤹人，而無棄人❻，物無棄財❼，是謂曳明❽。故善人，善人之師❾；不善人，善人之資也❿。不貴其師，不愛其資，唯知乎大迷，是謂眇要⓫。

【注釋】❶善行者無勶跡　善於行走的人，沒有車轍可尋。勶，通「轍」。轍跡，車輪碾過地面後留下的痕跡。按「勶」，帛書乙本作「達」，此從甲本。❷善言者無瑕適　善於言說的人沒有差錯。瑕，玉石上的斑疵。

適，通「謫」。指責。瑕謫，在此比喻言辭上的差錯。❸善數者不以檮箣　善於計算的人，不借助籌策作為工具。數，計算。檮，通「籌」。箣，通「策」。籌策，小竹棍，是古人用來記數、計算的工具。按「以」，帛書乙本作「用」；「箣」，作「笮」。❹善閉者句　善於關閉的人，不設鎖匙門閂卻誰也打不開。閉，關門；封鎖門戶。籥，通「鑰」。關鑰，猶後世之鎖匙、門閂。啟，打開。按「關」，帛書甲本作「闗」，與「關」通。❺善結者句　結，盤結繩扣，古代的一種智力遊戲。纆，「纆」的異體字，繩索。纆約，用繩子結成的扣。❻是以聖人恆善怵人二句　所以聖人很善於救護自己的人民，沒有誰會被遺棄。怵，通「救」。救助。❼物無棄財　沒有什麼東西是無用的。財，通「材」。❽曳明　曳，通「襲」。因應；襲用。明，指天道。按「曳」，帛書甲本作「怈」，亦與「襲」通。❾故善人二句　所以那些善人作為老師，可以供聖人效法。師，老師。❿不善人二句　那些不善的人作為鏡鑒和憑藉，同樣也有助於聖人成就自身。資，憑藉；借鑒。按「資」，帛書甲本作「齎」，與「資」通。⓫不貴其師四句　不尊崇那些善人，不吝惜那些不善的人，即使說自己有智慧，其實也還是糊塗透頂，這是精妙深奧的道理。貴，看重；尊崇。唯，通「雖」。迷，迷亂無知。眇，通「妙」。妙要，幽深玄妙的道理。按「迷」，帛書甲本作「眯」，與「迷」通。

【語　譯】善於行走的人，沒有車轍馬跡可尋；善於言說的人，沒有差錯可以指責；善於計算的人，不借助籌策作為工具；善於關閉的人，不設鎖匙門閂卻誰也打不開；善於打繩結的人，不用結繩扣卻誰也解不開。因此聖人總是很善於救護自己的人民，所有的人都能得到救助，沒有誰會被遺棄，所有的東西都能派上用場，沒有什麼東西是無用的，這是因為聖人能夠襲用天道之所為於人類社會。所以不但那些善人作為老師可以為聖人所效法，那些不善的人作為對立面同樣也有助於聖人成就自身。如果不尊崇那些善人、不吝惜那些不善的人，即使說自己有智慧，其實也還是糊塗透頂，這就是實踐大道的關鍵所在。

【研析】老子之「道」，是作為世間萬物存在整體與系統的「一」所體現的根本法則而存在的。它是內在和諧的「一」之結構方式，是一切關係的楷模；同時對於具體的事物存在而言，它又是一種強制性的力量，是具體事物存在必須面對的客觀必然性的體現。就具體事物存在而言，不論你是推崇它還是貶低它，是遵從它還是悖逆它，你都在它的作用之下，永遠無可逃避。它是你繼續存在下去所必須遵循的道路，也是你之所以折損橫夭的原因。本書第七十八節（通行本第三十四章）：

道汎呵，其可左右也。成功遂事而弗名有也，萬物歸焉而弗為主。則恆無欲也，可名於小；萬物歸焉而弗為主，可名於大。是以聖人之能成大也，以其不為大也，故能成大。

大道氾濫無邊，不受任何事物的約束與控制，卻有能力左右萬物的存在與變化，約束一切萬物使之歸於整體與系統的「一」。「道」即以此保障著「一」的內在和諧。這事實上是把「道」推舉到了世間萬物一切存在之最高原則、最後權威的地位之上。

大道既具如此功能，則人世間的一切「有為」，如果不是在別有用心地製造混亂，那就是在沒事找事瞎忙活。「日月出矣，而爝火不熄，其於光也，不亦難乎？時雨降矣，而猶浸灌，其為澤也，不亦勞乎？」（《莊子・逍遙遊》）「道」決定著世間萬物一切存在，「道」是維護整體和諧的絕對權威，那麼人們只要順應大道之作為，服從大道的安排決定，人類社會即可恆久地保持和諧穩定。所以縱然聖如堯舜、賢如禹湯，對於「道」而言也屬多餘，即使他們心存善念志利天下，結果上也只能是給「道」幫倒忙、添麻煩；至於那些故意攪局以圖亂中獲利的人類蠹蟲，其所作所為更無益於社會的安定。因此從「道」的立場來看，一切人之「有為」，都是妨礙或者傷害人類社會和諧穩定的罪魁；只有去除一切人為，把整個人類社會完全置於「道」的統攝之下，才是人類社會的正確道路。

老子之所以主張聖人要對於「道」取順應的態度，而把持「無為」的立場，就是因為老子明白，聖人的一切利益、社會的一切利益，只有從大道之中求取，利用大道而獲得，其所得才有可能為聖人或人類社會真正保有，捨於此則縱有所得，亦非究竟，總是要在人類綿延不絕的彼此的爭鬥中再度失去。聖人的行為也是一樣，只有使自身的行為與「道」之所為保持一致，行為的結果才會是有效並且可靠的。本節內容就是在講聖人如何順「道」作為，如何利用「道」而求取到自身的利益。

「善行者無轍跡；善言者無瑕讁；善數者不以籌策；善閉者無關鑰而不可啟也；善結者無纆約而不可解也」。「善行」、「善言」、「善數」、「善閉」、「善結」，其所謂「善」者，自然是指聖人，而達於「無轍跡」、「無瑕讁」等等，卻是「道」之作用的結果——行而存跡、言而有瑕、數而幾亂、閉而可啟、結而能解，這是人之「有為」所不可免。所以以人的作為而言，即使是聖人，也不能達於至善。老子說，欲達於至善而為天下之「善」者，則必以聖人之不行、不言、不數、不閉、不結得之——所謂不行、不言、不數、不閉、不結，非是聖人端坐垂拱，一切不為，而是指聖人以「無名」、「無為」為策略，抵制或者消解那些所謂賢聖之人的「有名」提倡，而使世界歸於純素，萬民各安於自然；「有名」消解，萬民自然，則各行其行、各言其言、各數其數、各閉其閉、各結其結，聖人一任之而不加干涉，「聖人恆無心，以百姓之心為心」（本書第十二節，通行本第四十九章），則行不可尋、言不可非、數不可亂、閉不可啟、結不可解——此則為「自然」之「道」行之、言之、數之、閉之、結之也。但為之者雖為「自然」之「道」，最終成就的「善」者卻是聖人，於是聖人與天道兩得其全——聖人得其善存之利，而天道得其固密之用。

行以招物，而天道「不召而自來」者；言以求應，而天道「不言而善應」者；戰以求勝，而天道「不戰而善勝」者。聖人「法自然」而取利於「道」，所以善救人而不以仁心，天道自能慈而救之；善用物而不以取捨，天道自能全其用而無遺；善治民而不以善惡，天道自能合其民而歸於治下；善執生而不以丹汞導引，天道自能使其長生久視。天道作用於萬物，如影隨形、如響應聲、永不遺漏、永不疲倦；而聖人獲取於天道的利益，也永世周全、永遠無患。「古之所以貴此（道）者何也？不謂求以得，有罪以免與，故為天下貴」（本書第二十五節，通行本第六十二章），「道」之所以為聖人所看重，就是因為它可以「求（利）以得、有罪以免」；也只有取獲於「道」，其所得也才能為聖人全部擁有、長久擁有、本質擁有。

因此，聖人治理天下、保障自身之智慧，恰在於不亂逞私智，此即為老子之所謂「愚人之心」（本書第六十四節，通行本第二十章）；在於以「無名」消解世之賢能的「有名」提倡，不使之爚亂天下人之心，此即為老子之所謂「為天下渾心」（本書第十二節，通行本第四十九章）。總而言之，聖人之作用就在於「無為」，則天道為之而不輟，於是世間萬物一切圓滿，和諧並且久而無患；聖人之所以不可替代，就是因為他能襲用天道之所為，此之謂「襲明」。「襲明」意思是襲用「道」的光明來照亮人類社會的方向，襲用「道」的作用而保障人類社會的安寧，而不是一任世之所謂聰明睿智把人類社會往「人之道」的險途上引領。這種意義上的「襲明」，其意義約略等同於本書第十五節（通行本第五十二章）的「襲常」：

天下有始，以為天下母。既得其母，以知其子，既知其子，復守其母，沒身不殆。塞其兌，閉其門，終身不瘽。啟其兌，濟其事，終身不救。見小曰明，守柔曰強。用其光，復歸其明，毋遺身殃，是謂襲常。

聖人雖不自作為，而統治天下的侯王之位卻不會失去，這是天道保障的結果。什麼樣的存在能夠得到天道的保障，可由此尋出端倪：天道之所保障者，從來都不是自身強大、不可戰勝者，而是以其在整體與系統之中所表現的功用獨特鮮明、不可替代，因之為整體和系統不可或缺為標準；而究竟何者為不可替代、不可或缺，這不是由存在者自我確認的，而是由天道所確認的，或者根本上是由存在者自身在整體或系統之中發揮的功用為依據的——在整體或系統之中功用越是獨特，越是不可替代，「道」對其保障就越有力。聖人侯王欲求得「道」對自身的有力保障，就不能以「有以為」來顯現自身的存在——所謂「有以為」，就是以自我之生命、利益、需求、滿足為準則，整個生命存在的過程圍繞著自我的立場展開，而罔顧「一」所表現的萬物存在之真實，因而行為上必然趨向於「有為」。聖人侯王應予把持的立場必須是超越自我的立場，行為表現必須以「無以為」為宗旨——所謂「無以為」，即本書第四十節（通行本第七十五章）之「無以生為」，推演開來，則是無以己為、無以利為，聖人侯王不純以一己的生命、利益等等為立場而作為，而是以「道」為法，按照自利利人的原則，使自身的立場涵蓋別人的利益、需求、滿足，在此基礎上不斷地提升和擴大，終至於老子稱之為「天下」的存在整體立場，聖人侯王才能真正與「道」同體，而其行為德業才會溥利於天下，這就是老子之所謂「修之天下，其德乃溥」（本書第十七節，通行本第五十四章），聖人侯王自身的利益，也會因此而得到最為有力的保障。

說到這裡，還要為老子辯解幾句。世之論老子者，常將韓非的「無為而無不為」與老子的「無為而無以為」混為一談，傳世《老子》有幾個版本，甚至逕改老子之「無以為」為「無不為」，這實在是對老子的大不恭。韓非的「無為而無不為」，是倚勢執法玩弄權術的帝王學所生，在上者循名責實以御下，在下者執實殉名以事上，此之謂「上無為而下無所不為」。這種只單純具備政治技術意義的「無為而無不為」，與老子充盈著人類理性光輝、體現著崇高的道德境界的「無為而無以為」，相差何可以道里計？

第七十二節

【題　解】本節文字，在通行本《老子》中為總第二十八章、《道經》之第二十八章。在帛書本中，為《道經》之第二十八節、《老子》全本之第七十二節。此節帛書甲本殘損十字，乙本殘損五字。兩本殘損之處可互為補足。

知其雄，守其雌，為天下溪❶。為天下溪，恆德不離❷。恆德不離，復歸嬰兒❸。知其日，守其辱，為天下谷❹。為天下谷，恆德乃足❺。恆德乃足，復歸於樸❻。知其白，守其黑，為天下式❼。為天下式，恆德不貣❽。恆德不貣，復歸於無極❾。樸散則為器❿，聖人用則為官長⓫。夫大制無割⓬。

【注釋】❶知其雄三句　知道什麼是雄強，卻安於柔雌的地位，做引導天下歸於自然的溪澗。雄，雄強。雌，柔弱。溪，川谷。按帛書乙本此節兩「溪」字皆作「雞」，與「溪」通。此從甲本。❷恆德不離　純正的德行就不會離散。離，離散。按帛書甲本此節兩「離」字皆作「雞」，與「離」通。此從乙本。❸復歸嬰兒　恢復到無知無欲的原初狀態。嬰兒，指人精神與軀體合一的原初狀態。❹知其日三句　知道什麼是榮耀，卻安於屈辱的地位，做容納萬物的川谷。日，通「榮」。榮耀。辱，屈辱。按「日」，帛書乙本誤作「白」，此從甲本。❺恆德乃足　純正的德行就圓滿充足。足，充足；圓滿。❻復歸於樸　恢復到質樸無華的自然狀態。樸，原初的、自然的狀態。❼知其白三句　知道什麼是潔白，卻安於汙穢的地位，為天下人選擇（正確的）方向和道路。白，潔白。黑，汙穢。式，原為占卜的工具，這裡用作動詞，指為人類社會選擇（正確的）方向和道路。按帛書甲本「白」字脫。❽恆德不貣　純正的德行就不會有差錯。貣，通「忒」。差錯。按「貣」，帛書乙本作「貸」，亦與「忒」通。❾復歸於無極　回歸於永恆的自然狀態。❿樸散則為器　混沌無分的大樸散而為萬物。器，形而下者謂之器，指具體的器物。按「樸」，帛書甲本作「楃」，與「樸」通。⓫聖人用則為官長　用，指把握和應用大道。官長，萬物的統領。⑫大制無割　最好的治理天下的方法是不使萬物分別。大制，最好的管理方法。割，分別；分割。

【語　譯】知道什麼是雄強，卻安於柔雌的地位，做引導天下歸於自然的溪澗；做引導天下歸於自然的溪澗，純正的德行就不會離散；純正的德行不離散，就會恢復到人無知無欲的原初狀態。知道什麼是榮耀，卻安於屈辱的地位，做容納萬物的川谷；做容納萬物的川谷，純正的德行就圓滿充足；純正的德行圓滿充足，就會恢復到人質樸無華的自然狀態。知道什麼是潔白，卻安於汙穢的地位，為天下人選擇正確的方向；為天下人選擇正確的方向，純正的德行就不會有差錯；純正的德行沒有差錯，就會回歸於永恆的大道。混沌無分的大樸散而為萬物，聖人借助於萬物之分，才能夠成為萬物的首領。而最好的治理天下的方法是不使萬物分別，使世界回歸於萬物一體的自然狀態。

【研　析】人類社會的存在形式，在老子的描述裡，很顯然地被區分出了三個層次：

第一個層次，以老子之所謂「自然」為特徵。這個層次裡，「恆道」雖存而無名，「恆德」雖在而猶亡，無聖人百姓之分，無「有為」、「無為」之別，整個社會胎息於「自然」的整體之中，隨「自然」整體的演化而演化，人們的一切需求止於日用，一切作為皆圍繞著自然生活的需求，顯現為嬰兒般的純素質樸的生存狀態，而「自然」之整體，也以萬物之間的互相利益、和諧共存的原初風貌展現自身。

第二個層次，以老子之所謂「法自然」為特徵。這個層次裡，「道」作為人們對整體或系統的現實世界（即老子之所謂「一」）之存在法則的概括，為有「德」之聖人所把握和遵循。渾然一體的原初的、質樸的「自然」雖已「散而為器」——表現於人類社會，就是「有名」初現、「有為」甫生，但是聖人尚能把持「道」作為人類社會的秩序法則，以「無名」管束和鎮制「有名」，而以「無為」的政治策略消弭人們違背自然的「有為」，使百姓萬民的生活狀態仍保持與「自然」的相一致。

第三個層次，以老子之所謂「人之道」的大行其是為表現。對於前面兩個層次而言，此一層次之中，真實的天道無論從本質上還是表現上都被捨棄。社會的統治者（世之所謂「聖智」）出於對自身利益的考量，離棄「自然」之「道」，轉而追尋「有為」的政治策略，搖身一變而為盤剝世人、禍亂社會的「盜竽」，老子之所謂「德」在他們身上喪失殆盡。而整個社會的人們也被裹挾其中，各以一己之私見為立場，以一己之私利為追求，於是器亂而為名、名而不知止，整個社會因此而陷入持續不斷的利益紛爭之中。

這三個層次，第一個層次表現的是人類社會的「自然」。由於這種「自然」完全胎息於存在整體之「自然」之中，與整體之「自然」渾然不分，所以在某種意義上講，它註定是無法長久維持的——人類的意識一旦覺醒於自身的存在，就註定會走出純粹的「自然」，構建屬於自身的社會結構方式，而不會滿足於處身原始蒙昧的「自然」之中，這是一方面的原因。另一方面，從邏輯的意義上，選擇「自然」本身就會構成一個悖論——沉湎其中而不自覺悟，就根本不會意識到「自然」不「自然」的問題；置身其外而提倡回歸於「自然」，則「自然」就是人類理性選擇，而理性選擇本身就是不「自然」的。所以儘管第一個層次所表現的人類社會純粹「自然」的存在方式確實滿足了老子關於人類社會的某種想像，但老子還是把世之所謂的理想的社會模式，定義在「小邦寡民」的政治構想之上，並借助於聖人侯王之「法自然」而使其與紛爭不息的現實的人類社會彼此銜接起來。

此節文字的中心意旨，就是在講聖人如何以「法自然」而使人類社會的存在和演化與「自然」保持一致。下面我們嘗試將此節前半段文意作一縱向的疏通。

「知其雄，守其雌」，所謂「雄」，是指「道」之作用；而所謂「雌」，指的是聖人侯王之柔弱。聖人既明大道，又能順「道」作為，猶與同體，謂之「守其雌」。「知其榮，守其辱」，是說聖人的謙退卑下，不與百姓爭利，不與「道」爭功，如本書第二十九節（通行本第六十六章）之所謂「聖人之欲上民也，必以其言下之；其欲先民也，必以其身後之」，以及本書第五十一節（通行本第七章）之所謂「退其身而身先，外其身而身存」。「知其白，守其黑」，則謂聖人把持「玄同」，以「無名」為策略，「塞其兌，閉其門，和其光，同其塵，挫其銳，解其紛」（本書第十九節，通行本第五十六章）——凡此三者，皆為「恆德」之體現，而實際包蘊了聖人之知、之德、之行於其中。只有達到如老子所言的三者合一，而不僅僅偏執於某一方面，聖人之「德」才是真實、飽滿的，此之謂「恆德不離」、「恆德乃足」、「恆德不忒」。

「為天下溪」，與下文「為天下谷」一律，皆指聖人循「道」行「德」，導引萬物存在最終歸於「一」之和諧，而不使其枝蔓旁生、糾結紛亂——本書第七十六節（通行本第三十二章）「譬道之在天下也，猶川谷之與江海也」，可為這種解釋提供旁證：聖人既與「道」合一，則「道」之所行，亦必為聖人之所尚，此為「侯王得一而以為天下正」（本書第二節，通行本第三十九章）。至於後之「為天下式」一句，說者皆以「式」為楷模、法式之義，實則未必然。「式」亦作「栻」，原為古代占卜之時使用的工具，活用為動詞，則當作占卜、指示、選擇（道路、方向等）之義，老子提倡「自然」、「無為」，必不至於主張天下要以聖人為法式楷模，本書第六十一節（通行本第十七章）謂「太上」之侯王，「下知有之」而已，雖「成功遂事，而百姓謂我自然」，則楷模、法式之說不可通。「為天下式」，大約只是說聖人為天下選擇了「自然」的道路，並以自身之「法自然」親身實踐著這樣的道路，所以下文才說聖人之「恆德不忒」——沒有差錯、沒有偏離，如此而已。

「復歸嬰兒」、「復歸於樸」、「復歸於無極」，所謂「嬰兒」、「樸」，代表的是萬物初生之狀態；而萬物之生本於整體與系統之「一」所需要，因而萬物初生之狀態，是最符合「道」的狀態，或者說離「道」所要求最近的狀態；回歸到這種狀態，就是「濁而靜之徐清」（本書第五十九節，通行本第十五章），它是萬物脫離自身立場，而依附於「道」之決定的基礎，是從萬物的分披雜亂、矛盾不止回歸於和諧的「一」的開端，也就是本書第五十八節（通行本第十四章）之所謂「繩繩呵不可名也，復歸於無物」。萬物「復歸於樸」、「復歸於無極」，新的事物從此開始綿綿生成、永無休止，這就是老子之所謂「安以動之徐生」（本書第五十九節，通行本第十五章），一切完全取決於「道」之運行，而聖人侯王則為雌者也。

「樸散則為器，聖人用則為官長」，「樸」作為萬物存在的原初狀態，是「自然」無分、內在和諧的整體，此中沒有「官長」侯王、尊卑上下，甚或也沒有聖凡智愚之別；「散」而為「器」，而聖人用之，是聖人自覺為「官長」、為侯王者——這是從「自然」到人為的轉變。聖人之為「官長」，是聖人之利益所在，假如「樸」不散而為器，則聖人為何者之長？聖人的利益如何擁有和保障？所以老子其實並不徹底反對「有名」所導致的「樸」的散裂，或者說「樸」而「器」、「器」而「名」，某種意義上恰恰是人之「自然」。但是「名」而不「知止」，以至於人各自為、群言淆亂，則實在是違背「自然」了。所以老子說，人類社會的大亂之本，就在於「化而欲作」的「有名」而不「知止」，任此發展下去，聖人侯王的利益同樣也無法保障。聖人而欲「深根固柢、長生久視」（本書第二十二節，通行本第五十九章），就必須於「化而欲作」之時「鎮之以無名之樸」（本書第八十一節，通行本第三十七章），使混亂紛爭的人類社會，在整體與系統的「一」的立場上，重新結合為符合「道」的安定祥和的人類社會，人們的生存有了保障，聖人自身的利益也能同時獲得有效的保障，這就是老子所謂「大制無割」的意義所在。

第七十三節

【題　解】本節文字，在通行本《老子》中為總第二十九章、《道經》之第二十九章。在帛書本中，為《道經》之第二十九節、《老子》全本之第七十三節。此節帛書甲本殘損十字，乙本殘損九字。兩本殘損之處可互為補足。

將欲取天下而為之❶，吾見其弗得已❷。夫天下神器也，非可為者也❸。為者敗之，執者失之❹。物或行或隨❺，或炅或䂳❻，或陪或墮❼。是以聖人去甚❽，去大❾，去楮❿。

【注釋】❶將欲取天下而為之　想要通過有為的方式來取得天下。取，取得。為之，（為取得天下而）有所作為。❷吾見其弗得已　我看他是達不到目的。弗得，得不到（天下）。已，通「矣」。語氣詞。❸夫天下神器也二句　天下是神聖的東西，不是可以通過有為的方式所能得到的。❹為者敗之二句　誰想通過有為來得到天下，誰就會失敗，誰想把天下當作自己的東西占有，誰就會失去。兩「之」字皆為語末助詞，無實義。按此句帛書乙本作「為之者敗之，執之者失之」。❺或行或隨　意思是領先必然被超越。行，這裡指領先。隨，隨後，這裡指超越前者。❻或炅或䂳　意思是熱必然至於涼。炅，為「熱」的異體。䂳，通「淬」。淬火，引申為涼。按「炅」，帛書乙本作「熱」。❼或陪或墮　意思是上升必然至於下降。陪，通「培」。增添；增加，這裡指增高、上升。墮，下降。按「陪」，帛書甲本作「坏」，亦與「培」通；「墮」，作「撱」，與「墮」通。❽去甚　去除那些過分的東西。去，消除；去除。甚，過分。❾大　通「泰」。極端。❿楮　通「奢」。奢侈。按帛書乙本作「諸」，亦與「奢」通。

【語譯】想要通過有所作為的方式來取得天下，我看他是達不到目的的。天下是神聖的東西，不是通過有所作為所能夠得到的，誰想通過有為來得到天下，誰就會失敗，誰想把天下當作自己的東西占有，誰就會失去天下。事物領先必然被超越，趨炎必然至於涼，上升必然至於下降。所以聖人去除那些過分的、極端的、奢侈的東西。

【研　析】古之所謂「天下」，一般是指「內中國而外四夷」的世界格局而言。這樣的「天下」，也稱「天下萬邦」，它包括了「王畿千里」的中心，以及「賓國」、「服國」、「屬國」、「諸侯國」等等，由這些國共同擁戴一國之國君為「王」，居於王畿，稱為「天子」，而「天子」則擔負起「平天下」的責任。

「天下」作為老子社會政治學說的終點，是人類存在的整體與系統的「一」。而「天下」之下，按照老子的說法，還有身、家、鄉、邦（國）諸層次，聖人之修身理政，是按照這樣一個序列逐層上升，終至於「取天下」、「為天下貴」、為「天下之王」，達到自身價值的最後實現。本書第十七節（通行本第五十四章）：

善建者不拔，善抱者不脫，子孫以祭祀不絕。修之身，其德乃真。修之家，其德有餘。修之鄉，其德乃長。修之邦，其德乃豐。修之天下，其德乃溥。以身觀身，以家觀家，以鄉觀鄉，以邦觀邦，以天下觀天下。吾何以知天下之然哉？以此。

由此可知，成聖的過程並不能一蹴而就，也需要從自身開始，經過類似於儒家之所謂「修齊治平」的步驟，通過不斷擴展自身的認知範圍、更新自身的行為規範、昇華自身的人生境界而達到。這個過程，應當就是老子之所謂「聞道者日損」的意義所在。本書第十一節（通行本第四十八章）：

> 為學者日益，聞道者日損。損之又損，以至於無為，無為而無以為。取天下也，恆無事；及其有事也，又不足以取天下矣。

從此節文字可以看出，老子純粹意義上的「無為」（「無事」），是「損之又損」的整個修道過程的終極，而與「取天下」直接聯繫在一起——這還可以從本書第二十節（通行本第五十七章）「以正治邦，以奇用兵，以無事取天下」獲得證明。本節中「將欲取天下而為之，吾見其弗得已。夫天下神器也，非可為者也。為者敗之，執者失之」，所言略同，都是在「天下」這個人類存在的整體與系統的基礎上強調「無為」的必要性。那麼相對於家、鄉、邦（國）這些更低於「天下」的子系統而言，是不是仍要把持「無為」的原則，或者相對於這些層次，老子的「無為」具體如何體現，這應當是一個值得追究的問題。

老子的「道」體現著對自然的順應，然而自然並非意味著單一。恰恰相反，對於萬物存在以及人的存在而言，自然真正的表現，正是萬物存在形體上的各自獨立，功用上的各不相同；而作為一切存在之整體與系統的「一」，其所表現的整體和諧與自足，就是建立在萬物存在的彼此不同而又能夠互相成就這一基礎之上。萬物的分別既然屬於現實存在，那麼各類不同的存在，彼此的矛盾和衝突也就在所難免——這尤其表現在人類社會之中，不同的人群之間，文化的衝突，觀念的衝突，生活習俗的不同，人們所崇尚的和習慣的不同等等，很多都是生活環境的不同所導致，也就是說，對於這些人群而言，各種不同與分別，也應該屬於自然。可雖然都屬自然，然而有所不同，衝突就是現實的。正為如此，所以在老子「小邦寡民」的政治設計之中，才會有「民至老死不相往來」的強調，欲以人為的方式隔絕不同觀念習俗的人群，以期減少彼此接觸和交流所造成的衝突和矛盾。這種政治措施有多少合理性以及施行的可能性姑且不論，它確實反映著不同人群的文化或者習俗等等彼此存在差異這一客觀現實。既然這種狀況確實存在，那麼聖人在「聞道者日損」的過程之中，在由身而家、而鄉、而邦（國）、而天下的認識更新、境界提升的進程之中，如何面對和解決這些差異和矛盾，就成為無法迴避的問題。

前面說過，老子的「無名」，是相對於「有名」而不「知止」的現實提出的，「無名」在本質意義上不是反對「名」的存在，而是要把「名」限止在其所表示的「實」的基礎之上，最大限度地達到「名」與「實」的相互統一，這就是老子之所謂「有名知止」。同樣的邏輯，老子「無為」的提倡，是相對於「人之道」的肆意妄為而出現的，它的本質意義也不是否定一切人為，而是希望能夠以此矯正秉持「人之道」的「有為」所帶來的偏差，引導人類社會沿著「天之道」的指引自然前行。人的認識都是從具體存在的事物開始的，人的行為也都是從處身其中的具體的情境之中展開的，聖人之「聞道」理政也不例外，身、家、鄉、邦（國）就是聖人所必須面對的具體。而在前面相關幾節的「研析」裡我們談到，生之於身、仁之於家、義之於鄉、禮之於邦，在某些特定的意義上、某種具體的情境之中，其實也應該作為人之「自然」來看待，這在本書第一節（通行本第三十八章）老子的表述中也可以取得佐證。老子說，真正的失道，始於「上禮，為之而莫之應也，則攘臂而扔之」，則「上德」、「上仁」、「上義」並非於道全失可知；「上德」、「上仁」、

「上義」既非於道全失，則「為之」（「上仁」、「上義」）或者「有以為」（「上義」）也並非絕不可取——換句話說，「尚仁」之於家、「尚義」之於鄉本身也並不就是完全背離大道。至於「尚禮」之所以失道，恐怕泰半是因其「為之」的方式，民「莫之應」，以致要勞動統治者「攘臂而扔之」，以法令制度乃至刀鋸鼎鑊相脅迫，而使他人遵從自己的意願，這才是根本上失卻了「道」的精神。

從這種邏輯推演，聖人「修齊治平」（借用儒家語）之順應自然，也應當不捨其對於仁義之類的遵循與提倡，作為佐證，我們或許可以引本書第二十節（通行本第五十七章）之「以正治邦，以奇用兵，以無事取天下」略加辨析——此之所謂「正」，是不是就是世之所謂「禮」可以討論，但作為原則，它明顯地區別於「以無事取天下」的「無為」應屬無疑，否則就不可能與後兩者並而為三。治邦既需用「正」，則治鄉、治家亦當有所憑藉、遵循與提倡，如世之所謂仁義者。從這點看，似乎老子與當時以及後世諸子的主張並無二致，但這只是表象。他們之間的不同，至少表現在如下兩個方面：

第一，對於老子而言，在有限的、具體的環境中，譬如身、家、鄉、邦之類，縱使聖人有所遵從，譬如遵從仁義，仁義也不是他的自我創造，而是相應的地域環境之內人類社會組織自然生成的規則、習俗等；遵從這些規則、習俗，也非聖人自主選擇的結果，而是他拘於處身的環境以及認知能力的局限等等的被動順應。這種順應，與將仁義作為一定不移的普適原則予以總結、推廣，有本質的區別，而兩者區別的關鍵，就是以順應自然為宗旨，還是以我之認識、我之好惡、我之選擇為根據——前者的依據是彼之自然，因而是「無為」，而後者則屬於我之「有為」了。

第二，人的認識和行為不能脫離具體的情境，但也不能受制於具體的束縛。這其中的原因在於，任何具體都存在於整體之中，為整體所決定，因而任何具體都無法有效地決定自身。「物或行或隨，或熱或淬，或培或墮」，其意義猶本書第四十六節（通行本第二章）所謂「有無相生，難易相成」等等，具體的「有」一旦顯現，則與之對立者也就顯現出來了，對立出現則矛盾鬥爭、升降變化不可避免，因此任何具體的「有」都無法保障永遠處於領先之位。所以聖人不能在與百姓萬民的對立之中求取領先和長久，而要在彼此的和諧之中，通過自身功用的發揮求得自身的長生久視；一家、一鄉、一邦（國）也不能在與他者的對立之中獨存獨完，也必須在更大的範圍內消解與他者的矛盾、爭鬥。聖人之「修齊治平」，意味著施政範圍的不斷擴大，層次的不斷上升。而每上升一個層次，都意味著聖人必須超越舊有層次的思維模式與行為規範以適應新的現實，同時也意味著聖人必須面對新的問題，在更高一級的層面上謀求解決之道。這就時時逼迫著聖人必須逐層超越，最終站上「天下」這個層次。也只有站上「天下」這個人類存在的最高層次，求得整個人類社會的和諧穩定，聖人的利益、全社會人民的利益才能得到最根本的、最有效的保障。正是因為這個原因，老子才時時以「取天下」為招，也正是在這種意義上，我們才能準確地解釋老子之「取天下」的意義——老子之「取天下」，不是把天下掌控在自己手中，供自己私意使運，而是使整個天下歸於「道」的統攝之下，聖人與百姓經由「道」而連為一體互為利益，聖人亦由此而得「為天下貴」，此為聖人之「取天下」。我們看到的老子學說，始終著眼於人類全體的和諧，從不拘泥於一人、一家、一鄉、一邦（國）的利益考慮問題。與之相應的，就是聖人必須不斷地超越自身已有的認知立場，轉換思維模式和出發點，「以身觀身，以家觀家，以鄉觀鄉，以邦觀邦，以天下觀天下」；不斷地提升自身的人生境界、以利益天下為行為的最高追求，「修之身，其德乃真。修之家，其德有餘。修之鄉，其德乃長。修之邦，其德乃豐。修之天下，其德乃溥」。老子之所以反對那些抱殘守缺之徒，斤斤於聖教世法而不思超越，之所以尤其痛恨那些蠅營狗苟，把持著自己的私利不放鬆，以威權和欺騙役使整個天下來滿足自身的「盜竽」，這些都可以從此一角度獲得合理的解釋。

認識上的超越，對應於老子的「無名」，它使得一切「有名」皆止於其所當止，無僭越、不淆亂，一切人類認識的局限由此顯現，一切以威權為基礎的所謂真理也由此垮塌，而老子之「道」與「德」則會借助於「自然」這個永恆存在的事實得以真實顯現。行為上的超越，對應於老子的「無為」，它在各個層次上與引發衝突的不同人群之「有為」相互作用，隨著層次的不斷提升，而使得各種基於具體的「有為」漸次收縮，這就是老子之所謂「聞道者日損」，也當即老子之「無為」的另一種表述形式——即所謂「為無為」的真實意蘊之所在。聖人侯王之「為無為」，使得對立因之得以彌合，是非因之得以消解，紛爭因之得以停息，人類社會最終能夠在「天下」的層面上、在「自然」與「道」的旗幟下實現完美和諧，聖人亦最終得以以「無事」應對無窮、包蘊一切，「無為」也由此真正顯現出其對自然、對整體與系統之「一」、對「道」的絕對順應這一最為純粹的意義。這種意義的實現，正是聖人作為個人的欲望、情志、行為「損之又損」所能獲得的最大成功，也只有獲得這種成功，「取天下」這一宏志偉願才真正具備實現的可能。

第七十四節

【題解】本節文字，在通行本《老子》中為總第三十章、《道經》之第三十章。在帛書本中，為《道經》之第三十節、《老子》全本之第七十四節。此節帛書甲本殘損十字，乙本殘損十字。兩本皆殘之處，參通行各本補足。

以道佐人主❶，不以兵強於天下❷。其事好還❸。師之所居，楚朸生之❹。善者果而已矣❺，毋以取強焉❻。果而毋驕❼，果而勿矜❽，果而勿伐❾，果而毋得已居❿，是謂果而不強⓫。物壯而老⓬，是謂之不道⓭，不道蚤已⓮。

【注釋】❶以道佐人主 用道來輔佐君主。佐，輔佐。人主，國君。❷不以兵強於天下 不會憑藉戰爭逞強於天下。以，憑藉。兵，這裡指戰爭。強，逞強。❸其事好還 用兵打仗這件事情容易得到報應。好，容易。

還，（得到）報應。❹師之所居二句　軍隊駐紮過的地方，田地就會荒蕪。師，軍隊。所居，駐紮的地方。楚，義同「荊」。朸，通「棘」。荊棘，叢生帶刺的灌木。❺善者果而已矣　對於善於利用戰爭的人來說，戰爭只是達到一定目的的手段。善者，善於利用戰爭的人。果，有所得；達到（一定的）目的。❻毋以取強焉　不可以把戰爭當作稱霸於天下的工具。焉，於此。❼驕　驕傲。❽矜　自滿。❾伐　（自我）誇耀。❿毋得已居　把用兵打仗看作是迫不得已的事情。居，語助，無實義。⓫果而不強　即上文之「果而已矣，毋以取強焉」。⓬物壯而老　事物達於極盛就會走向衰敗。壯，盛。⓭不道　不符合天道的原則。⓮蚤已　早早滅亡。蚤，通「早」。已，滅亡。

【語　譯】用道來輔佐君主，就不會憑藉戰爭逞強於天下。用兵打仗這件事情最容易得到惡的報應。軍隊駐紮過的地方，田地馬上就會荒蕪。對於善於用兵打仗的人來說，戰爭只是達成一定目的的手段，不可以把它當作稱霸於天下的工具。戰爭的目的一旦達到，不能驕傲，不能自滿，不能自誇，應當把用兵打仗看作是迫不得已的事情，這樣一來別的國家就不會感到受到威脅。事物達到極盛就會走向衰敗，妄自逞強不符合天道的原則，不符合天道的原則很快就會滅亡。

【研　析】「以兵強於天下」，和本書的第二十節（通行本第五十七章）老子之所謂「以無事取天下」，是相互對立的兩種「取天下」的方式。「以兵強於天下」，毫無疑問屬於老子之所謂「有為」，較之上一節（本書第七十三節，通行本第二十九章）之「將欲取天下而為之，吾見其弗得已」，可知此節文意，正接續前一節而來。但是通觀全篇，此節主要是論述用兵之害，以及不得已而用之之時，聖人侯王應予把握的原則，而這又開啟了下一節（本書第七十五節，通行本第三十一章）所論之內容。所以儘管《老子》八十一章的編排總體來看邏輯線索不是很明顯，但有些相鄰的章節彼此之間的內在關聯性卻又不可輕易否認。明白這一點，對我們解釋《老子》的某些特定章節乃至某個特殊概念的意義，有時很有幫助。

戰爭是人類社會的毒瘤，為一切有良知的人們所痛恨。但無論怎樣痛恨，人們終須面對戰爭。自從人類在這個世界出現，戰爭的歷史就已經開啟，即使在老子引為社會楷模的人類蒙昧自然的時期，戰爭也總不免要發生。萬物彼此之間的差異既然屬於現實存在，那麼各類不同的存在彼此之間的矛盾和衝突也就在所難免，而這尤其表現在人類社會之中。儘管從表現上，戰爭的起因多種多樣，但是從根本上講，一切戰爭皆起源於人們彼此之間的利益爭奪，所採取的形式都是損人利己，最終所要達到的目的都是利益的獨占與己方意志的實現，這樣去理解和規定戰爭，應該與戰爭存在的實際相差不遠。如果僅只從獲得利益的角度，戰爭其實是特優選項，只要你有獲得勝利的能力和把握，只要你甘冒或許戰敗的風險。所以戰爭很容易裹挾那些貪欲熾盛的人們使之醉心其中。而隨著人們的社會組織能力持續不斷地提升，人類社會實際從事戰爭的能力也不斷壯大，於是戰爭的規模也就越來越大，與之相應，戰爭的成本也就越來越大，危險係數也就越來越大，對人類存在的危害也越來越顯著。

對於習慣於從整體的立場看待問題的中國式思維而言，純粹以攫取利益為目標的粗暴的戰爭形式很早就被排斥在人們的理性取捨之外。以《孫子》為代表的中國軍事學著作，很早就為中國傳統的戰爭理論確立了基調，那就是戰爭從來就不是獨立的範疇，它總是和社會政治連屬在一起。戰爭是政治的延續，是達成政治目的的手段，因而必須從社會政治的角度對戰爭進行定義。正是從這種原則出發，孫子才會提出「百戰百勝，非善之善者也；不戰而屈人之兵，善之善者也」（《孫子・謀攻》）這樣的「善戰者」的標準，也才會提出「上兵伐謀，其次伐交，其次伐兵，其下攻城」（《孫子・謀攻》）這樣的用兵策略。將戰爭和政治緊緊地綁在一起，從政治的高度俯視戰爭、總結戰爭，這是孫子的高明之處。但是政治總是由具體的利益集團所操控的，而人類社會也總是由利益的分別產生對立，由對立產生對抗，所以孫子即使超越了單純的軍事觀念，也無法不止步於政治的對抗這個層面。於是軍事仍需講求，戰爭還要繼續，孫子也就只能立足於利益衝突的雙方之中的一方，而求取對對方的完勝，《孫子》書也就只能更多地局限於探討用兵的藝術上，而對如何從根本上消解對抗、徹底剔除戰爭這個人類社會的毒瘤則無所建言。

真正把人類社會的軍事、政治、倫理、道德乃至存在的現實與未來通為一體，並能立足於如此宏大的立場反過來探求戰爭問題，構造出一套人類應該如何對待戰爭、如何從根本上消弭戰爭的理論系統的，是老子。

老子對待戰爭的態度確鑿無疑，那就是堅決地反戰。本書第七十五節（通行本第三十一章）：

夫兵者，不祥之器。物或惡之，故有欲者弗居。君子居則貴左，用兵則貴右。故兵者非君子之器也，兵者不祥之器也，不得已而用之，銛襲為上，勿美也。若美之，是樂殺人也。夫樂殺人，不可以得志於天下矣。

兵器是不祥之物，用兵打仗同樣也屬不祥，本節謂「以道佐人主，不以兵強於天下」可為佐證。君子縱然介入戰爭之中，也是迫不得已；迫不得已介入了戰爭，絕不可以攻取戰勝為能事、以嗜血殺戮為榮耀——「其事好還」，嗜血殺戮最容易遭到報應。因此善於運用戰爭的人，一旦達到目的就應該收手，「善者果而已矣，毋以取強焉。果而毋驕，果而勿矜，果而勿伐，果而毋得已居，是謂果而不強」。這裡需要特別提出關注的，就是這個「果」字。對於「果」有幾種解釋，王弼注：「果，猶濟也。言善用師者，趣以濟難而已矣。」司馬光注：「果，猶成也。大抵禁暴除亂，不過事濟功成則止。」王安石注：「果者，勝之辭。」這些解釋，都把「果」與目的性聯繫在一起，但什麼樣的目的才是戰爭之所謂「果」呢？大抵在政治家看來，已有的利益得到了有效的保障，或者通過戰爭得到了新的利益，就是「果」；在軍事家看來，攻城掠地殺人無算，打得敵人無有鬥志徹底屈服，甚而至於從此無敵於天下，就是「果」。而這一切，無論是利益的獨占，還是雄霸天下的無敵，在老子看來都是要不得的。在老子的理論中，戰爭本就「非君子之事」，為有道的統治者所不取；但是天下無道作為普遍的現實，又是人們所無法迴避的存在，因此即使君子無心於憑藉戰爭達到目的，戰爭還是會不可避免地降臨。所以老子並不諱言戰爭，也主張戰爭來臨之時積極努力地爭取「戰勝」。但是「戰勝」並非為了「取強」，也就是說，戰爭的意義不是消滅敵人、強大自我，而是使得處身衝突與對立的雙方得以各自回歸於「道」的立場，在彼此互為條件的存在整體之中互利互助、共同繁榮——一句話，老子「善者果而已矣」句中之所謂「果」，作為一切戰爭的目的性概括，是指衝突雙方在共同利益基礎之上的「和」的實現。這就是說，人類戰爭唯一合理的目的，就是維護和保障「道」的原則在人類社會的順利運行——戰爭這一人類社會的現象，隨著老子對其合理性的確認，而與老子所提倡的人類社會的政治、倫理、道德相互協調一致起來，成為維護「道」的尊嚴、維護理想的人類社會秩序的利器。除此而外，無論是哪種動機驅使之下的戰爭，都應該被確指為無道之蠢動、不義之暴行。正因老子所確認的戰爭的合理性只存在於茲，所以老子主張悲憫地對待戰爭，「殺人眾，以悲哀蒞之。戰勝，以喪禮處之」（本書第七十五節，通行本第三十一章），雖為戰勝，而不誇不驕，勿矜勿伐，此為老子之處勝之道。而通常意義上的無敵於天下，在老子看來卻是莫大的災難：「禍莫大於無敵，無敵近亡吾寶矣」（本書第三十四節，通行本第六十九章）。背離了戰爭唯一的合理性，即使能夠百戰百勝，無比強大，也只不過是使自身成為「餘食贅形」，從而失去「道」的保障，其結果就是自己更快地衰退、更早地滅亡，「物壯而老，是謂之不道，不道早已」，意即在此。

第七十五節

【題　解】本節文字，在通行本《老子》中為總第三十一章、《道經》之第三十一章。在帛書本中，為《道經》之第三十一節、《老子》全本之第七十五節。此節帛書甲本殘損三字，乙本殘損二十二字。兩本殘損之處可互為補足。

夫兵者，不祥之器❶。物或惡之❷，故有欲者弗居❸。君子居則貴左❹，用兵則貴右❺。故兵者非君子之器也，兵者不祥之器也，不得已而用之，銛襲為上❻，勿美也❼。若美之，是樂殺人也❽。夫樂殺人，不可以得志於天下矣❾。是以吉事上左❿，喪事上右⓫。是以偏將軍居左⓬，上將軍居右⓭，言以喪禮居之也⓮。殺人眾，以悲依立之⓯。戰勝，以喪禮處之⓰。

【注釋】❶夫兵者二句　兵器是不吉利的東西。兵，兵器，即矛、戟、弓、劍、戈之屬。❷物或惡之　意思是不吉利的東西誰都會厭惡。物，這裡指人。惡，厭惡；討厭。按「惡」，帛書乙本作「亞」，與「惡」通。❸有欲者弗居　欲取得天下的聖人侯王不依靠它。居，通「據」。依靠。❹君子居則貴左　君子平時閒居，以左邊的位置為尊。居，閒居，指平時。貴左，以左邊為尊貴之位。❺用兵則貴右　打仗之時，則以右邊的位置為尊貴之位。❻銛襲為上　以鋒利便於使用為上。銛襲，鋒利、便用。銛，鋒利。襲，入，引申為便利對敵使用。按「襲」，帛書乙本作「櫳」。❼勿美也　意思是不要去刻意裝飾它。❽樂殺人也　以屠殺別人為快樂。樂，以……為樂。❾不可以得志於天下矣　不可以實現自己取天下的願望。❿吉事上左　吉慶之事，以左邊的位置為尊貴。上左，以左為上；以左為貴。古代左為陽位，屬吉，故吉事上左。⓫喪事上右　喪葬之事，以右邊的位置為尊貴。喪事，喪葬之事。古代右為陰位，屬喪。⓬偏將軍居左　（行軍禮之時）偏將軍在左邊。偏將軍，副將。按「偏」，帛書甲本作「便」，與「偏」通。⓭上將軍居右　上將軍在右邊。上將軍，主將。⓮言以喪禮居之也　這說明用兵打仗遵循的是喪葬之禮。按據崔述《豐鎬考信別錄》卷三，吉事尚左是楚人的習俗，中原各國率以尚右為俗。⑮殺人眾二句　戰爭中殺死對方很多人，應當以悲哀的心情對待。依，通「哀」。立，通「蒞」。對待。⑯戰勝二句　打了勝仗，應當以喪葬之禮處置它。

【語　譯】兵器是不吉利的東西，不吉利的東西誰都會厭惡，所以有志於得天下的人不依靠它。君子平時閒居，以左邊的位置為尊貴，而用兵之時，則以右邊的位置為尊貴，所以說兵器不是君子所用的東西。兵器是不吉利的東西，迫不得已的時候才會使用它，以鋒利便於使用為上，不要刻意裝飾它。要是刻意裝飾它，那表示這個人嗜殺成性，以屠殺別人為快樂。以屠殺別人為快樂的人，是不可得志於天下的。吉慶之事，以左邊的位置為尊貴，喪葬之事，以右邊的位置為尊貴，因此行軍禮的時候，偏將軍在左邊，上將軍在右邊，這說明用兵打仗遵循的是喪葬之禮。在戰爭中對方會有很多人被殺死，應當以哀憫的心情看待這件事；打了勝仗，應當以喪葬之禮處置它。

【研　析】本節所論述的問題，是前一節（本書第七十四節，通行本第三十章）內容的自然延展。其中心和主旨，還是在說明「以道佐人主，不以兵強於天下」這個道理。所謂「不以兵強於天下」，並不是說「兵」可以棄置不用。聖人侯王治理國家，當以體現和諧的「天道」為楷模，以「自然」、「無為」為基本舉措，以「損有餘而奉不足」為行為綱領，這是聖人侯王的治國之「正」。但是任何「正」，都有一個「奇」與之互為對應、互相保障。軍事之事，老子之所謂「兵」，就是與治國之「正」相對應的「奇」。老子於本節文字中，一則曰「夫兵者，不祥之器。物或惡之，故有欲者弗居」，再則曰「兵者非君子之器也，兵者不祥之器也」，都是在申明「以道佐人主，不以兵強於天下」這句話的意義。然而兵雖「不祥」，卻有時「不得已而用之」，蓋以所謂「兵者」確然為聖人侯王治理國家所不可或缺，此「兵者」為「奇」之證明也。

聖人侯王而「不得已」於戰爭，不是通過戰爭獲得自己國家或者個人的私利——如果是為了這些進行戰爭，那麼戰爭就本質地等同於掠奪。聖人侯王之於戰爭，唯一的目的，就是維護治國之「正」及國與國關係準則的「和」，就是維護「道」之施行於天下。只有這樣的戰爭，才是「正義」的，才是合乎「道」的要求的，也才是正當的。除此而外，一切都不構成進行戰爭的理由。

對於戰爭的這種觀念，非獨存於老子，其實在中國古代，這是對於戰爭所持的基本而普遍的態度。我們可以引用《司馬法》為證明。《司馬法．仁本》：

> 古者以仁為本，以義治之之謂正。正不獲意則權。權出於戰，不出於中人。是故殺人安人，殺之可也；攻其國，愛其民，攻之可也；以戰止戰，雖戰可也。故仁見親，義見說，智見恃，勇見身，信見信。內得愛焉，所以守也；外得威焉，所以戰也。戰道不違時，不歷民病，所以愛吾民也；不加喪，不因凶，所以愛夫其民也；冬夏不興師，所以兼愛其民也。故國雖大，好戰必亡；天下雖安，忘戰必危。天下既平，天下大愷，春蒐秋獮，諸侯春振旅、秋治兵，所以不忘戰也。

「以仁為本，以義治之之謂正。正不獲意則權」，所謂「正」，就是前述的聖人侯王治國之「正」；所謂「權」，就是「不得已而用之」的兵者之「奇」——「正」與「奇」的另一套表述形式，就是「經」與「權」。《論語．子罕》：「子曰：『可與共學，未可與適道；可與適道，未可與立；可與立，未可與權。』「經」者，恆常不變者也；「權」者，「反經合道」之謂也。所謂「反經合道」，就是形式上雖反對於「經」，譬如戰爭暴力相向、殺傷人眾，形式上與「道」所追求的和諧、天地所彰示的「好生之德」相違，但如果善用戰爭，結果卻能非但與「道」和天地精神不相悖離，甚而只有戰爭，才能成就天地之德。一「經」一「權」，所推行和維護的是同一個東西，就是「道」，就是「正義」，所以戰爭的組織和實施，都要體現正義。《司馬法・仁本》：

> 賢王制禮樂法度，乃作五刑，興甲兵以討不義。巡狩省方，會諸侯，考不同。其有失命、亂常、背德、逆天之時，而危有功之君，偏告于諸侯，彰明有罪。乃告于皇天上帝日月星辰，禱于后土四海神祇山川冢社，乃造于先王。然後冢宰徵師于諸侯曰：「某國為不道，征之，以某年月日師至于某國，會天子正刑」。冢宰與百官布令於軍曰：「入罪人之地，無暴神祇，無行田獵，無毀土功，無燔牆屋，無伐林木，無取六畜、禾黍、器械，見其老幼，奉歸勿傷；雖遇壯者，不校勿敵，敵若傷之，醫藥歸之。」既誅有罪，王及諸侯修正其國，舉賢立明，正復厥職。

中國古代對於戰爭的這種觀念，在很早的時候就已深入人心，成為社會的共識。歷史上即使是那些窮兵黷武的統治者，即使是純粹為了私欲滿足而發動戰爭的那些侯王們，戰事之先之所以總要尋出一個冠冕堂皇的理由來作為掩飾，正是迫於由此帶來的壓力而不得不為。

老子談論軍事，講「不得已而用之」，就是要將軍事活動所能起到的作用限定下來，而不使奇正顛倒、捨本逐末的情況發生。所以老子論兵，首重一個「慈」字。本書第三十二節（通行本第六十七章）：

夫慈，以戰則勝，以守則固。天將建之，如以慈垣之。

「慈」是「三寶」之根本，是「天道」最為形象和具體的表現。戰爭殺戮之事，而以「慈」約制之，就是不欲人們顛倒錯亂，陷溺於爭鬥之中不可自拔。本節中所謂「勿美也。若美之，是樂殺人也。夫樂殺人，不可以得志於天下矣」，是論定正奇——如果顛倒錯位，以奇為正、以權為經，就是「以兵強於天下」；而「以兵強於天下」，結果就是「物壯而老，是謂之不道，不道早已」。正奇既定，則「君子居則貴左，用兵則貴右」，「吉事上左，喪事上右。是以偏將軍居左，上將軍居右，言以喪禮居之也」，這是以「慈」統攝軍事的形式表現；而「殺人眾，以悲哀蒞之。戰勝，以喪禮處之」，則是有道的聖人侯王對待「戰勝」的自然反應——悲天憫人的慈悲胸懷，是一切真正超越了狹隘的利己主義的偉大人格所共具的性格特徵。

第七十六節

【題解】本節文字，在通行本《老子》中為總第三十二章、《道經》之第三十二章。在帛書本中，為《道經》之第三十二節、《老子》全本之第七十六節。此節帛書甲本殘損二十八字，乙本殘損五字。兩本殘損之處可互為補足。

道恆無名❶，樸雖小，而天下弗敢臣❷。侯王若能守之，萬物將自賓❸。天地相合，以俞甘洛❹，民莫之令而自均焉❺。始制有名❻，名亦既有，夫亦將知止❼，知止所以不殆❽。俾道之在天下也，猶小谷之與江海也❾。

【注釋】❶道恆無名　道以無名的自然和諧的狀態為恆常不變的終極。無名，指人的意識未發生作用的自然狀態，即「一」與「樸」的狀態。❷樸雖小二句　自然無名的狀態雖然看起來很卑下，但是天下沒什麼東西敢凌駕於它之上。樸，即前句所說的自然無名的狀態。小，這裡指卑微、低下。臣，以之為臣。按「樸」，帛書甲本作「楃」，與「樸」通。❸萬物將自賓　萬物都會來依附歸順。賓，歸附；服從。❹天地相合二句　天地之氣相合而降下甘美的雨露。俞，通「雨」。降下。洛，通「露」。❺民莫之令而自均焉　沒有誰來決定，它們卻能均勻地灑遍大地。莫之令，沒有誰命令它。自均，自己就會很均勻。❻始制有名　開始製作了名。制，製作；創造。有名，給各種事物命名。❼名亦既有二句　名既然存在了，也要明白名是有局限的。既，已經。知止，知道名（在表現事物存在屬性方面）的局限。❽知止所以不殆　能夠知道名的局限（從而正確地看待名的功用），就不會有危險。殆，危險。❾俾道之在天下也二句　道在天下，就像導引眾流歸於江海的川谷。俾，通「譬」。譬喻。小，當為「川」，形近而訛。江海，比喻萬物和諧自然的存在狀態。按「俾」，帛書甲本作「卑」，亦與「譬」通。

【語譯】道以無名的自然和諧的狀態為恆常不變的終極。自然無名的狀態雖然看起來很卑弱，但是天下沒什麼東西可以淩駕於它之上。君王如果能夠保有它，天地萬物都會來依附歸順。天地陰陽之氣互相和合而降下甘美的雨露，沒有誰能夠決定它們，它們卻能均勻地灑遍大地。人們為各種事物命名以區別它們，名既然存在了，也不必再取消，但要明白任何名（概念）在概括所表示的事物屬性方面都是有局限的，明白這種局限的存在，就不會遇到危殆之事了。道在天下，就像導引眾流歸於江海的川谷，萬物順道而行，互利互助、共同存在、共同繁榮，天下才能同歸完美和諧的整體的「一」。

【研析】「道」所支配的系統與整體的「一」，從其所蘊含的萬物存在的狀態上說是和諧，但是不和諧的因素總是存在的。對不和諧的東西，「道」當然要摧折它們，使它們滅亡。聖人侯王的順道而行、輔萬物之自然，體現在此一方面，就是老子的「為無為」，就是聖人侯王的代天理物，抑制和消除那些逸出於和諧之外的東西——尤其是在這種意義上，聖人侯王的作用就體現出來了。作為先決條件，聖人首先是必須明曉天道，這在老子有非常詳細的論述。但是，需要強調的是，「一」對於萬物是沒有具體的規定的，「一」只是系統，而系統之中的各種參數需要人去認識、測量、把握。譬如，老子說「去甚、去泰、去奢」（本書第七十三節，通行本第二十九章），這就牽扯到一個尺度的問題，所謂「甚」、「泰」、「奢」究竟是相對於何者而言的呢？老子給出了一個標準，就是「樸」，即事物的原初狀態。關於「樸」，這大概是唯一合理的解釋了。「樸」就其終極意義而言，指的是藉由「一」，也就是說藉由系統的自身之需要而生成的事物之原初的狀態。系統按照自身之所需生成萬物，所以萬物甫生的狀態（也就是事物的本初狀態），一定也是與作為存在整體的系統和諧統一的狀態——如「赤子」、「嬰兒」之為老子所崇尚。從老子的立場而言，既然「樸」作為原始的狀態，是已有的事物在系統之中唯一可以體現「道」之和諧的狀態——其他的存在狀態彼此之間無法構成自然的和諧，那麼「樸」就是剔除了一切人為（包括了人的認識）的存在狀態，而與後天「散而為器」的「有名」狀態形成對立。但是前面又說過，人畢竟還要去把握一個和諧的系統之中的不同事物存在的各種尺度，所以人的認識不能完全拋棄，甚至沒有人的認識參與其中，和諧就會純粹成為蒙昧的代名詞，對於人而言，這種和諧也就是沒有意義的了。所以，即使老子在強調「樸」作為存在原始的意義，他的本意也在於說明，這個「樸」不是自然的結果，而是人理性選擇的結果，是人通過對萬物存在的各種狀態進行分析、對照、鑒別之後，理性自覺選擇的結果。從這種意義上講，「樸」本身也包含了人的認識因素在其中，也是有認識上的規定性的；而「樸」的這種規定性，在老子這裡，就是立足於整體的「一」的立場，以否定的方式，超越分別部居的「有名」世界而建立起來的萬物存在的「本然」和「應然」之統一。明確了「樸」的這種內涵規定，也就明白了什麼是老子必欲「去之」的「甚」、「泰」、「奢」——它們既反對於萬物存在的「本然」，也反對於萬物之「應然」，既不真實，也不應當，故聖人「去之」就屬必然了。本節文字中「樸雖小，而天下弗敢臣。侯王若能守之，萬物將自賓」，即當從上述意義上尋求解釋。

老子的「無名」理論，是以「有名」的世界為現實背景而存在的，這一點應當予以強調。在前面幾個章節的「研析」裡我們曾多次提及，老子「無名」的意義，尋其究竟，並不是要徹底拋棄「名」，而是「有名知止」，劃定「名」功能上的邊際線。我們這樣說的依據，即在本節文字中。從人類存在的立場上，所謂「始制有名」，其實也當屬於人類社會的「自然」，否則缺少了語言，人與人之間的交流無法實現，人類的社會組織也無法構建，按照荀子的說法，「人而能群」、「群而能分」也就不會成為現實，於是人類能否延續至今也就會成為疑問。因此「始制有名」對於人類存在而言，既屬於「自然」，也屬於內在必然。對於這樣的「名」，聖人侯王所應把持的態度，就當如老子之所謂「不見而明（名）」（本書第十節，通行本第四十七章），以自身之無見、「無名」，即不摻以己見，不強求一律，而各以其「約定俗成」，來成就天下之「有名」——對於後世極力主張「正名實」、「定然否」的人，世間那些讓他們頭疼不已的「名言淆亂」的現象，倒恰恰體現著老子之所謂「名」之「自然」。這應當是老子之「無名」的第一種意義。

然而「有名」既已成為現實，就預伏下了自身發展變化的邏輯。囿於人們認識這個世界的能力有限，「有名」從一出現，就在表達真實的方面存在先天性的缺陷，而隨著人們私欲的鼓動，這些缺陷非但沒有得到彌補，反而日益膨大起來，於是越來越多的虛偽和欺騙、矯情和造作得以隱身其中，「有名」也越來越快地與真實的現實世界相歧離，而成為權利的附庸、私欲滿足的工具，成為臆造的、主觀的、引動人的欲望的虛假的存在——老子之所以堅決主張絕去聖、智、仁、義等等，原因即在於此；老子之所以特別強調「名亦既有，夫亦將知止，知止所以不殆」，提請聖人侯王，要在「化而欲作」之時「鎮之以無名之樸」（本書第八十一節，通行本第三十七章），道理亦在於此。

「有名知止」是老子之「無名」的第二種意義。它力圖通過對「有名」的否定，打掉「有名」的虛妄，使得「名」之所指無所滋蔓，只能各各回歸於其所產生的具體的環境之中，最大限度地與其所對應的「實」相契合。從認識論意義上，這是在強調認識所生成的概念，以及基於概念而生發的人類語言與交流，並當以存在與事實為依據，以具體的語言環境、交流狀況為折中，以思想的彼此映射，以及真實的表達和理解為目的。這樣來理解老子的「無名」，就可使之與老子所主張的「名者實之賓」（《列子・楊朱》載老子曰）這一觀念相互一致起來了。

老子此節文字中，與他關於「名」的理論同時展開、用以說明的一個比喻，其實很值得提出來單獨玩味。「天地相合，以雨甘露，民莫之令而自均焉……譬道之在天下也，猶川谷之與江海也。」這說的是水之循環於天地之間的整個過程。這個過程分為兩個階段。第一個階段，天地相合而降下甘美的雨露，沒有誰命令它們，它們卻能均勻地灑遍大地，自然而然，人力無法干預；如同萬物之叢生，百草之豐茂，沒有誰支使它們，它們卻能庶品咸備、不多不少，自然而然，非人力所能設計。第二個階段，是「川谷」導流天下之水而歸於江海，這是水的匯集，是水舊一輪循環的結束，新一輪循環的開端。譬之老子學說的整體，這裡關於水的敘述很可以作為一個具體而微的象徵看待——萬物之生本於「自然」，而「自然」之中亦本無所謂「道」，老子之「道」，其所成就者，不過「出生入死」者而已，從生而至於死，才是「道」之所由生、人之所能為者——此猶天地甘霖，非「道」之所能致；而導引天下之水入於江海，方為「道」之實際功能顯現，此之謂「譬道之在天下也，猶川谷之與江海也」。如果說類似於此種循環的前一段是「自然」，那麼「道」所主導的後一段就是「法自然」，是人力之所及、聖人侯王之所當為者——而必欲壅川填谷，滯礙水之下流入海之性，則為「不道」，亦為反「自然」；「不道」者「道」恆損折之，反「自然」者自然恆報復之，則必汪洋肆虐，人為魚鱉矣。

第七十七節

【題　解】本節文字，在通行本《老子》中為總第三十三章、《道經》之第三十三章。在帛書本中，為《道經》之第三十三節、《老子》全本之第七十七節。此節帛書甲本殘損十一字，乙本無殘損。

知人者知也❶，自知者明也❷。勝人者有力也❸，自勝者強也❹。知足者富也❺。強行者有志也❻。不失其所者久也❼，死而不忘者壽也❽。

【注　釋】❶知人者知也　善於瞭解別人，只能算是有智慧。第二個「知」通「智」，有智慧。❷自知者明也能夠認識自我，才是真正的高明。明，高明。❸勝人者有力也　戰勝別人，只能算是有力量。❹自勝者強也　戰勝自己，才夠得上是強者。❺知足者富也　能知足才是真正的富有。❻強行者有志也　堅忍不拔努力實踐，才是真正有志氣的人。強行，努力實踐。有志，意志頑強。❼不失其所者久也　把握自己所處的位置，不企慕不追逐那些不屬於自己的東西，就會生命長久。❽死而不忘者壽也　軀體雖然死亡，但所建立的功業卻與道相合遍及萬物，這才算是長壽。死，指軀體死亡。忘，通「亡」。不亡，指所建立的功業因為與道相合而受到道的長久保障。壽，長壽。

【語譯】善於瞭解別人，只能算是有智慧，能夠認識自我，才是真正的高明。可以戰勝別人，只能算是有力量，能夠戰勝自己，才夠得上是強者。知足才會時時感覺到自己很富有。堅忍不拔刻苦努力地遵行大道，才是真正有志氣的人。把握自己所處的位置、不悖逆自然強求滿足，就會生命長久，軀體雖然死亡，但所建立的功業卻與道相合，得到「道」的長久保障，這才算是長壽。

【研析】人類社會本為自然的一個有機的部分，是那些所謂聖人侯王背棄自然的「有為」，使得人類社會走上了邪途，走向無盡的紛爭與混亂。而要改變這一現實，人類社會就應當轉換路徑，捨棄「人之道」而遵從「天之道」的指引，使人類社會回歸本初自然的狀態，整體地融入自然之中，作為萬物存在之和諧整體中的一個層級而存在。這是老子為人類社會的演化所指明的方向。而真正走上這條路徑，老子認為，最為關鍵的或者說起決定作用的，就是聖人的「無為」。本書第二十節（通行本第五十七章）：

夫天下多忌諱，而民彌貧。民多利器，而邦家滋昏。人多智，而奇物滋起。法物滋彰，而盜賊多有。是以聖人之言曰：我無為也而民自化，我好靜而民自正，我無事而民自富，我欲不欲而民自樸。

在這裡可以很容易地看出，老子是把人類社會中的「聖人」和「民」相互分別的。「我無為也而民自化，我好靜而民自正，我無事而民自富，我欲不欲而民自樸」，聖人之「無為」、「好靜」、「無事」、「欲不欲」，是民之「自化」、「自正」、「自富」、「自樸」的前提和條件——也就是說，百姓之「自然」，端賴於聖人的「法自然」方能實現；而聖人之「法自然」必須建立在聖人的理性選擇與切身實踐基礎之上。所以百姓可以「無知無欲」、一派天真素樸，而聖人則不可，他必須認識自我（「自知者明也」）、戰勝自我（「自勝者強也」）、知足知止（「知足者富也」）、堅忍不拔地遵行大道（「強行者有志也」），才能切實地保障自身的利益和生命的長久——所謂「不失其所者久也」，是指聖人的地位可以長久地維持；所謂「死而不亡者壽也」，是指聖人的功業可以長久地留存，子孫得到蔭庇，聖人亦可享有子孫的累世祭祀（「子孫以祭祀不絕」）。

《老子》五千言意旨所在，就是保障人生，體道無為等等都基於保障人生這一點生發。老子認為，人的根本利益所在，就是生命的「長久」、「長生久視」。所謂「天道」在此就是「長生久視」之道，所謂「人道」在此就是橫夭自毀之道。所謂「天道」、「人道」，從行為所遵從的法則的意義上看，兩者彼此對立，但是一旦引入行為的結果就會發現，它們還是在同一個道的支配之下，長生久視與橫夭自毀都是這個道的作用。這個唯一的道，是宇宙萬物包括人類社會，乃至每一個人的生命存在的必然法則，你遵從它也好不遵從它也好，道總是處於決定一切的地位。遵從道，道就會保障你存在與發展的自然，具體到人，就是能得生命之「長生久視」；不遵從道，道也會以相同的法則作用於你，人如果違背自然的本性求滿求盈，那麼按照「物壯即老」的原則，道必將摧折你的自然生命，你也就必然會喪失「長生久視」這個根本的利益，本書第十三節（通行本第五十章）：

> 出生入死。生之徒十有三，死之徒十有三，而民生生，動皆之死地亦十有三。夫何故也？以其生生也。

人一出生就踏上了死亡之途，在整個生命的歷程中，只有三分之一的人能享盡天年，其他三分之一由於自身以外的原因而夭折，剩下的三分之一則是因為「生生之厚」，即過分看重物欲、貪戀享樂而至於死地，因此老子十分強調「知足」，「知足者富」、「知足不辱」、「禍莫大於不知足」、「知足之足恆足矣」。知足表現在聖人的修養上，就是克制一己之私欲，所以老子提倡聖人應「有餘以奉天下」、「損有餘以奉不足」，認為只有如此，聖人個人的利益才能和他人的利益統一起來，聖人才能「長生久視」、「功成事遂」，人類社會也才能達於「百姓皆謂我自然」這個理想的治理結果。因此對於聖人而言，自知自勝、知足知止，戰勝自我的虛榮、驕矜顯得尤為重要，所以老子說「殖而盈之，不若其已。揣而允之，不可長保也。金玉盈室，莫之守也。貴富而驕，自遺咎也」（本書第五十三節，通行木第九章）。功名富貴等等，只有在結果上與「長生久視」的人生目的相一致，在表現上與「道」所效法的「自然」相和諧，才值得去追求，不然就是戕害人生的斧鉞、斫伐萬物的利器，只能滿足一時的虛榮，最終還是會給聖人自己以及整個人類社會帶來無休無止的災難。

第七十八節

【題解】本節文字，在通行本《老子》中為總第三十四章、《道經》之第三十四章。在帛書本中，為《道經》之第三十四節、《老子》全本之第七十八節。此節帛書甲本殘損十二字，乙本殘損二字。兩本殘損之處可互為補足。

道汎呵❶，其可左右也❷。成功遂事而弗名有也❸，萬物歸焉而弗為主❹。則恆無欲也，可名於小❺；萬物歸焉而弗為主，可名於大❻。是以聖人之能成大也❼，以其不為大也❽，故能成大。

【注釋】❶道汎呵　大道氾濫無邊。汎，氾濫。按「汎」，帛書乙本作「渢」，與「汎」通。❷其可左右也　可以左右萬物的發展。❸成功遂事而弗名有也　萬物順應大道而自我成就，大道並不把功勞據為己有。遂，成就；完成。弗名有，不宣稱為自己所擁有。❹萬物歸焉而弗為主　萬物皆歸附順應大道的指引，大道也不自居萬物主宰的地位。歸，依附；歸順。弗為主，不自以為是萬物的主宰。❺則恆無欲也二句　大道總是那樣無欲無求，可以說很卑微。小，這裡指卑微、低下。❻萬物歸焉而弗為主二句　萬物都歸附於它、受它的指引，而它卻並不自以為是萬物的主宰，可以說很偉大。按「名」，帛書乙本作「命」。❼能成大也　成就自身的偉大。❽以其不為大也　因為他始終不自居偉大。

【語譯】大道氾濫無邊，不受他者約束控制，卻有能力左右萬物的發展。萬物順應大道而自我成就，大道並不把功勞據為己有；萬物皆歸附順應大道的指引，大道也不自居萬物主宰的地位。它總是那樣無欲無求，可以說很卑微；萬物都歸附於它、受它的指引，而它卻並不自以為是萬物的主宰，可以說很偉大。同樣，聖人之所以能夠成為偉大的人，是因為他始終不自居偉大，所以他才能成就自己的偉大。

【研析】「道汎呵，其可左右也」一句，是指大道氾濫無邊，不受他者約束控制，卻有能力左右萬物的發展。這就是說「道」是最高法則，具有最高的權威，不受任何存在約束，而能約束一切萬物。《老子》中與此處說法類似、可以引為佐證的，是本書第四十八節（通行本第四章）：

> 道沖，而用之又弗盈也。淵呵，似萬物之宗。挫其銳，解其紛，和其光，同其塵。湛呵似或存，吾不知其誰之子也，象帝之先。

所謂「道沖，而用之又弗盈也。淵呵，似萬物之宗」，就是指「道」的含蘊萬有，而為一切存在所遵循。而「吾不知其誰之子也，象帝之先」，則在強調「道」的唯一性與至上性。在前面的「研析」中，我們多次提及老子「一」與「道」的聯繫與區別，這裡也還有必要就本節文字之所關聯，對這兩個範疇所表現的意義再簡要地補充說明一下。老子的「一」，指代的是客觀存在的全體，而作為存在之全體，人們的認識能力永遠無法完全把握——相對於宇宙萬物存在，人類認識所能反映的，永遠只是微不足道的一小部分，並且僅僅是這一小部分，人類的認知也遠遠談不上是完整準確的。但是有一點則可以確認，存在者是確實存在的，世界並不歸於空寂——萊布尼茲的所謂千古一問，「為什麼存在者在而無卻不在」，其實是個偽命題，因為問題與提問者本身的存在，就證明著存在者的存在。

在本書第四十五節（通行本第一章）的「研析」裡我們提到，如果以探討「什麼在」來描述自上世紀初以往的西方哲學幾百年發展的脈絡線索，那麼兩千多年來，中國思想發展的主線則是對「怎麼在」的深入探究。對於前者而言，物質和精神、思維和存在是哲學的中心問題，而對於後者來說，「什麼在」從來都不是問題，問題的中心是「怎麼在」——「道」作為一切存在物得以存在的依據，就是由此引申，而成為中國式思維的最高範疇，成為所有思考的出發點和終結處，成為思想的真正中心。這是問題的一個方面。另一方面，「怎麼在」之所以能夠成立，確實需要依靠「什麼在」作為前提——「道」作為萬物存在的最高法則，端賴於與之相應的「一」所表達的系統與整體的存在現實為依據，「道」與「一」因此而構成了對萬物存在的現實性與合理性的完整描述——一切符合於「道」的存在，都屬於現實存在的整體與系統，一切被現實的整體與系統排斥於外的存在，都不符合「道」的法則。「道」就是現實存在的合理性，不管它是「有名」還是

「無名」；而「一」就是合理存在的現實性，不管它是「有限」還是「無限」。

「道」與「一」，是從作為整體的「自然」之中分化而來的兩個範疇，是人們的認識介入「自然」之後的理性結果，是「有名」之後的人為造作。「有名」之前，既無「道」與「一」的分別，也無對「道」與「一」的堅執，一切都表現為對「自然」的隨應，這是老子所說「上德不德，是以有德」的「上德」（本書第一節，通行本第三十八章）。「上德」最為具象的表現，就是本節所謂「成功遂事而弗名有也，萬物歸焉而弗為主」。所謂「弗名有」、「弗為主」，猶本書第七十六節（通行本第三十二章）「樸雖小」之中的「樸」，以其雖生養萬物，而並非出於私心作用，故老子謂其「恆無欲也，可名於小」；然而「樸」雖名卑，「而天下弗敢臣」（同上），雖「弗為主」而「萬物歸焉」，故老子又謂其「可名於大」，而這正與本書第六十九節（通行本第二十五章）對「道」的描述相表裡：

> 有物混成，先天地生。寂呵寥呵，獨立而不改，可以為天地母。吾未知其名，字之曰道，吾強為之名曰大。大曰逝，逝曰遠，遠曰返。道大，天大，地大，王亦大。域中有四大，而王居一焉。人法地，地法天，天法道，道法自然。

聖人侯王，作為域中四大之一，想要成就自身的功業，就要效法天道自然，而以利益萬民為終身之職事，不與萬民爭利，不與百姓爭名，是為聖人之「能成大」者也。由此可以稍加引申。荀子說人類之所以能夠延續歷史得以生存下來，是因為人類能組織起來，形成群體優勢；而形成群體優勢，就要有「分」——這個「分」既可以當做分別（階級、階層）講，也可以當做本分的「分」來理解。荀子講「人生不能無群，群而無分則爭，爭則亂，亂則離，離則弱，弱則不能勝物」，這是對的。但是「群而有分」就一定意味著自上而下的階級壓迫嗎？為什麼不能使其側重於社會之中每個成員各司其事的橫向聯合與協調，來達到社會成員彼此互相利益又相對平等的關係呢？從老子對於聖人侯王社會地位的設計來看，老子似乎確實有意倡導建立一種以職事分工為組織形式的社會，而這種社會組織形式無疑更加符合老子「道」的規定——或許，就是這一橫一縱，決定了先代的老子與後世之韓非兩者之間的區別呢。

第七十九節

【題解】本節文字，在通行本《老子》中為總第三十五章、《道經》之第三十五章。在帛書本中，為《道經》之第三十五節、《老子》全本之第七十九節。此節帛書甲本殘損四字，乙本殘損一字。兩本殘損之處可互為補足。

執大象，天下往❶。往而不害，安平大❷。樂與餌，過格止❸。故道之出言❹也，曰淡呵其無味也。視之不足見也❺，聽之不足聞也，用之不可既也❻。

【注　釋】❶執大象二句　把持大道，天下就會來歸順依附。執，把持。大象，這裡指道。往，歸附。一說「執」讀為「設」。設大象，猶本書第二十三節（通行本第六十章）之「以道立（蒞）天下」。❷往而不害二句　天下都來歸附，彼此不相損害，於是天下太平。害，損害；傷害。安，通「焉」。於是。大，通「泰」。❸樂與餌二句　動聽的音樂與甘美的食物，可以使過路的人駐足不前。樂，音樂。餌，這裡指美食。格，通「客」。止，停步不前。❹出言　說出來。❺視之不足見也　看它也看不到。❻用之不可既也　應用起來卻沒有窮盡。既，窮盡。

【語　譯】誰把持了大道，天下就會歸順依附他。天下歸順依附，彼此之間互利互助而不互相傷害，於是世間就會太平，沒有爭鬥之事發生了。動聽的音樂與甘美的食物，可以使過路的人駐足不前，但樂停食盡，過客仍去。大道卻不是這樣的，說起來它淡然無味，既看不到它的形象，也聽不到它的聲音，然而應用起來卻功用無窮。

【研　析】在本書第三十一節（通行本第八十一章）的「研析」裡，我們分析了「大象無形」這個命題的一般性含義。將「大象」這個概念落實於老子的社會政治學說之中，其所指代的毫無疑問，就是老子之所謂「道」，就是聖人侯王治理天下的基本依據與最終的憑藉。本節中之所謂「執大象」，就是聖人侯王「清靜無為」的政治原則的具體落實，就是「以道蒞天下」的真正實現。本書第二十三節（通行本第六十章）：

治大國若亨小鮮。以道莅天下，其鬼不神。非其鬼不神也，其神不傷人也；非其神不傷人也，聖人亦弗傷也。夫兩不相傷，故德交歸焉。

體現著「道」的法則而存在的自然，萬物各在其位、各盡其能，互相利益而不彼此爭鬥，世界因此和諧完美；依照「道」的法則構建起來的人類社會，聖人百姓也各有其職守、各盡其本分，互利而不傷，相成不相害，此即老子之所謂「往而不害，安平泰」——這其中尤其表現為聖人侯王之不去傷害百姓。一個安定和諧的社會，最為關鍵的要素是什麼呢？老子說，就是聖人侯王的不自以為是、不折騰、「清靜無為」，而這首先表現為對天下百姓出於自然的各種需求與意願的包容與滿足。因此，把持作為「大象」的治理天下之「道」，就要求聖人侯王一方面隨順萬民之自然，而不以一己之私意私智、好惡喜怒隨意淆亂，這就是老子之所謂「我無為也而民自化，我好靜而民自正，我無事而民自富，我欲不欲而民自樸」（本書第二十節，通行本第五十七章）。另一方面，維護萬民之自然不使為別有用心者利用和傷害，這就是老子之所謂「絕聖棄智」、「絕仁棄義」、「絕巧棄利」、「不尚賢」等等。這兩方面都是老子「道法自然」這一觀念在治理天下的聖人侯王那裡的具體落實，但因其畢竟各有側重，所以在老子的敘述中兩者還是有所分別——前者以聖人侯王對萬民之自然的隨順為主，可以「無為」概括之；後者則更多地從聖人侯王自身的功能與作為著眼，似乎更適合以老子之所謂「為無為」（本書第二十六節，通行本第六十三章）與之對應。

與上述政治理念相對立的，就是老子貶抑的「有為」。「有為」之所以不可為聖人侯王所採納，恐怕最根本的原因還不是因為它直接導致了統治者個人的膨脹，以及容易被別有用心者利用來謀求私利滿足。堯、舜行仁義而謀大同，禹、湯、文、武、成王、周公興禮樂而求小康，很難說本心就是單為一己之私利而謀劃造作，不過是鑒於時事之變，而欲救世之弊，安定社會而已。客觀效果上，仁義之設、禮樂之興，也確實造就了堯舜之隆、夏商周之盛，為後世聖人侯王所追慕，因此仁義禮智也就被後世聖人侯王奉為圭臬，歷代尊崇。然而自此以往，非但盛世不再，人類社會反而是每況愈下，以至於出現莊子之所謂「人與人相食」、孟子之所謂「率獸食人」的慘景，原因何在？按照老子的解釋，所有這些，都是因為聖人侯王喪失了大道的根本所致。本書第六十二節（通行本第十八章）：

> 故大道廢，焉有仁義。智慧出，焉有大偽。六親不和，焉有孝慈。邦家昏亂，焉有貞臣。

大道的根本喪失，具體表現為後世之聖人侯王對「有為」政治的提倡，表現為對仁義、孝慈、智慧、忠貞等等嘉言懿行的推重。而所有這些，都建立在聖人侯王對當時社會的一己之知，以及尊寵那些託諸名言的所謂先代智慧的基礎之上。而老子早已聲明，相對於廣袤無邊、變化無盡的客觀存在整體，人類根本無法以感官經驗為基礎、以「有名」為形式予以真切把握，因此所有的「有名」都是有局限的，所有對於「有名」的推重都只能是在具體和特殊的情景之下的權宜之舉

——先王所宣導的仁義禮智只不過是治世之具，而聖人侯王治理天下的憑依，只能是大道。《莊子·天道》有曰：

桓公讀書於堂上，輪扁斫輪於堂下，釋椎鑿而上，問桓公曰：「敢問公之所讀者，何言邪？」公曰：「聖人之言也。」曰：「聖人在乎？」公曰：「已死矣。」曰：「然則君之所讀者，古人之糟魄已夫。」桓公曰：「寡人讀書，輪人安得議乎？有說則可，無說則死！」輪扁曰：「臣也以臣之事觀之。斫輪，徐則甘而不固，疾則苦而不入，不徐不疾，得之於手而應於心，口不能言，有數存焉於其間。臣不能以喻臣之子，臣之子亦不能受之於臣，是以行年七十而老斫輪。古之人與其不可傳也死矣，然則君之所讀者，古人之糟魄已夫！」

《史記·老子韓非列傳》記載：孔子適周，將問禮於老子。老子曰：「子所言者，其人與骨皆已朽矣，獨其言在耳。」正可與莊子之論互相發明。因此聖人侯王治理天下，一切皆應以大道為歸終；仁義禮智如果妨礙了大道的運行，就當毫不猶豫地絕去。本書第六十三節（通行本第十九章）：

絕聖棄智，而民利百倍。絕仁棄義，而民復孝慈。絕巧棄利，盜賊無有。此三言也，以為文未足，故令之有所屬：見素抱樸，少私而寡欲，絕學無憂。

世事滔滔，猶如行行之役，仁義禮智，則不過是人生驛站之樂餌，一停一宿、一餐一飲未必不可留，此所謂「樂與餌，過客止」；然而樂停餌盡，過客仍去，是仁義禮智終為「有名」，終屬「有為」，因而終於有限，流連彷徨而不忍捨棄，必為所誤。至於大道之存，則雖視之不見、聽之不聞，然而彌塞於天地之間，超然於變化之上，施之不絕，用之不盡。本書第四十八節（通行本第四章）：

道沖，而用之又弗盈也。淵呵，似萬物之宗。挫其銳，解其紛，和其光，同其塵。湛呵似或存，吾不知其誰之子也，象帝之先。

第八十節

【題解】本節文字，在通行本《老子》中為總第三十六章、《道經》之第三十六章。在帛書本中，為《道經》之第三十六節、《老子》全本之第八十節。此節帛書甲本殘損二字，乙本殘損一字。兩本殘損之處可互為補足。

將欲㩉之，必古張之❶；將欲弱之，必古強之❷；將欲去之，必古與之❸；將欲奪之，必古予之❹。是胃微明❺。柔弱勝強❻。魚不可脫於淵❼，邦利器不可以示人❽。

【注　釋】❶將欲㩉之二句　想要使它收斂，一定要先促它擴張。㩉，通「翕」。收縮；收斂。古，通「固」。表示強調，一定。後文三個「古」字用法相同。張，擴張。按「㩉」，帛書甲本作「拾」，亦與「翕」通。❷將欲弱之二句　想要使它減弱，一定要先給它加強。弱，削弱；減弱。強，加強；增強。❸將欲去之二句　想要除掉它，一定要先和它交好。去，離開，引申為除掉。與，參與；交往。❹將欲奪之二句　想要奪取它，一定要先給予它。奪，奪取。予，給予。❺微明　見微知著之明。❻柔弱勝強　柔弱戰勝剛強。按「柔」，帛書甲本作「友」，借為「柔」。❼魚不可脫於淵　魚不可離開水。按帛書甲本奪「可」字。「脫」，帛書乙本作「說」，借為「脫」。❽邦利器不可以示人　治理國家的道術不可以向人展示。邦，國家。利器，指聖人治理國家的道術、策略。示，顯示。按「示」，帛書甲本作「視」，借為「示」。

【語　譯】想要使它收斂，一定要先促它擴張；想要使它減弱，一定要先使它加強；想要除掉它，一定要先和它交好；想要奪取它，一定要先給予它，這是見微知著的智慧。柔弱能夠戰勝剛強。魚不可脫離深淵，聖人治理國家的道術不可以顯示給人看。

【研　析】歷史上的很多人目老子為陰謀家，而他們據以成說的憑藉，主要就是本節文字。從表面上看，「將欲翕之，必固張之；將欲弱之，必固強之；將欲去之，必固與之；將欲奪之，必固予之」等等，與我們一般採取的策略相較，確實構成了目的與手段的反向連接。但這並不等於說我們就是陽謀，而老子就是陰謀——更有可能的是，解決衝突與對抗，我們通常採取的策略，在老子看來根本就是錯誤的。

老子認為，萬物存在的現實，是由自身在存身其中的整體與系統之中的功能發揮為保障的，因而任何具體存在，都要隨時順應整體與系統的變化，並按照「道」的原則適時調整自身的狀態、功能等等，自身存在的長久才能獲得保障，這就是老子之所謂「柔弱」的真義，也是老子之「德」最為基本的規定性。「柔弱」之所以能戰勝「剛強」，是因為秉持「柔弱」事實上就是與「道」同體、與整體與系統為一；聖人與「道」同體、與整體與系統為一，就是老子之所謂「魚不可脫於淵」，就是侯王的「得一」（參見本書第二節，通行本第三十九章「研析」）；聖人侯王能夠始終把持這一點，就會在實際存在的衝突與對抗中戰勝一切「強梁者」，獲得最終的勝利。

在老子學說的體系之中，萬物存在「自然」的或者說符合「道」的關係法則是互利共存，「道」之於萬物，始則「生之、畜之、長之、育之」（本書第十四節，通行本第五十一章），繼則「挫其銳，解其紛，和其光，同其塵」（本書第四十八節，通行本第四章）。在「道」的彌綸之下，萬物存在彼此之間不會存在根本的衝突和矛盾——即使在某些方面確實存在不相協調的地方，雙方也能各自秉承「道」的原則，最終彼此化解，此當為一切「有道」之存在的正確選擇，亦即老子之所謂「襲常」，本書第十五節（通行本第五十二章）：

天下有始，以為天下母。既得其母，以知其子，既知其子，復守其母，沒身不殆……見小曰明，守柔曰強。用其光，復歸其明，毋遺身殃，是謂襲常。

按照這種原則，世間的一切衝突與對抗乃至於不可調和，都是「無道」之「不祥」，它的存在本身就證明，矛盾雙方起碼有一方是「無道」的——如果兩者皆為「無道」，那只好任其戰場上相斫，各自生死了。老子關注的，是面對「無道」，有「道」者應當怎樣自處。因為「無道」一方的存在而發生的衝突與對抗，對於有「道」者而言純粹是出於不得已，而採取相應的手段予以應對，則是對自身原則的堅持和維護——也就是對「道」的堅執和維護。這就決定了，即使是處身於衝突和對抗之中，有「道」者的行為也不能違背「道」。「將欲翕之，必固張之；將欲弱之，必固強之；將欲去之，必固與之；將欲奪之，必固予之」等等，就是促使對方從整體和諧的「一」之中分離出去，使其喪失「得一」之德，而成為「自是」、「自見」、「自伐」、「自矜」的「餘食贅形」，成為「道」所不予保障的「強梁者」，從而走向自我毀滅。這整個的過程中，施為者都是順「道」作為，無一處與「道」牴牾者——善於利用「道」也是順「道」，「柔弱」的本質就是順「道」作為。而被施為之「強」者最終導致的毀滅，則是自身不順應「道」的結果，本質上是咎由自取。因此，一切最終的標準還是「道」。如果不明白這一點，只是把老子在這裡的論述與後世崇尚機詐詭譎、一切為達目的、毫無原則的陰謀之術簡單類比而不加區別，是很不合適的。

老子的這種處理衝突與對抗的方式，與世人一般所採取的「以暴易暴」式的策略大不相同。兩相比較，老子的方式或許在如下幾個方面，確實優於世人的選擇：

第一，所謂「以暴易暴」的鬥爭策略，終於還是要建立在施為者對於自身利益的考量，以及對自身與對方的是非判斷和形勢分析這一認識基礎之上——出於對自身利益的考量，那麼行為的正當性和合法性就會有疑問；以自身的認識為基礎，就不免於在是非判斷和形勢分析中存在偏頗和局限。而老子的策略中，對行為的正當性與合理性形成保障的不是人們的認識，而是由客觀存在的、整體和諧的「一」最終顯現的結果來承擔——如果說這個世界上真有什麼「普世價值」存在，那作為這種「普世價值」基礎的，一定不會是經驗的或者教條的，這兩者根本支撐不起我們處身其中的這個廣袤無邊而且瞬息萬變的世界。只有老子的學說，他的「一」與「道」，才在真正意義上為我們提供了這樣一個基點：世間萬物，皆以整體的「一」為歸依，皆以互為前提、互為利益、互相成就、彼此和諧的「道」為自身存在的法則，萬物的存在才是現實的同時也是合理的；違背了這個法則，即使再強大，存在的合理性也將喪失，而存在的現實性也將會被剝奪。

第二，「以暴易暴」是通過外在的壓力使他者屈服，而外在壓力一旦減輕或者形勢有變，很容易造成情況的反彈。這就像兩軍相對，「置之死地而後生」的情況多有一樣，結果的逆轉往往使到手的勝利功虧一簣；也如越王句踐之「臥薪嘗膽」，銜矢報復，乃能十年生聚、十年教訓，終究吞滅吳國。老子的策略卻不給失敗者提供這種機會，「柔弱勝強」其結果不是哪個具體的人承受某種暫時的失敗，而是失敗者被整個存在的系統所拋棄，這是根本性的、連根拔除的失敗，毫無挽回餘地的失敗，結果不可逆轉的失敗，所以也就不必擔心會出現死灰復燃的情況。

第三，「以暴易暴」是一種強對抗的形式，即使最終獲得勝利，也不免「殺人一千自損八百」的尷尬結局，而有窺伺一旁、心懷異志者乘機坐收漁人之利，則不獨不能遂順其意，更有可能災禍加身。老子說天地間恆有司殺者，「夫代司殺者殺，是代大匠斫也，夫代大匠斫者，則希不傷其手矣」（本書第三十九節，通行本第七十四章），移入此處解釋這個問題其實道理一貫。「無道」者為「道」所棄，究其根源還是罪責在己，否則雖然施為者能作用於己，自己如果一直把持「道」而不求盈滿，仍可不受作用。作為施為者，通過促其盈滿而至於其為「道」所否，既達到了目的，又可免於「傷其手」的情況存在，計得兩全，何樂不為。

第四，「以暴易暴」是以暴力對抗暴力，而暴力對抗的結果，往往是勝利的一方對暴力的更加依恃，並由此引發一系列更為暴力的事件發生，戰勝者也就更加肆無忌憚、無限膨脹——人類歷史上這種教訓在在皆有，無煩枚舉。老子說：「禍莫大於無敵，無敵近亡吾寶矣」（本書第三十四節，通行本第六十九章），縱使用兵，也要知其進退，止其所止，並在「道」的基礎上與萬物結為互為利用的關係，絕不可因「無敵」而睥睨天下。以老子之策略，施為者順「道」而逞其志，並不違背「道」的法則，因此可以有效避免勝利者自我膨脹，自身也就可以繼續得到「道」的保障。

說到底，謀略就是謀略，本無所謂陰陽，只在其所用異耳。趙州和尚（從諗）說：「正人說邪法，邪法亦隨正。邪人說正法，正法亦隨邪。」正可為證明者。聖人不同於百姓，而以「法自然」為特徵，聖人之術異於尋常，不可以示諸眾人，此之謂「邦利器不可以示人」，此或世人遽以陰謀目之之由乎？而這正說明，「道」為聖人侯王所獨自把持，至於百姓世人，則「自然」已足，又何暇而論其陰陽哉！

第八十一節

【題解】本節文字，在通行本《老子》中為總第三十七章、《道經》之第三十七章。在帛書本中，為《道經》之第二十七節、《老子》全本之第八十一節。此節帛書甲本殘損七字，乙本無殘損。

道恆無名❶，侯王若守之，萬物將自化❷。化而欲作❸，吾將闐之以無名之樸❹。闐之以無名之樸，夫將不辱❺。不辱以靜❻，天地將自正❼。

【注釋】❶道恆無名　道以無名狀態為恆常不變的狀態。無名，指人的意識未發生作用的自然狀態，即「一」與「樸」的狀態。❷自化　指自然而然地和諧發展。按此節兩「化」字，帛書甲本均作「𢡺」，與「化」通。❸化而欲作　在萬物自化的過程中人的私欲興起。欲，指人的私欲。作，興起。❹闐之以無名之樸　用自然無名的「樸」來鎮制它。闐，通「鎮」。鎮制。無名之樸，指人的意識未發生作用的自然狀態。按此節兩

「樸」字，帛書甲本均作「樸」，與「樸」通。❺不辱　辱，通「欲」。不欲，絕去私欲。❻靜　指萬物在道的決定下自然發展。按帛書甲本作「情」，與「靜」通。❼天地將自正　天地間一切事物都將走上正途。

【語　譯】道保障自然無名的狀態使之永久地處於和諧之中。君主如果能夠守護住這種狀態，萬物將會自然而然地和諧發展。在萬物發展的過程中一旦人的私欲興起，我將用自然無名的「樸」來鎮制它。用自然無名的「樸」來鎮制它，人們的私欲妄為乃至一切衝突就會消解，萬物就會返歸清淨無染的自然狀態之中。萬物返歸自然狀態之中各自發展，沒有什麼干擾萬物的自然發展，天地之間就會一切走入正途。

【研　析】按照帛書本的排序，本節文字是整部《老子》的最後一節，而本節的內容，也確實可以當做老子對自己學說的整體概括來看待。因此解讀此節，事實上也是在為老子學說的整個體系作一勾畫，也是對前面八十節「研析」文字作一概述。

我們在本書第四十五節（通行本第一章）的「研析」裡曾提出過一個觀點，就是古代中國的思想，有自己觀察世界的獨特角度，和處理問題的獨特方法；這一角度，以及由此衍生的方法，迥異於西方所謂本體論哲學的傳統。簡單地說，如果以探討「什麼在」來描述自上世紀初以往的西方哲學幾百年發展的脈絡線索，那麼兩千多年來，中國思想發展的主線則是對「怎麼在」的深入探究。對於前者而言，物質和精神、思維和存在是哲學的中心問題，而相應的回答，總是把世界的存在歸結為某種物質的、精神的實體或某個抽象原則——亞里斯多德的第一哲學、笛卡兒的形而上學的本體論、萊布尼茲純粹抽象的獨立的本體論體系、康德先驗的哲學體系以及黑格爾的本體論、認識論和邏輯學統一原則，都使得他們所謂的共相、本質、一般，與殊相、現象、個別之間的關係日漸疏離乃至相互對立，於是諸如理念、上帝等等本體論範疇得以高居於所謂哲學的雲端，悲憫地俯視著存在的大地，以及大地之上的芸芸眾生。而對於後者，「怎麼在」這個問題，從來都是與具體的、現象的、特殊的存在密切相關的，人們在討論這個問題的時候，即使在某些場合確實需要對世界的本質作出回答，而所有的那些回答也確實顯現著「氣」、「理」還是「心」的本原性差異，但是再進一步深究下去就會發現，它們彼此之間其實並無甚深的矛盾衝突，很容易在傳統之所謂「道」的立場上獲得折中——對於中國思想而言，問題的中心是「怎麼在」，思維的中心是「道」；而「道」作為一切具體存在得以存在的依據，作為「中國式思維」的標誌性範疇，起碼在老子這裡，並非像某些研究者宣稱的那樣，因為它「表現著宇宙生成的本原」，是「萬物存在的根本憑藉和內在依據」，是「多樣性的世界賴以存在的共同的基礎」，具有「超越性、無限性和終極性的特點」等等——所有這些說法，都不過是拿西方所謂本體論哲學來對老子之「道」論的簡單套用。老子的「道」嚴格說不是從世界的「在」或者「不在」這一存在論的宏大立場上顯現自身的，而是從具體事物的「存」或者「無存」，即從具體存在之「生」的現實開始，在如何使得「生」得以有效延續這一規律論的立場上顯現自身的。因此無論老子對「道」的描述顯得多麼「玄之又玄」，它仍然最為本質地承擔著作為語詞所固有的本義——「道」是一切具體事物自身延續所必須依存的「道路」；它的起點是作為具體與特殊的個體事物的存在，而終點則是作為整體與系統的和諧的「一」的存在；任何事物，必須在自身的存在之中體現著己所存身其中的整體與系統的和諧，同時必須為維持或保障這種和諧而有效地發揮自身的功用，自身的存在才是現實的與可持續的；悖離這條「道路」，對於具體存在而言就意味著死亡。

「道」實際對應並解答的是萬物得以存在的行為方式，因此它所表現的意義更多類似於今之所謂倫理學──某種意義上甚至可以說，萬物存在的倫理學，就是老子的「道」學。無論是就今之所謂倫理學還是老子之所謂「道」學而言，個體的存在現實，以及個體與所存身其中的整體或系統之間的關係問題，都是講求的中心、關注的焦點。而就整體與系統的「一」和具體存在的關係問題，老子顯然更側重於前者對於後者的決定作用。老子說，天下之物，其生是出於整體與系統的需要，需要它在系統中發揮作用以成就整體的和諧自足；其亡也是來自整體與系統的作用，為其才竭用盡，則「天地不仁」，為整體與系統捨棄。這就是說，具體事物存在的依據，是處身整體與系統之中的自身所具備的功能發揮；換一個角度也可以說，整體與系統的「一」，是一切具體存在的依據，一切具體事物之所以存在，都是整體揀擇的結果，都從屬於整體與系統的需要，因而本質上都是整體與系統自身的顯現。只有符合整體與系統的需要，萬物存在才是現實的與合理的；萬物只有在自身存在的整個過程之中始終貫徹著「道」的精神，一直保有這種現實性與合理性，萬物的存在才可以賡續綿延、無有夭折。

上面所言，其實只涉及到萬物存在──尤其是人的存在可供選擇的兩種可能之一。如果有人根本不以老子之所謂「長生久視」為念，就是要選擇以當下的利益滿足為追求，為此寧可墮為「餘食贅形」而在所不惜，那就是價值觀上的差異了。而一旦談論到價值觀上的差異，就不再是事實層面的東西了──人們或者順應「天道」的法則，接受整體與系統的決定，那麼你就會獲得「長生久視」的結果；或者聽從「人之道」的指引，縱恣於私欲的牽引，無厭於財富與名望的追求，那麼你縱能在爭鬥中攫取，也要在爭鬥中喪亡——行為方式的選擇，直接與行為的結果相關聯，只此二途，別無他徑，這就是不以人的意志為轉移的存在的真實。

本節之所謂「道恆無名」，要突出的就是整體為先的倫理學立場。「無名」在這裡指示的就是「自然」狀態的存在全體，也就是「道」所成就的整體與系統的「一」——「一」之所以被老子稱為「一」，就是因為它在本質上是不可分別的整體與系統。這種意義上的「一」，和我們今日「系統論」之所謂「系統」並不全等。兩者的區別在於，一般之所謂「系統」，是通過「分析——還原」的方法建立起來的，即先把「系統」所包含的事物進行拆分，然後分別考察組成「系統」的不同事物的屬性以及相互之間的關係，逐層上升而至於「系統」之大全。如此構建的「系統」，如果內裡包含著善惡、是非等等觀念，那也只不過是「系統」所包含的事物相互關係的靜態折中，也必定隨著事物彼此之間力量對比的改變而改變。而在老子看來，「一」作為整體與系統，是對存在之現實的唯一真實完整的表達，「一」不容分割；而與之相對的所謂「萬物」，只是對於存在之真實的一種不完全的表達方式，因為它們從屬於整體與系統的「一」，並在此「一」之中顯現意義。從人類認識的角度，只要名言對萬物有所區分，就不免歧離萬物存在的真實，因而一切「有名」皆當「知止」。聖人侯王遵循「道」的法則，守護著萬物的自然演化，這是聖人侯王之「得一」（本書第二節，通行本第三十九章）——所謂「得一」不是得到「一」，而是得入於「一」，指聖人侯王能以「法自然」的方式與萬物之自然融為一體，從而顯現作為侯王的作用並得到「道」對自身利益的保障，這是「侯王得一而以為天下正」（同上），也是本節「侯王若守之，萬物將自化」一句的真義。而世有罔顧萬物存在之真實，「有名」而不能「知止」，甚而至於變亂「有名」

使其成為順遂欲望之工具者出，則聖人侯王就要發揮自身維護「自然」的功用，「吾將鎮之以無名之樸」，以「無名」鎮制或消解「有名」所導致的世之紛爭，這是聖人侯王的「為無為」，「鎮之以無名之樸，夫將不辱。不辱以靜，天地將自正」，人類社會就會重新回歸到「自然」和諧的道路上。

附錄一 《老子》帛書本、通行本與本書正文對照

帛書甲本	□□□□□□□□□□□□□□□□□德。上德无□□无以為也，上仁為之□□以為也，上義為之而有以為也，上禮□□□□□□□，□攘臂而乃之。故失道而后德，失德而后仁，失仁而后義，□□□□□□□□□□□□□而亂之首也。□□□道之華也，而愚之首也。是以大丈夫居亓厚而不居亓泊，居亓實不居亓華。故去皮取此。
帛書乙本	上德不德，是以有德；下德不失德，是以无德。上德无為而无以為也，上仁為之而无以為也，上德為之而有以為也，上禮為之而莫之應也，則攘臂而乃之。故失道而后德，失德而句仁，失仁而句義，失義而句禮。夫禮者，忠信之泊也，而亂之首也。前識者，道之華也，而愚之首也。是以大丈夫居□□□居亓泊，居亓實而不居亓華。故去罷而取此。
王弼本	(38)上德不德，是以有德；下德不失德，是以無德。上德無為而無以為，下德為之而有以為，上仁為之而無以為，上義為之而有以為，上禮為之而莫之應，則攘臂而扔之。故失道而後德，失德而後仁，失仁而後義，失義而後禮。夫禮者，忠信之薄，而亂之首。前識者，道之華，而愚之始。是以大丈夫處其厚，不居其薄；處其實，不居其華。故去彼取此。
傅奕本	(38)上德不德，是以有德；下德不失德，是以無德。上德無為而無不為，下德為之而無以為，上仁為之而無以為，上義為之而有以為，上禮為之而莫之應，則攘臂而仍之。故失道而後德，失德而後仁，失仁而後義，失義而後禮。夫禮者，忠信之薄，而亂之首也。前識者，道之華，而愚之始也。是以大丈夫處其厚，不處其薄；處其實，不處其華。故去彼取此。
本書校定本	(1)上德不德，是以有德。下德不失德，是以無德。上德，無為而無以為也。上仁，為之而無以為也。上義，為之而有以為也。上禮，為之而莫之應也，則攘臂而乃之，故失道矣。失道矣而後德，失德而後仁，失仁而後義，失義而後禮。夫禮者，忠信之泊也，而亂之首也。前識者，道之華也，而愚之首也。是以大丈夫居其厚而不居其泊，居其實不居其華，故去彼取此。

帛書甲本	昔之得一者，天得一以清，地得□以寧，神得一以霝，浴得一以盈，侯□□而以為正。亓至之也，胃天毋已清將恐□，胃地毋□□將恐□，胃神毋已霝□恐歇，胃浴毋已盈將恐渴，胃侯王毋已貴□□□□□。故必貴而以賤為本，必高矣而以下為基。夫是以侯王自胃孤寡不槖，此亓賤□□與？非□？故致數與无與。是故不欲□□若玉，硌□□□。
帛書乙本	昔得一者，天得一以清，地得一以寧，神得一以霝,浴得一盈，侯王得一以為天下正。亓至也，胃天毋已清將恐蓮，地毋已寧將恐發，神毋□□□恐歇，谷毋已□將渴，侯王毋已貴以高將恐欮。故必貴以賤為本，必高矣而以下為基。夫是以侯王自胃孤寡不槖，此亓賤之本與？非也？故至數輿无輿。是故不欲祿祿若玉，硌硌若石。
王弼本	(39)昔之得一者，天得一以清，地得一以寧，神得一以靈，谷得一以盈，萬物得一以生，侯王得一以為天下貞。其致之，天無以清將恐裂，地無以寧將恐發，神無以靈將恐歇，谷無以盈將恐竭，萬物無以生將恐滅，侯王無以貴高將恐蹶。故貴以賤為本，高以下為基。是以侯王自謂孤寡不穀。此非以賤為本邪？非乎？故致數輿無輿。不欲琭琭如玉，珞珞如石。
傅奕本	(39)昔之得一者，天得一以清，地得一以寧，神得一以靈，谷得一以盈，萬物得一以生，王侯得一以為天下貞。其致之一也，天無以清將恐裂，地無以寧將恐發，神無以靈將恐歇，谷無以盈將恐竭，萬物無以生將恐滅，王侯無以為貞而貴高將恐蹷。故貴以賤為本，高以下為基。是以王侯自謂孤寡不穀，是其以賤為本也，非歟？故致數譽無譽。不欲碌碌若玉，落落若石。
本書校定本	(2)昔之得一者，天得一以清，地得一以寧，神得一以靈，谷得一以盈，侯王得一而以為天下正。其至之也，謂天毋已清將恐蓮，謂地毋已寧將恐發，謂神毋已靈將恐歇，謂谷毋已盈將恐渴，謂侯王毋已貴以高將恐欮。故必貴而以賤為本，必高矣而以下為基。夫是以侯王自謂孤寡不穀，此其賤之本與，非也？故致數與無與，是故不欲祿祿若玉，硌硌若石。

帛書甲本	……道，善□□□□□	□□□道之動也。弱也者，道之用也。天□□□□□□□□□□
帛書乙本	上□□道，堇能行之。中士聞道，若存若亡。下士聞道，大芺之，弗芺，□□以為道。是以建言有之曰：明道如費，進道如退，夷道如類；上德如浴，大白如辱，廣德如不足，建德如□，質□□□；大方无禺，大器免成，大音希聲，天象无刑，道褎无名。夫唯道，善始且善成。	反也者，道之動也。□□者，道之用也。天下之物生於有有□於无。
王弼本	(41)上士聞道，勤而行之。中士聞道，若存若亡。下士聞道，大笑之，不笑，不足以為道。故建言有之：明道若昧，進道若退，夷道若纇；上德若谷，大白若辱，廣德若不足，建德若偷，質真若渝；大方無隅，大器晚成，大音希聲，大象無形，道隱無名。夫唯道，善貸且成。	(40)反者道之動，弱者道之用。天下萬物生於有，有生於無。
傅奕本	(41)上士聞道，而勤行之。中士聞道，若存若亡。下士聞道，而大笑之，不笑，不足以為道。故建言有之曰：明道若昧，夷道若類，進道若退；上德若谷，大白若黵，廣德若不足，建德若媮，質真若輸；大方無隅，大器晚成，大音稀聲，大象無形，道隱無名。夫惟道，善貸且成。	(40)反者道之動，弱者道之用。天下之物生於有，有生於無。
本書校定本	(3)上士聞道，堇能行之。中士聞道，若存若亡。下士聞道，大笑之。弗笑不足以為道。是以建言有之曰：明道如費，進道如退，夷道如類。上德如谷，大白如辱，廣德如不足，建德如偷。質真如渝。大方無禺，大器免成。大音希聲，天象無刑，道褎無名。夫唯道，善始且善成。	(4)反也者，道之動也。弱也者，道之用也。天下之物生於有，有生於無。

帛書甲本	□□□□□□□□□□□□□□□□□□□中氣以為和。天下之所惡，唯孤寡不㯿，而王公以自名也。勿或敗之□□，□之而敗。故人□□教，夕議而教人。故強良者不得死，我□以為學父。	天下之至柔，□甹於天下之致堅。无有入於无間。五是以知无為□□益也。不□□教，无為之益，□下希能及之矣。
帛書乙本	道生一，一生二，二生三，三生□□□□□□□□□□□以為和。人之所亞，唯孤寡不㯿，而王公以自□□□□□□□云，云之而益。□□□□□□□□□□□□□□□□□□□吾將以□□父。	天下之至□，馳騁乎天下□□□□□□□无間。吾是以□□□□□□□也。不□□□□□□□□□□□□□□□□□□□矣。
王弼本	(42)道生一，一生二，二生三，三生萬物。萬物負陰而抱陽，沖氣以為和。人之所惡，唯孤寡不穀，而王公以為稱。故物或損之而益，或益之而損。人之所教，我亦教之。強梁者不得其死，吾將以為教父。	(43)天下之至柔，馳騁天下之至堅。無有入無間。吾是以知無為之有益。不言之教，無為之益，天下希及之。
傅奕本	(42)道生一，一生二，二生三，三生萬物。萬物負陰而裒陽，沖氣以為和。人之所惡，惟孤寡不穀，而王侯以自稱也。故物或損之而益，或益之而損。人之所以教我，亦我之所以教人。彊梁者不得其死，吾將以為學父。	(43)天下之至柔，馳騁天下之至堅。出於無有，入於無間。吾是以知無為之有益也。不言之教，無為之益，天下稀及之矣。
本書校定本	(5)道生一，一生二，二生三，三生萬物。萬物負陰而抱陽，中氣以為和。天下之所惡，唯孤寡不穀，而王公以自名也。勿或敗之而益，益之而敗。故人之所教，夕議而教人。故強良者不得死，我將以為學父。	(6)天下之至柔，馳騁於天下之至堅。無有入於無間。吾是以知無為之有益也。不言之教，無為之益，天下希能及之矣。

	(44)	(45)	(46)
帛書甲本	名與身孰親？身與貨孰多？得與亡孰病？甚□□□□□□□□亡。故知足不辱，知止不殆，可以長久。	大成若缺，亓用不幣。大盈若温，亓用不窘。大直如詘，大巧如拙，大贏如炳。趮勝寒，靚勝炅，請靚可以為天下正。	天下有道，□走馬以糞。天下无道，戎馬生於郊。罪莫大於可欲，𥚃莫大於不知足，咎莫憯於欲得。□□□□□恆足矣。
帛書乙本	名與……	□□□□□□□□□盈如沖，亓□□□□巧如拙□□□□□□□絀。趮朕寒□□□□□□□□□□□	□□□道，卻走馬□糞。无道，戎馬生於郊。罪莫大□可欲，禍□□□□□□□□□□□□□□□□□□足矣。
王弼本	(44)名與身孰親？身與貨孰多？得與亡孰病？是故甚愛必大費，多藏必厚亡。知足不辱，知止不殆，可以長久。	(45)大成若缺，其用不弊。大盈若沖，其用不窮。大直若屈，大巧若拙，大辯若訥。躁勝寒，靜勝熱，清靜為天下正。	(46)天下有道，卻走馬以糞。天下無道，戎馬生於郊。禍莫大於不知足，咎莫大於欲得。故知足之足，常足矣。
傅奕本	(44)名與身孰親？身與貨孰多？得與亡孰病？是故甚愛必大費，多藏必厚亡。知足不辱，知止不殆，可以長久。	(45)大成若缺，其用不敝。大滿若盅，其用不窮。大直若詘，大巧若拙，大辯若訥。躁勝寒，靖勝熱，知清靖以為天下正。	(46)天下有道，卻走馬以播。天下無道，戎馬生於郊。罪莫大於可欲，禍莫大於不知足，咎莫憯於欲得。故知足之足，常足矣。
本書校定本	(7)名與身孰親？身與貨孰多？得與亡孰病？甚愛必大費，多藏必厚亡。故知足不辱，知止不殆，可以長久。	(8)大成若缺，其用不幣。大盈若盅，其用不窘。大直如詘，大巧如拙，大贏如炳。趮勝寒，靚勝炅，請靚可以為天下正。	(9)天下有道，卻走馬以糞。天下無道，戎馬生於郊。罪莫大於可欲，禍莫大於不知足，咎莫憯於欲得。故知足之足，恆足矣。

帛書甲本	不出於戶，以知天下；不規於牖，以知天道。亓出也𤅢遠，亓□□□□□□□□□□□□□□□弗為而□	……為。取天下也恆……
帛書乙本	不出於戶，以知天下；不覞於□，□知天道。亓出籋遠者，亓知籋□。□□□□□□□□□□而名，弗為而成。	為學者日益，聞道者日云。云之有云，以至於無□□□□□□取天下恆無事，及亓有事也，□□足以取天□。
王弼本	(47)不出戶，知天下；不闚牖，見天道。其出彌遠，其知彌少。是以聖人不行而知，不見而名，不為而成。	(48)為學日益，為道日損。損之又損，以至於無為，無為而無不為。取天下常以無事，及其有事，不足以取天下。
傅奕本	(47)不出戶，可以知天下；不窺牖，可以知天道。其出彌遠，其知彌尟。是以聖人不行而知，不見而名，不為而成。	(48)為學者日益，為道者日損。損之又損之，以至於無為，無為則無不為。將欲取天下者，常以無事；及其有事，又不足以取天下矣。
本書校定本	(10)不出於戶，以知天下。不規於牖，以知天道。其出也彌遠，其知彌少。是以聖人不行而知，不見而明，弗為而成。	(11)為學者日益，聞道者日云。云之又云，以至於無為，無為而無以為。取天下也，恆無事；及其有事也，又不足以取天下矣。

帛書甲本	□□□□□以百□之心為□。善者善之，不善者亦善□□□□□□□□□□□□□□□信也。□□之在天下，⿰忄翕⿰忄翕焉，為天下渾心。百姓皆屬耳目焉，聖人皆□□。	□生□□□□□□□有□□□徒十有三，而民生生，動皆之死地之十有三。夫何故也？以亓生生也。蓋□□執生者，陵行不□矢虎，入軍不被甲兵。矢无所椯亓角，虎无所昔亓蚤，兵无所容□□□何故也？以亓无死地焉。
帛書乙本	□人恆无心，以百省之心為心。善□□□□□□□□□□善也。信者信之，不信者亦信之，德信也。耶人之在天下也，欲欲焉，□□□□□□生皆注亓□□□□□□□□	□生入死。生之□□□□□之徒十又三，而民生生，僮皆之死地之十有三。□何故也？以亓生生。蓋聞善執生者，陵行不辟眔虎，入軍不被兵革。眔无□□□□□□□□亓蚤，兵□□□□□□□□也？以亓无□□□
王弼本	(49)聖人無常心，以百姓心為心。善者吾善之，不善者吾亦善之，德善。信者吾信之，不信者吾亦信之，德信。聖人在天下，歙歙，為天下渾其心。聖人皆孩之。	(50)出生入死。生之徒十有三，死之徒十有三，人之生，動之死地亦十有三。夫何故？以其生生之厚。蓋聞善攝生者，陸行不遇兕虎，入軍不被甲兵。兕無所投其角，虎無所措其爪，兵無所容其刃。夫何故？以其無死地。
傅奕本	(49)聖人無常心，以百姓心為心。善者吾善之，不善者吾亦善之，得善矣。信者吾信之，不信者吾亦信之，得信矣。聖人之在天下，歙歙焉，為天下渾渾焉。百姓皆注其耳目，聖人皆咳之。	(50)出生入死。生之徒十有三，死之徒十有三，而民之生生而動，動皆之死地亦十有三。夫何故？以其生生之厚也。蓋聞善攝生者，陸行不遇兕虎，入軍不被甲兵。兕無所投其角，虎無所措其爪，兵無所容其刃。夫何故也？以其無死地焉。
本書校定本	(12)聖人恆無心，以百省之心為心。善者善之，不善者亦善之，德善也。信者信之，不信者亦信之，德信也。聖人之在天下也，⿰忄翕⿰忄翕焉，為天下渾心。百省皆屬耳目焉，聖人皆咳之。	(13)出生入死。生之徒十有三，死之徒十有三，而民生生，動皆之死地亦十有三。夫何故也？以其生生也。蓋聞善執生者，陵行不避兕虎，入軍不被甲兵。兕無所椯其角，虎無所昔其蚤，兵無所容其刃，夫何故也？以其無死地焉。

帛書甲本	道生之而德畜之，物刑之而器成之。是以萬物莫道而貴□□之奠，德之貴也，夫莫之时而恆自然也。道生之畜之，長之遂之，亭之□之，□□□□□□弗有也，為而弗寺也，長而弗宰也，此之謂玄德。	天下有始，以為天下母。㬎得亓母，以知亓□，復守亓母，沒身不殆。塞亓悶，閉亓門，終身不堇。啟亓悶，濟亓事，終身□□。□小曰□，守柔曰強。用亓光，復歸亓明，毋遺身央，是胃襲常。
帛書乙本	道生之，德畜之，物刑之而器成之。是以萬物尊道而貴德。道之尊也，德之貴也，夫莫之爵也，而恆自然也。道生之畜□□□□之，亭之毒之，養之復□□□□□□□□□□弗宰，是胃玄德。	天下有始，以為天下母。既得亓母，以知亓子；既知亓子，復守亓母，沒身不佁。塞亓埦，閉亓門，冬身不堇。啟亓埦，齊亓□，□□不棘。見小曰明，守□□強。用□□□□□□□遺身央，是胃□常。
王弼本	(51)道生之，德畜之，物形之，勢成之。是以萬物莫不尊道而貴德。道之尊，德之貴，夫莫之命而常自然。故道生之，德畜之，長之育之，亭之毒之，養之覆之。生而不有，為而不恃，長而不宰，是謂玄德。	(52)天下有始，以為天下母。既得其母，以知其子；既知其子，復守其母，沒身不殆。塞其兌，閉其門，終身不勤。開其兌，濟其事，終身不救。見小曰明，守柔曰強。用其光，復歸其明，無遺身殃，是為習常。
傅奕本	(51)道生之，德畜之。物形之，勢成之。是以萬物莫不尊道而貴德。道之尊，德之貴，夫莫之爵而常自然。故道生之，德畜之，長之育之，亭之毒之，蓋之覆之。生而不有，為而不恃，長而不宰，是謂玄德。	(52)天下有始，可以為天下母。既得其母，以知其子；既知其子，復守其母，沒身不殆。塞其兌，閉其門，終身不勤。開其兌，濟其事，終身不救。見小曰明，守柔曰彊。用其光，復歸其明，無遺身殃，是謂襲常。
本書校定本	(14)道生之而德畜之，物刑之而器成之，是以萬物尊道而貴德。道之尊，德之貴也，夫莫之爵，而恆自然也。道生之、畜之、長之、遂之、亭之、毒之、養之、覆之。生而弗有也，為而弗寺也，長而弗宰也，此之謂玄德。	(15)天下有始，以為天下母。既得其母，以知其子，既知其子，復守其母，沒身不殆。塞其埦，閉其門，終身不堇。啟其埦，濟其事，終身不棘。見小曰明，守柔曰強。用其光，復歸其明，毋遺身央，是謂襲常。

帛書甲本	使我摞有知也，□□大道，唯□□□。□□甚夷，民甚好解。朝甚除，田甚芜，倉甚虛。服文采，帶利□，□食，貨□□□□□□□□□□	善建□□拔，□□□□□子孫以祭祀□□□□□□□□□□□□□□□餘，脩之□□□□□□□□□□□□□□□□□□□□□以身□身，以家觀家，以鄉觀鄉，以邦觀邦，以天□觀□□□□□□□□□□□□□
帛書乙本	使我介有知，行於大道，唯他是畏。大道甚夷，民甚好徑。朝甚除，田甚芜，倉甚虛。服文采，帶利劍，猒食，而齎財□□□□盜□非□也。	善建者□□□□□□□子孫以祭祀不絕。脩之身，亓德乃真；脩之家，亓德有餘；脩之鄉，亓德乃長；脩之國，亓德乃夆；脩之天下，亓德乃博。以身觀身，以家□□，□□□國，以天下觀天下。吾何□知天下之然茲？以□。
王弼本	(53) 使我介然有知，行於大道，唯施是畏。大道甚夷，而民好徑。朝甚除，田甚蕪，倉甚虛。服文綵，帶利劍，厭飲食，財貨有餘。是謂盜夸，非道也哉！	(54) 善建者不拔，善抱者不脫，子孫以祭祀不輟。修之於身，其德乃真；修之於家，其德乃餘；修之於鄉，其德乃長；修之於國，其德乃豐；修之於天下，其德乃普。故以身觀身，以家觀家，以鄉觀鄉，以國觀國，以天下觀天下。吾何以知天下然哉？以此。
傅奕本	(53) 使我介然有知，行於大道，惟施是畏。大道甚夷，而民好徑。朝甚除，田甚蕪，倉甚虛。服文采，帶利劍，猒飲食，貨財有餘。是謂盜夸，盜夸非道也哉！	(54) 善建者不拔，善裒者不脫，子孫祭祀不輟。修之身，其德乃真；修之家，其德乃餘；修之鄉，其德乃長；修之邦，其德乃豐；修之天下，其德乃溥。故以身觀身，以家觀家，以鄉觀鄉，以邦觀邦，以天下觀天下。吾奚以知天下之然哉？以此。
本書校定本	(16) 使我摞有知也，行於大道，唯他是畏。大道甚夷，民甚好解。朝甚除，田甚蕪，倉甚虛，服文采，帶利劍，猒食而齎財有餘，是為盜杇，非道也哉！	(17) 善建者不拔，善抱者不脫，子孫以祭祀不絕。修之身，其德乃真。修之家，其德有餘。修之鄉，其德乃長。修之邦，其德乃夆。修之天下，其德乃博。以身觀身，以家觀家，以鄉觀鄉，以邦觀邦，以天下觀天下。吾何以知天下之然茲？以此。

帛書甲本	□□之厚□，比於赤子。逢䘍螝地弗螫，攫鳥猛獸弗搏，骨弱筋柔而握固。未知牝□□□□□□精□至也。終日號而不发，和之至也。和曰常，知和曰明，益生曰祥，心使氣曰強。□□即老，胃之不道，不道□□□	□□弗言，言者弗知。塞亓悶，閉亓□，□其光，同亓墼，坐亓閱，解亓紛，是胃玄同。故不可得而親，亦不可得而疏；不可得而利，亦不可得而害；不可□而貴，亦不可得而淺。故為天下貴。
帛書乙本	含德之厚者，比於赤子。蠭癘虫蛇弗赫，據鳥孟獸弗捕，骨筋弱柔而握固。未知牝牡之會而朘怒，精之至也。冬日號而不咽，□□□□。□□常，知常曰明，益生□祥，心使氣曰強。物□則老，胃之不道，不道蚤已。	知者弗言，言者弗知。塞亓堄，閉亓門，和亓光，同亓塵，銼亓兌，而解亓紛，是胃玄同。故不可得而親也，亦□□得而□；□□得而利，□□□得而害；不可得而貴，亦不可得而賤。故為天下貴。
王弼本	(55)含德之厚，比於赤子。蜂蠆虺蛇不螫，猛獸不據，攫鳥不搏，骨弱筋柔而握固。未知牝牡之合而全作，精之至也。終日號而不嗄，和之至也。知和曰常，知常曰明，益生曰祥，心使氣曰強。物壯則老，謂之不道，不道早已。	(56)知者不言，言者不知。塞其兌，閉其門，挫其銳，解其分，和其光，同其塵，是謂玄同。故不可得而親，不可得而疎；不可得而利，不可得而害；不可得而貴，不可得而賤。故為天下貴。
傅奕本	(55)含德之厚者，比之於赤子也。蜂蠆不螫，猛獸不據，攫鳥不搏，骨弱筋柔而握固。未知牝牡之合而朘作，精之至也。終日號而嗌不嚘，和之至也。知和曰常，知常曰明，益生曰祥，心使氣則彊。物壯則老，謂之不道，不道早已。	(56)知者不言也，言者不知也。塞其兌，閉其門，挫其銳，解其紛，和其光，同其塵，是謂玄同。不可得而親，亦不可得而疏；不可得而利，亦不可得而害；不可得而貴，亦不可得而賤。故為天下貴。
本書校定本	(18)含德之厚者，比於赤子。蜂癘蟲蛇弗赫，據鳥猛獸弗搏。骨弱筋柔而握固，未知牝牡之會而朘怒，精之至也。終日號而不嚘，和之至也。和曰常，知常曰明，益生曰祥，心使氣曰強。物壯即老，謂之不道，不道蚤已。	(19)知者弗言，言者弗知。塞其堄，閉其門，和其光，同其塵，銼其兌，解其紛，是謂玄同。故不可得而親也，亦不可得而疏；不可得而利，亦不可得而害；不可得而貴，亦不可得而賤；故為天下貴。

帛書甲本	以正之邦，以畸用兵，以无事取天下。吾何□□□□也哉？夫天下□□諱而民彌貧，民多利器而邦家茲昏，人多知而何物茲□，□□□□□盜賊□□。□□□□□□□我无為也而民自化，我好靜而民自正，我无事民□□□□□□□□□□□
帛書乙本	以正之國，以畸用兵，以无事取天下。吾何以知亓然也才？夫天下多忌諱而民彌貧，民多利器□□□□昏，□□□□□□□物茲章而盜賊□□。是以□人之言曰：我无為而民自化，我好靜而民自正，我无事而民自富，我欲不欲而民自樸。
王弼本	(57)以正治國，以奇用兵，以無事取天下。吾何以知其然哉？以此。天下多忌諱，而民彌貧；民多利器，國家滋昏；人多伎巧，奇物滋起；法令滋彰，盜賊多有。故聖人云：我無為而民自化，我好靜而民自正，我無事而民自富，我無欲而民自樸。
傅奕本	(57)以政治國，以奇用兵，以無事取天下。吾奚以知天下其然哉？以此。夫天下多忌諱，而民彌貧；民多利器，國家滋昏；民多知慧，而衺事滋起；法令滋章，盜賊多有。故聖人云：我無為而民自化，我好靖而民自正，我無事而民自富，我無欲而民自樸。
本書校定本	(20)以正之邦，以畸用兵，以無事取天下。吾何以知其然也哉？夫天下多忌諱，而民彌貧。民多利器，而邦家茲昏。人多知，而何物茲起。法物茲章，而盜賊多有。是以聖人之言曰：我無為也而民自化，我好靜而民自正，我無事而民自富，我欲不欲而民自樸。

帛書甲本	□□□□□□□□亓正察察，亓邦夬夬。𥝩，福之所倚；福，𥝩之所伏……	……可以有國。有國之母，可以長久。是胃深槿固氏，長□□□□道也。
帛書乙本	亓正閵閵，亓民屯屯；亓正察察，亓□□□。□□□□□；福，□之所伏。孰知亓極？□无正也，正□□□，善復為□。□之悉也，亓日固久矣。是以方而不割，兼而不刺，直而不紲，光而不眺。	治人事天，莫若嗇。夫唯嗇，是以蚤服，蚤服是胃重積□重□□□□□□□□□□□莫知亓□。莫知其□，□□有國；有國之母，可□□久。是胃□根固氏，長生久視之道也。
王弼本	(58)其政悶悶，其民淳淳；其政察察，其民缺缺。禍兮，福之所倚；福兮，禍之所伏。孰知其極？其無正，正復為奇，善復為妖。人之迷，其日固久。是以聖人方而不割，廉而不劌，直而不肆，光而不耀。	(59)治人事天，莫若嗇。夫唯嗇，是謂早服，早服謂之重積德，重積德則無不克，無不克則莫知其極。莫知其極，可以有國；有國之母，可以長久。是謂深根固柢，長生久視之道。
傅奕本	(58)其政閔閔，其民偆偆；其政詧詧，其民缺缺。禍兮，福之所倚；福兮，禍之所伏。孰知其極？其無正衺，正復為奇，善復為祅。人之迷也，其日固久矣。是以聖人方而不割，廉而不劌，直而不肆，光而不耀。	(59)治人事天，莫若嗇。夫惟嗇，是以早服。早服謂之重積德，重積德則無不克，無不克則莫知其極。莫知其極，可以有國。有國之母，可以長久。是謂深根固柢，長生久視之道。
本書校定本	(21)其正閵閵，其民屯屯。其正察察，其邦夬夬。禍，福之所倚；福，禍之所伏，孰知其極？其無正也，正復為奇，善復為妖，人之迷也，其日固久矣。是以方而不割，兼而不刺，直而不紲，光而不眺。	(22)治人事天莫若嗇，夫唯嗇，是以蚤服，蚤服是謂重積德。重積德則無不克，無不克則莫知其極。莫知其極，可以有國。有國之母，可以長久。是謂深根固氏，長生久視之道也。

帛書甲本	□□□□□□□□□□天下，亓鬼不神。非亓鬼不神也，亓神不傷人也。非亓申不傷人也，聖人亦弗傷□。□□不相□，□德交歸焉。	大邦者下流也，天下之牝。天下之郊也，牝恆以靚勝牡。為亓靚□□宜為下。大邦□下小□，則取小邦；小邦以下大邦，則取於大邦。故或下以取，或下而取。□大邦者不過欲兼畜人，小邦者不過欲入事人。夫皆得亓欲□□□□□為下。
帛書乙本	治大國若亨小鮮。以道立天下,亓鬼不神。非亓鬼不神也，亓神不傷人也。非亓神不傷人也，□□□弗傷也。夫兩□相傷，故德交歸焉。	大國□□□□□□□牝也。天下之交也，牝恆以靜朕牡。為亓靜也，故宜為下也。故大國以下□國，則取小國；小國以下大國，則取於大國。故或下□□□下而取。故大國者不□欲并畜人，小國不□欲入事人。夫□□亓欲，則大者宜為下。
王弼本	(60) 治大國若烹小鮮。以道莅天下,其鬼不神。非其鬼不神，其神不傷人。非其神不傷人，聖人亦不傷人。夫兩不相傷,故德交歸焉。	(61) 大國者下流，天下之交，天下之牝。牝常以靜勝牡,以靜為下。故大國以下小國，則取小國；小國以下大國，則取大國。故或下以取，或下而取。大國不過欲兼畜人，小國不過欲入事人。夫兩者各得其所欲，大者宜為下。
傅奕本	(60) 治大國若烹小鮮。以道蒞天下者，其鬼不神。非其鬼不神，其神不傷人。非其神不傷人,聖人亦不傷人。夫兩不相傷，故德交歸焉。	(61) 大國者,天下之下流,天下之交,天下之牝。牝常以靖勝牡，以其靖，故為下也。故大國以下小國，則取於小國；小國以下大國，則取於大國。或下以取，或下而取。大國不過欲兼畜人，小國不過欲入事人。兩者各得其所欲，故大者宜為下。
本書校定本	(23) 治大國若亨小鮮。以道立天下,其鬼不神。非其鬼不神也，其神不傷人也；非其神不傷人也，聖人亦弗傷也。夫兩不相傷，故德交歸焉。	(24) 大邦者，下流也，天下之牝。天下之交也，牝恆以靜勝牡。為其靜也，故宜為下。大邦以下小邦，則取小邦；小邦以下大邦，則取於大邦。故或下以取，或下而取。故大邦者，不過欲兼畜人；小邦者，不過欲入事人。夫皆得其欲，則大者宜為下。

帛書甲本	□者，萬物之注也。善人之琜也，不善人之所琜也。美言可以市，奠行可以賀人。人之不善也，何棄□有？故立天子，置三卿，雖有共之璧以先四馬，不善坐而進此。古之所以貴此者，何也？不胃□□得，有罪以免輿？故為天下貴。
帛書乙本	道者，萬物之注也。善人之琜也，不善人之所保也。美言可以市，奠行可以賀人。人之不善，何□□□□立天子，置三鄉，雖有□□璧以先四馬，不若坐而進此。古□□□□□□□不胃求以得，有罪以免與？故為天下貴。
王弼本	(62) 道者，萬物之奧。善人之寶，不善人之所保。美言可以市，尊行可以加人。人之不善，何棄之有？故立天子，置三公，雖有拱璧以先駟馬，不如坐進此道。古之所以貴此道者何？不曰以求得，有罪以免邪？故為天下貴。
傅奕本	(62) 道者，萬物之奧也。善人之所寶，不善人之所保。美言可以於市，尊言可以加於人。人之不善，何棄之有？故立天子，置三公，雖有拱璧以先駟馬，不如進此道也。古之所以貴此道者何也？不曰求以得，有罪以免邪？故為天下貴。
本書校定本	(25) 道者萬物之注也，善人之葆也，不善人之所葆也。美言可以市，奠行可以賀人。人之不善也，何棄之有。故立天子，置三卿，雖有共之璧以先四馬，不若坐而進此。古之所以貴此者何也？不謂求以得，有罪以免與！故為天下貴。

帛書甲本	為无為，事无事，味无未。大小，多少，報怨以德。圖難乎□□□□□□□□。天下之難作於易，天下之大作於細。是以聖人冬不為大，故能□□□□□□□□□□□□必多難。是□□人猷難之，故冬於无難。
帛書乙本	為无為□□□□□□□□□□□□□□□□□□□□□□□□□乎亓細也。天下之□□□易，天下之大□□□□□□□□□□□□□□□夫輕若□□信，多易必多難。是以耶人□□之，故□□□□。
王弼本	(63)為無為，事無事，味無味。大小多少，報怨以德。圖難於其易，為大於其細。天下難事必作於易，天下大事必作於細。是以聖人終不為大，故能成其大。夫輕諾必寡信，多易必多難。是以聖人猶難之，故終無難矣。
傅奕本	(63)為無為，事無事，味無味。大小多少，報怨以德。圖難乎於其易，為大乎於其細。天下之難事必作於易，天下之大事必作於細。是以聖人終不為大，故能成其大。夫輕諾者必寡信，多易者必多難。是以聖人猶難之，故終無難矣。
本書校定本	(26)為無為，事無事，味無未。大小多少，報怨以德。圖難乎其易也，為大乎其細也。天下之難作於易，天下之大作於細，是以聖人冬不為大，故能成其大。夫輕若必寡信，多易必多難，是以聖人猶難之，故冬於無難。

帛書甲本	亓安也，易持也；□□□□易謀□……毫末；九成之臺，作於羸土；百仁之高，台於足□。□□□□□□□□□□□□□□□□也，□无敗□；无執也，故无失也。民之從事也，恆於亓成事而敗之。故慎終若始，則□□□□□□□欲不欲，而不貴難得之腸；學不學，而復眾人之所過。能輔萬物之自□，□弗敢為。
帛書乙本	……木，作於毫末；九成之臺，作於虆土；百千之高，始於足下。為之者敗之，執者失之。是以耶人无為□□□□□□□□□□□□。民之從事也，恆於亓成而敗之。故曰慎冬若始，則无敗事矣。是以耶人欲不欲，而不貴難得之貨；學不學，復眾人之所過。能輔萬物之自然，而弗敢為。
王弼本	(64)其安易持，其未兆易謀，其脆易泮，其微易散。為之於未有，治之於未亂。合抱之木，生於毫末；九層之台，起於累土；千里之行，始於足下。為者敗之，執者失之。是以聖人無為故無敗，無執故無失。民之從事，常於幾成而敗之。慎終如始，則無敗事。是以聖人欲不欲，不貴難得之貨；學不學，復眾人之所過。以輔萬物之自然，而不敢為。
傅奕本	(64)其安易持，其未兆易謀。其脆易判，其微易散。為之乎其未有，治之乎其未亂。合襃之木，生於豪末；九成之臺，起於累土；千里之行，始於足下。為者敗之，執者失之。是以聖人無為故無敗，無執故無失。民之從事，常於其幾成而敗之。慎終如始，則無敗事矣。是以聖人欲不欲，不貴難得之貨；學不學，以復眾人之所過。以輔萬物之自然，而不敢為也。
本書校定本	(27)其安也，易持也。其未兆也，易謀也。其脆也，易判也。其微也，易散也。為之乎其未有，治之乎其未亂。合抱之木，作於毫末。九成之臺，作於纍土；百仁之高，始於足下。為之者敗之，執之者失之。是以聖人無為也，故無敗也；無執也，故無失也。民之從事也，恆於其成事而敗之，故慎終若始，則無敗事矣。是以聖人欲不欲，而不貴難得之貨；學不學，而復眾人之所過；能輔萬物之自然，而弗敢為。

帛書甲本	故曰：為道者非以明民也，將以愚之也。民之難□也，以亓知也。故以知知邦，邦之賊也，以不知知邦□□德也。恆知此兩者，亦稽式也。恆知稽式，此胃玄德。玄德深矣，遠矣，與物□矣，乃□□□	□海之所以能為百浴王者，以亓善下之，是以能為百浴王。是以聖人之欲上民也，必以亓言下之；亓欲先□□，必以亓身後之。故居前而民弗害也，居上而民弗重也。天下樂隼而弗猒也。非以亓无諍與？故□□□□□諍。
帛書乙本	古之為道者，非以明□□□□之也。夫民之難治也，以亓知也。故以知知國，國之賊也，以不知知國，國之德也。恆知此兩者，亦稽式也。恆知稽式，是胃玄德。玄德深矣，遠矣，□物反也，乃至大順。	江海所以能為百浴□□，□亓□下之也，是以能為百浴王。是以耶人之欲上民也，必以亓言下之；亓欲先民也，必以亓身後之。故居上而民弗重也，居前而民弗害。天下皆樂誰而弗猒也。不□亓无爭與？故天下莫能與爭。
王弼本	(65)古之善為道者，非以明民，將以愚之。民之難治，以其智多。故以智治國，國之賊；不以智治國，國之福。知此兩者，亦稽式。常知稽式，是謂玄德。玄德深矣，遠矣，與物反矣，然後乃至大順。	(66)江海所以能為百谷王者，以其善下之，故能為百谷王。是以欲上民，必以言下之；欲先民，必以身後之。是以聖人處上而民不重，處前而民不害。是以天下樂推而不厭。以其不爭，故天下莫能與之爭。
傅奕本	(65)古之善為道者，非以明民，將以愚之。民之難治，以其多知也。故以知治國，國之賊也；不以知治國，國之福也。常知此兩者，亦稽式也。能知稽式，是謂玄德。玄德深矣，遠矣，與物反矣，乃復至於大順。	(66)江海所以能為百谷王者，以其善下之也，故能為百谷王。是以聖人欲上民，必以其言下之；欲先民，必以其身後之。是以聖人處之上而民弗重，處之前而民不害也。是以天下樂推而不猒。不以其不爭，故天下莫能與之爭。
本書校定本	(28)古之為道者非以明民也，將以愚之也。民之難治也，以其知也。故以知知邦，邦之賊也；以不知知邦，邦之德也。恆知此兩者，亦稽式也；恆知稽式，此謂玄德。玄德深矣，遠矣，與物反矣，乃至大順。	(29)江海之所以能為百谷王者，以其善下之，是以能為百谷王。是以聖人之欲上民也，必以其言下之；其欲先民也，必以其身後之。故居前而民弗害也，居上而民弗重也。天下皆樂隼而弗猒也。非以其無爭與，故天下莫能與爭。

帛書甲本	小邦寡民。使十百人之器毋用，使民重死而遠送。有車周，无所乘之；有甲兵，无所陳□□□□□□□用之。甘亓食，美亓服，樂亓俗，安亓居。鄰邦相壂，雞狗之聲相聞，民□□□□□□□	□□□□□□不□；□者不博，□者不知；善□□□者不善。聖人无□，□以為……
帛書乙本	小國寡民。使有十百人器而勿用，使民重死而遠徙。又周車，无所乘之；有甲兵，无所陳之。使民復結繩而用之。甘亓食，美亓服，樂亓俗，安亓居。哭國相朢，雞犬之□□聞，民至老死不相往來。	信言不美，美言不信；知者不博，博者不知；善者不多，多者不善。耶人无積，既以為人，己俞有；既以予人矣，己俞多。故天之道，利而不害；人之道，為而弗爭。
王弼本	(80)小國寡民。使有什伯之器而不用，使民重死而不遠徙。雖有舟輿，無所乘之；雖有甲兵，無所陳之。使人復結繩而用之。甘其食，美其服，安其居，樂其俗。鄰國相望，雞犬之聲相聞，民至老死不相往來。	(81)信言不美，美言不信；善者不辯，辯者不善；知者不博，博者不知。聖人不積，既以為人，己愈有；既以與人，己愈多。天之道，利而不害；聖人之道，為而不爭。
傅奕本	(80)小國寡民。使民有什伯之器而不用也，使民重死而不遠徙。雖有舟輿，無所乘之；雖有甲兵，無所陳之。使民復結繩而用之。至治之極，民各甘其食，美其服，安其俗，樂其業。鄰國相望，雞犬之聲相聞，使民至老死不相與往來。	(81)信言不美，美言不信；善言不辯，辯言不善；知者不博，博者不知。聖人無積，既以為人，己愈有；既以與人，己愈多。天之道，利而不害；聖人之道，為而不爭。
本書校定本	(30)小邦寡民，使十百人之器毋用，使民重死而遠徙。有車周無所乘之，有甲兵無所陳之。使民復結繩而用之。甘其食，美其服，樂其俗，安其居。鄰邦相望，雞狗之聲相聞，民至老死不相往來。	(31)信言不美，美言不信。知者不博，博者不知。善者不多，多者不善。聖人無積，既以為人，己俞有；既以予人矣，己俞多。故天之道，利而不害；人之道，為而弗爭。

帛書甲本	□□□□□□□□□夫唯□，故不宵；若宵，細久矣。我恆有三葆之：一曰茲，二曰檢，□□□□□□□□□□□□□□故能廣；不敢為天下先，故能為成事長。今舍亓茲且勇，舍亓後且先，則必死矣。夫茲，□□則勝，以守則固。天將建之，女以茲垣之。
帛書乙本	天下□胃我大，大而不宵。夫唯不宵，故能大；若宵，久矣亓細也夫！我恆有三琛，市而琛之：一曰茲，二曰檢，三曰不敢為天下先。夫茲，故能勇；檢，敢能廣；不敢為天下先，故能為成器長。□舍亓茲且勇，舍亓檢且廣，舍亓後且先，則死矣。夫茲，以單則朕，以守則固。天將建之，如以茲垣之。
王弼本	(67)天下皆謂我道大，似不肖。夫唯大，故似不肖；若肖，久矣其細也夫！我有三寶，持而保之：一曰慈，二曰儉，三曰不敢為天下先。慈，故能勇；儉，故能廣；不敢為天下先，故能成器長。今舍慈且勇，舍儉且廣，舍後且先，死矣！夫慈，以戰則勝，以守則固。天將救之，以慈衛之。
傅奕本	(67)天下皆謂吾大，似不肖。夫惟大，故似不肖；若肖，久矣其細也夫！吾有三寶，持而寶之：一曰慈，二曰儉，三曰不敢為天下先。夫慈，故能勇；儉，故能廣；不敢為天下先，故能成器長。今捨其慈且勇，捨其儉且廣，捨其後且先，是謂入死門。夫慈，以陳則正，以守則固。天將救之，以慈衛之。
本書校定本	(32)天下皆謂我大，大而不宵。夫唯不宵，故能大。若宵，久矣其細也夫。我恆有三葆，市而葆之。一曰茲，二曰檢，三曰不敢為天下先。夫茲，故能勇；檢，故能廣；不敢為天下先，故能為成事長。今捨其茲，且勇；捨其檢，且廣；捨其後，且先，則必死矣。夫茲，以戰則勝，以守則固。天將建之，如以茲垣之。

帛書甲本	善為士者不武，善戰者不怒，善勝敵者弗□，善用人者為之下。□胃不諍之德，是胃用人，是胃天，古之極也。	用兵有言曰：吾不敢為主而為客，吾不進寸而芮尺。是胃行无行，襄无臂，執无兵，乃无敵矣。𥝤莫於於无適，无適斤亡吾吾葆矣。故稱兵相若，則哀者勝矣。
帛書乙本	故善為士者不武，善單者不怒，善朕敵者弗與，善用人者為之下。是胃不爭□德，是胃用人，是胃肥天，古之極也。	用兵又言曰：吾不敢為主而為客，不敢進寸而退尺。是胃行无行，攘无臂，執无兵，乃无敵。禍莫大於無敵，無敵近亡吾琛矣。故抗兵相若，而依者朕□。
王弼本	(68) 善為士者不武，善戰者不怒，善勝敵者不與，善用人者為之下。是謂不爭之德，是謂用人之力，是謂配天，古之極。	(69) 用兵有言：吾不敢為主而為客，不敢進寸而退尺。是謂行無行，攘無臂，扔無敵，執無兵。禍莫大於輕敵，輕敵幾喪吾寶。故抗兵相加，哀者勝矣。
傅奕本	(68) 古之善為士者不武也，善戰者不怒，善勝敵者不爭，善用人者為之下。是謂不爭之德，是謂用人之力，是謂配天，古之極也。	(69) 用兵有言曰：吾不敢為主而為客，不敢進寸而退尺。是謂行無行，攘無臂，執無兵，仍無敵。禍莫大於無敵，無敵則幾亡吾寶。故抗兵相若，則哀者勝矣。
本書校定本	(33) 善為士者不武，善戰者不怒，善勝敵者弗與，善用人者為之下。是謂不爭之德，是謂用人，是謂肥天古之極也。	(34) 用兵有言曰：吾不敢為主而為客，吾不敢進寸而退尺。是謂行無行，攘無臂，執無兵，乃無敵矣。禍莫大於無敵，無敵近亡吾葆矣。故稱兵相若，則哀者勝矣。

帛書甲本	吾言甚易知也，甚易行也；而人莫之能知也，而莫之能行也。言有君，事有宗。亓唯无知也，是以不□□□□□□□我貴矣。是以聖人被褐而褱玉。	知不知，尚矣；不知不知，病矣。是以聖人之不病，以亓□□□□□□□	□□□畏畏，則大□□□矣。毋閘亓所居，毋猒亓所生。亓唯弗猒，是□□□□□□□□□□□□□□□而不自貴也。故去被取此。
帛書乙本	吾言易知也，易行也；而天下莫之能知也，莫之能行也。夫言又宗，事又君。夫唯无知也，是以不我知。知者希，則我貴矣。是以耶人被褐而褱玉。	知不知，尚矣；不知知，病矣。是以耶人之不□也，以亓病病也，是以不病。	民之不畏畏，則大畏將至矣。毋伸亓所居，毋猒亓所生。夫唯弗猒，是以不猒。是以耶人自知而不自見也，自愛而不自貴也。故去罷而取此。
王弼本	(70)吾言甚易知，甚易行；天下莫能知，莫能行。言有宗，事有君。夫唯無知，是以不我知。知我者希，則我者貴。是以聖人被褐懷玉。	(71)知不知，上；不知知，病。夫唯病病，是以不病。聖人不病，以其病病，是以不病。	(72)民不畏威，則大威至。無狎其所居，無厭其所生。夫唯不厭，是以不厭。是以聖人自知不自見，自愛不自貴。故去彼取此。
傅奕本	(70)吾言甚易知，甚易行；而人莫之能知，莫之能行。言有宗，事有主。夫惟無知，是以不吾知也。知我者稀，則我貴矣。是以聖人被褐而懷玉。	(71)知不知，尚矣；不知知，病矣。夫惟病病，是以不病。聖人之不病，以其病病，是以不吾病。	(72)民不畏威，則大威至矣。無狎其所居，無猒其所生。夫惟無猒，是以無猒。是以聖人自知而不自見，自愛而不自貴。故去彼取此。
本書校定本	(35)吾言甚易知也，甚易行也；而天下莫之能知也，莫之能行也。言又宗，事又君。夫唯無知也，是以不我知。知我者希，則我貴矣。是以聖人被褐而褱玉。	(36)知不知，尚矣；不知不知，病矣。是以聖人之不病也，以其病病也，是以不病。	(37)民之不畏畏，則大畏將至矣。毋伸其所居，無猒其所生。夫唯弗猒，是以不猒。是以聖人自知而不自見也，自愛而不自貴也。故去被取此。

帛書甲本	勇於敢者□□□於不敢者則栝。□□□□□□□□□□□□□□□□□□□□□□□□□不言而善應，不召而自來，彈而善謀。□□□□□□□□	□□□□□□□奈何以殺思之也？若民恆是死，則而為者，吾將得而殺之，夫孰敢矣？若民□□必畏死，則恆有司殺者。夫伐司殺者殺，是伐大匠斲也。夫伐大匠斲者，則□不傷亓手矣。
帛書乙本	勇於敢則殺，勇於不敢則栝。□兩者，或利或害。天之所亞，孰知亓故？天之道，不單而善胅，不言而善應，弗召而自來，單而善謀。天罔経経，疏而不失。	若民恆且畏不畏死，若何以殺曜之也？使民恆且畏死，而為畸者，□得而殺之，夫孰敢矣？若民恆且必畏死，則恆又司殺者。夫代司殺者殺，是代大匠斲。夫代大匠斲，則希不傷亓手。
王弼本	(73)勇於敢則殺，勇於不敢則活。此兩者，或利或害。天之所惡，孰知其故？是以聖人猶難之。天之道，不爭而善勝，不言而善應，不召而自來，繟然而善謀。天網恢恢，疏而不失。	(74)民不畏死，奈何以死懼之？若使民常畏死，而為奇者，吾得執而殺之，孰敢？常有司殺者殺，夫代司殺者殺，是謂代大匠斲。夫代大匠斲者，希有不傷其手矣。
傅奕本	(73)勇於敢則殺，勇於不敢則活。此兩者，或利或害。天之所惡，孰知其故？是以聖人猶難之。天之道，不爭而善勝，不言而善應，不召而自來，默然而善謀。天網恢恢，疏而不失。	(74)民常不畏死，如之何其以死懼之？若使民常畏死，而為奇者，吾得而殺之，孰敢也？常有司殺者殺，而代司殺者殺，是代大匠斲。夫代大匠斲者，稀不自傷其手矣。
本書校定本	(38)勇於敢則殺，勇於不敢則栝。此兩者或利或害，天之所亞，孰知其故？天之道，不單而善胅，不言而善應，不召而自來，彈而善謀。天罔経経，疏而不失。	(39)若民恆且不畏死，若何以殺思之也？使民恆且畏死，而為畸者吾得而殺之，夫孰敢矣。若民恆且必畏死，則恆有司殺者。夫代司殺者殺，是代大匠斲也，夫代大匠斲者，則希不傷其手矣。

帛書甲本	人之飢也，以亓取食逸之多也，是以飢。百姓之不治也，以亓上有以為□，是以不治。民之巠死，以亓求生之厚也，是以巠死。夫唯无以生為者，是賢貴生。	人之生也柔弱，亓死也植仞賢強。萬物草木之生也柔脆，亓死也棹槀。故曰：堅強者死之徒也，柔弱微細生之徒也。兵強則不勝，木強則恆。強大居下，柔弱微細居上。
帛書乙本	人之飢也，以亓取食跷之多，是以飢。百生之不治也，以亓上之有以為也，□以不治。民之輕死也，以亓求生之厚也，是以輕死。夫唯无以生為者，是賢貴生。	人之生也柔弱，亓死也髄信堅強。萬□□木之生也柔椊，亓死也棹槁。故曰：堅強死之徒也，柔弱生之徒也。□以兵強則不朕，木強則兢。故強大居下，柔弱居上。
王弼本	(75) 民之饑，以其上食稅之多，是以饑。民之難治，以其上之有為，是以難治。民之輕死，以其求生之厚，是以輕死。夫唯無以生為者，是賢於貴生。	(76) 人之生也柔弱，其死也堅強。萬物草木之生也柔脆，其死也枯槁。故堅強者死之徒，柔弱者生之徒。是以兵強則不勝，木強則兵。強大處下，柔弱處上。
傅奕本	(75) 民之飢者，以其上食稅之多也，是以飢。民之難治者，以其上之有為也，是以難治。民之輕死者，以其上求生生之厚也，是以輕死。夫惟無以生為貴者，是賢於貴生也。	(76) 人之生也柔弱，其死也堅彊。草木之生也柔脆，其死也枯槁。故堅彊者死之徒也，柔弱者生之徒也。是以兵彊者則不勝，木彊則共。故堅彊處下，柔弱處上。
本書校定本	(40) 人之饑也，以其取食逸之多也，是以饑。百姓之不治也，以其上有以為也，是以不治。民之輕死，以其求生之厚也，是以輕死。夫唯無以生為者，是賢貴生。	(41) 人之生也柔弱，其死也植仞堅強。萬物草木之生也柔脆，其死也棹槁。故曰：堅強者死之徒也；柔弱微細，生之徒也。是以兵強則不勝，木強則恆。強大居下，柔弱微細居上。

帛書甲本	天下□□□□□者也。高者印之，下者舉之，有餘者敗之，不足者補之。故天之道，敗有□□□□□。□□□不然，敗□□□奉有餘。孰能有餘而有以取奉於天者乎？□□□□□□□□□□□□□□□□□□□□□□□□見賢也。	天下莫柔□□□，□□堅強者莫之能□也，以亓无□易□□□□□□□勝強，天□□□□□□□行也。故聖人之言云：曰受邦之訽，是胃社稷之主；受邦之不祥，是胃天下之王。□□若反。
帛書乙本	天之道，酉張弓也。高者印之，下者舉之，有余者云之，不足者□□。□□□□云有余而益不足。人之道，云不足而奉又余。夫孰能又余而□□奉於天者？唯又道者乎？是以耶人為而弗又，成功而弗居也，若此亓不欲見賢也。	天下莫柔弱於水，□□□□□□□□□以亓无以易之也。水之朕剛也，弱之朕強也，天下莫弗知也，而□□□□也。是故耶人之言云：曰受國之訽，是胃社稷之主；受國之不祥，是胃天下之王。正言若反。
王弼本	(77)天之道，其猶張弓與？高者抑之，下者舉之，有餘者損之，不足者補之。天之道，損有餘而補不足。人之道則不然，損不足以奉有餘。孰能有餘以奉天下？唯有道者。是以聖人為而不恃，功成而不處，其不欲見賢。	(78)天下莫柔弱於水，而攻堅強者莫之能勝，其無以易之。弱之勝強，柔之勝剛，天下莫不知，莫能行。是以聖人云：受國之垢，是謂社稷主；受國不祥，是為天下王。正言若反。
傅奕本	(77)天之道，其猶張弓者歟？高者抑之，下者舉之，有餘者損之，不足者補之。天之道，損有餘而補不足。人之道則不然，損不足以奉有餘。孰能損有餘而奉不足於天下者？其惟道者乎？是以聖人為而不恃，功成而不居，其不欲見賢邪。	(78)天下莫柔弱於水，而攻堅彊者莫之能先，以其無以易之也。柔之勝剛，弱之勝彊，天下莫不知，而莫之能行。故聖人之言云：受國之垢，是謂社稷之主；受國之不祥，是謂天下之主。正言若反也。
本書校定本	(42)天之道，酉張弓者也。高者印之，下者舉之；有餘者敗之，不足者補之。故天之道，敗有餘而益不足。人之道則不然，敗不足而奉有餘。孰能有餘而有以取奉於天者乎？唯有道者乎。是以聖人為而弗有，成功而弗居也，若此其不欲見賢也。	(43)天下莫柔弱於水，而攻堅強者莫之能先也，以其無以易之也。柔之勝剛，弱之勝強，天下莫弗知也，而莫能行也。故聖人之言云曰：受邦之訽，是謂社稷之主；受邦之不祥，是謂天下之王。正言若反。

帛書甲本	和大怨，必有餘怨，焉可以為善？是以聖右介，而不以責於人。故有德司介，□德司徹。夫天道无親，恆與善人。	道可道也，非恆道也；名可名也，非恆名也。无名，萬物之始也；有名，萬物之母也。□恆无欲也，以觀其眇；恆有欲也，以觀其所噭。兩者同出，異名同胃。玄之有玄，眾眇之□。
帛書乙本	禾大□□□□□□□□為善？是以耶人執左芥，而不以責於人。故又德司芥，无德司徹。□□□□□□□□德三千卌一	道可道也□□□□□□□□□恆名也。无名，萬物之始也；有名，萬物之母也。故恆无欲也，□□□□；恆又欲也，以觀亓所噭。兩者同出，異名同胃。玄之又玄，眾眇之門。
王弼本	(79)和大怨，必有餘怨，安可以為善？是以聖人執左契，而不責於人。有德司契，無德司徹。天道無親，常與善人。	(1)道可道，非常道；名可名，非常名。無名，天地之始；有名，萬物之母。故常無欲，以觀其妙；常有欲，以觀其徼。此兩者同出而異名，同謂之玄。玄之又玄，眾妙之門。
傅奕本	(79)和大怨，必有餘怨，安可以為善？是以聖人執左契，而不責於人。故有德司契，無德司徹。天道無親，常與善人。	(1)道可道，非常道；名可名，非常名。無名，天地之始；有名，萬物之母。故常無欲，以觀其妙；常有欲，以觀其徼。此兩者同出而異名，同謂之玄。玄之又玄，眾妙之門。
本書校定本	(44)和大怨，必有餘怨，焉可以為善？是以聖人執右介，而不以責於人。故有德司介，無德司徹。夫天道無親，恆與善人。	(45)道可道也，非恆道也。名可名也，非恆名也。無名，萬物之始也；有名，萬物之母也。故恆無欲也，以觀其眇；恆有欲也，以觀其所噭。兩者同出，異名同謂，玄之又玄，眾眇之門。

版本	第二章	第三章
帛書甲本	天下皆知美為美，惡已；皆知善，訾不善矣。有无之相生也，難易之相成也，長短之相刑也，高下之相盈也，意聲之相和也，先後之相隋，恆也。是以聲人居无為之事，行□□□□□□□□□也，為而弗志也，成功而弗居也。夫唯居，是以弗去。	不上賢□□□□□□□□□□□民不為□不□□□□民不乿。是以聲人之□□□□□□□□□□□強其骨。恆使民无知无欲也，使□□□□□□□□□□□□□
帛書乙本	天下皆知美之為美，亞已；皆知善，斯不善矣。□□□□生也，難易之相成也，長短之相刑也，高下之相盈也，音聲之相和也，先後之相隋，恆也。是以耶人居无為之事，行不言之教。萬物昔而弗始，為而弗侍也，成功而弗居也。夫唯弗居，是以弗去。	不上賢，使民不爭；不貴難得之貨，使民不為盜；不見可欲，使民不乿。是以耶人之治也，虛亓心，實亓腹，弱亓志，強亓骨。恆使民无知无欲也，使夫知不敢、弗為而已，則无不治矣。
王弼本	(2)天下皆知美之為美，斯惡已；皆知善之為善，斯不善已。故有無相生，難易相成，長短相較，高下相傾，音聲相和，前後相隨。是以聖人處無為之事，行不言之教。萬物作焉而不辭，生而不有，為而不恃，功成而弗居。夫唯弗居，是以不去。	(3)不尚賢，使民不爭；不貴難得之貨，使民不為盜；不見可欲，使民心不亂。是以聖人之治，虛其心，實其腹，弱其志，強其骨。常使民無知無欲，使夫智者不敢為也。為無為，則無不治。
傅奕本	(2)天下皆知美之為美，斯惡已；皆知善之為善，斯不善已。故有無之相生，難易之相成，長短之相形，高下之相傾，音聲之相和，前後之相隨。是以聖人處無為之事，行不言之教。萬物作而不為始，生而不有，為而不恃，功成不處。夫惟不處，是以不去。	(3)不尚賢，使民不爭；不貴難得之貨，使民不為盜；不見可欲，使民心不亂。是以聖人之治也，虛其心，實其腹，弱其志，彊其骨。常使民無知無欲，使夫知者不敢為。為無為，則無不為矣。
本書校定本	(46)天下皆知美之為美，惡已；皆知善，斯不善矣。有無之相生也，難易之相成也，長短之相刑也，高下之相盈也，音聲之相和也，先後之相隨，恆也。是以聖人居無為之事，行不言之教，萬物昔而弗始也，為而弗志也，成功而弗居也。夫唯弗居，是以弗去。	(47)不上賢，使民不爭。不貴難得之貨，使民不為盜。不見可欲，使民不亂。是以聖人之治也，虛其心，實其腹，弱其志，強其骨。恆使民無知無欲也，使夫知不敢，弗為而已，則無不治矣。

版本	(4)	(5)	(6)
帛書甲本	□□□□□□□盈也。潚呵，始萬物之宗。銼其，解其紛，和其光，同□□□□或存。吾不知□子也，象帝之先。	天地不仁，以萬物為芻狗；聲人不仁，以百省□□狗。天地□間，□猶橐籥輿？虛而不淈，踵而俞出。多聞數窮，不若守於中。	浴神□死，是胃玄牝，玄牝之門，是胃□地之根。緜緜呵若存，用之不堇。
帛書乙本	道沖而用之，有弗盈也。淵呵，佁萬物之宗。銼亓兌，解亓芬，和亓光，同亓塵。湛呵佁或存。吾不知亓誰之子也，象帝之先。	天地不仁，以萬物為芻狗；耶人不仁，□百姓為芻狗。天地之間，亓猷橐籥輿？虛而不淈，動而俞出。多聞數窮，不若守於中。	浴神不死，是胃玄牝，玄牝之門，是胃天地之根。緜緜呵亓若存，用之不堇。
王弼本	(4) 道沖而用之，或不盈。淵兮似萬物之宗。挫其銳，解其紛，和其光，同其塵。湛兮似或存。吾不知誰之子，象帝之先。	(5) 天地不仁，以萬物為芻狗；聖人不仁，以百姓為芻狗。天地之間，其猶橐籥乎？虛而不屈，動而愈出。多言數窮，不如守中。	(6) 谷神不死，是謂玄牝。玄牝之門，是謂天地根。緜緜若存，用之不勤。
傅奕本	(4) 道盅而用之，又不滿。淵兮似萬物之宗。挫其銳，解其紛，和其光，同其塵。湛兮似或存。吾不知誰之子，象帝之先。	(5) 天地不仁，以萬物為芻狗；聖人不仁，以百姓為芻狗。天地之間，其猶橐籥乎？虛而不詘，動而俞出。多言數窮，不如守中。	(6) 谷神不死，是謂玄牝。玄牝之門，是謂天地之根。綿綿若存，用之不勤。
本書校定本	(48) 道沖，而用之有弗盈也。淵呵，似萬物之宗。銼其兌，解其紛，和其光，同其塵。湛呵似或存，吾不知其誰之子也，象帝之先。	(49) 天地不仁，以萬物為芻狗；聖人不仁，以百姓為芻狗。天地之間，其猶橐籥輿？虛而不淈，動而俞出。多聞數窮，不若守於中。	(50) 谷神不死，是謂玄牝，玄牝之門，是謂天地之根。緜緜呵若存，用之不堇。

帛書甲本	天長地久。天地之所以能□且久者，以其不自生也，故能長生。是以聲人芮其身而身先，外其身而身存。不以其无□輿？故能成其□。	上善治水。水善利萬物而有靜。居眾之所惡，故幾於道矣。居善地，心善潚，予善信，正善治，事善能，蹱善時。夫唯不靜，故无尤。	㨨而盈之不□□□□□□之，□可長葆之。金玉盈室，莫之守也。貴富而驕，自遺咎也。功述身芮，天□□□。
帛書乙本	天長地久。天地之所以能長且久者，以亓不自生也，故能長生。是以耶人退亓身而身先，外亓身而身先，外亓身而身存。不以亓无私輿？故能成亓私。	上善如水。水善利萬物而有爭。居眾人之所亞，故幾於道矣。居善地，心善淵，予善天，言善信，正善治，事善能，動善時。夫唯不爭，故无尤。	㨨而盈之，不若亓已。㧖而允之，不可長葆也。金玉□室，莫之能守也。貴富而驕，自遺咎也。功遂身退，天之道也。
王弼本	(7)天長地久。天地所以能長且久者，以其不自生，故能長生。是以聖人後其身而身先，外其身而身存。非以其無私邪？故能成其私。	(8)上善若水。水善利萬物而不爭。處眾人之所惡，故幾於道。居善地，心善淵，與善仁，言善信，正善治，事善能，動善時。夫唯不爭，故無尤。	(9)持而盈之，不如其已。揣而梲之，不可長保。金玉滿堂，莫之能守。富貴而驕，自遺其咎。功遂身退，天之道。
傅奕本	(7)天長地久。天地所以能長且久者，以其不自生，故能長生。是以聖人後其身而身先，外其身而身存。不以其無私邪？故能成其私。	(8)上善若水。水善利萬物而不爭。居眾人之所惡，故幾於道矣。居善地，心善淵，與善人，言善信，政善治，事善能，動善時。夫惟不爭，故無尤矣。	(9)持而盈之，不如其已。𢿃而梲之，不可長保。金玉滿室，莫之能守。富貴而驕，自遺其咎。成名，功遂，身退，天之道。
本書校定本	(51)天長地久。天地之所以能長且久者，以其不自生也，故能長生。是以聖人退其身而身先，外其身而身存。不以其無私輿？故能成其私。	(52)上善如水。水善利萬物而有靜，居眾之所惡，故幾於道矣。居善地，心善淵，予善信，正善治，事善能，動善時。夫唯不靜，故無尤。	(53)㨨而盈之，不若其已。㧖而允之，不可長葆也。金玉盈室，莫之守也。貴富而驕，自遺咎也。功遂身退，天之道也。

帛書甲本	□□□□□□□□□□□□□□□能嬰兒乎？脩除玄藍，能毋疵乎？愛□□□□□□□□□□□□□□□□□□□□□□□□□□□□□□□□□生之畜之，生而弗□□□□□□□□□□□德。	卅□□□□□其无，□□之用□。然埴為器，當其无，有埴器□□□□□□當其无，有□之用也。故有之以為利，无之以為用。
帛書乙本	戴營袙抱一，能毋离乎？槫氣至柔，能嬰兒乎？脩除玄監，能毋有疵乎？愛民栝國，能毋以知乎？天門啟闔，能為雌乎？明白四達，能毋以知乎？生之畜之，生而弗有，長而弗宰也，是胃玄德。	卅楅同一轂，當亓无，有車之用也。埏埴而為器，當亓无，有埴器之用也。鑿戶牖，當亓无，有室之用也。故有之以為利，无之以為用。
王弼本	(10)載營魄抱一，能無離乎？專氣致柔，能嬰兒乎？滌除玄覽，能無疵乎？愛民治國，能無知乎？天門開闔，能無雌乎？明白四達，能無為乎？生之畜之，生而不有，為而不恃，長而不宰，是謂玄德。	(11)三十輻共一轂，當其無，有車之用。埏埴以為器，當其無，有器之用。鑿戶牖以為室，當其無，有室之用。故有之以為利，無之以為用。
傅奕本	(10)載營魄袌一，能無離乎？專氣致柔，能如嬰兒乎？滌除玄覽，能無疵乎？愛民治國，能無以知乎？天門開闔，能為雌乎？明白四達，能無以為乎？生之畜之，生而不有，為而不恃，長而不宰，是謂玄德。	(11)三十輻共一轂，當其無，有車之用。埏埴以為器，當其無，有器之用。鑿戶牖以為室，當其無，有室之用。故有之以為利，無之以為用。
本書校定本	(54)戴營袙抱一，能毋離乎？槫氣至柔，能嬰兒乎？脩除玄監，能毋有疵乎？愛民栝國，能毋以知乎？天門啟闔，能為雌乎？明白四達，能毋以知乎？生之畜之，生而弗有，長而弗宰也，是謂玄德。	(55)卅楅同一轂，當其無，有車之用也。埏埴而為器，當其無，有埴器之用也。鑿戶牖，當其無，有室之用也。故有之以為利，無之以為用。

版本		
帛書甲本	五色使人目明，馳騁田臘使人□□□，難得之價使人之行方，五味使人之口啪，五音使人之耳聾。是以聲人之治也，為腹不□□，故去罷耳此。	龍辱若驚，貴大梡若身。苛胃龍辱若驚？龍之為下，得之若驚，失□若驚，是胃龍辱若驚。何胃貴大梡若身？吾所以有大梡者，為吾有身也；及吾无身，有何梡？故貴為身於為天下，若可以迈天下矣；愛以身為天下，女可以寄天下。
帛書乙本	五色使人目盲，馳騁田臘使人心發狂，難得之貨使人之行仿，五味使人之口爽，五音使人之耳□。是以耶人之治也，為腹而不為目，故去彼而取此。	弄辱若驚，貴大患若身。何胃弄辱若驚？弄之為下也，得之若驚，失之若驚，是胃弄辱若驚。何胃貴大患若身？吾所以有大患者，為吾有身也；及吾無身，有何患？故貴為身於為天下，若可以橐天下□；愛以身為天下，女可以寄天下矣。
王弼本	(12)五色令人目盲，五音令人耳聾，五味令人口爽，馳騁畋獵令人心發狂，難得之貨令人行妨。是以聖人為腹不為目，故去彼取此。	(13)寵辱若驚，貴大患若身。何謂寵辱若驚？寵為下，得之若驚，失之若驚，是謂寵辱若驚。何謂貴大患若身？吾所以有大患者，為吾有身；及吾無身，吾有何患？故貴以身為天下，若可寄天下；愛以身為天下，若可託天下。
傅奕本	(12)五色令人目盲，五音令人耳聾，五味令人口爽，馳騁田獵令人心發狂，難得之貨令人行妨。是以聖人為腹不為目，故去彼取此。	(13)寵辱若驚，貴大患若身。何謂寵辱若驚？寵為下，得之若驚，失之若驚，是謂寵辱若驚。何謂貴大患若身？吾所以有大患者，為吾有身；苟吾無身，吾有何患乎？故貴以身為天下者，則可以託天下矣；愛以身為天下者，則可以寄天下矣。
本書校定本	(56)五色使人目盲，馳騁田獵使人心發狂，難得之貨使人之行方，五味使人之口爽，五音使人之耳聾。是以聖人之治也，為腹而不為目，故去彼而取此。	(57)龍辱若驚，貴大患若身。何謂龍辱若驚？龍之為下，得之若驚，失之若驚，是謂龍辱若驚。何謂貴大患若身？吾所以有大患者，為吾有身也；及吾無身，有何患？故貴為身於為天下，若可以橐天下矣；愛以身，為天下，女可以寄天下矣。

帛書甲本	視之而弗見，名之曰⿱微耳；聽之而弗聞，名之曰希；揗之而弗得，名之曰夷。三者不可至計，故𡇒□□□者，其上不攸，其下不物。尋尋呵，不可名也，復歸於无物。是胃无狀之狀，无物之□□□□□□□□□□□而不見其首。執今之道，以御今之有，以知古始，是胃□□。
帛書乙本	視之而弗見，□之曰微；聽之而弗聞，命之曰希；揗之而弗得，命之曰夷。三者不可至計，故緒而為一。一者，亓上不謬，亓下不惚。尋尋呵，不可命也，復歸於无物。是胃无狀之狀，无物之象，是胃沕望。隋而不見亓後，迎而不見亓首。執今之道，以御今之有，以知古始，是胃道紀。
王弼本	(14)視之不見名曰夷，聽之不聞名曰希，摶之不得名曰微。此三者不可致詰，故混而為一。其上不皦，其下不昧。繩繩不可名，復歸於無物。是謂無狀之狀，無物之象，是謂惚恍。迎之不見其首，隨之不見其後。執古之道，以御今之有，能知古始，是謂道紀。
傅奕本	(14)視之不見名曰夷，聽之不聞名曰希，摶之不得名曰微。此三者不可致詰，故混而為一。一者，其上之不皦，其下之不昧。繩繩兮不可名，復歸於無物。是謂無狀之狀，無物之象，是謂芴芒。迎之不見其首，隨之不見其後。執古之道，可以御今之有，能知古始，是謂道紀。
本書校定本	(58)視之而弗見，名之曰微。聽之而弗聞，名之曰希。揗之而弗得，名之曰夷。三者不可至計，故𡇒而為一。一者，其上不謬，其下不忽。尋尋呵不可名也，復歸於無物。是謂無狀之狀，無物之象，是謂忽望。隨而不見其後，迎而不見其首。執今之道，以御今之有，以知古始，是謂道紀。

帛書甲本	□□□□□□□□□□深不可志。夫唯不可志，故強為之容曰：與呵其若冬□□□□□畏四□，□呵其若客，渙呵其若凌澤，□呵其若楃，湷□□□□□□若浴。濁而情之余清，女以重之余生。葆此道不欲盈，夫唯不欲□□以能□□□成。
帛書乙本	古之□為道者，微眇玄達，深不可志。夫唯不可志，故強為之容曰：與呵亓若冬涉水，猷呵亓若畏四哭，嚴呵亓若客，渙呵亓若淩澤，沌呵亓若樸，湷呵亓若濁，湛呵亓若浴。濁而靜之徐清，女以重之徐生。葆此道□□欲盈，是以能斃而不成。
王弼本	(15)古之善為士者，微妙玄通，深不可識。夫唯不可識，故強為之容。豫焉若冬涉川，猶兮若畏四鄰，儼兮其若容，渙兮若冰之將釋，敦兮其若樸，曠兮其若谷，混兮其若濁。孰能濁以靜之？徐清。孰能安以久動之？徐生。保此道者不欲盈，夫唯不盈，故能蔽不新成。
傅奕本	(15)古之善為道者，微妙玄通，深不可識。夫惟不可識，故彊為之容曰：豫兮若冬涉川，猶兮若畏四鄰，儼若客，渙若冰將釋，敦兮其若樸，曠兮其若谷，混兮其若濁。孰能濁以澄靖之而徐清？孰能安以久動之而徐生？保此道者不欲盈，夫惟不盈，是以能敝而不成。
本書校定本	(59)古之善為道者，微眇玄達，深不可志。夫唯不可志，故強為之容。曰：與呵其若冬涉水。猶呵其若畏四哭。嚴呵其若客。渙呵其若凌澤。沌呵其若樸。湷呵其若濁。湛呵其若谷。濁而靜之徐清，女以重之徐生。葆此道不欲盈，夫唯不欲盈，是以能敝而不成。

版本		
帛書甲本	至虛，極也；守情，表也。萬物旁作，吾以觀其復也。天物雲雲，各復歸於其□□□□是胃復命，復命常也，知常，明也。不知常，巿。巿作，兇。知常容，容乃公，公乃王，王乃天，天乃道□□□，沕身不怠。	大上，下知有之；其次，親譽之；其次，畏之；其下，母之。信不足，案有不信。□□其貴言也。成功遂事，而百省胃我自然。
帛書乙本	至虛，極也；守靜，督也。萬物旁作，吾以觀亓復也。天物秐秐，各復歸於亓根曰靜，靜，是胃復命，復命，常也，知常，明也。不知常，芒。芒作，凶。知常容，容乃公，公乃王□天，天乃道，道乃，沒身不殆。	大上，下知又□；亓□，親譽之；亓次，畏之；亓下，母之。信不足，安有不信。猷呵亓貴言也。成功遂事，而百姓胃我自然。
王弼本	(16)致虛，極；守靜，篤。萬物並作，吾以觀復。夫物芸芸，各復歸其根。歸根曰靜，是謂復命。復命曰常，知常曰明。不知常，妄作，凶。知常容，容乃公，公乃王，王乃天，天乃道，道乃久，沒身不殆。	(17)太上，下知有之；其次，親而譽之；其次，畏之；其次，侮之。信不足，焉有不信焉。悠兮其貴言。功成事遂，百姓皆謂我自然。
傅奕本	(16)致虛，極；守靖，篤。萬物並作，吾以觀其復。凡物䝤䝤，各歸其根。歸根曰靖，靖曰復命。復命曰常，知常曰明。不知常，妄作，凶。知常容，容乃公，公乃王，王乃天，天乃道，道乃久，沒身不殆。	(17)太上，下知有之；其次，親之；其次，譽之；其次，畏之；其次，侮之。故信不足，焉有不信。猶兮其貴言哉。功成事遂，百姓皆曰我自然。
本書校定本	(60)至虛，極也；守靜，督也。萬物旁作，吾以觀其復也。天物雲雲，各復歸於其根曰靜，靜是謂復命。復命常也，知常明也；不知常，巿；巿作，凶。知常容，容乃公，公乃王，王乃天，天乃道，道乃久，沒身不殆。	(61)太上，下知有之。其次，親譽之。其次，畏之。其下，母之。信不足，案有不信。猶呵，其貴言也。成功遂事，而百姓謂我自然。

版本		
帛書甲本	故大道廢，案有仁義；知快出，案有大偽；六親不和，案有畜茲；邦家悶乳，案有貞臣。	絕聲棄知，民利百負；絕仁棄義，民復畜茲；絕巧棄利，盜賊无有。此三言也，以為文未足，故令之有所屬。見素抱□□□□□
帛書乙本	故大道廢，安有仁義；知慧出，安有□□；六親不和，安又孝茲；國家悶乚，安有貞臣。	絕耶棄知，而民利百倍；絕仁棄義，而民復孝茲；絕巧棄利，盜賊无有。此三言也，以為文未足，故令之有所屬。見素抱樸，少□而寡欲。
王弼本	(18)大道廢，有仁義；慧智出，有大偽；六親不和，有孝慈；國家昏亂，有忠臣。	(19)絕聖棄智，民利百倍；絕仁棄義，民復孝慈；絕巧棄利，盜賊無有。此三者以為文不足，故令有所屬。見素抱樸，少私寡欲。
傅奕本	(18)大道廢，焉有仁義；智慧出，焉有大偽；六親不和，有孝慈；國家昏亂，有貞臣。	(19)絕聖棄知，民利百倍；絕仁棄義，民復孝慈；絕巧棄利，盜賊無有。此三者以為文而未足也，故令有所屬。見素裦朴，少私寡欲。
本書校定本	(62)故大道廢，案有仁義。知慧出，案有大偽。六親不和，案有孝茲。邦家悶亂，案有貞臣。	(63)絕聖棄知，而民利百倍。絕仁棄義，而民復孝茲。絕巧棄利，盜賊無有。此三言也，以為文未足，故令之有所屬：見素抱樸，少私而寡欲，絕學無憂。

版本	文本
帛書甲本	□□□□唯與訶，其相去幾何？美與惡，其相去何若？人之□□，亦不□□□□□□□□□□眾人巸巸，若鄉於大牢，而春登臺。我泊焉未佻，若□□□□。纍呵，如□□□□□皆有餘，我獨遺。我禺人之心也，惷惷呵。鬻□□□□□□閒呵；鬻人蔡蔡，我獨閩閩呵。物呵其若□，壂呵其若無所止。□□□□□□□□以悝。吾欲獨異於人，而貴食母。
帛書乙本	絕學无憂。唯與呵，亓相去幾何？美與亞，亓相去何若？人之所畏，亦不可以不畏人。朢呵，亓未央才！眾人巸巸，若鄉於大牢，而春登臺。我博焉未垗，若嬰兒未咳。纍呵，佁无所歸。眾人皆又余。我愚人之心也，湷湷呵。鬻人昭昭，我獨若閩呵；鬻人察察，我獨閩閩呵。沕呵亓若海，朢呵若无所止。眾人皆有以，我獨閌以鄙。吾欲獨異於人，而貴食母。
王弼本	(20)絕學無憂。唯之與阿，相去幾何？善之與惡，相去若何？人之所畏，不可不畏。荒兮，其未央哉！眾人熙熙，如享太牢，如春登臺。我獨泊兮其未兆，如嬰兒之未孩。儽儽兮，若無所歸。眾人皆有餘，而我獨若遺。我愚人之心也哉！沌沌兮！俗人昭昭，我獨昏昏；俗人察察，我獨悶悶。澹兮其若海，飂兮若無止。眾人皆有以，而我獨頑似鄙。我獨異於人，而貴食母。
傅奕本	(20)絕學無憂。唯之與阿，相去幾何？美之與惡，相去何若？人之所畏，不可不畏。荒兮，其未央！眾人熙熙，若享太牢，若春登臺。我獨魄兮其未兆，若嬰兒之未咳。儡儡兮，其不足以無所歸。眾人皆有餘，我獨若遺。我愚人之心也哉！沌沌兮！俗人皆昭昭，我獨若昏；俗人皆督督，我獨若閔閔。淡兮其若海，飄兮似無所止。眾人皆有以，我獨頑且圖。吾獨欲異於人，而貴食母。
本書校定本	(64)唯與訶，其相去幾何？美與惡，其相去何若？人之所畏，亦不可以不畏人。望呵，其未央才！眾人熙熙，若鄉於大牢，而春登臺。我泊焉未佻，若嬰兒未咳。纍呵，如無所歸。眾人皆有餘，我獨遺。我愚人之心也，惷惷呵。鬻人昭昭，我獨若閩呵。鬻人察察，我獨閩閩呵。忽呵，其若海。望呵，其若無所止。眾人皆有以，我獨閌以鄙。吾欲獨異於人，而貴食母。

帛書甲本	孔德之容,唯道是從。道之物，唯朢唯物□□□呵，中有象呵。朢呵物呵,中有物呵。澩呵鳴呵,中有請吔。其請甚真,其中□□。自今及古,其名不去,以順眾佊。吾何以知眾佊之然?以此。	炊者不立,自視不章,□見者不明，自伐者无功，自矜者不長。其在道,曰粽食贅行,物或惡之，故有欲者□居。
帛書乙本	孔德之容,唯道是從。道之物，唯朢唯沕。沕呵朢呵,中又象呵。朢呵沕呵,中有物呵。幼呵冥呵，亓中有請呵。亓請甚真，亓中有信。自今及古，亓名不去，以順眾父。吾何以知眾父之然也?以此。	炊者不立，自視者不章，自見者不明，自伐者无功，自矜者不長。亓在道也，曰粽食贅行，物或亞之，故有欲者弗居。
王弼本	(21)孔德之容,惟道是從。道之為物,惟恍惟惚。惚兮恍兮,其中有象。恍兮惚兮,其中有物。窈兮冥兮,其中有精。其精甚真,其中有信。自古及今,其名不去,以閱眾甫。吾何以知眾甫之狀哉?以此。	(24)企者不立,跨者不行,自見者不明，自是者不彰，自伐者無功，自矜者不長。其在道也，曰餘食贅行，物或惡之，故有道者不處。
傅奕本	(21)孔德之容,惟道是從。道之為物,惟芒惟芴。芴兮芒兮,其中有象。芒兮芴兮,其中有物。幽兮冥兮,其中有精。其精甚真,其中有信。自今及古,其名不去,以閱眾甫。吾奚以知眾甫之然哉?以此。	(24)企者不立,跨者不行,自見者不明，自是者不彰，自伐者無功，自矜者不長。其在道也，曰餘食贅行，物或惡之，故有道者不處也。
本書校定本	(65)孔德之容,惟道是從。道之物，唯望唯忽。忽呵望呵,中有象呵。望呵忽呵,中有物呵。幼呵冥呵，中有請呵；其請甚真，其中有信。自今及古，其名不去，以順眾父。吾何以知眾父之然也?以此。	(66)炊者不立，自視者不彰，自見者不明，自伐者無功，自矜者不長。其在道也，曰粽食贅行，物或惡之，故有欲者弗居。

版本	文本
帛書甲本	曲則金，枉則定，洼則盈，敝則新，少則得，多則惑。是以聲人執一以為天下牧。不□視故明，不自見故章，不自伐故有功，弗矜故能長。夫唯不爭，故莫能與之爭。古□□□□□□□語才？誠金歸之。
帛書乙本	曲則全，汪則正，洼則盈，[illegible]則新，少則得，多則惑。是以耶人執一以為天下牧。不自視故章，不自見也故明，不自伐故有功，弗矜故能長。夫唯不爭，故莫能與之爭。古之所胃曲全者，幾語才？誠全歸之。
王弼本	(22)曲則全，枉則直，窪則盈，敝則新，少則得，多則惑。是以聖人抱一為天下式。不自見故明，不自是故彰，不自伐故有功，不自矜故長。夫唯不爭，故天下莫能與之爭。古之所謂曲則全者，豈虛言哉？誠全而歸之。
傅奕本	(22)曲則全，枉則正，窪則盈，敝則新，少則得，多則惑。聖人袌一以為天下式。不自見故明，不自是故彰，不自伐故有功，不自矜故長。夫惟不爭，故天下莫能與之爭。古之所謂曲則全者，豈虛言也哉？誠全而歸之。
本書校定本	(67)曲則全，枉則正，窪則盈，敝則新，少則得，多則惑。是以聖人執一以為天下牧。不自視故章，不自見故明，不自伐故有功，弗矜故能長。夫唯不爭，故莫能與之爭。古之所謂曲全者，幾語才！誠全歸之。

帛書甲本	帛書乙本	王弼本	傅奕本	本書校定本
希言自然。飄風不冬朝，暴雨不冬日。孰為此？天地□□□□□□於人乎？故從事而道者同於道，德者同於德，者者同於失。同於德□，道亦德之；同於□者，道亦失之。	希言自然。薊風不冬朝，暴雨不冬日。孰為此？天地而弗能久，有兄於人乎？故從事而道者同於道，德者同於德，失者同於失。同於德者，道亦德之；同於失者，道亦失之。	(23)希言自然。故飄風不終朝，驟雨不終日。孰為此者？天地。天地尚不能久，而況於人乎？故從事於道者，道者同於道，德者同於德，失者同於失。同於道者，道亦樂得之；同於德者，德亦樂得之；同於失者，失亦樂得之。信不足，焉有不信焉。	(23)稀言自然。故飄風不崇朝，驟雨不崇日。孰為此者？天地也。天地尚不能久，而況於人乎？故從事於道者，道者同於道；從事於得者，得者同於得；從事於失者，失者同於失。於道者，道亦得之；於得者，得亦得之；於失者，失亦得之。信不足，焉有不信。	(68)希言自然，飄風不冬朝，暴雨不冬日。孰為此？天地而弗能久，有兄於人乎！故從事而道者同於道，德者同於德，失者同於失。同於德者，道亦德之。同於失者，道亦失之。

帛書甲本	有物昆成,先天地生。繡呵繆呵，獨立□□□，可以為天地母。吾未知其名，字之曰道，吾強為之名曰大□曰筮筮曰□□□□□□，天大，地大，王亦大。國中有四大，而王居一焉。人法地□法□天法□□法□□	□為巠根，清為趮君。是以君子眾日行，不離其甾重。唯有環官，燕處□□若。若何萬乘之王，而以身巠於天下？巠則失本，趮則失君。
帛書乙本	有物昆成,先天地生。蕭呵漻呵，獨立而不玹，可以爲天地母。吾未知亓名也，字之曰道，吾強爲之名曰大。大曰筮，筮曰遠，遠曰反。道大，天大，地大，王亦大。國中有四大,而王居一焉。人法地，地法天，天法道，道法自然。	重為輕根，靜為趮君。是以君子冬日行，不遠亓甾重。雖有環官，燕處則昭若。若何萬乘之王，而以身輕於天下？輕則失本，趮則失君。
王弼本	(25) 有物混成,先天地生。寂兮寥兮,獨立不改,周行而不殆，可以爲天下母。吾不知其名,字之曰道，強爲之名曰大。大曰逝，逝曰遠,遠曰反。故道大,天大,地大,王亦大。域中有四大，而王居其一焉。人法地，地法天，天法道，道法自然。	(26) 重為輕根,靜為躁君。是以聖人終日行，不離輜重。雖有榮觀，燕處超然。奈何萬乘之主，而以身輕天下？輕則失本，躁則失君。
傅奕本	(25) 有物混成,先天地生。寂兮寞兮，獨立而不改，周行而不殆，可以為天下母。吾不知其名,故彊字之曰道,彊為之名曰大。大曰逝,逝曰遠,遠曰返。道大，天大，地大，人亦大。域中有四大,而王處其一尊。人法地,地法天,天法道,道法自然。	(26) 重為輕根,靖為躁君。是以君子終日行，不離其輜重。雖有榮觀,宴處超然。如之何萬乘之主，而以身輕天下？輕則失本，躁則失君。
本書校定本	(69) 有物昆成,先天地生。繡呵繆呵，獨立而不玹，可以為天地母。吾未知其名，字之曰道,吾強為之名曰大。大曰筮，筮曰遠，遠曰返。道大，天大，地大，王亦大。國中有四大,而王居一焉。人法地，地法天，天法道，道法自然。	(70) 重為輕根,靜為趮君。是以君子冬日行，不離其甾重。雖有環官,燕處則昭若。若何萬乘之王，而以身輕於天下？輕則失本，趮則失君。

帛書甲本	善行者无衡迹，□言者无瑕適，善數者不以檮箖。善閉者无閫籥，而不可啟也；善結者□□約，而不可解也。是以聲人恆善怵人，而无棄人，物无棄財，是胃愧明。故善□□□之師，不善人，善人之齎也。不貴其師，不愛其齎，唯知乎大眯，是胃眇要。
帛書乙本	善行者无達迹，善言者无瑕適，善數者不用檮筲。善閉者无關籥，而不可啟也；善結者无纆約，而不可解也。是以耶人恆善怵人，而无棄人，物无棄財，是胃曳明。故善人，善人之師，不善人，善人之資也。不貴亓師，不愛亓資，雖知乎大迷，是胃眇要。
王弼本	(27)善行無轍迹，善言無瑕謫，善數不用籌策。善閉無關楗而不可開，善結無繩約而不可解。是以聖人常善救人，故無棄人；常善救物，故無棄物，是謂襲明。故善人者，不善人之師；不善人者，善人之資。不貴其師，不愛其資，雖智大迷，是謂要妙。
傅奕本	(27)善行者無徹迹，善言者無瑕謫，善數者無籌策。善閉者無關鍵而不可開，善結者無繩約而不可解。是以聖人常善救人，故人無棄人；常善救物，故物無棄物，是謂襲明。故善人者，不善人之師；不善人者，善人之資。不貴其師，不愛其資，雖知大迷，此謂要妙。
本書校定本	(71)善行者無衡跡，善言者無瑕適。善數者不以檮箖。善閉者無關籥而不可啟也。善結者無纆約而不可解也。是以聖人恆善怵人，而無棄人，物無棄財，是謂曳明。故善人，善人之師；不善人，善人之資也。不貴其師，不愛其資，唯知乎大迷，是謂眇要。

帛書甲本	知其雄，守其雌，為天下溪，為天下溪，恆德不雞，恆德不雞，復歸嬰兒。知其日，守其辱，為天下浴，為天下浴，恆德乃□德乃□□□□□□。知其，守其黑，為天下式，為天下式，恆德不貣，德不貣，復歸於无極。楃散□□□□人用則為官長。夫大制无割。
帛書乙本	知亓雄，守亓雌，為天下雞；為天下雞；恆德不離，恆德不離，復□□□□□亓白，守亓辱，為天下浴；為天下浴，恆德乃足；恆德乃足，復歸於楃。知亓白，守亓黑，為天下式；為天下式，恆德不貸；恆德不貸，復歸於无極。楃散則爲器，即人用則爲官長。夫大制无割。
王弼本	(28) 知其雄，守其雌，為天下谿；為天下谿，常德不離，復歸於嬰兒。知其白，守其黑，為天下式；為天下式，常德不忒，復歸於無極。知其榮，守其辱，為天下谷；為天下谷，常德乃足，復歸於樸。樸散則為器，聖人用之則為官長，故大制不割。
傅奕本	(28) 知其雄，守其雌，為天下谿；為天下谿，常德不離，復歸於嬰兒。知其白，守其黑，為天下式；為天下式，常德不忒，復歸於無極。知其榮，守其辱，為天下谷；為天下谷，常德乃足，復歸於樸。樸散則為器，聖人用之則為官長。大制無割。
本書校定本	(72) 知其雄，守其雌，為天下溪。為天下溪，恆德不離。恆德不離，復歸嬰兒。知其日，守其辱，為天下谷。為天下谷，恆德乃足。恆德乃足，復歸於樸。知其白，守其黑，為天下式。為天下式，恆德不貣。恆德不貣，復歸於無極。樸散則為器，聖人用則為官長。夫大制無割。

帛書甲本	將欲取天下而為之，吾見其弗□□。□□□器也，非可為者也。為者敗之，執者失之。物或行或隨，或炅或□□□□□或坏或撱。是以聲人去甚，去大，去楮。	以道佐人主，不以兵強□天下，□□□□□□所居，楚朸生之。善者果而已矣，毋以取強焉。果而毋驕，果而勿矜，果而□□，果而毋得已居，是胃□而不強。物壯而老，是胃之不道，不道蚤已。
帛書乙本	將欲取□□□□□□□□□得已。夫天下神器也，非可為者也。為之者敗之，執之者失之。天下式，為天下式，恆德不貣，德不貣物或行或隋，或熱或硤，或陪或墮。是以耶人去甚，去大，去諸。	以道佐人主，不以兵強於天下，亓□□□□□□□□棘生之。善者果而已矣，毋以取強焉。果而毋驕，果而勿矜，果□□伐，果而毋得已居，是胃果而強。物壯而老，胃之不道，不道蚤已。
王弼本	(29)將欲取天下而為之，吾見其不得已。天下神器，不可為也。為者敗之，執者失之。故物或行或隨，或歔或吹，或強或羸，或挫或隳。是以聖人去甚，去奢，去泰。	(30)以道佐人主者，不以兵強天下，其事好還。師之所處，荊棘生焉。大軍之後，必有凶年。善有果而已，不敢以取強。果而勿矜，果而勿伐，果而勿驕，果而不得已，果而勿強。物壯則老，是謂不道，不道早已。
傅奕本	(29)將欲取天下而為之者，吾見其不得已。夫天下神器，不可為也。為者敗之，執者失之。凡物或行或隨，或噤或吹，或彊或剉，或培或墮。是以聖人去甚，去奢，去泰。	(30)以道佐人主者，不以兵彊天下，其事好還。師之所處，荊棘生焉。大軍之後，必有凶年。故善者果而已矣，不敢以取彊焉。果而勿矜，果而勿伐，果而勿驕，果而不得已，是果而勿彊。物壯則老，是謂非道，非道早已。
本書校定本	(73)將欲取天下而為之，吾見其弗得已。夫天下神器也，非可為者也。為者敗之，執者失之。物或行或隨，或炅或硤，或陪或墮。是以聖人去甚，去大，去楮。	(74)以道佐人主，不以兵強於天下。其事好還。師之所居，楚朸生之。善者果而已矣，毋以取強焉。果而毋驕，果而勿矜，果而勿伐，果而毋得已居，是謂果而不強。物壯而老，是謂之不道，不道蚤已。

版本	文本
帛書甲本	夫兵者，不祥之器□，物或惡之，故有欲者弗居。君子居則貴左，用兵則貴右。故兵者，非君子之器也。□□不祥之器也。不得已而用之，銛襲為上，勿美也。若美之，是樂殺人也。夫樂殺人，不可以得志於天下矣。是以吉事上左，喪事上右。是以便將軍居左，上將軍居右，言以喪禮居之也。殺人眾，以悲依立之。戰勝，以喪禮處之。
帛書乙本	夫兵者，不祥之器也，物或亞□□□□□□□□子居則貴左，用兵則貴右。故兵者，非君子之器。兵者，不祥□器也。不得已而用之，銛儱為上，勿美也。若美之，是樂殺人也。夫樂殺人，不可以得志於天下矣。是以吉事□□□□□□。是以偏將軍居左，而上將軍居右，言以喪禮居之也。殺□□□□□立□。□朕，而以喪禮處之。
王弼本	(31)夫佳兵者，不祥之器，物或惡之，故有道者不處。君子居則貴左，用兵則貴右。兵者，不祥之器，非君子之器。不得已而用之，恬淡為上，勝而不美。而美之者，是樂殺人。夫樂殺人者，則不可以得志於天下矣。吉事尚左，凶事尚右。偏將軍居左，上將軍居右，言以喪禮處之。殺人之眾，以哀悲泣之。戰勝，以喪禮處之。
傅奕本	(31)夫美兵者，不祥之器，物或惡之，故有道者不處。是以君子居則貴左，用兵則貴右。故兵者，不祥之器，非君子之器。不得已而用之，以恬憺為上，故不美也。若美，必樂之；樂之者，是樂殺人也。夫樂人殺人者，不可以得志於天下矣。故吉事尚左，凶事尚右。是以偏將軍處左，上將軍處右。言居上勢，則以喪禮處之。殺人眾多，則以悲哀泣之。戰勝者，則以喪禮處之。
本書校定本	(75)夫兵者，不祥之器。物或惡之，故有欲者弗居。君子居則貴左，用兵則貴右。故兵者非君子之器也，兵者不祥之器也，不得已而用之，銛襲為上，勿美也。若美之，是樂殺人也。夫樂殺人，不可以得志於天下矣。是以吉事上左，喪事上右。是以偏將軍居左，上將軍居右，言以喪禮居之也。殺人眾，以悲依立之。戰勝，以喪禮處之。

帛書甲本	道恆无名，楃唯□□□□□□□王若能守之，萬物將自賓。天地相合，以俞甘洛，民莫之□□□□焉。始制有□□□□有，夫□□□□□□所以不□。俾道之在□□□□□浴之與江海也。	知人者知也，自知者□□□□有力也，自勝者□□。□□□□也，強行者有志也，不失其所者久也，死不忘者壽也。
帛書乙本	道恆无名，樸唯小，而天下弗敢臣。侯王若能守之，萬物將自賓。天地相合，以俞甘洛，□□□令而自均焉。始制有名，名亦既有，夫亦將知止，知止所以不殆。卑□□在天下也，猷小浴之與江海也。	知人者知也，自知明也。朕人者有力也，自朕者強也。知足者富也，強行者有志也，不失亓所者久也，死而不忘者壽也。
王弼本	(32)道常無名，樸雖小，天下莫能臣也。侯王若能守之，萬物將自賓。天地相合，以降甘露，民莫之令而自均。始制有名，名亦既有，夫亦將知止。知止可以不殆。譬道之在天下，猶川谷之於江海。	(33)知人者智，自知者明。勝人者有力，自勝者強。知足者富，強行者有志，不失其所者久，死而不亡者壽。
傅奕本	(32)道常無名，樸雖小，天下莫能臣。王侯若能守，萬物將自賓。天地相合，以降甘露，民莫之令而自均焉。始制有名，名亦既有，夫亦將知止。知止所以不殆。譬道之在天下，猶川谷之與江海也。	(33)知人者智也，自知者明也。勝人者有力也，自勝者彊也。知足者富也，彊行者有志也，不失其所者久也，死而不亡者壽也。
本書校定本	(76)道恆無名，樸雖小，而天下弗敢臣。侯王若能守之，萬物將自賓。天地相合，以俞甘洛，民莫之令而自均焉。始制有名，名亦既有，夫亦將知止，知止所以不殆。俾道之在天下也，猶小谷之與江海也。	(77)知人者知也，自知者明也。勝人者有力也，自勝者強也。知足者富也。強行者有志也。不失其所者久也，死而不忘者壽也。

帛書甲本	帛書乙本	王弼本	傅奕本	本書校定本
道□□□□□□□□□遂事而弗名有也，萬物歸焉而弗為主。則恆无欲也，可名於小；萬物歸焉□□為主，可名於大。是□聲人之能成大也，以其不為大也，故能成大。	道渢呵，亓可左右也。成功遂□□弗名有也，萬物歸焉而弗為主。則恆无欲也，可名於小；萬物歸焉而弗為主，可命於大。是以耶人之能成大也，以亓不為大也，故能成大。	(34)大道氾兮，其可左右。萬物恃之而生而不辭，功成不名有，衣養萬物而不為主。常無欲，可名於小；萬物歸焉而不為主，可名為大。以其終不自為大，故能成其大。	(34)大道汎汎兮，其可左右。萬物恃之以生而不辭，功成而不居，衣被萬物而不為主。故常無欲，可名於小矣；萬物歸之而不知主，可名於大矣。是以聖人能成其大也，以其終不自大，故能成其大。	(78)道汎呵，其可左右也。成功遂事而弗名有也，萬物歸焉而弗為主。則恆無欲也，可名於小；萬物歸焉而弗為主，可名於大。是以聖人之能成大也，以其不為大也，故能成大。
執大象，□□往。往而不害，安平大。樂與餌，過格止。故道之出言也，曰談呵其无味也。□□不足見也，聽之不足聞也，用之不可既也。	執大象，天下往。往而不害，安平大。樂與□，過格止。故道之出言也，曰淡呵亓无味也。視之不足見也，聽之不足聞也，用之不可既也。	(35)執大象，天下往；往而不害，安平太。樂與餌，過客止。道之出口，淡乎其無味。視之不足見，聽之不足聞，用之不足既。	(35)執大象者，天下往；往而不害，安平泰。樂與餌，過客止。道之出言，淡兮其無味。視之不足見，聽之不足聞，用之不可既。	(79)執大象，天下往。往而不害，安平大。樂與餌，過格止。故道之出言也，曰淡呵其無味也。視之不足見也，聽之不足聞也，用之不可既也。

	帛書甲本	帛書乙本	王弼本	傅奕本	本書校定本
第一欄	將欲拾之，必古張之；將欲弱之，□□強之；將欲去之，必古與之；將欲奪之，必古予之，是胃微明。玨弱勝強。魚不脫於潚，邦利器不可以視人。	將欲擒之，必古張之；將欲弱之，必古強之；將欲去之，必古與之；將欲奪之，必古予□，是胃微明。柔弱朕強。魚不可說於淵，國利器不可以示人。	(36)將欲歙之，必固張之；將欲弱之，必固強之；將欲廢之，必固興之；將欲奪之，必固與之，是謂微明。柔弱勝剛強。魚不可脫於淵，國之利器不可以示人。	(36)將欲翕之，必固張之；將欲弱之，必固彊之；將欲廢之，必固興之；將欲奪之，必固與之，是謂微明。柔之勝剛，弱之勝彊。魚不可倪於淵，邦之利器不可以示人。	(80)將欲擒之，必古張之；將欲弱之，必古強之；將欲去之，必古與之；將欲奪之，必古予之。是胃微明。柔弱勝強。魚不可脫於淵，邦利器不可以示人。
第二欄	道恆无名。侯王若守之，萬物將自𢡺。𢡺而欲□□□□□□名之楃，名之楃，夫將不辱。不辱以情，天地將自正。	道恆无名。侯王若能守之，萬物將自化。化而欲作，吾將闐之以无名之樸，闐之以無名之樸。夫將不辱。不辱以靜，天地將自正。道二千四百廿六	(37)道常無為而無不為。侯王若能守之，萬物將自化。化而欲作，吾將鎮之以無名之樸。無名之樸，夫亦將無欲。不欲以靜，天下將自定。	(37)道常無為而無不為。王侯若能守，萬物將自化。化而欲作，吾將鎮之以無名之樸。無名之樸，夫亦將不欲。不欲以靖，天下將自正。	(81)道恆無名，侯王若守之，萬物將自化。化而欲作，吾將闐之以無名之樸。闐之以無名之樸，夫將不辱。不辱以靜，天地將自正。

附錄二　《老子》研究參考書目

《韓非子》（〈解老〉、〈喻老〉），韓非子撰，王先慎集解，在《韓非子集解》中，中華書局一九八八年版

《老子道德經河上公章句》，河上公章句，王卡點校，《道教典籍選刊》本，中華書局一九九三年版

《老子指歸》，嚴遵撰，王德有點校，《道教典籍選刊》本，中華書局一九九四年版

《老子想爾注校箋》，張道陵注，饒宗頤校箋，香港東南出版社一九五六年版，上海古籍出版社一九九一年版

《老子道德經注》，王弼注，樓宇烈校釋，在《王弼集校釋》中，中華書局一九八〇年版

《老子指略》，王弼撰，樓宇烈校釋，在《王弼集校釋》中，中華書局一九八〇年版

《道德經古本篇》，傅奕校定，《無求備齋老子集成》本，藝文印書館一九六五年版

《老子道德經音義》，陸德明音義，見《經典釋文》卷二十五，上海古籍出版社一九八〇年影印本

《道德經義疏》，成玄英義疏，蒙文通輯，《四部要籍註疏叢刊》本，中華書局一九九八年版
《御製道德真經疏》，唐玄宗注，《正統道藏》本
《道德經論兵要義述》，王真義疏，《道藏舉要》本
《道德真經新注》，李約注，中華書局一九八八年版
《老子道德經注》，李榮注，《正統道藏》本
《道德真經廣聖義》，杜光庭注，上海古籍出版社一九八九年版
《老子解》，葉夢得，《無求備齋老子集成初編》本
《老子注》，王安石注，中華書局一九七九年版
《道德真經注》，蘇轍注，華東師範大學出版社二〇一〇年版
《老子呂惠卿注》（又稱《道德真經傳》），呂惠卿注，張鈺翰點校，華東師範大學出版社二〇一五年版
《老子口義》，林希逸注，《正統道藏》本
《道德真經藏室纂微篇》，陳景元，《正統道藏》本
《道德真經集註》，彭耜集註，中華書局一九九八年版
《老子道德經古本集註》，范應元集註，中華書局一九九八年版
《道德真經疏義》，趙至堅疏義，《正統道藏》本
《道德真經集義大旨》，劉惟永，《四部要籍註疏叢刊》本，中華書局一九九八年版

《道德真經注》，吳澄注，廣文書局一九六五年版
《道德真經集義》，危大有集義，《四部要籍註疏叢刊》本，中華書局一九九八年版
《老子集解》，薛蕙集解，《四部要籍註疏叢刊》本，中華書局一九九八年版
《老子翼》，焦竑，《四部要籍註疏叢刊》本，中華書局一九九八年版
《老子道德經解》，釋德清，金陵刻經處刊本
《老子衍》，王夫之，中華書局一九六二年版
《道德經注》，徐大椿注，《四部要籍註疏叢刊》本，中華書局一九九八年版
《老子章義》，姚鼐，《四部要籍註疏叢刊》本，中華書局一九九八年版
《老子考異》，汪中，在氏所著《述學・補遺》內，《新世紀萬有文庫》本，遼寧教育出版社二〇一〇年版
《老子雜志》，王念孫，在氏所著《讀書雜志》內，北京中國書店一九八五年影印本
《老子雜記》，孫詒讓，在氏所著《札迻》內，中華書局一九八九年版
《老子平議》，俞樾，在氏所著《諸子平議》內，上海書店一九八八年影印
《老子本義》，魏源，《四部要籍註疏叢刊》本，中華書局一九九八年版
《老子斠補》，劉師培，江蘇古籍出版社一九九七年版
《老子古義》，楊樹達，《四部要籍註疏叢刊》本，中華書局一九九八年版
《老子集解》，奚侗，黃山書社一九九四年所刊《老子注三種》本

《老子校詁》，馬敘倫，《四部要籍註疏叢刊》本，中華書局一九九八年版
《莊老通辨》，錢穆，生活・讀書・新知三聯書店二〇〇二年版
《老子校詁》，蔣錫昌，成都古籍書店一九八八年影印本
《老子新證》，于省吾，在氏所著《雙劍誃諸子新證》中，中華書局一九六二年版
《重訂老子正詁》，高亨，開明書店一九四九年版
《老子注譯》，高亨，河南人民出版社一九八〇年版
《無求備齋老子集成》、《無求備齋老子集成續編》，嚴靈峰，藝文印書館
《論老子》，車載，上海人民出版社一九五九年版
《老子譯話》，楊柳橋，古籍出版社一九五八年版
《老子校釋》，朱謙之，中華書局一九八四年版
《王弼集校釋》，樓宇烈，中華書局一九八〇年版
《老子校讀》，張松如，吉林人民出版社一九八一年版
《老子論集》，鄭良樹，世界書局一九八三年版
《老子臆解》，徐梵澄，中華書局一九八八年版
《老子譯注》，馮達甫，上海古籍出版社一九九一年版
《老子注譯及評介》，陳鼓應，中華書局一九八四年版
《老子其人其書及其道論》，詹劍峰，湖北人民出版社一九八二年版

《老子新解》，楊潤根，中國文學出版社一九九四年版
《帛書老子注譯與研究》（增訂本），許抗生，浙江人民出版社一九八五年版
《帛書老子校注》，高明，《新編諸子集成》本，中華書局一九九六年版
《帛書老子校注析》，黃釗，台灣學生書局一九九一年版
《帛書老子校釋》，戴維，岳麓書社一九九八年版
《帛書老子釋析——論帛書老子將會取代今本老子》，尹振環，貴州人民出版社一九九八年版
《老子帛書校注》，徐志鈞，學林出版社二〇〇二年版
《馬王堆漢墓帛書》，馬王堆漢墓帛書整理小組整理，文物出版社一九七四年版
《長沙馬王堆漢墓簡帛集成》，裘錫圭主編，中華書局二〇一四年版

後記

《老子》這本書，大學以前粗粗讀過，上大學時也算是細讀過。但是真正搜羅各種版本、注釋來系統地讀，追根溯源，大約是由於一九八五年看到的一篇文章。說來慚愧，那篇文章什麼題目已經不記得了，印象中作者應當是一個名頭不小的教授，但具體是誰也不記得了，只記得文章中的幾句話，大略是說，誰說後人的智力水平就一定比前人高了？譬如說《老子》，五千個字，從產生到現在，兩千五百年，誰敢說真正讀懂了？記得當時讀到這些，頗有些忿忿然，不信天下竟然有這樣的事。於是把手邊能找到的《老子》的諸多版本、諸多文章專著聚攏起來開始讀，雖然斷斷續續，但確實是沒放下，一直到今天，算是讀了三十年，懂了沒有？還是不懂——不但我不懂，說句僭越的話，連某些大本地寫出書來的所謂專家，其實也未必就懂。

到了現在，心裡對懂不懂其實已經頗有些釋然了。我覺得像《老子》這種書，存於天壤之間，正要像《禮記・學記》所言，猶待問之鐘，「叩之以小者則小鳴，叩之以大者則大鳴」，它不是來講授知識的，而是來誘發每一個讀它的人，以全部的人生經驗為促力，以最深切的人生憂患為椎杵，以整個天地萬物為響應，與其共鳴的——倘得一音婉轉透骨徹髓，不啻內外洗刷，那種快樂真是讓人難忘。

但是真要是上講臺講《老子》，或者寫一本介紹《老子》的書，就不能如自己讀那樣一意孤行地自得其樂了。我自己就被逼著講過幾輪《老子》，因為朋友們想聽；講過幾輪之後，又被朋友們逼著寫出來，因為朋友們想看，而恰巧臺北三民書局願意提供這樣一個出版機會，於是不揣淺陋，竟然真就動了寫書的念頭。但寫著寫著，時時便會沮喪——畢竟文本是實實在在地在那裡的，讀給自己聽，可以天馬行空，而要寫給別人看，總要板板正正地斟酌字詞，疏通義理，前連後靠，左右騰挪；等搞到差不多要像學問的地步，自己讀時那種快樂的感覺瞬間就大打折扣。幸而身邊有盧教授（東棟）、李教授（吉）、馮小龍、劉東這樣的朋友，躊躇煩悶之時小酒館坐定，幾瓶啤酒幾樣小菜一起聊天，聽他們連哄帶勸、連批帶讚，也聽他們各逞所能，老實不客氣地賣弄——即使是天南地北地瞎聊，很多時候，也確實對我具體論述時開拓思路、解疑釋惑大有裨益。

該感謝的人還有很多，賀教授（友齡）是我的老師，也是他向臺北三民書局推薦我來寫這本書的。書局的編輯們為此書付出過相當的心血，一併致謝。

謹以此書，獻給那些屬於快樂的日子，和那些關於快樂的美好記憶。

二〇一七年十月於北京木樨地南里一號

新譯莊子本義

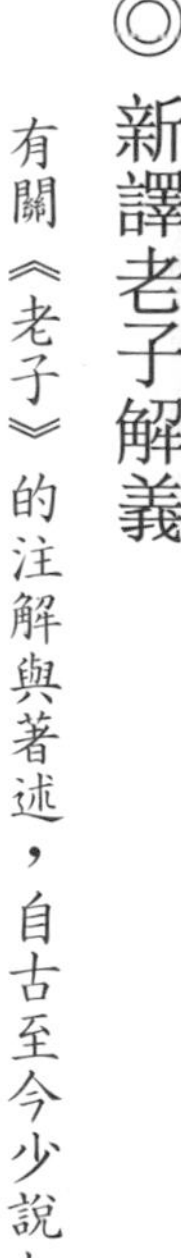

◎新譯老子解義

吳　怡／著

有關《老子》的注解與著述，自古至今少說也有幾百種，對後人而言確實是一筆豐富的資產，但其中許多紛紜複雜的考證和妙絕言詮的玄談，又往往使人望而卻步。本書跳脫一般古籍的注釋形式，吳怡教授以曉暢的語譯和豐富的解義，透過不斷自問的方式，把涉及的各面向問題一層層地剝開。有些問題也許並非老子所料及，但卻是通過老子的提示，用現代人的思考，面對現代人的環境而開展出來的。本書是希望了解《老子》真義，而能用之於自己生活、思想上的讀者的最佳參考。

◎新譯莊子讀本

黃錦鋐／注譯

莊子是一位曠代的大哲人，絕世的大文豪，《莊子》一書對中國哲學、文學、藝術均有深遠影響，因此可說是研究中國文化者所不可不讀。不過《莊子》的文字瑰奇，變幻多端，一般讀者頗難以窺其端倪。本書乃參考、引述前人與時賢之著述，加以注釋、語譯，力求通俗易曉，以供初學《莊子》的讀者參考之用，也盼能為進一步的深入研究開一坦途。

◎新譯莊子本義

水渭松／注譯

《莊子》，是繼老子《道德經》之後的道家代表作。其內容不僅以「道」為中心，就人性、身心修養、對往古帝王及其治道之評價、天道民心、世亂之治理、社會發展方向等方面，都提出了獨特而足以醒人耳目的哲學見解，其汪洋恣肆的行文方式與恢宏瑰麗的寓言文體，亦開創了中國散文史上浪漫主義之先河。本書詮釋立論皆從《莊子》詞語之本義入手，於句讀錯簡之移正、觀點齟齬處之辨析，以及篇意章旨、寓言寓義之判定等，均有獨到且完整之見解。其信實有據、考證嚴謹，不人云亦云，能帶領您重新且深入地認識《莊子》。